ACCESO GRATIS **a la Lectura en la Nube**

Para visualizar el libro electrónico en la nube de lectura envíe junto a su nombre y apellidos una fotografía del código de barras situado en la contraportada del libro y otra del ticket de compra a la dirección:

ebooktirant@tirant.com

En un máximo de 72 horas laborables le enviaremos el código de acceso con sus instrucciones.

AF617428

La visualización del libro en **NUBE DE LECTURA** excluye los usos bibliotecarios y públicos que puedan poner el archivo electrónico a disposición de unacomunidad de lectores. Se permite tan solo un uso individual y privado.

FUNDAMENTOS Y DESAFÍOS DE LA SEGURIDAD JURÍDICA

El reto de la transformación del Derecho en el siglo XXI

FUNDAMENTOS Y DESAFÍOS DE LA SEGURIDAD JURÍDICA

El reto de la transformación del Derecho en el siglo XXI

Directora
Ana I. Herrán Ortiz

Cátedra de
Estudios Registrales

tirant lo blanch
Valencia, 2025

En caso de erratas y actualizaciones, la Editorial Tirant lo Blanch publicará la pertinente corrección en la página web www.tirant.com.

La presente obra ha sido sometida a la revisión de pares ciegos según el protocolo de publicación de la editorial a efectos de ofrecer el rigor y calidad correspondiente tanto en su contenido como en su forma, aplicándose los criterios específicos aprobados por la Comisión Nacional E 016 (BOE num. 286, de 26 de noviembre de 2016).

Esta obra ha sido financiada íntegramente por la Cátedra de Estudios Registrales de la Universidad de Deusto. Forman parte de la Cátedra de Estudios Registrales además de la Facultad de Derecho de la Universidad de Deusto, la Fundación Registral y el Decanato del País Vasco, del Colegio de Registradores de la Propiedad, Mercantiles y de Bienes Muebles de España.

© TIRANT LO BLANCH
EDITA: TIRANT LO BLANCH
C/ Artes Gráficas, 14 - 46010 - Valencia
TELFS.: 96/361 00 48 - 50
FAX: 96/369 41 51
Email: tlb@tirant.com
www.tirant.com
Librería virtual: www.tirant.es
DEPÓSITO LEGAL: V-4209-2025
ISBN: 979-13-7010-431-3

Si tiene alguna queja o sugerencia, envíenos un mail a: *atencioncliente@tirant.com*. En caso de no ser atendida su sugerencia, por favor, lea en *www.tirant.net/index.php/empresa/politicas-de-empresa* nuestro procedimiento de quejas.

Responsabilidad Social Corporativa: http://www.tirant.net/Docs/RSCTirant.pdf

Índice

Listado de abreviaturas

ADR	*Alternative Dispute Resolution*
Art.	Artículo
AEAT	Agencia Estatal de la Administración Tributaria o Agencia Tributaria
CC	Código civil
CDFUE	Carta de los Derechos Fundamentales de la Unión Europea, aprobada por el Parlamento Europeo el 7 de diciembre de 2000 y adaptada para su publicación en el Diario Oficial de la Unión Europea, de 30 de marzo de 2010, C 83/403
CEDU	Convenio del Consejo de Europa sobre la Protección de los Derechos Humanos y las Libertades Fundamentales, de 4 de noviembre de 1950, hecho en Roma. Instrumento de adhesión de España de 24 de noviembre de 1977, Boletín Oficial del Estado, de 10 de octubre de 1979, núm. 243
CE	Constitución Española de 27 de diciembre de 1978, Boletín Oficial del Estado, de 29 de diciembre de 1978, núm. 311
CENDOJ	Centro de Documentación Judicial
CGPJ	Consejo General del Poder Judicial
DGT	Dirección General de Tráfico
DGTr	Dirección General de Tributos
Directiva (UE) 2016/680	Directiva (UE) 2016/680 del Parlamento Europeo y del Consejo, de 27 de abril de 2016, relativa a la protección de las personas físicas en lo que respecta al tratamiento de datos

personales por parte de las autoridades competentes para fines de prevención, investigación, detección o enjuiciamiento de infracciones penales o de ejecución de sanciones penales, y a la libre circulación de dichos datos y por la que se deroga la Decisión Marco 2008/977/JAI del Consejo. Diario Oficial de la Unión Europea, L 119/89, de 4 de mayo de 2016

IA — Inteligencia artificial

LEC — Ley 1/2000, de 7 de enero, de Enjuiciamiento Civil. Boletín Oficial del Estado, de 8 de enero de 2002, núm. 7.

LH — Decreto de 8 de febrero de 1946 por el que se aprueba la nueva redacción oficial de la Ley Hipotecaria. Boletín Oficial del Estado de 27 de febrero, BOE núm. 58.

LPAC — Ley 39/2015, de 1 de octubre, del Procedimiento Administrativo Común de las Administraciones Públicas. Boletín Oficial del Estado, de 2 de octubre, núm. 236.

LOPDGDD — Ley Orgánica 3/2018, de 5 de diciembre, de Protección de Datos Personales y garantía de los derechos digitales. Boletín Oficial del Estado, de 6 de diciembre de 2018, núm. 294.

LOPJ — Ley Orgánica 6/1985, de 1 de julio, del Poder Judicial. Boletín Oficial del Estado de 2 de julio, núm. 157.

LO 1/1982 — Ley Orgánica 1/1982, de 5 de mayo, de protección civil del derecho al honor, a la intimidad personal y familiar y a la propia imagen. Boletín Oficial del Estado, de 14 de mayo de 1982, núm. 115.

LO 3/2007 Ley Orgánica 3/2007, de 22 de marzo, para la igualdad efectiva de mujeres y hombres. Boletín Oficial del Estado, de 23 de marzo de 2007, núm. 71.

LO 7/2021 Ley Orgánica 7/2021, de 26 de mayo, de protección de datos personales tratados para fines de prevención, detección, investigación y enjuiciamiento de infracciones penales y de ejecución de sanciones penales. Boletín Oficial del Estado, de 27 de mayo de 2021, núm. 126.

LO 1/2025 Ley Orgánica 1/2025, de 2 de enero, de medidas en materia de eficiencia del Servicio Público de Justicia, BOE de 3 de enero, núm. 3..

Ley 19/2013 o Ley de Transparencia: Ley 19/2013, de 9 de diciembre, de transparencia, acceso a la información pública y buen gobierno, Boletín Oficial del Estado, de 10 de diciembre de 2013, núm. 295.

Ley 39/2015 Ley 39/2015, de 1 de octubre, del Procedimiento Administrativo Común de las Administraciones Públicas, Boletín Oficial del Estado, de 2 de octubre de 2015, núm. 236.

Ley 40/2015 Ley 40/2015, de 1 de octubre, de Régimen Jurídico del Sector Público, Boletín Oficial del Estado, de 2 de octubre de 2015, núm. 236

Ley 15/2022 o Ley de Igualdad: Ley 15/2022, de 12 de julio, integral para la igualdad de trato y la no discriminación, Boletín Oficial del Estado, de 13 de julio de 2022, núm. 167

MASC Medios Adecuados de Solución de Controversias

RAE Real Academia Española de la Lengua

RGPD	Reglamento (UE) 2016/679 del Parlamento Europeo y del Consejo, aprobado el 27 de abril de 2016, relativo a la protección de las personas físicas en lo que respecta al tratamiento de datos personales y a la libre circulación de estos datos y por el que se deroga la Directiva 95/46/CE. Diario Oficial de la Unión Europea, L 119/1, de 4 de mayo de 2016
RIA	Reglamento (UE) 2024/1689 del Parlamento Europeo y del Consejo, de 13 de junio de 2024, por el que se establecen normas armonizadas en materia de inteligencia artificial y por el que se modifican los Reglamentos (CE) nº 300/2008, (UE) n.o 167/2013, (UE) nº 168/2013, (UE) 2018/858, (UE) 2018/1139 y (UE) 2019/2144 y las Directivas 2014/90/UE, (UE) 2016/797 y (UE) 2020/1828 (Reglamento de Inteligencia Artificial), Diario Oficial de la Unión Europea, núm. 1689, de 12 de julio de 2024
STC	Sentencia del Tribunal Constitucional
TC	Tribunal Constitucional
TIC	Tecnologías de la Información y la Comunicación
TJUE	Tribunal de Justicia de la Unión Europea

Prólogo

La obra colectiva que tengo el honor de prologar, y que tiene como motivo central o eje vertebrador de los artículos que en él se recogen el de la SEGURIDAD JURÍDICA, se enmarca dentro de las actividades de la Cátedra de Estudios Registrales que fue creada a mediados del año 2022 gracias a la colaboración entre la Facultad de Derecho de la Universidad de Deusto y el Colegio de Registradores de la Propiedad, Mercantiles y Bienes Muebles. Esta cátedra nace con el fin de promocionar las actividades docentes, así como la investigación, difusión y transferencia interdisciplinar de todas cuantas materias estén vinculadas, directa o indirectamente al Derecho Inmobiliario Registral.

Siendo, como lo es, la seguridad jurídica, el fin primordial por el que se crea y al que sirve el Registro de la Propiedad, es comprensible que sea este principio fundamental del derecho, elevado ahora, también, a la categoría de principio constitucional, el que sirva como eje central de la obra que ahora presentamos.

El principio de seguridad jurídica se recoge en el artículo 9.3 de la Constitución Española y, en términos muy generales, podemos afirmar que tiene por objeto garantizar la previsibilidad del ordenamiento jurídico y de la actuación de los poderes públicos. Se fundamenta en varios elementos clave como son la claridad y accesibilidad normativa; la estabilidad del ordenamiento jurídico; la protección de la confianza legítima; la aplicación del principio general de irretroactividad de las normas sancionadoras o restrictivas de derechos; la necesaria coherencia y sistematicidad del ordenamiento; y la interdicción de la arbitrariedad en la actuación de los poderes públicos.

Así entendido, el principio de seguridad jurídica constituye uno de los pilares del Estado de Derecho e impacta en todas las esferas del ordenamiento jurídico. Prueba de la extraordinaria importancia y de la amplitud de su ámbito de actuación la tenemos precisamente en la diversidad de los temas que bajo el espíritu vertebrador de este principio se tratan en este libro, cuyas obras han sido todas ellas escritas por distintas catedráticas, profesores y profesoras de la Universidad de Deusto.

Así, el profesor titular de Derecho procesal, Javier Larena Beldarrain expone con magnífica precisión y capacidad didáctica las principales reformas procesales y del servicio público de justicia derivadas de la entrada en vigor del Real Decreto Ley 6/2023 de 19 de diciembre, llegando a la conclusión de que "la reforma acometida apuesta por la modernización de sistema judicial, potenciando tanto la digitalización como la tramitación telemática" e introduciendo novedades que pretenden "desarrollar la eficiencia y celeridad de los procedimientos judiciales". El autor considera que, hasta ahora, las dificultades prácticas de la puesta en marcha de las diversas reformas legislativas ha provocado que el panorama actual genere "más incertidumbres que certezas", si bien considera que este Real Decreto puede ser el instrumento definitivo para el reconocimiento e implantación de la interoperabilidad, lo cual, dice "posibilitará una tramitación íntegramente electrónica de los procedimientos judiciales, configurando así un esquema de trabajo uniformizado, que tendrá como uno de sus pilares fundamentales, la gestión eficaz y eficiente de los datos judiciales, resultando, en consecuencia, más pragmático y operativo que el modelo actual".

Los profesores de Derecho Constitucional, Luis Gordillo Pérez y Mar Antonino de la Cámara, en un valiente y preciso trabajo llevan a cabo un enjuiciamiento crítico de ciertas prácticas parlamentarias que deterioran el principio de seguridad jurídica, agrupando bajo el título de "ley semántica", todas aquellas que comparten como elemento común "la pérdida de normatividad y, en ocasiones, como en las leyes, singulares, el carácter general".

La catedrática de Derecho Civil Ana Isabel Herrán aborda el extraordinario reto de poner en relación o confrontar el principio de seguridad jurídica con el progreso de la neurotecnología, avanzándonos un sugerente subtítulo en el que se plantea la cuestión de si deben de tratarse o no a los neuroderechos como un nueva generación de derechos humanos: "El principio de seguridad jurídica, dice la catedrática, actúa como una barrera protectora frente a posibles vulneraciones de derechos humanos derivadas de la aplicación de neurotecnologías".

El cuarto de los trabajos que les presentamos plantea la relación conflictiva que en algunos supuestos existe al confrontar la seguridad jurídica y el derecho penal económico y está elaborado por las profesoras de Derecho penal, María Soledad Gil Nobajas y Demelsa Benito Sánchez. Las autoras centran su estudio en dos grupos de delitos: los de revelación de secretos de empresa y los de corrupción entre particulares en los que, entre otras cuestiones afectantes a la seguridad jurídica, las autoras ponen de manifiesto que ambos adolecen de un problema común a los delitos de orden socioeconómico, como es la dificultad de determinar los contornos del bien jurídico protegido, problema que se traslada necesariamente a la configuración de los tipos penales.

La catedrática de Derecho Civil, Gema Tomás Martínez, estudia un tema de gran actualidad, como es el de los MASC, acrónimo con el que son conocidos los "medios adecuados de solución de controversias", que la reciente aprobación de la Ley Orgánica 1/2025 de 2 de enero ha colocado, como bien señala la autora, en un lugar relevante del panorama jurídico, al haber impuesto, con carácter general, que se acuda a ellos como requisito previo para que se pueda admitir una demanda en asuntos civiles y mercantiles. Este trabajo y las conclusiones que del mismo se derivan resulta de lectura obligada para todos aquellos que quieran conocer la forma en la que, a partir de ahora, estos mecanismos de solución de controversias pueden impactar en el mundo jurídico y procesal, en general, y, en el principio de seguridad jurídica, en particular.

El profesor Ignacio Nates Alonso lleva a cabo una acertada reflexión acerca de la seguridad jurídica y el Registro de la Propiedad como garantes del derecho de propiedad. En él se hace un repaso de los principios fundamentales del Registro de la Propiedad y, particularmente de los principios de legitimación, fe pública e inoponibilidad como garantes de la seguridad jurídica.

La profesora Maitane Echevarría Uranga estudia con gran profundidad la conexión entre el principio de seguridad jurídica y los derechos del obligado tributario. Dice la autora que la coexistencia en el ámbito tributario de múltiples fuentes de producción y aplicación normativa puede provocar una inseguridad jurídica que, aunque ha tratado de solventarse, en parte mediante la creación de diversos órganos a los cuales se ha atribuido la función de coordinar y armonizar esta dispersión normativa e interpretativa, y, en parte, también, mediante diversos procedimientos que tienden a posibilitar al obligado tributario la posible defensa de sus derechos con las garantías de predecibilidad que ello requiere, como son los procedimientos de vinculación administrativa previa y las reclamaciones frente a los Tribunales Económico Administrativos, lo cierto, concluye, es que aún queda camino por recorrer para que el obligado tributario deje de soportar situaciones de indefensión e inseguridad jurídica frente a la Administración tributaria.

La profesora de Derecho Constitucional Raquel Arias Benéitez plantea en su estudio una cuestión de extraordinaria actualidad, como es la relación entre el principio de seguridad jurídica y el posible uso de la Inteligencia Artificial en el sector público, en la medida en que esta pueda impactar en los derechos fundamentales del ciudadano, especialmente en relación con la discriminación y la protección de datos. Una vez definidos los referidos conceptos y examinada la normativa vigente sobre la materia y, tras un profundo análisis de las posibles implicaciones y afectaciones de los derechos de los ciudadanos por el uso indebido de la IA, la autora ofrece unas sugerencias y pautas de uso de los algoritmos de IA por parte de las Administraciones públicas que garanticen la seguridad jurídica, abogando, entre otras cosas, por la mayor transparencia posible en el uso de esa Inteligencia.

En el último de los trabajos recogidos en esta obra, la profesora de Derecho Internacional Público, Natale Serón Arizmendi analiza en qué medida la reticencia de los Estados a cumplir con las decisiones internacionales judiciales y cuasi-judiciales puede repercutir negativamente en la seguridad jurídica. La autora llega a la conclusión de que "cuando las autoridades domésticas desatienden las decisiones de los comités cuasi-judiciales, contribuyen a una incertidumbre jurídica que atenta contra los principios de legalidad, jerarquía y claridad, máximas consagradas en el artículo 9 de la CE". Si bien añade que en el caso de España se advierte en las últimas Sentencias del Tribunal Supremo una tendencia al reconocimiento de la obligatoriedad de los dictámenes de los Órganos de Tratados, lo cual, dice, "consolida la supremacía de la seguridad jurídica y el principio *pacta sunt servanda*, por encima de la voluntad arbitraria del Estado".

Nos encontramos, en definitiva, ante una obra coral de extraordinaria calidad y de gran actualidad que puede leerse de principio a fin por todos aquellos que estén interesados en conocer cómo el principio de seguridad jurídica impacta en los diferentes ámbitos del derecho público y privado, pero que también puede ser un extraordinario manual de consulta para aquellos otros cuyo interés se centre específicamente en alguno de los aspectos que se tratan en cada uno de sus respectivos capítulos.

Pablo Sánchez Lamelas

Decano Territorial de los Registradores de la Propiedad, Mercantiles y de Bienes Muebles del País Vasco y Codirector de la Cátedra de Estudios Registrales de la Universidad de Deusto

Capítulo 1.

Principales reformas procesales y del servicio público de justicia, derivadas de la entrada en vigor del Real Decreto-Ley 6/2023, de 19 de diciembre

JAVIER LARENA BELDARRAIN
Profesor Titular de Derecho Procesal
Universidad de Deusto

SUMARIO: 1. Introducción. 2. Modificaciones operadas en materia de postulación, eficiencia digital y actos de comunicación. 3. Celebración de los actos procesales mediante presencia telemática. 4. Modificaciones en materia procedimental. 5. Modificaciones en materia de recursos. 6. Modificaciones en materia de ejecución. 7. Conclusiones. 8. Referencias bibliográficas.

1. INTRODUCCIÓN

El tan cacareado "Decreto ómnibus" recientemente aprobado, implica una serie de reformas relativas a la modernización de la Administración de Justicia y a la agilización de los procesos, que merece la pena analizar con detalle. El respeto debido a principios fundamentales, como es el caso del de seguridad jurídica, depende del adecuado encaje y aplicación de estas nuevas medidas.

La optimización de la eficiencia de la Administración de Justicia es uno de los principales objetivos que se propone el recientemente aprobado Real Decreto-Ley 6/2023, de 19 de diciembre, el cual introduce modificaciones legislativas de importante calado, relacionadas con la digitalización de la Justicia y con la agilización de los procesos judiciales[1].

Efectivamente, como así refiere ya en su Exposición de Motivos, la consolidación en nuestra sociedad de las nuevas tecnologías, la evolución cultural de una ciudadanía consciente de los retos que comporta la digitalización y, sobre todo, la utilidad de los nuevos instrumentos y herramientas tecnológicas al servicio de una mejor y más eficiente gestión de los recursos públicos, también en el marco de la Administración de Justicia, implica para los poderes públicos el imperativo de abordar correctamente este nuevo marco relacional y, con él, delimitar y potenciar el entorno digital con el propósito de favorecer una más eficiente potestad jurisdiccional.

En este orden de cosas, procederemos a analizar las principales modificaciones operadas en nuestra vigente Ley de Enjuiciamiento Civil, en materia de eficiencia procesal, siguiendo el orden en que están recogidas en el Título VIII del Libro I del referido Real Decreto-Ley 6/2023.

2. MODIFICACIONES OPERADAS EN MATERIA DE POSTULACIÓN, EFICIENCIA DIGITAL Y ACTOS DE COMUNICACIÓN

La disposición cuyo análisis nos ocupa, introduce una serie de modificaciones en la Ley de Enjuiciamiento Civil, que afectan de forma significativa a la tramitación de los procedimientos, debido fundamentalmente a la decidida apuesta que realiza en favor del uso de la vía telemática.

---

1 Tal como se recoge, fundamentalmente, en el Libro I del referido RD-Ley 6/2023.

De este modo, la interacción con la Administración de Justicia, por parte de ciudadanos y profesionales del Derecho, a través de medios electrónicos, se convierte en el canal preferente, más allá de la mera opción que suponía en etapas anteriores. No en vano, ya la Ley 18/2011, de 5 de julio, reguladora del uso de tecnologías de la información y de la referida comunicación con la Administración de Justicia, diseñaba con carácter provisional, tanto el denominado "expediente judicial electrónico", como los "actos de comunicación electrónicos", modelos originales que han ido sufriendo modificaciones a fin de facilitar su implantación progresiva en nuestros órganos jurisdiccionales.

Con posterioridad, la Ley 42/2015, de 5 de octubre, por la que se reformó la Ley 1/2000, de 7 de enero, de Enjuiciamiento Civil, introdujo figuras ciertamente relevantes, como las subastas judiciales electrónicas o la obligación de comunicarse a través de medios telemáticos por parte de las personas jurídicas. Asimismo, el RD 1065/2015, de 27 de noviembre, ha regulado la utilización de los sistemas de comunicaciones electrónicas en aquellas Comunidades Autónomas que tengan transferidas las competencias de justicia; y, ya más recientemente, la Ley 3/2020, de 18 de diciembre, de medidas procesales organizativas para hacer frente a la pandemia ocasionada por el coronavirus COVID-19, ha servido para potenciar el uso de las vistas y actos procesales de naturaleza telemática[2].

En este orden de cosas, el Real Decreto-Ley 6/2023 modifica el artículo 24 de la Ley de Enjuiciamiento Civil en lo que al apoderamiento del Procurador se refiere, estableciendo que se podrá conferir el poder por comparecencia electrónica, a tra-

---

2 *Cfr.* SALES JIMÉNEZ, R., "Modificaciones en la Ley de Enjuiciamiento Civil. Novedades del Real Decreto- Ley 6/2023, de 19 de diciembre", *Diario La Ley*, 10456, 28 de febrero de 2024, p. 1.

vés de una sede judicial electrónica, en el registro electrónico de apoderamientos judiciales *apud acta*.

A estos efectos, en todo escrito que dé inicio a un procedimiento judicial, de ejecución, o a otra instancia, el solicitante deberá expresar si interesa que todos los actos de comunicación se realicen por su Procurador.

Si no se manifestare nada al respecto, el Letrado de la Administración de Justicia dará curso a los autos, realizándose tales actos por los funcionarios del Cuerpo de Auxilio Judicial. Asimismo, serán realizados por estos últimos si los demandados, ejecutados o recurridos no solicitan expresamente en su escrito de personación que se realicen por su Procurador, o si las partes fueran beneficiarias del derecho de asistencia jurídica gratuita.

En todo caso, los solicitantes podrán, de forma motivada y concurriendo justa causa, pedir la modificación del régimen inicial, procediendo el Letrado de la Administración de Justicia, si lo considera justificado, a realizar los sucesivos actos de comunicación conforme a la nueva petición.

Dichas actuaciones se tendrán por válidamente realizadas, cuando en la diligencia quede constancia suficiente de haber sido practicadas en la persona, en el domicilio, en la dirección electrónica habilitada al efecto, por comparecencia electrónica o por los medios telemáticos o electrónicos elegidos por el destinatario.

Para ello, el Procurador acreditará, bajo su responsabilidad, la identidad y condición del receptor del acto de comunicación, cuidando de que en la copia quede constancia fehaciente de la recepción, de su fecha y hora y del contenido de lo comunicado.

En este orden de cosas, refiere el citado artículo 152 LEC que los actos de comunicación se practicarán por medios electrónicos, cuando los sujetos intervinientes en un proceso estén obligados al empleo de los sistemas electrónicos existentes en la Administración de Justicia, o bien, cuando, a pesar de no estar sometidos a tal deber, se hayan obligado contractualmente a hacer uso de tales medios electrónicos para resolver los litigios que se deriven de esa relación jurídica concreta que les vincula, debiendo indicar los medios de los que pretenden valerse. Igualmente, utilizarán los intervinientes esta opción telemática cuando, aun no estando obligados a su empleo, opten por el uso de la misma.

En los contratos de adhesión en los que intervengan consumidores y usuarios, el acto de comunicación se practicará conforme a lo dispuesto para aquellos supuestos en los que los intervinientes no estén obligados a relacionarse electrónicamente con la Administración de Justicia, siendo esta última forma la que tendrá validez a efectos de cómputo de plazos.

En cualquier caso, la notificación se realizará de conformidad con las disposiciones contenidas en la normativa reguladora del uso de las tecnologías de la información y la comunicación en la Administración de Justicia.

Los actos de comunicación que deban practicarse por medios electrónicos, cuando vayan acompañados de elementos que no sean susceptibles de conversión en formato electrónico deberán practicarse por este medio, pero indicando la forma por la que se va a hacer entrega de dichos elementos. Si este acto de comunicación diese lugar a la apertura de un plazo procesal, este comenzará a computar desde el momento en que consten recibidos por su concreto receptor, todos los elementos que componen el acto.

El destinatario deberá identificar un dispositivo electrónico, servicio de mensajería simple o una dirección de correo electrónico que servirán para informarle de la puesta a su disposición de un acto de comunicación, pero no para la práctica de notificaciones. En tal caso, con independencia de la forma en que se realice el acto de comunicación, la oficina judicial enviará el referido aviso. La falta de práctica de este aviso no impedirá que la notificación correctamente efectuada sea considerada plenamente válida.

Los actos de comunicación se efectuarán, bien a través de Procurador, tratándose de comunicaciones a quienes estén personados en el proceso con representación de aquél; bien por remisión de lo que haya de comunicarse mediante correo, telegrama, correo electrónico o cualquier otro medio electrónico que permita dejar en los autos constancia fehaciente de la recepción, de su fecha y hora y del contenido de lo comunicado; bien mediante entrega al destinatario de copia literal de la resolución que se le haya de notificar, del requerimiento que el tribunal o el letrado de la Administración de Justicia le dirija, o de la cédula de citación o emplazamiento; o bien, en todo caso, por el personal al servicio de la Administración de Justicia, a través de medios telemáticos, cuando se trate del Ministerio Fiscal, de la Abogacía del Estado, de los Letrados de las Cortes Generales y de las Asambleas Legislativas, o del Servicio Jurídico de la Administración de la Seguridad Social, de las demás Administraciones públicas de las Comunidades Autónomas o de los Entes Locales, si no tuvieran designado Procurador.

En la cédula se hará constar claramente el carácter judicial del escrito, y expresará el Tribunal o Letrado de la Administración de Justicia que hubiese dictado la resolución y el asunto en que haya recaído, el nombre y apellidos de la persona a quien se haga la citación o emplazamiento, y del Procurador encargado de cumplimentarlo, en su caso, el objeto de éstos y el lugar, día y hora en que deba comparecer el citado, o el plazo dentro del cual deba realizarse la actuación a que se refiera el emplazamiento, con la prevención de los efectos que, en cada caso, la ley establezca.

En lo que a la manera de computar los plazos se refiere, el art. 135 de la LEC introduce una novedad importante, al establecer que no solo el plazo procesal, sino que también el plazo sustantivo -por ejemplo, el de prescripción o de caducidad-, se extenderá hasta las quince horas del día hábil siguiente.

Con esa medida se pretende dotar de flexibilidad al cómputo de plazos, uniformizando así el tratamiento que se dispensa a los plazos sustantivos y a los procesales.

Por otro lado, tal como se recoge en el artículo 8 del Real Decreto-Ley 6/2023, se considera sede judicial electrónica a la dirección electrónica que está disponible para los ciudadanos a través de redes de telecomunicaciones cuya titularidad, gestión y administración corresponde a cada una de las administraciones competentes en materia de Justicia.

A este respecto, las sedes judiciales electrónicas se crearán mediante disposición publicada en el Boletín Oficial del Estado o el Boletín o Diario Oficial de la Comunidad Autónoma correspondiente, e integrarán, al menos, la identificación de la dirección electrónica de referencia de la sede, que incluirá el nombre del dominio que le otorgue la Administración competente.

Igualmente, contendrán la identificación de su titular, así como del órgano u órganos administrativos encargados de la gestión y de los servicios puestos a disposición de los ciudadanos y profesionales en la misma, identificando los canales de acceso a los servicios disponibles en la sede, con expresión, en su caso, de los teléfonos y oficinas a través de los cuales también pueda accederse a los mismos.

Referirán también los cauces disponibles para la formulación de sugerencias y quejas con respecto al servicio que presta la sede, así como el acceso al expediente judicial electrónico, a la presentación de escritos, a la práctica de notificaciones y a la agenda de señalamientos e información, de los sistemas habilitados de videoconferencia.

Por todo lo expuesto, se considera que el establecimiento de una sede judicial electrónica conlleva la responsabilidad de su titular de garantizar la integridad y actualización de la información facilitada, así como el acceso a los servicios previstos en la misma[3].

---

[3] A propósito del contenido y servicios que han de prestar las sedes judiciales electrónicas, señala el artículo 10 de Real Decreto-Ley 6/2023, que:
"1. Toda sede judicial electrónica dispondrá, al menos, de los siguientes contenidos:
a) Identificación de la sede, así como de la Administración Pública u organismos titulares y de los responsables de la gestión, de los servicios puestos a disposición en la misma y, en su caso, de las sedes de ella derivadas, así como del órgano, oficina judicial u oficina fiscal que origine la información que se deba incluir en la sede judicial electrónica.
b) Información necesaria para su correcta utilización, incluyendo el mapa de la sede judicial electrónica o información equivalente, con especificación de la estructura de navegación y las distintas secciones disponibles.
c) Relación de sistemas de identificación y firma electrónica que, conforme a lo previsto en este real decreto-ley, sean admitidos o utilizados en la sede.
d) Normas de creación del registro o registros electrónicos accesibles desde la sede.
e) Información relacionada con la protección de datos de carácter personal, incluyendo un enlace con la sede electrónica de la Agencia Española de Protección de Datos y las de las Agencias Autonómicas de Protección de Datos, asimismo, la información prevista en los artículos 13 y 14 del Reglamento (UE) 2016/679 del Parlamento Europeo y del Consejo, de 27 de abril de 2016, y cualquier otra que permita cumplir con el principio de transparencia, así como el inventario de tratamientos a que hace referencia el artículo 31.2 de la Ley Orgánica 3/2018, de 5 de diciembre.
2. Las sedes judiciales electrónicas tendrán, al menos, los siguientes servicios a disposición de los ciudadanos, ciudadanas y profesionales:
a) La relación de los servicios disponibles en la sede judicial electrónica.
b) La carta de servicios y la carta de servicios electrónicos.

De especial relevancia resulta también el establecimiento del denominado "Punto de Acceso General de la Administración de Justicia", que, como se recoge en el artículo 12 del Real Decreto-Ley 6/2023, será un portal orientado a los ciudadanos, en cuya sede electrónica contendrá, como mínimo, la Carpeta Justicia y el directorio de las sedes judiciales electrónicas que faciliten el acceso a los servicios, procedimientos e informaciones accesibles correspondientes a la Administración

---

c) La relación de los medios electrónicos que los ciudadanos, ciudadanas y profesionales pueden utilizar en cada supuesto en el ejercicio de su derecho a comunicarse con la Administración de Justicia.
d) Acceso al expediente judicial electrónico, a la presentación de escritos, a la práctica de actos de comunicación y a la agenda de señalamientos e información, en su caso, de los sistemas habilitados de videoconferencia.
e) Un enlace para la formulación de sugerencias y quejas ante los órganos correspondientes.
f) Acceso, en los términos establecidos en las leyes procesales, al estado de la tramitación del expediente.
g) Un enlace al Tablón Edictal Judicial único, como medio de publicación y consulta de las resoluciones y comunicaciones que por disposición legal deban fijarse en el tablón de anuncios o edictos.
h) Verificación de los sellos electrónicos de los órganos u organismos públicos que abarque la sede.
i) Comprobación de la autenticidad e integridad de los documentos emitidos por los órganos u organismos públicos que abarca la sede, que hayan sido autenticados mediante código seguro de verificación.
j) Servicios de asesoramiento electrónico al usuario para la correcta utilización de la sede.
k) La Carta de Derechos de los Ciudadanos ante la Justicia.
l) Enlace al apartado de instrucciones o gestión de cita para la solicitud de asistencia jurídica gratuita.
3. No será necesario recoger en las sedes derivadas la información y los servicios a que se refieren los apartados anteriores cuando ya figuren en la sede de la que aquéllas derivan.
4. La sede judicial electrónica garantizará el régimen de cooficialidad lingüística vigente en su territorio".

de Justicia, al Consejo General del Poder Judicial, a la Fiscalía General del Estado y a los organismos públicos vinculados o dependientes de la misma, así como a las administraciones con competencias en materia de Justicia.

Igualmente, podrá proporcionar acceso a los servicios o informaciones correspondientes a otras administraciones públicas o corporaciones que representen los intereses de los profesionales que se relacionan con la Administración de Justicia, mediante la celebración de los correspondientes convenios.

Este Punto de Acceso General de la Administración de Justicia será gestionado por el Ministerio de la Presidencia, Justicia y Relaciones con las Cortes, conforme a los acuerdos que se adopten en el Comité técnico estatal de la Administración judicial electrónica, para así asegurar la completa y exacta incorporación de la información y accesos publicados en éste, de manera interoperable con los posibles puntos ubicados en los portales habilitados por cada administración competente.

En líneas generales, el portal así diseñado responderá a los principios de accesibilidad universal y claridad de la información, e incluirá contenidos dirigidos a colectivos vulnerables -especialmente a niños y adolescentes-, que pudieran ser de su interés, ofreciendo al ciudadano, al menos, un servicio de consulta de expedientes en los que figure como parte en procedimientos judiciales, y otorgándole, en todo caso, la posibilidad de conocer y acceder a recibir las notificaciones de todos los órganos judiciales.

Finalmente, no podemos obviar que el Real Decreto-Ley 6/2023, introduce novedades en lo que a los mecanismos de reclamación de honorarios de Abogados y Procuradores se refiere. Así, los conocidos como procedimientos de cuenta y minuta jurada, han sido reformados, de modo que la disposición citada modifica el apartado 2 y añade un nuevo apartado 4 a los artículos 34 y 35 de nuestra Ley de Enjuiciamiento Civil, relativos a la cuenta del procurador y los honorarios de abogado, respectivamente.

De este modo, en aquellos supuestos de reclamación de honorarios contra una persona física, será necesario aportar el contrato existente con el cliente para que el Juez examine de oficio si este puede contener cláusulas abusivas en cuanto a la fijación del precio.

3. CELEBRACIÓN DE LOS ACTOS PROCESALES MEDIANTE PRESENCIA TELEMÁTICA

El Real Decreto-Ley 6/2023 añade un artículo 129 bis en nuestra Ley de Enjuiciamiento Civil, que establece la preferencia de que todos los actos procesales (vistas, audiencias, comparecencias, declaraciones...) se celebren telemáticamente. No obstante, este mismo artículo prevé, en su párrafo segundo, entre otras cuestiones, que, en la práctica de la audiencia, declaración o interrogatorio de las partes, testigos o peritos, será necesario que la persona correspondiente comparezca de forma presencial. Si quien haya de intervenir fuera una de las partes, será necesaria, además, la presencia física de su defensa letrada.

Sin embargo, se establecen una serie de excepciones, como en los casos de que quien deba intervenir resida en un municipio distinto de aquel en que tenga su sede el tribunal, dado que podrá solicitar que la intervención se realice por medios electrónicos.

Lo dispuesto en el referido artículo 129 bis, será también de aplicación a las actuaciones que se celebren ante los Letrados de la Administración de Justicia o los representantes del Ministerio Fiscal.

Así, tal como refiere el artículo 147 de la vigente Ley de Enjuiciamiento Civil, las actuaciones orales en vistas, audiencias y comparecencias celebradas ante los jueces o magistrados o, en su caso, ante los letrados de la Administración de Justicia, se registrarán en soporte apto para la grabación y reproducción del sonido y la imagen.

Siempre que se cuente con los medios tecnológicos necesarios, estos garantizarán la autenticidad e integridad de lo grabado o reproducido. A tal efecto, el letrado o letrada de la Administración de Justicia hará uso de la firma electrónica u otro sistema de seguridad que conforme a la ley ofrezca tales garantías. En este caso, la celebración del acto no requerirá la presencia en la sala del letrado o letrada de la Administración de Justicia salvo que lo hubieran solicitado las partes, al menos dos días antes de la celebración de la vista, o que excepcionalmente lo considere necesario el letrado o letrada de la Administración de Justicia atendiendo a la complejidad del asunto, al número y naturaleza de las pruebas a practicar, al número de intervinientes, a la posibilidad de que se produzcan incidencias que no pudieran registrarse, o a la concurrencia de otras circunstancias igualmente excepcionales que lo justifiquen. En estos casos, el letrado o letrada de la Administración de Justicia extenderá acta sucinta en los términos previstos en el artículo anterior.

Las actuaciones orales y vistas grabadas y documentadas en soporte digital no podrán transcribirse, salvo en aquellos casos en que una ley así lo determine, y, por su parte, la oficina judicial deberá asegurar la correcta incorporación de la grabación al expediente judicial electrónico.

Si los sistemas no proveen expediente judicial electrónico, el Letrado de la Administración de Justicia deberá custodiar el documento electrónico que sirva de soporte a la grabación y, en todo caso, las partes podrán pedir, a su costa, copia o acceso electrónico de las grabaciones originales.

En general, tal como dispone el artículo 146 LEC, las actuaciones procesales que no consistan en escritos y documentos se documentarán por medio de actas y diligencias y, cuando se utilicen medios técnicos de grabación o reproducción, estos deberán asegurar la autenticidad, integridad e inalterabilidad de lo grabado en los términos que establezca la normativa que regule los usos de la tecnología en la Administración de Justicia.

El Letrado de la Administración de Justicia velará en todo caso por el uso adecuado de los mismos, y a los fines anteriores hará uso de la firma electrónica u otro sistema de seguridad que sea conforme a la Ley. En todo caso, cuando esta disponga que se levante acta, se recogerá en ella, con la necesaria extensión y detalle, todo lo actuado.

Si se tratase de actuaciones que conforme a la LEC hayan de registrarse en soporte apto para la grabación y reproducción, y el Letrado de la Administración de Justicia dispusiere de firma electrónica u otro sistema de seguridad que conforme a la Ley garantice la autenticidad e integridad de lo grabado, el documento electrónico así generado constituirá el acta a todos los efectos.

Sin perjuicio de cualesquiera otras medidas de identificación de los intervinientes, estos deberán expresar, bajo su responsabilidad, ante la autoridad que presida el acto su nombre y apellidos de forma que quede constancia en la grabación.

Si los mencionados mecanismos de garantía no se pudiesen utilizar, el Letrado de la Administración de Justicia deberá consignar en el acta el número y clase de procedimiento; lugar y fecha de celebración; tiempo de duración; asistentes al acto; peticiones y propuestas de las partes; en caso de proposición de pruebas, declaración de pertinencia y orden en la práctica de las mismas; y las resoluciones que adopte el órgano jurisdiccional, así como las circunstancias e incidencias que no pudieran constar en aquel soporte.

En estos casos, o cuando los medios de registro previstos no se pudiesen utilizar por cualquier causa, el acta se extenderá por procedimientos informáticos, sin que pueda ser manuscrita más que en las ocasiones en que la sala en que se esté celebrando la actuación careciera de medios informáticos.

Los Tribunales podrán emplear medios técnicos de documentación y archivo de sus actuaciones y de los escritos y documentos que recibieren, siempre que actúen conforme a las garantías legalmente previstas, y también podrán emplear medios técnicos de seguimiento del estado de los procesos y de estadística relativa a estos.

Así pues, en conclusión, los juicios y vistas deberán ser grabados y el documento electrónico que constituya el acta levantada por el Letrado de la Administración de Justicia, en cuanto titular de la fe pública judicial y dotado por ello de firma electrónica a tal efecto, servirá para garantizar la exactitud y autenticidad de la grabación efectuada. Eso sí, como hemos dicho anteriormente, el acta podrá ser manuscrita solo en el caso de que la sala en la que se estén desarrollando las actuaciones, no disponga de la tecnología necesaria para ello.

Tengamos presente que, a todos los efectos, tendrán la consideración de documentos judiciales electrónicos las resoluciones y actuaciones que se generen en los sistemas de gestión procesal, así como toda información que tenga acceso de otra forma al expediente, cuando incorporen datos firmados electrónicamente, siendo un documento público aquel documento electrónico que incluya la fecha electrónica y que incorpore la firma electrónica reconocida del Letrado de la Administración de Justicia, siempre que actúe en el ámbito de su competencia, conforme a lo dispuesto en las normas procesales[4].

---

4 No olvidemos que el concepto de "documento judicial electrónico", es puramente tecnológico y no procesal, ya que cualquiera que sea la fuente de procedencia de la información, incluidos los documentos que recogen actos de parte, a efectos legales se considerarán documentos judiciales electrónicos, cuando se incorporen al expediente judicial

Si las grabaciones efectuadas adolecieran de algún defecto, viene al caso, por relevante, lo que al respecto ha señalado nuestro más alto Tribunal, en su decisión de 8 de mayo de 2014, cuando concluye que "la grabación audiovisual de los juicios y vistas tiene unas limitaciones técnicas de las que son conscientes todos quienes intervienen en el proceso. De hecho, no se está ante la grabación propia de una película o un programa televisivo, en la que se registra lo que dicen los intervinientes incluso aunque estén en movimiento, y la grabación de vídeo es de alta resolución, con posibilidad de dirigir las cámaras hacia distintos lugares, y de utilizar el zoom para acercar la imagen. En las grabaciones de los juicios y vistas, de ordinario, los micrófonos son fijos, y las cámaras son también fijas, lo que puede ser apreciado por los asistentes al acto, en concreto por los abogados de las partes. Asimismo, la resolución de grabación no es muy alta, lo que puede ser perfectamente conocido por los abogados por las grabaciones de juicios anteriores".

En consecuencia, actuaciones "consistentes en peritos o testigos que abandonan el lugar donde está su micrófono y se acercan, por indicárselo así el Juez que preside la vista, al estrado para que le sean exhibidos planos u otros documentos, no pueden quedar adecuadamente registrados en el soporte audiovisual, porque el micrófono no sigue al testigo o perito, y porque las indicaciones que hace sobre el plano no se aprecian en la grabación visual. Se trata de situaciones de las que son perfectamente conscientes los profesionales que intervienen en el juicio o vista.

Si el abogado de una parte considera que la aclaración realizada es de especial trascendencia para los intereses de su par-

---

electrónico, siempre que reúnan todos los requisitos necesarios para ello (firma electrónica, metadatos,...). *Cfr.* GONZÁLEZ ROMERO, M. M., "El expediente judicial electrónico", *Práctica de Tribunales*, 131, Marzo-Abril 2018, p. 16.

te, la diligencia exigible a quienes intervienen en el proceso requiere que tomen la iniciativa para que tales problemas de documentación, derivados de las limitaciones técnicas expuestas, resulten suplidos por otros medios".

Partiendo de lo expuesto, no es admisible que una vez que la Sentencia que resuelve el litigio le resulta desfavorable, dicho interviniente alegue indefensión y pida la repetición del juicio. Además, en dicha repetición del juicio, los mencionados problemas volverían a producirse, a la vista de las limitaciones técnicas a que se ha hecho referencia[5].

4. MODIFICACIONES EN MATERIA PROCEDIMENTAL

En primer lugar, en lo que a la cuantía de los procedimientos declarativos ordinarios se refiere (artículos 249 y 250 LEC), el Real Decreto-Ley 6/2023 introduce cambios en los requisitos para acceder al procedimiento ordinario, limitando la tramitación de demandas a través de sus cauces y, complementariamente, flexibilizando el acceso al juicio verbal.

En este sentido, cuando el tipo de procedimiento se decida por razón de la cuantía, se eleva la cuantía necesaria para que las demandas se tramiten por el cauce del juicio verbal, pasando de 6.000 a 15.000 €.

Del mismo modo, se han introducido una serie de nuevas materias que deberán tramitarse por el cauce del procedimiento verbal (art. 250 LEC), más concretamente, las acciones individuales relativas a condiciones generales de contratación; la acción de reclamación de cantidad de juntas de propietarios; y la acción de división de cosa común.

---

5 *Cfr.* STS 241/2014, de 8 de mayo de 2014, Fundamento Jurídico 3º (Rec. nº. 801/2012).

Igualmente, en materia de aportación y práctica de prueba (artículos 268 bis, 270, 273, 279, 311, 320, 331 y 337 LEC, entre otros) la reciente disposición que analizamos, ha introducido numerosas modificaciones derivadas de su realización a través de medios telemáticos. A este respecto, como cuestión más relevante, se admite la presentación tardía de informes periciales en el juicio verbal, con posibilidad de presentarlos en el plazo de 30 días desde la presentación de la demanda o de la contestación, cuando no fuera posible aportarlos junto con estas (art. 337.1° LEC).

Además de estas consideraciones, el Real Decreto-Ley 6/2023 introduce, a través del nuevo artículo 438.bis, el denominado "Procedimiento Testigo" o "pleito testigo", ya existente en el orden contencioso-administrativo. El funcionamiento de este mecanismo comienza tomando como referencia un pleito, el denominado "testigo", que, por sus características asimilables a las de otros procedimientos que se están sustanciando al mismo tiempo, y tomando como guía lo que ocurre en este primer litigio, hace posible suspender las actuaciones de los litigios posteriores hasta que se resuelva lo que ocurre en el referido "pleito testigo". De este modo se pretende evitar que pueda darse la obtención de sentencias contradictorias[6].

De acuerdo a lo previsto por el Real Decreto-Ley, se prevé su utilización en el seno de las demandas del artículo 250.1. 4° LEC, es decir, en aquellas en que se ejercite una acción in-

---

[6] Todas estas cuestiones son objeto de análisis en el informe que, a propósito de las reformas operadas por el Real Decreto-Ley 6/2023, ha elaborado RAMÓN Y CAJAL ABOGADOS, "*Nota sobre las nuevas medidas en materia de eficiencia procesal en el ámbito del proceso civil, contenidas en el Real Decreto-Ley 6/2023, de 19 de diciembre*" [en línea], (2024), <https://www.ramonycajalabogados.com/es/nota-sobre-las-nuevas-medidas-en-materia-de-eficiencia-procesal-en-el-ambito-del-proceso-civil>. [Consulta 25/10/24.].

dividual sobre condiciones generales de la contratación. En este sentido, si se apreciare que la demanda incluye pretensiones que ya están siendo objeto de procedimientos anteriores iniciados por otros litigantes; o bien, que no es preceptiva la realización de un control de transparencia de la cláusula general puesta en tela de juicio, ni tampoco la valoración de la existencia de vicios de consentimiento en el contratante; y, por último, que existe una identidad sustancial entre las condiciones generales examinadas por la demanda presentada y otras relativas a procedimientos anteriores.

El Letrado de la Administración de Justicia, pero también el demandante o el demandado a través de los escritos de demanda y contestación, respectivamente, podrán dar cuenta de estas apreciaciones al Tribunal antes de admitir la demanda.

De este modo, una vez realizado el examen pertinente con el fin de determinar si concurren las anteriores condiciones, el órgano jurisdiccional dictará, o bien un auto acordando la suspensión del proceso hasta que se obtenga sentencia firme en el procedimiento testigo, o bien una providencia ordenando continuar con la tramitación del litigio.

El procedimiento testigo se tramitará con carácter preferente y, una vez se obtenga una sentencia firme en él, se dictará providencia por el Tribunal del procedimiento en suspenso, indicando si procede o no su continuación. Ante esto, el demandante podrá desistir del procedimiento, instar su continuación indicando las razones o pretensiones que deben ser -a su juicio- resueltas, o bien solicitar la extensión a sus pretensiones de los efectos de la resolución adoptada en el procedimiento testigo. Finalmente, si el demandante optara por esta última posibilidad, podrá instar la ejecución, de acuerdo con lo establecido en el artículo 519 de la Ley de Enjuiciamiento Civil.

Asimismo, el Real Decreto-Ley 6/2023 añade también a esta última disposición, el artículo 43 bis, mediante el que se regula la denominada cuestión prejudicial europea. De hecho, con carácter previo a la publicación del reciente Real Decreto-Ley, nuestra Ley de Enjuiciamiento Civil únicamente incluía una regulación genérica de las cuestiones prejudiciales, en los artículos 40 al 43, los cuales no se referían expresamente al procedimiento específico de la cuestión prejudicial ante el Tribunal de Justicia de la Unión Europea.

Así, el nuevo artículo 43 bis LEC integra la regulación de la cuestión prejudicial ante el referido órgano judicial, en el seno del procedimiento civil español, previendo, por una parte, el planteamiento de una cuestión prejudicial ante el TJUE (art. 43 bis 1 LEC) y, por otra, la posibilidad de suspender motivadamente el procedimiento cuando otro órgano jurisdiccional de cualquier Estado miembro de la Unión Europea haya planteado una cuestión prejudicial vinculada con el objeto de su procedimiento y que pudiere afectar a su resolución, tras dar audiencia a las partes y al Ministerio Fiscal (art. 43 bis 2 LEC).

Por último, no podemos pasar por alto que el procedimiento monitorio también se ha visto modificado. De este modo, la nueva redacción del artículo 815 LEC prevé la posibilidad de que, si el órgano jurisdiccional estimase que alguna de las cláusulas que constituyan el fundamento de la solicitud pudieran reputarse abusivas, pueda este plantear mediante auto una propuesta de requerimiento de pago que no tenga en cuenta estas cláusulas.

De darse este caso, el demandante deberá aceptar o rechazar esta propuesta de pago en el plazo de 10 días y, si no se pronunciara, se entenderá que la acepta, sin perjuicio de que pueda ejercitar la parte no satisfecha únicamente en el procedimiento declarativo que corresponda.

Ya la reciente reforma llevada a cabo por la Ley 42/2015, de 25 de octubre, en cumplimiento de la jurisprudencia del Tribunal de Justicia de la Unión Europea y nuestro Tribunal Supremo sobre control judicial de las cláusulas abusivas, introdujo en el artículo 815 de la LEC, en un nuevo apartado 4, un trámite que permitía al juzgador, previamente a que el Letrado de la Administración de Justicia acordase realizar el requerimiento de pago, controlar la eventual existencia de cláusulas abusivas en los contratos en los que se basaran los procedimientos monitorios que se dirigieran contra consumidores o usuarios y, en su caso, tras dar audiencia a ambas partes, resolver lo procedente, sin que ello produjese efecto de cosa juzgada, como reclamaba la normativa europea.

El modo de proceder sería siguiente: si la reclamación de la deuda se fundara en un contrato entre un empresario o profesional y un consumidor o usuario, el Letrado de la Administración de Justicia, previamente a efectuar el requerimiento, dará cuenta al Juez para que pueda apreciar el posible carácter abusivo de cualquier cláusula que constituya el fundamento de la petición o que hubiese determinado la cantidad exigible.

Si el juzgador así lo considera, podrá plantear mediante auto una propuesta de requerimiento de pago por el importe que resultase de excluir de la cantidad reclamada la cuantía derivada de la aplicación de la cláusula.

En ambos casos, el demandante deberá aceptar o rechazar la propuesta formulada en el plazo de diez días, entendiéndose aceptada si dejara transcurrir el plazo sin realizar manifestación alguna.

En caso de aceptar la reducción, podrá proseguir con la reclamación rebajada en el procedimiento oportuno, y se requerirá el pago de lo aceptado; y en caso de negar dicha reducción, se dará por desistido de la acción y podrá interponer el procedimiento declarativo oportuno, siendo este auto apelable.

Si el tribunal no estimase la existencia de cláusulas abusivas, lo declarará así y el Letrado de la Administración de Justicia procederá a requerir al deudor en los términos previstos en el apartado 1, de forma que, -de no ser necesarias las actuaciones anteriores o, cuando sí lo fueren, en su caso, se acuerde continuar el procedimiento, bien porque el peticionario acepte la propuesta de pago por importe inferior, o bien porque la cláusula no se estime abusiva, o de serlo se declare eliminada-, se acordará por el Letrado de la Administración de Justicia requerir al deudor a fin de que en el plazo de veinte días pague al peticionario, acreditándolo ante el Juez, o comparezca ante este y alegue de forma fundada y motivada, en escrito de oposición, las razones por las que, a su entender, no debe, en todo o en parte, la cantidad reclamada (art. 815.1.3 y 4).

El requerimiento se hará en la forma ordinaria prevista en el artículo 161 de la LEC, y contendrá el apercibimiento al deudor de que si no paga ni comparece alegando razones de la negativa al pago, se despachará ejecución contra él (art. 815.1).

En las reclamaciones de cantidades debidas en concepto de gastos comunes de comunidades de propietarios de inmuebles urbanos, la notificación deberá efectuarse en el domicilio previamente designado por el deudor para las notificaciones y citaciones de toda índole relacionadas con los asuntos de la comunidad de propietarios. Si no se hubiere designado tal domicilio, se intentará la comunicación en el piso o local, y si tampoco pudiere hacerse efectiva de este modo, se le notificará conforme a lo dispuesto en el artículo 164 de la presente Ley (art. 815.2).

Como regla específica, se precisa que sólo se admitirá el requerimiento al demandado por medio de edictos cuando se trate de reclamaciones de gastos de comunidad de propietarios de inmuebles (art. 815.1, inciso final).

Por último, se establece la posibilidad de adoptar medidas cautelares en los procedimientos con consumidores (art. 721 LEC). Así, el Real Decreto-Ley 6/2023, a través de la modificación del artículo 721 LEC, permite al órgano jurisdiccional que haya dispuesto la suspensión por prejudicialidad civil (conforme a lo dispuesto en el art. 43 LEC) en procedimientos con consumidores relativos a acciones individuales dirigidas a que se declare el carácter abusivo de una cláusula contractual, acordar las medidas cautelares que considere necesarias para asegurar la eficacia de un eventual pronunciamiento estimatorio, sin necesidad de que se preste caución.

5. MODIFICACIONES EN MATERIA DE RECURSOS

El Real Decreto-Ley 6/2023 introduce relevantes modificaciones en el recurso de apelación (artículos 398, 458 y 461 LEC). Así, en primer lugar, el art. 398 LEC establece que, en materia de costas, este recurso se regirá por el principio de vencimiento objetivo, conforme a lo dispuesto en el artículo 394 LEC.

Del mismo modo, y es una novedad ciertamente relevante desde el punto de vista práctico, la nueva redacción dada al art. 458 LEC, prevé la interposición del recurso de apelación ante el órgano competente para resolver el mismo, y no ante el que dictó la resolución recurrida. Igualmente, como consecuencia de lo anterior, se dispone que la oposición a dicho recurso ya no se presentará ante el órgano que dictó la resolución, sino ante el que deba resolver el recurso de apelación.

Por otro lado, en lo que a los recursos extraordinarios se refiere, se ha dado una nueva redacción al artículo 466 LEC, suprimiendo definitivamente el recurso extraordinario por infracción procesal, y estableciendo que contra las Sentencias dictadas por las Audiencias Provinciales únicamente cabe la interposición del recurso de casación. De este modo, se suprime el artículo 467 LEC y el Capítulo IV del Libro II, dejando sin contenido los artículos 468 al 476.

Finalmente, se modifica el art. 477, relativo al motivo del recurso de casación y resoluciones recurribles en casación, admitiendo la posibilidad de que se recurran por esta vía las Sentencias dictadas por las Audiencias Provinciales contra las resoluciones que agotan la vía administrativa en materia de propiedad industrial por la Oficina Española de Patentes y Marcas.

Efectivamente, durante la vigencia de la LEC de 1881, el recurso de casación constituía el medio de impugnación previsto contra las Sentencias definitivas dictadas en apelación, a través del cual cabía solicitar al órgano competente para conocer de dicho recurso (Sala de lo Civil del Tribunal Supremo o Sala de lo Civil y Penal del Tribunal Superior de Justicia) que examinara la corrección de la aplicación del Derecho llevada a cabo por el tribunal "a quo" o de la observancia por parte del mismo de las normas y garantías procesales, con la finalidad de que casara o anulara la sentencia recurrida si esta hubiera infringido el ordenamiento jurídico o la jurisprudencia aplicable al fondo del asunto, o se hubieran vulnerado las normas o garantías procesales produciendo indefensión.

Existían, por tanto, dos modalidades de recurso de casación: de un lado, la casación por infracción de ley, a través de la cual se perseguía que el órgano "ad quem" examinara la labor de interpretación y aplicación de la jurisprudencia y de las normas jurídicas materiales llevada a cabo para resolver la cuestión planteada por el órgano "a quo"; y, de otro, la casación por quebrantamiento de forma, que tenía por objeto que se examinara la corrección de la actuación procesal.

Posteriormente, la Ley 34/1984, de 6 de agosto, suprimió la distinción formal y la diferente tramitación entre ambos tipos de recurso de casación, pero mantuvo los motivos del ya único recurso correspondientes a cada una de las modalidades, con un diferente tratamiento procesal, en función de que se apreciara una infracción de normas materiales o una vulneración de las normas y garantías procesales.

La LEC de 2000 mantiene, lógicamente, la posibilidad de denunciar ambos tipos de infracciones, pero la novedad que introduce radica en que para la denuncia de cada una de ellas prevé un recurso extraordinario distinto, atribuyéndose la competencia para conocer de cada uno de ellos a órganos distintos. Así, se establece el recurso extraordinario por infracción procesal para las infracciones que antes se denunciaban a través del denominado recurso de casación por quebrantamiento de forma, es decir, las relativas a las normas y garantías del proceso, cuyo conocimiento se atribuye a las Salas de lo Civil y Penal de los Tribunales Superiores de Justicia.

El recurso de casación se mantiene, por tanto, únicamente para la denuncia de las infracciones del ordenamiento jurídico sustantivo, correspondiendo su decisión a la Sala de lo Civil del Tribunal Supremo, salvo que la norma infringida sea de Derecho civil, foral o especial, propio de una Comunidad Autónoma, en cuyo caso, la competencia se atribuye a la Sala de lo Civil y Penal del respectivo Tribunal Superior de Justicia (artículo 478 LEC).

En definitiva, en tanto que, como hemos visto, el recurso por infracción procesal tiene como finalidad evitar la infracción de las formas y garantías procesales, el recurso de casación va a tratar de controlar la correcta aplicación e interpretación de las normas legales o de la jurisprudencia aplicables al fondo del litigio y la unificación de los criterios a seguir en situaciones similares.

La falta de consenso parlamentario en el diseño de ambos recursos y de la mayoría necesaria para aprobar la reforma de la Ley Orgánica del Poder Judicial a fin de atribuir competencia para conocer de todos los recursos extraordinarios por infracción procesal a las Salas de lo Civil y Penal de los Tribunales Superiores de Justicia provocó la aprobación de la disposición final 16ª de la Ley de Enjuiciamiento Civil. Esta disposición regulaba un régimen transitorio del recurso por infracción procesal que debía interponerse conjuntamente con el recurso de casación y sólo de manera independiente en los procesos especiales de protección de derechos fundamentales y en los procesos de cuantía superior a una determinada cantidad, que tras sucesivos incrementos se fijó en 600.000 euros.

El diseño de la LEC queda definitivamente desmontado con la reforma introducida por el Real Decreto-Ley 6/2023, de 19 de diciembre, por el que se aprueban medidas urgentes para la ejecución del Plan de Recuperación, Transformación y Resiliencia en materia de servicio público de justicia, función pública, régimen local y mecenazgo, que incorpora a la LEC muchas de las interpretaciones que realizó, en relación con el recurso de casación el Tribunal Supremo en el acuerdo de 27 de enero de 2017.

Los aspectos fundamentales de la reforma, son los siguientes: se suprime el recurso en interés de ley; se deroga el recurso por infracción procesal y se integran los motivos procesales en el recurso de casación; se modifican los criterios de acceso al recurso de casación, eliminando el acceso por cuantía y manteniendo el interés casacional y el acceso directo en los procesos de tutela de los derechos fundamentales; se modifica el concepto de interés casacional para ampliarlo a las normas sobre las que no exista doctrina jurisprudencial del Tribunal Supremo, eliminando el elemento temporal de la aprobación de la ley, e introduciendo el interés casacional notorio; se regulan los requisitos de acceso al recurso de casación cuando se alegue la vulneración de una norma procesal; se permite que la Sala de Gobierno del Tribunal Supremo pueda adoptar acuerdos determinando la extensión máxima y otras condiciones extrínsecas de los escritos de interposición y oposición del recurso de casación; y, por último, se modifica el procedimiento del recurso de casación.

6. MODIFICACIONES EN MATERIA DE EJECUCIÓN

Son numerosos los cambios que ha introducido el Real Decreto-Ley en los procedimientos de ejecución, especialmente en la regulación alusiva a las ejecuciones relativas a pleitos de cláusulas abusivas. En este sentido, la nueva redacción del art. 551 LEC impone a los jueces la obligación de examinar de oficio la abusividad de las cláusulas en que se sustente la ejecución, cuando esta tenga su razón de ser en una sentencia sobre contratos entre empresario y consumidores o usuarios. Si el juez concluyera que, efectivamente, las cláusulas en que se basa la ejecución pueden calificarse como abusivas, acordará una audiencia a las partes y, tras oír a estas, dictará auto que, una vez adquiera firmeza, tendrá efectos de cosa juzgada.

Una vez presentada la demanda ejecutiva, el Tribunal dictará un auto conteniendo la orden general de ejecución y procederá al despacho de la misma, siempre y cuando concurran en aquella los presupuestos y requisitos procesales exigidos, el título ejecutivo no adolezca de alguna irregularidad formal, no considere abusivas las cláusulas contenidas en los títulos extrajudiciales que sirven de fundamento a la ejecución o que determinan la cantidad exigible, y los actos de ejecución que se soliciten sean conformes con la naturaleza y contenido del título (artículo 551.1 LEC).

La ejecución se despachará mediante auto que no será susceptible de recurso alguno, tal como refiere el artículo 551.2 LEC. Dicho auto deberá contener la determinación de la persona o personas a cuyo favor o contra quien se despacha la ejecución, si esta se despacha en forma mancomunada o solidaria, la cantidad por la que se despacha la ejecución, así como las precisiones que resulte necesario realizar respecto de las partes o del contenido de la ejecución, según lo dispuesto en el título ejecutivo, y asimismo, respecto de los responsables personales de la deuda o propietarios de bienes especialmente afectos a su pago o a los que ha de extenderse la ejecución.

Dictado el referido auto despachando ejecución, el Letrado responsable de la misma dictará decreto en el que se contendrán las medidas de localización y averiguación de los bienes del ejecutado que procedan, el contenido del requerimiento de pago que deba hacerse al deudor -en los casos en que la Ley establezca este requerimiento- y las medidas ejecutivas que se acuerden, incluido, si fuere posible, el embargo de bienes concretos (artículo. 551.3 LEC). Contra dicho decreto podrá interponerse recurso directo de revisión ante el Tribunal que hubiere dictado la orden general de ejecución.

Finalmente, tanto el auto como el decreto en cuestión, con copia de la demanda ejecutiva, se notificarán simultáneamente al ejecutado, sin citarle ni emplazarle, para que pueda personarse en cualquier momento, entendiéndose con él, desde entonces, las sucesivas actuaciones (art. 553 LEC).

Si el Tribunal considera que la demanda o el título no responden a los requisitos legales, dictará auto denegando el despacho de la ejecución, contra el cual podrá interponerse recurso de reposición previo al de apelación, o bien directamente este último, que se sustanciará sólo con el acreedor. Una vez firme el auto denegatorio de la ejecución, la parte acreedora únicamente podrá hacer valer sus derechos a través del proceso declarativo ordinario correspondiente, siempre y cuando no impida esta posibilidad el efecto de cosa juzgada que hubiere producido la Sentencia o resolución cuya ejecución se pretendía (art. 552.1, 2 y 3 LEC).

Se establece también, tanto la posibilidad de acordar la entrega de cantidades embargadas que tengan carácter periódico a través del dictado de una única resolución que ampare entregas posteriores hasta el completo pago del principal (art. 634 LEC), como la modificación del procedimiento de embargo de acciones y participaciones sociales.

Continúa siendo la primera forma de realización de los bienes embargados a la que alude la Ley, la entrega directa de los mismos al ejecutante. Así, el artículo 634.1 LEC señala que "el Letrado responsable de la ejecución entregará directamente al ejecutante, por su valor nominal, los bienes embargados que sean dinero efectivo, saldos de cuentas corrientes y de otras de inmediata disposición, divisas convertibles, previa conversión, en su caso, o bien cualquier otro bien cuyo valor nominal coincida con su valor de mercado, o que, aunque inferior, el acreedor acepte la entrega del bien por su valor nominal".

A decir verdad, en estos supuestos no existe propiamente ejecución forzosa dada la entrega inmediata que del bien se hace al ejecutante.

En todo caso, "si los bienes embargados fueren acciones, obligaciones u otros valores admitidos a negociación en mercado secundario, el Letrado ordenará que se enajenen con arreglo a las leyes que rigen estos mercados. Lo mismo se hará si el bien objeto de embargo cotiza en cualquier mercado reglado, o puede acceder a un mercado con precio oficial" (art. 635.1 LEC).

Así, si lo embargado fueren acciones o participaciones societarias de cualquier clase, que no coticen en Bolsa, la realización se hará atendiendo a las disposiciones estatutarias y legales sobre enajenación de las acciones o participaciones y, en especial, a los derechos de adquisición preferente. A falta de disposiciones especiales, la realización se hará a través de subasta judicial (art. 635.2 LEC).

Si se trata de bienes que no fueren acciones o participaciones sociales, la LEC establece otras formas de ejecución forzosa. Así, el artículo 636 LEC señala que habrá de estarse en primer lugar al convenio de realización, establecido entre partes e interesados, siempre y cuando el mismo fuese aprobado por el Letrado encargado de la ejecución. A falta del citado acuerdo, la enajenación de los bienes embargados se llevará a cabo, bien a través de enajenación por persona o entidad especializada, en los casos y forma previstos en la Ley, bien mediante subasta judicial. Con todo, este último es el procedimiento normalmente utilizado (art. 636.3 LEC).

A todos los efectos, sea cual fuere el mecanismo de transformación de los bienes embargados, será necesario realizar la previa valoración o avalúo de los mismos, a no ser que ejecutante y ejecutado se hubiesen puesto de acuerdo acerca del valor, antes o durante la ejecución (art.637 LEC). Si no hubiese acuerdo a este respecto, se procederá a designar un perito o tasador (art. 638 LEC).

7. CONCLUSIONES

La reforma acometida a través del Real Decreto-Ley 6/2023, apuesta por la modernización del sistema judicial, potenciando tanto la digitalización como la tramitación telemática y, por otro lado, introduce novedades de gran calado como es el caso de la creación del denominado procedimiento testigo o pleito testigo, ya existente en el orden contencioso-administrativo, la supresión del recurso extraordinario por infracción procesal, y la modificación de la cuantía en los juicios verbales.

El objetivo de estos cambios no es otro que el de desarrollar la eficiencia y celeridad de los procedimientos judiciales, a través de la supresión de plazos y posibles obstáculos físicos, jurídicos o personales que retrasen o dificulten su tramitación.

Ahora bien, como acertadamente refieren algunas opiniones doctrinales, la distribución competencial que padece la Administración de Justicia, dificulta la correcta implantación del referido expediente judicial electrónico, y ello, a pesar de que el legislador ha apostado decididamente por dar soporte normativo a la introducción de las nuevas tecnologías en este terreno. Sin embargo, la calidad y el desarrollo de estas, así como el nivel y grado de aceptación de los usuarios, representan dos serios obstáculos a superar para poder avanzar de manera decidida en este terreno[7].

Efectivamente, a pesar de las diversas reformas operadas en este sentido en nuestra Ley de Enjuiciamiento Civil, el panorama actual genera más incertidumbres que certezas, ya que no resulta de recibo la coexistencia de los emplazamientos y citaciones en papel, los actos de comunicación que se realizan en soporte digital; los requerimientos que deben realizarse personalmente; e incluso los faxes que aún remiten en sus actuaciones algunas personas jurídicas. Es obvia, por tanto, la falta absoluta de un criterio único de proceder que dote de la necesaria seguridad jurídica al sistema procedimental vigente.

Además, existe un altísimo porcentaje de asuntos –dentro de la jurisdicción civil, fundamentalmente- en los que la parte demandada suele ser una persona física que no está ni mucho menos compelida, ya sea legal o contractualmente, a relacionarse en todo caso electrónicamente con la Administración de Justicia, con los problemas que, a los efectos que estamos analizando, ello pueda acarrear.

A lo anterior se suma el hecho de que, aun cuando es obvia la concurrencia de un consenso generalizado con respecto a la trascendencia de la modernización de la Administración de Justicia, sin embargo no se está llevando a la práctica de igual modo –ni con la misma eficacia y rapidez- en los distintos territorios, lo que entorpece la labor diaria, tanto de los funcionarios de la Administración de Justicia, como, y sobre todo, de los profesionales que trabajan en dicho entorno, ya que tienen

---

7 *Cfr.* MARTÍNEZ DE SANTOS, A., "Aplicación del art. 147 LEC respecto a la documentación de las actuaciones mediante sistemas de grabación y reproducción de la imagen y el sonido en el proceso civil y su traslación al proceso penal", *Práctica de Tribunales*, 164, septiembre-octubre 2023, p. 2.

que entenderse con herramientas que varían enormemente de unas Comunidades Autónomas a otras, con el lógico trastorno que ello comporta para el normal desempeño de su tarea cotidiana[8].

En este orden de cosas, el Real Decreto-Ley 6/2023, puede ser el instrumento definitivo para el reconocimiento e implantación de la interoperabilidad, y ya en su Disposición Adicional Primera señala que en el plazo de cinco años desde la entrada en vigor del Libro primero de esta disposición, las administraciones públicas con competencias en medios materiales y personales de la Administración de Justicia, garantizarán la interoperabilidad entre los sistemas al servicio de esta, conforme a lo previsto no solo en el propio Real Decreto-Ley, sino también en sus desarrollos reglamentarios y en las especificaciones establecidas por el Comité Técnico Estatal de Administración Judicial Electrónica en el marco institucional de cooperación en materia de administración electrónica[9].

No en vano, el Proyecto de Ley de Medidas de Eficiencia Digital del Servicio Público de Justicia establece el principio general de una Administración de Justicia orientada al dato, frente al modelo actual orientado al documento, ya esté confeccionado en formato papel o sea de naturaleza digital. De este modo, los sistemas de justicia asegurarán la entrada y tratamiento de la información en forma de metadatos, conforme a unos esquemas y datos comunes e interoperables, lo cual posibilitará una tramitación íntegramente electrónica de los

---

8 Así lo expone, con buen criterio, CARRILLO RODRÍGUEZ, L., "Nuevas tecnologías en Justicia: necesaria modernización coordinada", *Actualidad administrativa*, 9, septiembre 2023, p. 3.

9 *Cfr.* GONZÁLEZ JIMÉNEZ, L., "El expediente judicial electrónico en Cataluña. El Protocolo 1/2024 de la Secretaría de Gobierno del Tribunal Superior de Justicia de Cataluña", *Diario La Ley*, 10459, 5 de marzo de 2024, p. 7.

procedimientos judiciales, configurando así un esquema de trabajo uniformizado, que tendrá como uno de sus pilares fundamentales, la gestión eficaz y eficiente de los datos judiciales, resultando, en consecuencia, más pragmático y operativo que el modelo actual[10].

En cualquier caso, y el reciente Real Decreto-Ley 6/2023, de 19 de diciembre, es una más que evidente prueba de ello, se propugna la necesidad de adaptar la Administración de Justicia a las exigencias de las nuevas tecnologías, impulsando así la celebración de los juicios telemáticos, en los que los ciudadanos puedan comparecer de manera virtual, presentando asimismo sus respectivos escritos a través de esta vía. Como establece el profesor MAGRO SERVET, la digitalización "conlleva un com-

---

[10] *Cfr.* SÁNCHEZ GÓMEZ, R., "Transición digital en la administración de justicia. Tramitación judicial electrónica orientada al dato", *Actualidad Civil*, 3, marzo 2024, p. 12. Igualmente, hacemos nuestras las afirmaciones que, a este respecto realiza la profesora BARONA VILAR, cuando señala que, "esta orientación al dato ofrece numerosas mejoras en celeridad, eficiencia y aminoración de costes en las relaciones entre la ciudadanía y la Administración en general, siempre que se garanticen los principios de seguridad jurídica digital, acceso, autenticidad, confidencialidad, disponibilidad, integridad, trazabilidad, conservación e interoperatividad de los sistemas de información de la Administración. Todo ello debe ser aplicable en el sector Justicia, como punto de partida indiscutible para favorecer el ecosistema digital eficiente, sostenible y garantista de la Justicia en nuestro país. Y son estos los principios sobre los que se diseña la normativa proyectada en torno a la eficiencia digital del servicio público de la Justicia, esto es, en la conformación, *modus operandi* y estructura de la Administración de Justicia, amén de la regulación de las relaciones de la Administración de Justicia con la ciudadanía y con los profesionales que interactúan con ella, así como las relaciones entre aquélla y el resto de Administraciones y organismos públicos". *Cfr.* BARONA VILAR, S., "Ecosistema digital de Justicia eficiente (De la Justicia digital orientada al documento a la Justicia orientada al dato)", *Actualidad Civil*, 5, mayo 2023, p. 12.

promiso normativo con una sociedad avanzada, moderna, y en la que la eficacia, eficiencia y la efectividad, son términos trasladables a cualquier servicio público, incluido, desde luego, el prestado por la Administración de Justicia"[11].

Para terminar, no podemos olvidar al factor humano como uno de los actores principales del cambio que se pretende consolidar. Eso sí, es importante recordar que cada ser humano requiere, como es lógico, de tiempos diferentes para adaptarse a los cambios, para comprenderlos y, sobre todo, para comprometerse decididamente con ellos[12].

8. REFERENCIAS BIBLIOGRÁFICAS

BARONA VILAR, S., "Ecosistema digital de Justicia eficiente (De la Justicia digital orientada al documento a la Justicia orientada al dato)", *Actualidad Civil*, 5, mayo 2023, pp. 1-22.

BEL BLESA, J., "La gestión del cambio sobre proyectos de nuevas tecnologías en la Administración de Justicia. El ejemplo de Cantabria", *Diario La Ley*, 10307, 14 de junio de 2023, pp. 1-10.

CALAZA LÓPEZ, S., "Contra todo pronóstico: Tanta digitalización como desconexión de la mediación. Ni MASC ni menos", *La Ley Mediación y Arbitraje*, 18, 2024, pp. 1-39.

CARRILLO RODRÍGUEZ, L., "Nuevas tecnologías en Justicia: necesaria modernización coordinada", *Actualidad administrativa*, 9, septiembre 2023, pp. 1-7.

GONZÁLEZ JIMÉNEZ, L., "El expediente judicial electrónico en Cataluña. El Protocolo 1/2024 de la Secretaría de Gobierno del Tribunal Superior de Justicia de Cataluña", *Diario La Ley*, 10459, 5 de marzo de 2024, pp. 1-9.

---

11 Véase MAGRO SERVET, V., "Análisis del Real Decreto-Ley 6/2023, de 19 de diciembre. Aspectos procesales y de funcionalidad tecnológica en la justicia", *Diario La Ley*, 10419, 5 de enero de 2024, p. 2.

12 *Cfr.* BEL BLESA, J., "La gestión del cambio sobre proyectos de nuevas tecnologías en la Administración de Justicia. El ejemplo de Cantabria", *Diario La Ley*, 10307, 14 de junio de 2023, p. 1.

GONZÁLEZ ROMERO, M. M., "El expediente judicial electrónico", *Práctica de Tribunales*, 131, marzo-abril 2018, pp. 1-22.

GUTIÉRREZ MAYO, E., "Mujer y digitalización en la Administración de Justicia", *Actualidad Administrativa*, 6, junio 2023, pp. 1-5.

MAGRO SERVET, V., "Análisis del Real Decreto-Ley 6/2023, de 19 de diciembre. Aspectos procesales y de funcionalidad tecnológica en la justicia", *Diario La Ley*, 10419, 5 de enero de 2024, pp. 1-20.

MAGRO SERVET, V., "El expediente judicial electrónico: hacia el objetivo del Papel 0", *Práctica de Tribunales*, 92, enero 2012, pp. 1-10.

MAGRO SERVET, V., "Réquiem por el auxilio judicial por escrito: bienvenida la videoconferencia (Real Decreto-Ley 6/2023, de 19 de diciembre, de reforma de la LEC)", *Práctica de Tribunales*, 166, enero-febrero 2024, pp. 1-11.

MARTÍNEZ DE SANTOS, A., "Aplicación del art. 147 LEC respecto a la documentación de las actuaciones mediante sistemas de grabación y reproducción de la imagen y el sonido en el proceso civil y su traslación al proceso penal", *Práctica de Tribunales*, 164, septiembre-octubre 2023, pp.1-16.

MARTÍNEZ DE SANTOS, A., "El lugar de las actuaciones judiciales y la práctica de los actos procesales mediante presencia telemática en el proceso civil en el Real Decreto-Ley 6/2023 (arts. 129, 129 bis, 137 bis, 147, 152, 155, 158, 162 y 164 LEC)", *Práctica de Tribunales*, 166, enero-febrero 2024, pp. 1-17.

RAMÓN Y CAJAL ABOGADOS, "Nota sobre las nuevas medidas en materia de eficiencia procesal en el ámbito del proceso civil, contenidas en el Real Decreto-Ley 6/2023, de 19 de diciembre" [en línea], (2024), <https://www.ramonycajalabogados.com/es/nota-sobre-las-nuevas-medidas-en-materia-de-eficiencia-procesal-en-el-ambito-del-proceso-civil>. [Consulta: 25/10/2024.].

SALES JIMÉNEZ, R., "Modificaciones en la Ley de Enjuiciamiento Civil. Novedades del Real Decreto- Ley 6/2023, de 19 de diciembre", *Diario La Ley*, 10456, 28 de febrero de 2024, pp. 1-9.

SÁNCHEZ GÓMEZ, R., "Transición digital en la administración de justicia. Tramitación judicial electrónica orientada al dato", *Actualidad Civil*, 3, marzo 2024, pp. 1-29.

Capítulo 2.

La pérdida de fuerza normativa de las leyes y la erosión de la seguridad jurídica

LUIS I. GORDILLO PÉREZ
Profesor Titular de Derecho Constitucional
Universidad de Deusto
MAR ANTONINO DE LA CÁMARA
Profesora Ayudante Doctora de Derecho Constitucional
Universidad de Deusto

> *"No hagas muchas pragmáticas, y si las hicieres, procura que sean buenas, y sobre todo que se guarden y cumplan, que las pragmáticas que no se guardan lo mismo es que si no lo fuesen, antes dan a entender que el príncipe que tuvo discreción y autoridad para hacerlas no tuvo valor para hacer que se guardasen"*[1].

---

1 Carta de Don Quijote de la Mancha a Sancho Panza, gobernador de la ínsula Barataria, CERVANTES SAAVEDRA, M., *El ingenioso hidalgo Don Quijote de la Mancha*, Librero Francisco de Robles, Madrid, 1615. Segunda Parte, Capítulo LI, disponible en https://cvc.cervantes.es/literatura/clasicos/quijote/edicion/parte2/cap51/cap51_02.htm.

1. INTRODUCCIÓN

La frase que sirve como pórtico a este estudio, contenida en el clásico cervantino, es sin duda una de las más citadas en todos los estudios que se refieren a los problemas que acechan hoy en día a la producción normativa. Y no es de extrañar, pues la atinada intuición del manchego coloca en el centro de la discusión el problema de la normatividad de las leyes. Precisamente, como señalaremos en las páginas que siguen, en el Estado constitucional actual las leyes están experimentando ciertas transformaciones que desplazan la importancia de su carácter normativo, erosionando la propia seguridad jurídica, presupuesto básico de la existencia del Estado de Derecho.

Y es que el aumento de las funciones de los Estados, su descentralización política interna, la complejidad de las competencias que, particularmente, el Estado social europeo asume, unido a una tendencia a la inflación normativa propia de los sistemas del *Civil Law* fomentada por los actores políticos provoca un incremento de la legislación enorme que no siempre es compatible con una técnica legislativa rigurosa. Y así, el número de normas nuevas aprobadas se ha convertido en la forma de medir la utilidad, el trabajo y/o el éxito de un parlamento, en realidad, de su mayoría parlamentaria. De esta forma, un parlamento que apruebe muchas leyes será un parlamento avezado y trabajador, mientras que uno que no apruebe leyes o que, incluso, las derogue aparecería ante la opinión pública como una asamblea perezosa, poco merecedora del gasto que supone a los contribuyentes y, en última instancia, inútil. Esta 'metodología cuantitativa' ha calado hondo en la propia opinión pública y supone, sin duda, un incentivo importante para que los parlamentos, en realidad, los líderes de los grupos y las mayorías, impulsen la aprobación constante de nuevas leyes.

Fruto de lo anterior, se ha producido una mutación de las leyes en el sentido de que estas no constituyen un contenido normativo autónomo, sino una suerte de declaraciones políticas de las que se espera, más bien, un rédito en términos electorales, como ya se ha sostenido anteriormente[2]. Así, se ha propuesto la clasificación de este tipo de leyes bajo el título "leyes semánticas" (título inspirado en la conocida propuesta de K. LOEWESTEIN) y que incluyen los nuevos tipos que escapan a la normatividad. A mayor abundamiento, tanto el crecimiento desmedido de las leyes como el carácter político y ambiguo de sus contenidos dificulta la labor de los operadores jurídicos, especialmente de los jueces. En tanto que se obstaculiza la interpretación normativa esta práctica atenta, en última instancia, contra la seguridad jurídica, clave de bóveda del Estado de Derecho que todo sistema constitucional ha de garantizar[3].

La pérdida de normatividad de la ley viene acompañada de la desvirtualización de la técnica legislativa, pero mientras esto ocurre, la mayoría de los estudios académicos se dirigen a cuestiones de detalle sobre el contenido de las normas o de las dificultades procesales que se derivan de su cumplimiento. En cambio, importantes instituciones supranacionales se han fijado en esta cuestión con particular atención durante los últimos años. La originalidad de esta aportación consiste en importar a los trabajos en Derecho constitucional una temática ya tratada por la Comisión Europea y la OCDE en documentos

---

2 Estas y otras cuestiones se han tratado en un trabajo anterior, cuyas reflexiones y conclusiones se han reelaborado y reestructurado en este. Así, *vide* GORDILLO PÉREZ, L. I., "La proliferación de las 'leyes semánticas': mutaciones, clasificaciones y tendencias del moderno parlamentarismo", DÍAZ REVORIO, F.J.; LÓPEZ GUERRA, L.; MURILLO DE LA CUEVA, P. (Dirs.), REBATO PEÑO, M.E. (Coord.), *Constitución y control jurisdiccional del poder: Estudios en homenaje a Eduardo Espín,* Tirant, Valencia, 2024, pp. 77-100.

3 ESPÍN TEMPLADO, E., "El sistema de fuentes en la Constitución (I)", en *Manual de Derecho Constitucional,* Tirant, Valencia, 2022, Vol. I, pp. 73-77.

como *Better Regulation*[4]. También en el Parlamento Europeo, donde se prefiere emplear la expresión '*Better Law-Making*', en lugar de '*Better Regulation*', para enfatizar el proceso de elaboración de la norma y la participación de los distintos actores que intervienen directa o indirectamente y no tanto el texto final resultante[5].

El capítulo aborda, pues, la cuestión de la seguridad jurídica, pero no lo hace desde la perspectiva habitual del art. 9.3 de la Constitución y de los requisitos que la doctrina constitucional estipula para su cumplimiento. Por el contrario, nos detendremos en el fragmento del Preámbulo de la Constitución que enumera los fines del Estado, entre los que se encuentra la seguridad jurídica. Abandonaremos, por tanto, el paradigma de la seguridad jurídica como un parámetro de la ley para preguntarnos por la legitimidad de las leyes a la luz de los fines del Estado: el establecimiento de la paz y la seguridad de los ciudadanos. La respuesta no arrojará un saldo en puros términos de constitucionalidad, pues no procedemos a un análisis estrictamente jurídico del control de la ley. Efectivamente, si bien no es posible afirmar la invalidez de una ley cuando el

---

4 OECD, *Better Regulation in Europe: Spain 2010,* Better Regulation in Europe, OECD Publishing, Paris, 2010; ANGLMAYER, I., *Better Regulation practices in national parliaments,* PE 642.835, European Parliamentary Research Service, Brussels, 2020; EUROPEAN COMMISSION, *Better Regulation Guidelines,* SWD(2021) 305 final, Brussels, 2021; OECD, *Better Regulation Practices across the European Union,* OECD Publishing, Paris, 2022; EUROPEAN COMMISSION, *'Better regulation' toolbox,* Brussels, 2023.

5 Así resulta en el Acuerdo interinstitucional entre el Parlamento Europeo, el Consejo de la Unión Europea y la Comisión Europea sobre la mejora de la legislación, *Diario Oficial* L núm. 123, 12 mayo 2016. *Vide* MARTÍNEZ IGLESIAS, M. J., "The European Parliament and the Better Law-Making Agenda", en *The EU Better Regulation Agenda: A Critical Assessment,* Hart Publishing, Oxford, 2018, pp. 107-117, especialmente p. 108.

parlamento ignore claramente estos valores, sin duda, se socava la legitimidad del Estado.

Esta problemática pretende alumbrarse aquí a partir de la tradición del pensamiento constitucionalista, desde dos aproximaciones clásicas en estos estudios: por un lado, la Teoría del Estado y las aportaciones de dos de los pensadores más significativos de este campo, HOBBES Y LOCKE, y, por otro, lado, la Ciencia de la Legislación, en particular sobre "el arte de redactar leyes", cuyos orígenes se remiten también a las primeras aportaciones de los teóricos del liberalismo[6]. El recurso a estos trabajos se justifica porque permiten aterrizar los fundamentos más abstractos sobre la legitimidad del Estado en cuestiones concretas y técnicas que afectan a la construcción del ordenamiento jurídico propio del Estado de Derecho, como es el carácter general de las leyes, la codificación de normativa ampliamente dispersa o, más en concreto, la garantía de la unidad y coherencia del ordenamiento jurídico[7]. La técnica jurídica que se espera en la actualidad de los creadores y aplicadores del Derecho persigue el cumplimiento de estos principios que, en último término, legitiman la soberanía estatal.

En este trabajo se realizará una primera aproximación a la noción de seguridad jurídica, entendida como uno de los fi-

---

6 BENTHAM, J., *Nomografía o el Arte de Redactar Leyes,* BOE/CEPC, Madrid, 2000, edición y estudio preliminar de Virgilio Zapatero. Este libro procede de la traducción de un texto publicado en las obras completas del filósofo utilitarista en 1834 y que se basa en una serie de escritos y notas del autor elaboradas entre 1811 y 1831. FERNÁNDEZ-CARNICERO, C. J., "Bentham, Jeremy: 'Nomografía o el Arte de Redactar Leyes' (Recensión)", *Revista de las Cortes Generales,* 52, 2001, pp. 415-418.

7 Para una ilustración, puede consultarse la recopilación elaborada por BASELGA GARCÍA-ESCUDERO, P., "Materiales para el estudio de la técnica legislativa", *Revista de las Cortes Generales,* 76, 2009, pp. 247-326.

nes del Estado desde los estudios y aportaciones de HOBBES Y LOCKE. En segundo lugar, se analizará de qué manera la seguridad jurídica se desdobla en el carácter general y normativo que exhibe la ley. A continuación, se abordará ya el problema de la pérdida de seguridad jurídica en el actual parlamentarismo. Para ello se atenderá al origen del problema: la crisis que está experimentando el parlamentarismo moderno. Por último, se expondrán los tipos de leyes que pueden agruparse bajo las categorías de "leyes semánticas", entendidas como aquellas que adolecen de falta de normatividad y generalidad, deteriorando el potencial de la ley para garantizar un proyecto de vida estable para sus ciudadanos.

2. SEGURIDAD JURÍDICA Y FINES DEL ESTADO

2.1. El concepto constitucional de seguridad jurídica

Antes de centrarnos en la seguridad jurídica como un fin del Estado conviene reparar, si quiera brevemente, en este concepto tal y como ha sido desarrollado por el Tribunal Constitucional y que se erige hoy como uno de los principios fundamentales del ordenamiento jurídico, operando, en ese sentido, como parámetro de la ley. Así, en el caso español, el art. 9.3 reconoce que "[l]a Constitución garantiza el principio de legalidad, la jerarquía normativa, la publicidad de las normas, la irretroactividad de las disposiciones sancionadoras no favorables o restrictivas de derechos individuales, la seguridad jurídica, la responsabilidad y la interdicción de la arbitrariedad de los poderes públicos".

Respecto del contenido concreto del principio, aunque el Tribunal Constitucional ha afirmado su naturaleza de "principio general" (STC 122/1987, de 14 de julio, FJ 3) y ha declarado que es la suma de los otros principios enumerados en el precepto, también ha afirmado que no se agota en ellos (STC 27/1981, de 20 de julio, FJ 10). Es decir, que de esta noción se derivan determinadas obligaciones por parte del Estado en tanto que fuente de producción normativa que no pueden reconducirse a la jerarquía normativa, la publicidad de las normas, etc., sino que tiene un contenido autónomo que se desglosa en los siguientes requisitos: certeza y previsibilidad. El Tribunal Constitucional ha estimado la inconstitucionalidad de una norma por vulnerar el principio de seguridad jurídica en su vertiente objetiva, la certeza. Así, la STC afirmó que "[l] a exigencia del 9.3 relativa al principio de seguridad jurídica implica que el legislador debe perseguir la claridad y no la confusión normativa, debe procurar que acerca de la materia sobre la que se legisle sepan los operadores jurídicos y los ciudadanos a qué atenerse, y debe huir de provocar situaciones objetivamente confusas" (STC 46/1990, FJ 4).

En realidad, cabe señalar que la apreciación de inconstitucionalidad por vulneración del principio de seguridad jurídica "se articula, de forma habitual, a través de las relaciones que mantiene con cada uno de los otros principios del reiterado precepto constitucional"[8]. Esto no quiere decir que esté vacía de contenido, sino que, al revés, informa la interpretación de los restantes principios del precepto, de manera que permite delimitar su contenido, contribuyendo, en palabras del Alto Tribunal, a perfilar y entender dichas categorías jurídicas (STC 165/1999, FJ 2). Por eso, el máximo intérprete la ha definido como "la suma de estos principios, equilibrada de tal suerte que permita promover, en el orden jurídico, la justicia y la igualdad, en libertad" (STC 27/1981, FJ 10).

---

8 UGARTEMENDIA ECEIZABARRENA, J. I., "El concepto y alcance de la seguridad jurídica en el Derecho constitucional español y en el Derecho comunitario europeo: un estudio comparado", *Cuadernos de Derecho Público,* 28, 2006, p. 23 (17- 54).

2.2. Seguridad y seguridad jurídica

Pero el contenido del art. 9.3 CE y la obligación de seguridad jurídica aparece enseguida en nuestra Constitución, que se abre con las siguientes palabras, encuadradas en el Preámbulo: "La Nación española, deseando establecer la justicia, la libertad y la seguridad y promover el bien de cuantos la integran, en uso de su soberanía, proclama su voluntad de: [...]".

Aunque la seguridad como un fin al que se orienta *lo stato* aparece ya en MAQUIAVELO, es HOBBES quien enuncia por primera vez y de manera sistemática la seguridad como el fin principal del Estado. Recordemos que el contrato en HOBBES responde al miedo en el que viven los individuos en el estado de naturaleza, un escenario de guerra de todos contra todos que recoge perfectamente la frase "el hombre es un lobo para el hombre". Si los ciudadanos renuncian a su poder, es solo a cambio de que también los demás lo hagan y lo pongan en manos del *Leviatán*, el poderoso artificio conformado por todos los ciudadanos y cuyo poder no comprende fisura alguna. Poco se ha insistido en la formulación literal del contrato, tal y como emana de HOBBES. Así, este contrato implicaría:

> "Un pacto de cada hombre con los demás, en forma tal como si cada uno dijera a todos: autorizo y transfiero a este hombre o asamblea de hombres mi derecho de gobernarme a mí mismo, con la condición de que vosotros transferiréis a él vuestro derecho y autorizaréis todos sus actos de la misma manera"[9].

La condición de cesión del poder de autogobierno solo es válida si los otros firmantes del pacto lo ceden también, sobre lo que volveremos más adelante. Por lo demás, si bien es cier-

---

[9] HOBBES,T., *El Leviatán*, Tecnos, Madrid, 2013 (versión adaptada al castellano del original *Leviathan, or The Matter, Forme and Power of a Common-Wealth Ecclesiasticall and Civil*, A. Crooke, London, 1651), p. 247.

to que el Estado no queda obligado por el fin instituido de la seguridad, pues no ha firmado pacto alguno, la única manera de legitimar racionalmente la actuación del Estado consiste en la creencia de que es mejor cumplir una ley que nos perjudique antes de volver al caótico escenario representado en el estado de naturaleza: acatar la ley a toda costa, porque esta nos brindará seguridad. La seguridad opera para el de Malmesbury en el plano de la legitimación del Estado, fuente de toda ley, *legibus solutus*. La seguridad se erige como el fin que persiguen los hombres al firmar el pacto, se convierte en el elemento legitimador del Estado[10].

En LOCKE la función de la seguridad jurídica es la misma, pues sirve también como fuente de legitimación del pacto social, pero su formulación es más sofisticada, y el concepto de seguridad aparece más perfilado. La inseguridad no proviene de un estado de guerra entre todos, sino de la falta de certeza con que se resuelven los conflictos entre los hombres. El Estado permite arbitrar un mecanismo neutral y objetivo de resolución de conflictos, primero a través de la noción de la ley (por eso abstracta y general) y, posteriormente de los aplicadores del Derecho.

Así pues, el enfoque de LOCKE no se centra en la capacidad del Estado para garantizar la seguridad e integridad física de sus ciudadanos a través de las armas y fuerzas de seguridad, sino que cualquier proyecto de vida personal requiere de cierta estabilidad en lo que refiere al tráfico jurídico y a los negocios, pues el autor justifica la unión en una sociedad política "en integrarse en una comunidad destinada a permitirles una

---

10 Sobre esta cuestión, *in extenso, vide* los ya clásicos HOOD, F. C., *The Devine Politics of Thomas Hobbes: An Interpretation of Leviathan*, Clarendon Press, Oxford, 1964; MINTZ, S. I., *The Hunting of Leviathan: Seventeenth-century Reactions to the Materialism and Moral Philosophy of Thomas Hobbes*, University Press, Cambridge, 1962.

vida cómoda, segura y pacífica de unos con otros, en el disfrute tranquilo de sus bienes propios [...]". Es necesario, por tanto, el Derecho para dirimir los conflictos. Es ya común ligarlo con el auge de la burguesía como la clase social más influyente. La noción de seguridad del Preámbulo y la del art. 9.3 CE remiten a la idea de seguridad como un fin del Estado, pero en el caso del precepto constitucional esta queda mejor delimitada como herramienta jurídica en el precepto, funcionando como una verdadera norma con carácter vinculante. En cambio, la noción recogida en el Preámbulo que, como bien ha señalado la doctrina constituye el *telos* de la Constitución, pero no vincula de ninguna manera[11]. En todo caso, no es posible pensar en las palabras "[l]a Nación, deseando establecer [...] la seguridad, en uso de su soberanía [...]" sin remitirnos a las teorías contractualistas que fundan la idea del *legibus solutus* como creador de la ley y de los medios para cumplirla en su capacidad para ofrecer estabilidad. La norma, entonces, sea mejor o peor, cuenta en todo caso con la virtud de permitirnos establecer planes, adoptar decisiones, saber a qué atenernos y, en último término, dirá LOCKE "tener una vida confortable"[12].

De hecho, los principios que componen la seguridad jurídica del art. 9.3 CE, tales como la publicidad de las normas, la prohibición general del carácter irretroactivo de la ley, la jerarquía normativa, están orientados al establecimiento de unas reglas que obliguen y que sean comunes. Que obliguen, porque, como apuntaba LOCKE, solo así podremos adoptar decisiones y ser autónomos sobre una base cierta, segura. Comunes porque, como decía HOBBES, el único interés de transferir el po-

---

11 TAJADURA TEJADA, J., "Veinticinco años de preámbulo constitucional", *Revista de Derecho Político*, 58-59, 2003-2004, p. 32 (29-46).

12 LOCKE, J., *Segundo Tratado sobre el gobierno civil*, Alianza editorial, Madrid, 2008 (versión en castellano del original *Second Treatise of Government*, A. Churchill, London, 1690), p. 111.

der a un tercero, es asegurarse de que todos los demás también quedan sujetos a él[13].

Por eso, ha sostenido el TC que "sin seguridad jurídica no hay Estado de Derecho digno de ese nombre. Es la razonable previsión de las consecuencias jurídicas de las conductas, de acuerdo con el ordenamiento y su aplicación por los Tribunales, la que permite a los ciudadanos gozar de una tranquila convivencia y garantiza la paz social y el desarrollo económico" (STC 234/2012, FJ 6). La descripción elaborada por el Tribunal Constitucional, arraiga en la tradición clásica del Estado liberal, partiendo de HOBBES y prestando especial atención a la formulación elaborada por LOCKE.

3. DE LA NATURALEZA Y LA FINALIDAD DE LA LEY

De las notas recién expuestas sobre la seguridad jurídica se extraen también una serie de consecuencias sobre la concepción y naturaleza de la ley. Aunque en el Estado constitucional la ley ya no es la norma suprema, no debe olvidarse, como ha subrayado GARCÍA PELAYO que el Estado constitucional no borra, sino que complementa al Estado de Derecho[14]. Por eso no es de extrañar que se mantenga la concepción de la ley como la norma basilar, en el sentido de que ocupa un lugar central en el ordenamiento jurídico. La potestad legislativa sigue siendo la expresión paradigmática de la soberanía.

---

13 ZUCKERT, M. P., "Hobbes, Locke, and the problem of the rule of law", SHAPIRO, I. (Ed.), *The Rule of Law: Nomos XXXVI*, New York University Press, New York, 1995, pp. 63-79.

14 GARCÍA PELAYO, M. "El Estado legal y el Estado constitucional de Derecho", *Revista de la Facultad de Ciencias Jurídicas y Políticas,* 82, pp. 32-45.

La ley se define como una norma jurídica (generalmente, un texto articulado), expresión de la voluntad general y aprobada luego de un proceso constitucionalmente establecido por parte de una asamblea parlamentaria. Generalidad y normatividad son igualmente dos características que se derivarían de lo anterior, como también lo sería su posición privilegiada en el ordenamiento jurídico, únicamente por debajo de la norma fundamental[15]. El carácter general y normativo de la ley se encuentra presente tanto en el sistema continental, como en el sistema anglosajón del Derecho, pero conviene ahora dirigir nuestra atención a un elemento diferencial.

En la mayoría de los sistemas constitucionales de la Europa continental la producción legislativa es considerada la función casi representativa de un parlamento, es algo, en sí mismo bueno y positivo. La ley es la norma central y, además, es uno de los instrumentos preferidos de los representantes públicos a la hora de concretar sus políticas. Así, a esta centralidad, se le añade la transparencia de su elaboración, el debate público que puede suscitar, la solemnidad de su aprobación, promulgación, sanción y publicación, lo que transforma a la ley en un objeto de deseo por parte de los actores políticos del momento, que la emplean habitualmente para solemnizar y codificar

---

15 Cualquier tratado de Derecho público, constitucional o incluso civil se refiere a esta cuestión. Para algunos trabajos de revisión que sintetizan críticamente las distintas visiones y posiciones, *vide* DÍEZ PICAZO, L. M., "Concepto de ley y tipos de leyes (¿Existe una noción unitaria de ley en la Constitución española?)", *Revista Española de Derecho Constitucional*, 24, 1988, pp. 47-93; DÍEZ PICAZO, L. M., "Le concept de loi", *Annuaire international de justice constitutionnelle*, Vol. 19, 2003, pp. 450-471; KINGSBURY, B., "The Concept of 'Law' in Global Administrative Law", *European Journal of International Law*, Vol. 20/1, 2009, pp. 23-57. Igualmente, *vide* el clásico CARRÉ DE MALBERG, R., *La loi, expression de la volonté générale. Etude sur le concept de la loi dans la Constitution de 1875*, Recueil Sirey, Paris, 1931.

su proyecto político particular construido a través de la aritmética parlamentaria. En general, reina la idea de que la ley es buena porque crea derechos, establece límites a los poderes públicos y se pone al servicio del ciudadano a través de las prestaciones sociales. Un ejemplo de lo anterior lo constituye la famosa práctica conocida como los "jueves sociales", por la que un determinado Gobierno aprobaba cada jueves un Real Decreto que estableciera alguna prestación para contrarrestar los efectos de los recortes, todavía vigentes, de la crisis de 2008. Por el contrario, un legislador que no apruebe leyes deja a los ciudadanos al albur de los acontecimientos externos. La ausencia de ley se interpreta como una ausencia de derechos. Si bien es cierto que, en la medida en que el Estado español se constituye como un Estado social y que eso implica, sin duda, la actividad de la Administración Pública, no lo es menos, que la ley no siempre es la herramienta adecuada para garantizar una intervención rápida y eficaz. El afán regulatorio ha llevado a nuestro país a colocarse en la cúspide de los Estados con más número de normas vigentes[16].

El modelo del *Common Law* puede ofrecernos una perspectiva diferente, no necesariamente mejor, pero que permite poner en entredicho el carácter absoluto con que se afirma la necesaria intervención legislativa del Estado en todo caso. Desde el punto de vista del liberalismo, que atraviesa el ADN de la concepción del Derecho en el *Common Law*, el Estado concentra un gran poder frente al que los ciudadanos pueden

---

16 Según algunos estudios, que ya estarían algo obsoletos, tenemos más de 100.000 vigentes en España, cuando Alemania tiene 10.000. El dato aparece en SANSÓN CARRASCO, *¿Hay Derecho? La quiebra del Estado de Derecho y de las instituciones en España,* Península, Barcelona, 2014, "Capítulo 3. Cien mil leyes nos regulan, y la mayoría son autonómicas". Pablo de Lora ha hablado del "uso bastardo de la ley", es decir, del "abuso y el fraude de ese instrumento normativo" (DE LORA, P., *Los derechos en broma,* Deusto, Barcelona, 2023, p. 37).

blandir los derechos fundamentales, como esferas de libertad. Y, por el contrario, cualquier espacio no regulado es un espacio de libertad. En este sentido, la ley no da, sino que resta. Resta libertad para garantizar un bien superior. Los ciudadanos gozan de todos aquellos derechos y libertades que la ley no les ha prohibido o limitado. La ley pretende "garantizar la seguridad, la igualdad de trato, proteger y gestionar adecuadamente el medio ambiente o asegurar una economía eficiente y competitiva"[17]. Estas dos definiciones de la ley, en la familia romano germánica y en la del *Common Law,* pueden pecar de simplistas, y solaparse con la filosofía iuspositivista (más cercana al primer modelo) y la iusnaturalista (más propia del ámbito anglosajón) pero a los efectos de este trabajo aportan los elementos esenciales que permiten desarrollar la cuestión de fondo que aquí se trata[18]. Además, en la tradición romano germánica hay una tendencia a producir normas muy largas, casi reglamentistas. En el lado opuesto se sitúa la familia del *Common Law,* donde en el proceso de elaboración de las leyes se hace especial énfasis en la necesidad de aprobar una nueva norma, en tanto que toda nueva regulación es vista con cierto

---

17 *Vide* esta caracterización de la ley (más genéricamente del concepto de 'regulation') realizada por el Gobierno de Nueva Zelanda en el documento oficial *Government Statement on Regulation: Better regulation, les Regulation,* The Treasury, New Zealand Government, Wellington, 17 August, 2009, disponible en https://www.treasury.govt.nz/sites/default/files/2017-12/govt-stmt-reg.pdf.

18 Para una caracterización de la cultura jurídica propia del sistema romano germánico DAINOW, J., "The civil law and the common law: some points of comparison", *The American Journal of Comparative Law,* Vol. 15/3, 1967, pp. 419-435; TETLEY, W., "Mixed jurisdictions: Common Law v. Civil Law (codified and uncodified)", *Louisiana Law Review,* Vol. 60, 2000, pp. 677-738; DAVID, R., JAUFFRET-SPINOSI, C., *Los grandes sistemas jurídicos contemporáneos,* 11ª ed., UNAM, México, 2010; MOUSOURAKIS, G., *Comparative Law and Legal Traditions. Historical and Contemporary Perspectives,* Springer, Dordrecht, 2019.

recelo dado el enfoque más bien negativo que se tiene de las leyes porque restringen la libertad. Por ello, en los sistemas del *Common Law*, se realizan una serie de minuciosos análisis previos a través de los cuales se concluye si realmente es necesaria una nueva norma, qué contenido (siempre mínimo) ha de tener, a qué instituciones va a afectar, qué beneficios va a acarrear, qué ejemplos anteriores similares existen, y otras cuestiones similares[19].

Por tanto, en la familia jurídica romano germánica o de Derecho civil se produce una cierta tendencia a la regulación de manera natural. Si a esta tendencia añadimos otra serie de elementos, que a continuación se desarrollarán, se acabará produciendo una sobrepoblación en el ordenamiento jurídico que acabará atentando contra la propia seguridad jurídica y la garantía del Estado de Derecho.

En todo caso, con independencia de la frecuencia de crecimiento que muestran ambos sistemas, ambas concepciones comparten los elementos principales de la ley: su carácter general y normativo.

4. EL DETERIORO DEL CARÁCTER NORMATIVO EN EL PARLAMENTARISMO ACTUAL

4.1. La crisis del parlamentarismo como detonante

El análisis del fenómeno según el cual los parlamentos vienen aprobando estos nuevos tipos de ley, que más adelante denominaremos "semánticas", y que implica una revisión de la

---

19 GODDARD, D., *Making Laws That Work. How Laws Fail and How We Can Do Better*, Hart, Oxford, 2022, especialmente, pp. 149-181, donde se desarrollan distintos 'checklists' previos.

naturaleza, contenido y alcance del acto legislativo, requiere una revisión de la evolución que ha sufrido recientemente la institución parlamentaria y de las crisis que le acechan.

El parlamento es una institución en crisis permanente. No importa cuándo se escriba o se pronuncie esta aseveración. De ser la institución guardiana del "destino de la democracia" ha pasado a ser, particularmente en los sistemas parlamentarios europeos, una mera correa de transmisión de las decisiones que adopta el gobierno o, incluso, directamente el partido mayoritario en el poder. En todo caso, además de esta circunstancia, hay una serie de elementos tradicionales y otros más residentes que han contribuido a agravar la ya clásica crisis de la institución parlamentaria y a que esta deje de ser ese centro de la vida política que las constituciones establecen, particularmente en el caso de los sistemas parlamentarios. De este modo, a la crítica clásica relativa a los parlamentos "de partido", al monopolio de la vida política por parte de los ejecutivos o a los procesos de federalización interna y supranacional, cabe añadir, al menos, otros dos fenómenos que han forzado una mutación de la propia institución[20].

Así, por una parte, los llamados nuevos populismos que, en realidad suelen ser estrategias de acceso al poder, parten de una crítica a las élites establecidas y a la propia democracia representativa que encarna el parlamento para, a continuación, apoyarse habitualmente en entidades asociativas que actúan como correa de transmisión de sus postulados críticos con el sistema. Estas entidades suelen canalizar su activismo a través de institutos de democracia directa, intentando cortocircuitar o "puentear" al parlamento, que estiman inservible por estar en manos de las élites alejadas del pueblo. Así, es habitual que

---

20 Sobre esta cuestión, *in extenso*, GORDILLO PÉREZ, L. I., "La erosión de la institución parlamentaria", *Teoría y realidad constitucional*, 52, 2023, pp. 377-400.

estos movimientos auspicien propuestas legislativas mediante la iniciativa legislativa popular, monopolicen procesos institucionales de participación ciudadana o promuevan permanentemente la realización de consultas populares para decidir cuestiones ordinarias[21].

Por lo demás, incluso la forma en que se han incorporado algunas de las nuevas tecnologías ha contribuido a incrementar la pérdida de centralidad de la institución parlamentaria. La 'virtualidad' en la que se celebran ahora muchas reuniones e intervenciones resta solemnidad a las comparecencias parlamentarias, la obsesión de algunos parlamentarios con retransmitir permanentemente a través de las redes sociales sus intervenciones hacen que, de facto, estas redes sociales se conviertan en los nuevos parlamentos y la propia velocidad que ha alcanzado la vida institucional gracias a estas nuevas tecnologías sin duda ha desplazado el interés público por lo que sucede en el parlamento, que está sometido a un proceso, a unos tiempos y a un cierto sosiego. Por otra parte, la falta de una correcta incorporación, no ya de las nuevas tecnologías, sino de procesos de asesoramiento científico y tecnológico adecuados también ha afectado negativamente al producto legislativo que elaboran las asambleas actuales[22].

---

21 URBINATI, N., "Political Theory of Populism", *Annual Review of Political Science*, Vol. 22, 2019, pp. 111-127; DE LA TORRE, C.; SRISA-NGA, T., *Global Populisms*, Routledge, London, 2021.

22 DE BLASIO, E., SORICE, M., "Populism between direct democracy and the technological myth ", *Palgrave Communications*, Vol. 4, 2018, pp. 1-11; VAN EST, R., "Thinking parliamentary technology assessment politically: Exploring the link between democratic policy making and parliamentary TA", *Technological Forecasting and Social Change*, Vol. 139, 2019, pp. 48-56; BOLLEYER, N.; SALÁT, O., "Parliaments in times of crisis: COVID-19, populism and executive dominance", *West European Politics*, Vol. 44/5-6, 2021, pp. 1103-1128.

Estas circunstancias ponen de relieve la situación de crisis casi existencial en la que se encuentra la institución parlamentaria. En realidad, esta crisis no es tanto una causa de la deficiente producción normativa, sino una consecuencia de un problema mayor que está aún en proceso de asimilación por parte de los actores políticos tradicionales, cual es los cambios de dinámicas sociales y la adaptación de estructuras institucionales propias de un constitucionalismo del siglo XX a nuevas formas de interrelación social, de formación de opiniones o de expresión de las propias. A ello hay que añadir el problema de la desconexión de las nuevas generaciones de votantes con los partidos tradicionales y con las instituciones en las que estos tradicionalmente se han desenvuelto con soltura. No es objeto de este trabajo analizar estas circunstancias, pero sí merece la pena traerlo a colación para contextualizar la situación: unas fuerzas políticas en trance de adaptación a una realidad que en ocasiones no acaban de entender a través de unas instituciones diseñadas por y para unas sociedades que funcionaban con otros tiempos, con otros ritmos y con otros impulsos. El resultado es una mutación del producto del legislador, cuando no una contestación misma de la legitimidad de los procesos de formación de la voluntad general a través de las instituciones representativas clásicas[23].

La cuestión relativa a la decreciente calidad técnica de las normas que aprueban gobiernos y parlamentos ha sido muy estudiada y existe un consenso en cuanto a las medidas necesarias para atajar el problema, falta quizá voluntad política de hacerlo[24]. En todo caso, tres son en mi opinión, las razones fun-

---

23 CURATO, N.; SASS, J.; ERCAN, S. A.; NIEMEYER, S., "Deliberative democracy in the age of serial crisis", *International Political Science Review*, Vol. 43/1, 2022, pp. 55-66.

24 Para un botón de muestra, *vide* GARCÍA-ESCUDERO MÁRQUEZ, P., *Técnica legislativa y seguridad jurídica: ¿hacia el control constitucional*

damentales por las que, junto a este proceso de degradación técnica de la norma escrita, se está produciendo una verdadera mutación de la ley misma: la conversión de los parlamentos en cajas de resonancia de la actualidad informativa, la dificultad de encontrar nuevas áreas para legislar y la tendencia a aprobar normas reconocedoras de derechos.

(1) Los parlamentos se han ido convirtiendo progresivamente en auténticas cajas de resonancia de la actualidad política más inmediata. Antes eran los parlamentos los que creaban noticias, ahora, particularmente en el caso de las autonomías, los parlamentos discuten la actualidad y van reaccionando ante ella en mayor o menor medida. Esto no es algo negativo en sí mismo, seguramente es lo contrario, porque permite reconducir a la actividad institucional los problemas y contradicciones sociales que se producen en la sociedad. Pero sí que acaba trasladando a los parlamentos la inmediatez y las prisas por aportar soluciones rápidas a problemas cada vez más complejos. Los populismos se desenvuelven cómodamente con estos parámetros y acaban contagiando a las instituciones tradicionales, que, ante el riesgo de deslegitimación de su propia existencia, se esmeran por intentar dar soluciones rápidas a cuestiones a menudo complejas y que requieren de explicaciones más profundas, actuaciones más coordinadas y medidas que impliquen también un coste para la ciudadanía. La solución fácil por la que se opta a menudo es la aprobación de una ley que aparentemente se refiere a esa cuestión y que, aunque no la resuelva en absoluto, difiere hasta las próximas elecciones (o al menos,

---

de la calidad de las leyes?, Thomson-Aranzadi, Madrid, 2010; GARCÍA-ESCUDERO MÁRQUEZ, P., *Manual de técnica legislativa*, Thomson-Civitas, Madrid, 2011. Para una recopilación bibliográfica actualizada sobre la cuestión, *vide* el dosier *Bibliografía sobre técnica legislativa*, Parlament de Catalunya, Dirección de Estudios Parlamentarios, Barcelona, 2021, disponible en https://www.parlament.cat/document/recursos/46945.pdf.

hasta el siguiente "ciclo de noticias") un problema acuciante. Esta ley 'salvavidas' se aprueba habitualmente con prisas, sin los análisis adecuados y en forma de medidas de impulso al gobierno, que tendrá las manos libres para actuar en un sentido u otro[25].

(2) Por otra parte, llega un punto en que se produce un cierto agotamiento de las cuestiones más novedosas que hay que legislar *ex novo*, estas se vuelven más limitadas y esporádicas. No siempre hay que construir una nueva administración, una distribución territorial del poder o una autonomía. Es decir, el agotamiento de las cuestiones que hay que legislar, hay que dedicarse a perfeccionar normas existentes, revisar algunas cuestiones e, incluso, derogar normas y esto tiene menos réditos políticos. En el caso de los parlamentos autonómicos esta situación es particularmente visible. Resulta complicado encontrar "nuevos temas" que permitan al gobierno de turno mantener o recuperar la iniciativa mediática y esto hace que los gabinetes de prensa adquieran una importancia mayúscula a la hora de proponer vías de actuación más creativas que presenten al ejecutivo como útil frente a la opinión pública. El resultado es que aumenta el número de leyes de condecoración, de impulso político y de reconocimiento de situaciones y colec-

---

25 VAN SANTEN, R.; HELFER, L.; VAN AELST, P., "When politics becomes news: An analysis of parliamentary questions and press coverage in three West European countries", *Acta Politica*, Vol. 50, 2015, pp. 45-63; STRÖMBÄCK, J., "News seekers, news avoiders, and the mobilizing effects of election campaigns: Comparing election campaigns for the national and the European parliaments", *International Journal of Communication*, Vol. 11, 2017, pp. 237-258; JANSEN, A. S.; EUGSTER, B.; MAIER, M.; ADAM, S., "Who drives the agenda: Media or parties? A seven-country comparison in the run-up to the 2014 European Parliament elections", *The International Journal of Press/Politics*, Vol. 24/1, 2019, pp. 7-26; SCHWALBACH, J., "Going in circles? The influence of the electoral cycle on the party behaviour in parliament", *European Political Science Review*, Vol. 14/1, 2022, pp. 36-55.

tivos. Es, además, revelador observar cómo los analistas políticos miden la laboriosidad o no de un gobierno y, por ende, su utilidad y éxito en número de leyes aprobadas, de suerte que un gobierno que aprueba pocas leyes sería un gobierno inútil y uno que aprueba muchas es tremendamente beneficioso para la ciudadanía[26].

(3) En tercer lugar, hay que señalar la tendencia, particularmente intensa en los Estados sociales de Derecho, a aprobar un sinfín de normas que "crean derechos". Las leyes crean derechos y por tanto los gobiernos tienen que estar aprobando leyes continuamente para garantizar los derechos de sus ciudadanos. De lo contrario no son buenos gobiernos. Así, una vez más, un gobierno que no aprueba leyes, es un gobierno perezoso o reaccionario. En el caso de las Comunidades Autónomas, como se sabe, estas ejercen competencias que implican, esencialmente, el desarrollo del llamado Estado social y por tanto centran sus esfuerzos en la gestión del gasto público. Esto hace que sus parlamentos centren sus debates en estas cuestiones y, con el paso del tiempo, se ha llegado a desarrollar la creencia de que toda medida de gasto público o "subvencional" implica, en definitiva, la consagración de un derecho. De forma que se equipara gasto público con derechos subjetivos. Para los grupos y partidos que concurren periódicamente a las elecciones, y con independencia de su adscripción ideológica, resulta mucho más fácil articular un discurso político en torno

---

26 BRÄUNINGER, T.; DEBUS, M., "Legislative agenda-setting in parliamentary democracies", *European Journal of Political Research*, Vol. 48, 2009, pp. 804-839; BRUNNER, M., *Parliaments and legislative activity: Motivations for bill introduction*, Springer, Wiesbaden, 2012; JACKMAN, M. C., "Parties, median legislators, and agenda setting: How legislative institutions matter", *The Journal of Politics*, Vol. 76/1, 2014, pp. 259-272; JENKINS, J. A.; MONROE, N. W., "On Measuring Legislative Agenda-Setting Power", *American Journal of Political Science*, Vol. 60/1, 2016, pp. 158-174.

al "aumento de derechos" vinculado al aumento del gasto público que frente a otras alternativas. En este contexto, se producen grandes incentivos para que los parlamentos aprueben constantemente leyes que parece que están otorgando derechos, cuando en realidad mencionan políticas públicas que el gobierno desarrollará (o no), mecanismos de otorgamiento de subvenciones (luego de la correspondiente convocatoria en manos gubernamentales) u objetivos y principios ya mencionados en la Constitución como el lograr una igualdad real y efectiva del individuo y de los grupos en que se integra[27].

4.2. La pérdida de fuerza normativa en las leyes semánticas

Tal y como se viene advirtiendo y tal y como se desarrollará a continuación, la doctrina viene señalando con preocupación desde hace tiempo que los parlamentos aprueban leyes que, en realidad, no lo son. Abusan del concepto de ley formal e incluyen en ellas contenidos que no les son propios. Así lo ha sostenido también Pablo de Lora en *Los derechos en broma* en el

---

27 CHILTON, A.; VERSTEEG, M., "Rights without resources: the impact of constitutional social rights on social spending", *The Journal of Law and Economics*, Vol. 60/4, 2017, pp. 713-748; FACCHINI, F., "What Are the Determinants of Public Spending? An Overview of the Literature", *Atlantic Economic Journal*, Vol. 46, 2018, pp. 419-439; SCHUKNECHT, L., *Public spending and the role of the state: history, performance, risk and remedies*, Cambridge University Press, 2020, pp. 155-178; KEEFER P.; SCARTASCINI, C. G.; VLAICU, R., "Voter preferences, electoral promises, and the composition of public spending", *IDB Working Paper Series*, No. IDB-WP-1123, 2020; TOUBEAU, S.; VAMPA, D., "Adjusting to austerity: the public spending responses of regional governments to the budget constraint in Spain and Italy", *Journal of Public Policy*, Vol. 41/3, 2021, pp. 462-488; GOULD, J. S.; POZEN, D. E., "Structural Biases in Structural Constitutional Law", *New York University Law Review*, Vol. 97 (April), 2022, pp. 59-136.

que explora los distintos formatos por los que se está produciendo "la erosión del ideal de legalidad"[28].

Como ya se ha sostenido, los distintos fenómenos y mecanismos producen leyes diferentes, pero que tienen en común esta erosión de la legalidad, pueden ser agrupados bajo el concepto de "leyes semánticas"[29]. Aunque esta noción proviene de la tipología establecida por LOEWENSTEIN, no es idéntica. Recordemos brevemente la clasificación propuesta por el autor que distinguía entre constituciones normativas, nominales y semánticas. En primer lugar, las constituciones normativas eran aquellas cuyo contenido e inspiración respondían bien a las directrices democráticas que la regían. En segundo lugar, las constituciones nominales eran aquellas cuyo contenido no siempre respondía totalmente a las directrices democráticas, sea por su contenido, por la aplicación que de ella se hacía o por la realidad local en que había de regir. Por último, las constituciones semánticas, también llamadas pseudoconstituciones, que consistían en textos mediante los cuales gobiernos más bien autoritarios intentaban disfrazar su poco afecto al elemento democrático y al Estado de Derecho[30].

Al importar la noción "semántica" no se está aludiendo aquí al intento de camuflar una intención antidemocrática en cierto tipo de leyes, cuanto en utilizar un concepto que goza de "buena fama", pero vaciándolo de contenido. Así, lo que se pretende subrayar con la idea de ley semántica es el conjunto de normas que han perdido su carácter normativo y general o

---

28 DE LORA, P. *Los derechos en broma, op. cit.*, p. 37.

29 GORDILLO PÉREZ, L. I., "La proliferación de las 'leyes semánticas': mutaciones, clasificaciones y tendencias del moderno parlamentarismo", *op. cit.*, pp. 77-100.

30 LOEWENSTEIN, K., *Political power and the Governmental process*, 2nd ed., The University of Chicago Press, Chicago, 1965, pp. 147-153. La primera edición de 1957 también incluía esta clasificación.

que no respetan los procedimientos establecidos para su aprobación.

En puridad, hay pocas leyes hoy que sigan respetando el concepto clásico (normativo) en su totalidad, ya que casi todas ellas incluyen algún elemento adicional como medidas de impulso político, alguna declaración netamente política o una copia de normativa existente en otros textos. Lo que sorprende es el gran número de leyes "semánticas" que están surgiendo y cuya finalidad es tan distinta de la propia y tradicional de las normas que aprueba un parlamento configurado de acuerdo con las normas del constitucionalismo clásico. Seguirán surgiendo nuevos tipos de leyes, según se haga énfasis en una intencionalidad u otra del legislador, en una patología o en otra, en una desviación o en otra, pero todas ellas, en tanto que utilizan sin pretensión de vincular o sujetas las conductas de los ciudadanos y los poderes públicos, o lo hacen mediante mecanismos ilegítimos caben bajo el término de "leyes semánticas".

El intento de poner cierto orden, encontrar cierta lógica o, simplemente, glosar el extraño fenómeno que se viene describiendo es, en realidad, una preocupación ya clásica, no solo de la ciencia de la legislación, como antes se ha expresado, sino por parte de los ius publicistas más reconocidos. Además, no es extraño que este tipo de fenómenos sea analizado con ciertas dosis de ironía por parte de la doctrina. Ya en el siglo XIX, en su clásico *Scherz und Ernst in der Jurisprudenz*, VON IHERING realizó una mordaz crítica con una metodología similar a la empleada por otros autores posteriores a los que nos referiremos, aunque enfatizando más bien la desconexión entre la teoría jurídica y los problemas reales[31]. En un tono mucho más

[31] VON IHERING, R., *Jurisprudencia en broma y en serio*, Reus, Madrid, 2015 (reedición al español de la traducción de la tercera edición del original en alemán publicado en 1884 como *Scherz und Ernst in der Jurisprudenz: eine Weihnachtsgabe für das juristische Publikum*, Bretkopf

solemne, GARCÍA DE ENTERRÍA criticaría un siglo más tarde y con medida contundencia la inflación legislativa, el auge de las llamadas "leyes-medida" y, en fin, la cada vez más defectuosa técnica normativa empleada por el legislador español empeñado en incrementar sin medida una legislación ya desbocada[32].

De nuevo con un tono más irónico y haciendo gala de un profundo conocimiento de la realidad político-constitucional, VANDELLI, en su *Psicopatología delle riforme quotidiane,* estableció hasta trece tipos de leyes en función del *transtorno* que en cada momento sufriera el legislador. El ensayo está basado en la experiencia italiana, aún más avanzada que la nuestra en esta materia, aunque por poco, pero es extensible al caso español.

Así, el ius publicista de la Universidad de Bolonia distinguía entre la legislación ciclotímica (donde se combinan períodos de intensa actividad legislativa con otros de auténtico parón parlamentario), la legislación autística (el legislador que no escucha), la egoísta (reglas a medida -de la élite, se entiende-), esquizofrénica (leyes contradictorias que permiten hacer una cosa y su contrario), obsesiva (que centra todos los esfuerzos en casi una única cuestión, en el caso italiano, la justicia), placebo (anuncios de futuras regulaciones para 'calmar' psicológicamente al 'paciente'), anoréxica (reformas sin la correspondiente previsión de los instrumentos necesarios para su aplicación), présbita (reformas que se difieren en el tiempo y que 'disfrutarán' las próximas generaciones), neurótica (legislación compleja, prácticamente ilegible, particularmente en temas presupuestarios), verborréica (similar a la anterior, un *tsunami* de normas confusas y heterogéneas), disléxica (la

---

und Härtel, Leipzig, 1885, y editado en España como *Bromas y veras en la Ciencia Jurídica: un presente navideño para los lectores de obras jurídicas,* Ed. Revista de Derecho Privado, 1933).

32 GARCÍA DE ENTERRÍA, E., *Justicia y seguridad jurídica en un mundo de leyes desbocadas,* Civitas, Madrid, 1999.

inclusión de neologismos superfluos o jerga del Derecho de la UE en idiomas distintos del italiano ha añadido un elemento adicional de confusión en ocasiones) y, finalmente, la legislación disgregada y la legislación en estado confuso (que añade a las patologías la derivada de la complejidad que entraña legislar en áreas donde existe una confusa distribución territorial del poder)[33].

SOSA WAGNER, que incluye un mordaz prólogo a la edición en español del libro de VANDELLI, no se refiere tanto a la inseguridad jurídica que provoca la frivolidad normadora del legislador, sino que centra sus dardos en la falta de sentido institucional y, en definitiva, de seriedad de los hacedores de normas de nuestro país. La conclusión que tanto el autor italiano como el prologuista de la versión en español extraen puede reconducirse a una cuestión simple, pero a la vez complicada y que se puede sintetizar en la lealtad institucional o en la necesidad de tomarse en serio tanto el proceso de elaboración de las normas como su resultado final.

En todo caso, los anteriores no han sido los únicos autores que han venido denunciando la desviación del concepto, uso y finalidad de la ley por parte del parlamento a través de la aprobación de actos que cada vez se alejan más de una norma jurídica de alcance general que permita al individuo organizar su vida sobre la base de la predictibilidad del ordenamiento y del comportamiento de los poderes públicos. Así, la doctrina más actual ha criticado la proliferación de las llamadas 'leyes volitivas' (que expresan una voluntad sin velar por su realización) o las 'leyes proclamáticas', que se subdividirían en 'proclamá-

---

33 VANDELLI, L., *Psicopatologia delle riforme quotidiane. Le turbe delle istituzioni: sintomi, diagnosi e terapie,* Il Mulino, Roma, 2006. Publicado en español como VANDELLI, L., *Trastornos de las instituciones políticas,* Editorial Trotta-Fundación Alfonso Martín Escudero, Madrid, 2007, con un interesante prólogo de F. SOSA WAGNER.

ticas formales', destinadas a "subsistir sólo transitoriamente en el ordenamiento" y las 'leyes memorial' que "persiguen una reescritura de la historia sin contenidos normativos precisos"[34]. En síntesis, hay que reagrupar esta especie de cajón de sastre en una nueva clase de 'leyes santimonia', un tipo de normas «cuyo contenido preceptivo es escaso, y flota, un tanto indecorosamente, en un mar de proclamas ideológicas variopintas; de buenos propósitos; de descripciones necesariamente umarias, y muchas veces falseadas, de los estados de la ciencia; de supuestas exigencias 'del derecho internacional'»[35].

Otro gran problema que se viene repitiendo y cada vez con más frecuencia es el abuso de las llamadas tradicionalmente leyes singulares, que normarían cuestiones que tendrían que ser reguladas a través de una norma reglamentaria, pero que lo son mediante ley formal para evitar ulteriores recursos individuales ante la jurisdicción contencioso-administrativa o para evitar la ejecución de sentencias. El propio Tribunal Constitucional ha elaborado una teoría sobre estas leyes y distingue entre leyes de destinatario único, leyes autoaplicativas y leyes singulares "en razón de la singularidad del supuesto de hecho que regula"[36].

---

[34] GARCÍA, E., "Las leyes volitivas", *El Confidencial*, 20 abril 2023, disponible en https://blogs.elconfidencial.com/espana/tribuna/2023-04-20/leyes-volitivas-vivienda_3614136/; PORRAS NADALES, A., "Retos del Derecho constitucional: la esfera institucional", *Asuntos Constitucionales*, 2021, pp. 19-30, especialmente, pp. 27-28.

[35] DE LORA, P., *Los derechos en broma, op. cit.*, p. 39. El autor continúa su crítica, indicando que, en este tipo de leyes, "la retórica del relato se traslada de la exposición de motivos (...) a un articulado en el que expresa más que se prescribe, se anuncia más que se ordena; se desea más que se regula. Y todo con el afán, apenas disimulado, de mostrar un músculo moral" (*ibidem*).

[36] STC 203/2013, 5 diciembre, especialmente, FJ 3. Sobre esta cuestión, *vide* BOUAZZA ARIÑO, O., "El respeto de los derechos fundamentales

La "Ley reglamento" o la "ley escudo". Los ejemplos son habituales en materia urbanística y medioambiental, llegando a los supuestos de la llamada expropiación legislativa, es decir, a través de una ley singular[37]. También es interesante el caso de la ley que aprobó el Parlamento Vasco, a propuesta de los dos grupos que sustentaban al Gobierno, y que realizó una trasposición en la ley de materia reglamentaria para evitar su enjuiciamiento por parte del Tribunal Superior de Justicia del País Vasco, que había anulado un gran número de medidas adoptadas por el Gobierno Vasco para la gestión de la pandemia de la Covid-19[38].

Aunque la aparición de nuevas tipologías ontológicas de leyes es un fenómeno que se viene observando en todas las asambleas legislativas desde hace tiempo, lo cierto es que, en el caso español, los parlamentos autonómicos son los que han alcanzado mayores cotas de creatividad a la hora de utilizar la

---

como límite constitucional al legislador (La STC 203/2013, de 5 de diciembre, por la que se declara la inconstitucionalidad de la Ley de la Ciudad del Medio Ambiente de Soria)", *Revista Vasca de Administración Pública,* 99-100, 2014, pp. 703-718; ÁLVAREZ GONZÁLEZ, E. M., "Técnica legislativa y disfunciones de las técnicas normativas en España. Retos actuales", *Revista Vasca de Administración Pública,* 117, 2020, pp. 17-73.

37 Para un ejemplo, *vide* SANTAOLALLA LÓPEZ, F., "Expropiación legislativa de una pensión extraordinaria y leyes de caso único: comentario a la STC 45/2018, de 26 de abril", *Revista General de Derecho Constitucional,* 28, 2018.

38 *Vide* la Ley 2/2021, de 24 de junio, de medidas para la gestión de la pandemia de COVID-19, *Boletín Oficial del País Vasco,* núm. 128, de 30 junio 2021. Para una crítica contextualizada de esta ley, *vide* GORDILLO PÉREZ, L. I., "La gestión de la pandemia por parte de las instituciones autonómicas del País Vasco", en *Estado autonómico y derechos fundamentales en la era post-coronavirus,* Tirant, Valencia, 2024, pp. 263-306.

fuente central del ordenamiento jurídico para las más variadas finalidades.

De esta manera, además de las reseñadas en apartados anteriores, encontramos leyes que podríamos bautizar como 'ley condecoración' y cuya finalidad es reconocer a algún sector o grupo social que por cualesquiera razones que aprecia una mayoría parlamentaria se ha hecho merecedor de este homenaje. Dejando al margen las denominadas leyes de memoria histórica, mencionadas anteriormente, es habitual encontrar una serie de leyes en las que la parte sustancial de la norma aprobada acaba siendo el título y la exposición de motivos, apartados que no son estrictamente normativos, pero que son los que contienen la verdadera razón de ser de este acto legislativo. Los ejemplos son muy variados, como la Ley del Estatuto de las Mujeres Agricultoras del País Vasco, seguida por la Ley del Estatuto de las Mujeres Rurales de Castilla – La Mancha[39]. También es el caso, con matices, de la Ley Andaluza del Flamenco o de las leyes que han aprobado un gran número de parlamentos autonómicos relativas a la autoridad del profesorado. En estos supuestos, suele existir un contenido legislativo singular (por ejemplo, la reorganización administrativa en materia de flamenco y reconocimiento del profesor como autoridad pública, cosa que se podría haber hecho bien con otro instrumento normativo, bien con un solo artículo, bien modificando otra ley ya existente), pero el grueso del texto articulado está orientado a establecer un reconocimiento específico a un sector o grupo concretos[40].

---

39 Ley 8/2015, de 15 de octubre, del Estatuto de las Mujeres Agricultoras, *Boletín Oficial del País Vasco*, 200, de 21 octubre 2015. Ley 6/2019, de 25 de noviembre, del Estatuto de las Mujeres Rurales de Castilla – La Mancha, *Diario Oficial de Castilla – La Mancha*, núm. 235, de 28 noviembre de 2019.

40 Ley 4/2023, de 18 de abril, Andaluza del Flamenco, Boletín Oficial de la Junta de Andalucía, 75, de 21 abril 2023. En cuanto a las leyes

En clara conexión con la anterior categoría y, a veces solapándose, se encuentran las leyes que podríamos denominar, siguiendo a Eloy García, 'volitivas' o, más concretamente, leyes de impulso político o más críticamente de 'brindis al sol'. Se trata de leyes que no incluyen contenido normativo específico, bien porque difieren a normas posteriores su concreción (normalmente a un reglamento) o porque su finalidad realmente es establecer una medida de impulso político al gobierno de turno, instándole a que implemente una serie de actividades, políticas o medidas, pero sin que esta exhortación sea jurídicamente vinculante ni exigible ante los tribunales. En realidad, se trata de una auténtica mutación de las resoluciones que aprueban los parlamentos provenientes de las llamadas proposiciones no de ley o mociones y cuya finalidad es instar al gobierno a que haga o no haga algo en concreto. Son resoluciones políticas sin valor jurídico. Lo relevante del asunto, no obstante, es que este tipo de resoluciones se están trasladando a leyes formales cuyo contenido casi íntegro bien podría haberse aprobado a través de una medida ordinaria de impulso político (proposición no de ley o moción, en su caso). Aquí encontramos una variada casuística, desde legislación espejo de normas nacionales que, al carecer las Comunidades Autónomas de competencias regulatorias en sentido estricto en dichas materias, se dedican en realidad a establecer medidas de fomento, reorganización interna o de impulso político al gobierno. En estos casos, tenemos la tradicional legislación de juventud, de cultura, de deporte o de cine, junto a las más mo-

---

que reconocen la autoridad del profesorado, *vide*, por ejemplo, la Ley 2/2010, de 15 de junio, de Autoridad del Profesor, *Boletín Oficial de la Comunidad de Madrid*, núm. 154, de 29 junio 2010 o la Ley 3/2013, de 28 de junio, de medidas de autoridad del profesorado, *Boletín Oficial del Principado de Asturias*, núm. 231, de 4 julio 2013.

dernas de cooperación y solidaridad o de transición energética y cambio climático, por mencionar algunos casos habituales[41].

Tenemos, de la misma forma, una categoría de ley muy particular, producto en parte del proceso de laboralización de la actividad pública y de la necesidad de autojustificación por parte de autoridades y organismos. Existen así, leyes que no innovan ciertamente el ordenamiento jurídico y que, cuando incluyen normas como tales, en realidad, son casi reglas de autoorganización interna o manuales de procedimiento más parecidos a textos refundidos que a otra cosa. Así, dentro de esta categoría, resulta habitual, encontrarnos con las versiones autonómicas de leyes aprobadas por las Cortes Generales que replican preceptos o que intentan mandar un mensaje político aludiendo a la especialidad o diferenciación específica de tal o cual comunidad autónoma o que se aprueban para reforzar el compromiso político de la mayoría parlamentaria del momento con una determinada política o actuación. En este sentido, es habitual en el discurso político encontrarse con afirmaciones que critican a tal o cual gobierno autonómico por ser la única (o una de las pocas) Comunidad Autónoma que no tiene una ley de tal o cual cosa, lo que colocaría a sus ciudadanos en una situación de desventaja en materia de derechos o protección. Es, por ejemplo, el caso de las leyes de memoria histórica y democrática que han aprobado los parlamentos vasco, cata-

---

41 Así, a título meramente ejemplificativo, *vide* la Ley 1/2024, de 8 febrero, de Transición Energética y Cambio Climático, *Boletín Oficial País Vasco*, núm. 38, de 21 febrero 2024 (en la que, curiosamente, su contenido normativo consiste en establecer un canon a las renovables como medida para fomentar su uso); la Ley 11/2002, de 10 de julio, de Juventud de Castilla y León, *Boletín Oficial de Castilla y León*, núm. 139, de 19 julio 2002; la Ley 3/2024, de 15 de febrero, de Cooperación y Solidaridad, *Boletín Oficial del País Vasco*, núm. 44, de 29 febrero 2024; la Ley 6/2018, de 9 de julio, del Cine de Andalucía, *Boletín Oficial de la Junta de Andalucía*, núm. 135, de 13 julio 2018.

lán, andaluz o aragonés; de las leyes de igualdad entre mujeres y hombres que han aprobado todas las Comunidades Autónomas en materia de lucha y prevención contra la violencia de género y, más recientemente, en materia de protección de la infancia y de la adolescencia[42]. No obstante, en algún caso, alguna Comunidad Autónoma se ha adelantado, pero siguiendo un guión similar, como en el caso de la ley de movilidad sostenible aprobada por el Parlamento vasco antes de la aprobación de su homóloga nacional[43].

Existen, finalmente, un tipo de leyes que se dan en Comunidades con estructuras de mando o élites de altos cargos que se perpetúan durante años y que promueven, a través de sus respectivos Departamentos gubernamentales, la aprobación de leyes codificadoras cuya función consiste en refundir en un texto e incluir normas relativas al propio funcionamiento interno y que tienen como finalidad dotar de un "Manual de procedi-

---

42 Un instrumento de gran utilidad que recopila normativa y jurisprudencia para apoyar a los parlamentarios durante el proceso legislativo lo constituyen los dosieres que elaboran los servicios de estudios de los distintos parlamentos. Así, para una recopilación de las leyes autonómicas sobre memoria histórica y democrática, *vide* el *Dosier* núm. 108, Servicio de Estudios del Parlamento Vasco, 23 diciembre 2021, disponible en https://shorturl.at/kpxO0>, para el caso de la legislación en materia de lucha y prevención contra la violencia de género, *vide* el *Dosier* sobre igualdad elaborado por los servicios del Senado y disponible en <https://shorturl.at/fFLY9>; para el caso de la legislación en materia de infancia y adolescencia, *vide* el *Dosier* núm. 126, de 10 octubre 2023, Servicio de Estudios del Parlamento Vasco, disponible en < https://shorturl.at/dtEP0>.

43 Ley 11/2023, de 9 noviembre, de movilidad sostenible de Euskadi, *Boletín Oficial del País Vasco*, núm. 224, de 23 noviembre 2023. *Vide* el proyecto de Ley de Movilidad Sostenible presentado por el Gobierno durante la XV Legislatura y disponible en el *Boletín Oficial de las Cortes Generales*, Congreso, núm. 9-1, 23 febrero 2024, Serie A proyectos de ley, referencia 121/000009.

miento" a los funcionarios y empleados públicos que dependen de ellos y, de paso, reforzar o reivindicar una determinada competencia frente a otros Departamentos del mismo gobierno. Es el caso de gran parte de las disposiciones incluidas en la ley del sector público vasco, en la ley de empleo público o en la ley del procedimiento de elaboración de disposiciones de carácter general[44].

5. CONCLUSIONES

La seguridad jurídica del art. 9.3 CE hunde sus raíces en los primeros y más originales teóricos del Estado, pues en último término el cumplimiento de las normas (incluso de aquellas que no nos satisfacen) se justifica porque nos permiten adoptar decisiones informadas sobre nuestros proyectos vitales. Por eso las normas no solo tienen que ser conocidas, sino vincular efectivamente a *todos* los ciudadanos y que estos *confíen* asimismo en que los demás van a acatar las normas.

El principio recogido en el art. 9.3 CE se desgrana en otros principios concretos cuyo incumplimiento supondría la eventual declaración de inconstitucionalidad. Sin embargo, hemos querido ir aquí más allá, pues lo que sea perjudicial para nuestro Estado no reposa únicamente en las declaraciones de inconstitucionalidad. A lo largo de esta contribución se han expuesto distintas prácticas parlamentarias que ignoran que la ley está puesta al servicio de la seguridad del ciudadano. Si bien no vulneran de manera directa el texto constitucional, deterioran

---

[44] *Vide* la Ley 3/2022, de 12 de mayo, del Sector Público Vasco, *Boletín Oficial País Vasco*, núm. 97, de 20 mayo 2022; la Ley 11/2022, de 1 de diciembre, de Empleo Público Vasco, *Boletín Oficial País Vasco*, núm. 245, de 26 diciembre 2022; y la Ley 6/2022, de 30 de junio, del Procedimiento de Elaboración de las Disposiciones de Carácter General, *Boletín Oficial País Vasco*, núm. 137, de 15 julio 2022.

el Estado, en la medida en que perjudican la legitimidad de quienes ejercen la soberanía y defraudan la confianza en la ley.

Se han analizado desde esta perspectiva las prácticas parlamentarias, tales como el inflacionismo y la utilización de la ley para fines espurios. La conclusión fundamental en este extremo consiste en que la transformación en la naturaleza de las leyes no se debe tanto a una pérdida de capacidad técnica, sino más bien a fenómenos exógenos al proceso parlamentario en sentido estricto, como son los intereses de los parlamentarios y de los partidos y las opciones políticas en las que estos se inscriben para aumentar su representación y lograr el poder, o una cuota del mismo.

En este escenario, el concepto de "ley semántica" sirve para identificar y agrupar diferentes tipos de leyes. Muchas de estas leyes han sido criticadas y puestas en evidencia por académicos y juristas, pero si se han reunido aquí es porque todas ellas comparten un elemento común en el que no siempre se ha insistido: la pérdida de normatividad y, en ocasiones, como en las leyes, singulares, el carácter general. Todo ello es una mala noticia para el constitucionalismo, pues si en el ejercicio de sus funciones las instituciones no garantizan el fin al que están orientados, socavan su legitimidad.

6. REFERENCIAS BIBLIOGRÁFICAS

ÁLVAREZ GONZÁLEZ, E. M., "Técnica legislativa y disfunciones de las técnicas normativas en España. Retos actuales", *Revista Vasca de Administración Pública*, 117, 2020, pp. 17-73.

ANGLMAYER, I., *Better Regulation practices in national parliaments*, PE 642.835, European Parliamentary Research Service, Brussels, 2020.

BASELGA GARCÍA-ESCUDERO, P., "Materiales para el estudio de la técnica legislativa", *Revista de las Cortes Generales*, 76, 2009, pp. 247-326.

BENTHAM, J., *Nomografía o el Arte de Redactar Leyes*, BOE/CEPC, Madrid, 2000.

BOLLEYER, N.; SALÁT, O., "Parliaments in times of crisis: COVID-19, populism and executive dominance", *West European Politics,* Vol. 44/5-6, 2021, pp. 1103-1128.

BOUAZZA ARIÑO, O., "El respeto de los derechos fundamentales como límite constitucional al legislador (La STC 203/2013, de 5 de diciembre, por la que se declara la inconstitucionalidad de la Ley de la Ciudad del Medio Ambiente de Soria)", *Revista Vasca de Administración Pública,* 99-100, 2014, pp. 703-718.

BRÄUNINGER, T.; DEBUS, M., "Legislative agenda-setting in parliamentary democracies", *European Journal of Political Research,* Vol. 48, 2009, pp. 804-839.

BRUNNER, M., *Parliaments and legislative activity: Motivations for bill introduction,* Springer, Wiesbaden, 2012.

CARRASCO, S., *¿Hay Derecho? La quiebra del Estado de Derecho y de las instituciones en España,* Península, Barcelona, 2014.

CARRÉ DE MALBERG, R., *La loi, expression de la volonté générale. Etude sur le concept de la loi dans la Constitution de 1875,* Recueil Sirey, Paris, 1931.

CERVANTES SAAVEDRA, M., «El ingenioso hidalgo Don Quijote de la Mancha» [en línea], (1615), <https://cvc.cervantes.es/literatura/clasicos/quijote/edicion/parte2/cap51/cap51_02.htm>. [Consulta: 21/09/2024.].

CHILTON, A.; VERSTEEG, M., "Rights without resources: the impact of constitutional social rights on social spending", *The Journal of Law and Economics,* Vol. 60/4, 2017, pp. 713-748.

CURATO, N.; SASS, J.; ERCAN, S. A.; NIEMEYER, S., "Deliberative democracy in the age of serial crisis", *International Political Science Review,* Vol. 43/1, 2022, pp. 55-66.

DAINOW, J., "The civil law and the common law: some points of comparison", *The American Journal of Comparative Law,* Vol. 15/3, 1967, pp. 419-435.

DAVID, R.; JAUFFRET-SPINOSI, C., *Los grandes sistemas jurídicos contemporáneos,* 11ª ed., UNAM, México, 2010.

DE BLASIO, E.; SORICE, M., "Populism between direct democracy and the technological myth ", *Palgrave Communications,* Vol. 4, 2018, pp. 1-11.

DE LA TORRE, C.; SRISA-NGA, T., *Global Populisms,* Routledge, London, 2021.

DE LORA, P., *Los derechos en broma,* Deusto, Barcelona, 2023.

DÍEZ-PICAZO, L. M., “Concepto de ley y tipos de leyes (¿Existe una noción unitaria de ley en la Constitución española?)”, *Revista Española de Derecho Constitucional*, 24, 1988, pp. 47-93.

DÍEZ-PICAZO, L. M., “Le concept de loi”, *Annuaire international de justice constitutionnelle*, Vol. 19, 2003, pp. 450-471.

ESPÍN TEMPLADO, E., “El sistema de fuentes en la Constitución (I)”, en *Manual de Derecho Constitucional*, Tirant, Valencia, 2022, Vol. I, pp. 57-82.

EUROPEAN COMMISSION, *'Better regulation' toolbox*, Brussels, 2023.

EUROPEAN COMMISSION, *Better Regulation Guidelines*, SWD(2021) 305 final, Brussels, 2021.

FACCHINI, F., “What Are the Determinants of Public Spending? An Overview of the Literature”, *Atlantic Economic Journal*, Vol. 46, 2018, pp. 419-439.

FERNÁNDEZ-CARNICERO, C. J., “Bentham, Jeremy: «Nomografía o el Arte de Redactar Leyes» (Recensión)”, *Revista de las Cortes Generales*, 52, 2001, pp. 415-418.

GARCÍA DE ENTERRÍA, E., *Justicia y seguridad jurídica en un mundo de leyes desbocadas*, Civitas, Madrid, 1999.

GARCÍA PELAYO, M., “El Estado legal y el Estado constitucional de Derecho”, *Revista de la Facultad de Ciencias Jurídicas y Políticas*, 82, pp. 32-45.

GARCÍA, E., “Las leyes volitivas” [en línea], (2023), <https://blogs.elconfidencial.com/espana/tribuna/2023-04-20/leyes-volitivas-vivienda_3614136/>. [Consulta: 21/09/2024.].

GARCÍA-ESCUDERO MÁRQUEZ, P., *Manual de técnica legislativa*, Thomson-Civitas, Madrid, 2011.

GARCÍA-ESCUDERO MÁRQUEZ, P., *Técnica legislativa y seguridad jurídica: ¿hacia el control constitucional de la calidad de las leyes?*, Thomson-Aranzadi, Madrid, 2010.

GODDARD, D., *Making Laws That Work. How Laws Fail and How We Can Do Better*, Hart, Oxford, 2022.

GORDILLO PÉREZ, L. I., “La erosión de la institución parlamentaria”, *Teoría y realidad constitucional*, 52, 2023, pp. 377-400.

GORDILLO PÉREZ, L. I., “La gestión de la pandemia por parte de las instituciones autonómicas del País Vasco”, en *Estado autonómico y derechos fundamentales en la era post-coronavirus*, Tirant, Valencia, 2024, pp. 263-306.

GORDILLO PÉREZ, L. I., “La proliferación de las 'leyes semánticas': mutaciones, clasificaciones y tendencias del moderno parlamentarismo”, en *Constitución y control jurisdiccional del poder: Estudios en homenaje a Eduardo Espín*, Tirant, Valencia, 2024, pp. 77-100.

GOULD, J. S.; POZEN, D. E., "Structural Biases in Structural Constitutional Law", *New York University Law Review*, Vol. 97 (April), 2022, pp. 59-136.

HOBBES, T., *El Leviatán*, Tecnos, Madrid, 2013 (versión adaptada al castellano del original *Leviathan, or The Matter, Forme and Power of a Common-Wealth Ecclesiasticall and Civil*, A. Crooke, London, 1651).

HOOD, F. C., *The Devine Politics of Thomas Hobbes: An Interpretation of Leviathan*, Clarendon Press, Oxford, 1964.

JACKMAN, M. C., "Parties, median legislators, and agenda setting: How legislative institutions matter", *The Journal of Politics*, Vol. 76/1, 2014, pp. 259-272.

JANSEN, A. S.; EUGSTER, B.; MAIER, M.; ADAM, S., "Who drives the agenda: Media or parties? A seven-country comparison in the run-up to the 2014 European Parliament elections", *The International Journal of Press/Politics*, Vol. 24/1, 2019, pp. 7-26.

JENKINS, J. A.; MONROE, N. W., "On Measuring Legislative Agenda-Setting Power", *American Journal of Political Science*, Vol. 60/1, 2016, pp. 158-174.

KEEFER, P.; SCARTASCINI, C. G.; VLAICU, R., "Voter preferences, electoral promises, and the composition of public spending", *IDB Working Paper Series*, No. IDB-WP-1123, 2020.

KINGSBURY, B., "The Concept of 'Law' in Global Administrative Law", *European Journal of International Law*, Vol. 20/1, 2009, pp. 23-57.

LOCKE, J., *Segundo Tratado sobre el gobierno civil*, Alianza editorial, Madrid, 2008 (versión en castellano del original *Second Treatise of Government*, A. Churchill, London, 1690) p. 111.

LOEWENSTEIN, K., *Political power and the Governmental process*, 2nd ed., The University of Chicago Press, Chicago, 1965.

MARTÍNEZ IGLESIAS, M. J., "The European Parliament and the Better Law-Making Agenda", en *The EU Better Regulation Agenda: A Critical Assessment*, Hart Publishing, Oxford, 2018, pp. 107-117.

MINTZ, S. I., *The Hunting of Leviathan: Seventeenth-century Reactions to the Materialism and Moral Philosophy of Thomas Hobbes*, University Press, Cambridge, 1962.

MOUSOURAKIS, G., *Comparative Law and Legal Traditions. Historical and Contemporary Perspectives*, Springer, Dordrecht, 2019.

OECD, *Better Regulation in Europe: Spain 2010*, Better Regulation in Europe, OECD Publishing, Paris, 2010.

OECD, *Better Regulation Practices across the European Union*, OECD Publishing, Paris, 2022.

PORRAS NADALES, A., "Retos del Derecho constitucional: la esfera institucional", *Asuntos Constitucionales*, 2021, pp. 19-30.

SANTAOLALLA LÓPEZ, F., "Expropiación legislativa de una pensión extraordinaria y leyes de caso único: comentario a la STC 45/2018, de 26 de abril", *Revista General de Derecho Constitucional*, 28, 2018.

SCHUKNECHT, L., *Public spending and the role of the state: history, performance, risk and remedies*, Cambridge University Press, 2020, pp. 155-178.

SCHWALBACH, J., "Going in circles? The influence of the electoral cycle on the party behaviour in parliament", *European Political Science Review*, Vol. 14/1, 2022, pp. 36-55.

STRÖMBÄCK, J., "News seekers, news avoiders, and the mobilizing effects of election campaigns: Comparing election campaigns for the national and the European parliaments", *International Journal of Communication*, Vol. 11, 2017, pp. 237-258.

TAJADURA TEJADA, J., "Veinticinco años de preámbulo constitucional", *Revista de Derecho Político*, 58-59, 2003-2004, pp. 29-46.

TETLEY, W., "Mixed jurisdictions: Common Law v. Civil Law (codified and uncodified)", *Louisiana Law Review*, Vol. 60, 2000, pp. 677-738.

TOUBEAU, S.; VAMPA. D., "Adjusting to austerity: the public spending responses of regional governments to the budget constraint in Spain and Italy", *Journal of Public Policy*, Vol. 41/3, 2021, pp. 462-488.

UGARTEMENDIA ECEIZABARRENA, J. I., "El concepto y alcance de la seguridad jurídica en el Derecho constitucional español y en el Derecho comunitario europeo: un estudio comparado", *Cuadernos de Derecho Público*, 28, 2006, pp. 17- 54.

URBINATI, N., "Political Theory of Populism", *Annual Review of Political Science*, Vol. 22, 2019, pp. 111-127.

VAN EST, R., "Thinking parliamentary technology assessment politically: Exploring the link between democratic policy making and parliamentary TA", *Technological Forecasting and Social Change*, Vol. 139, 2019, pp. 48-56.

VAN SANTEN, R.; HELFER, L.; VAN AELST, P., "When politics becomes news: An analysis of parliamentary questions and press coverage in three West European countries", *Acta Politica*, Vol. 50, 2015, pp. 45-63.

VANDELLI, L., *Psicopatologia delle riforme quotidiane. Le turbe delle istituzioni: sintomi, diagnosi e terapie*, Il Mulino, Roma, 2006 (publicado en español como VANDELLI, L., *Trastornos de las instituciones políticas*, Editorial Trotta-Fundación Alfonso Martín Escudero, Madrid, 2007, prólogo de F. SOSA WAGNER).

VON IHERING, R., *Jurisprudencia en broma y en serio*, Reus Madrid, 2015 (reedición al español de la traducción de la tercera edición del original en alemán publicado en 1884 como *Scherz und Ernst in der Jurisprudenz: eine Weihnachtsgabe für das juristische Publikum*, Bretkopf und Härtel, Leipzig, 1885, y editado en España como *Bromas y veras en la Ciencia Jurídica: un presente navideño para los lectores de obras jurídicas*, Ed. Revista de Derecho Privado, 1933).

ZUCKERT, M. P., "Hobbes, Locke, and the problem of the rule of law", en *The Rule of Law: Nomos XXXVI*, New York University Press, New York, 1995, pp. 63-79.

Capítulo 3.

El valor de la seguridad jurídica ante el avance de la neurotecnología: los neuroderechos como una nueva generación de derechos humanos[1]

ANA ISABEL HERRÁN ORTIZ
Profesora de Derecho civil
Universidad de Deusto

1. LA NECESARIA CONSIDERACIÓN DEL PRINCIPIO DE SEGURIDAD JURÍDICA Y EL DESAFÍO DE LAS TECNOLOGÍAS DISRUPTIVAS

Expresaba RECASENS SICHES que "el Derecho no ha nacido en la vida humana por virtud del deseo de rendir culto

1 Este capítulo se ha realizado con apoyo económico del Programa Erasmus+ de la Unión Europea en el marco del Módulo Jean Monnet (nEUraLAW, Legal Implications of Smart Neural Implants in the EU) grant agreement N.º 101047878 (Ref. ERASMUS-JMO-2021-HEI-TCH-RSCH).

u homenaje a la idea de justicia, bien al contrario, sino para colmar una ineludible urgencia de seguridad y certeza en la vida social"[2]. Insiste en esta idea el autor cuando subraya que el porqué y el para qué del Derecho no encuentran su fundamento en la aspiración de justicia, sino en el valor de la seguridad, como necesidad humana; así también lo entiende PÉREZ LUÑO, para quien la finalidad fundamental y esencial del Derecho se encuentra en la idea de seguridad jurídica[3].

En nuestro ordenamiento jurídico, proclama explícitamente el artículo 9.3° de la Constitución Española que la misma garantiza, entre otros principios, la seguridad jurídica. Seguridad jurídica que como valor constitucional implica: por un lado, un conocimiento cierto de las leyes vigentes; y por otro, una cierta estabilidad de las normas y de las situaciones que en ellas se definen[4]. Nos hallamos así ante un principio constitucional, pero con especial impacto en el marco del desarrollo e impulso de la tecnología en un contexto de fuerte competitividad mundial, y en el que los países luchan por el liderazgo de la innovación y el avance tecnológico. Recientemente, en este mismo sentido, PÉREZ LUÑO definía la seguridad jurídica como un valor que presenta una dimensión social objetiva junto a una garantía de certeza del Derecho; y desde este razonamiento, expresa que "un juicio ponderado sobre el sentido de la estabilidad y la mutación en el Estado de Derecho de las

---

2 RECASENS SICHES, L., "La seguridad como motivo radical de lo jurídico", *Revista de la Facultad de Derecho de México,* Vol. 53, núm. 239, 2003, p. 225.

3 PÉREZ LUÑO, A. E., *La seguridad jurídica,* Ariel, Barcelona, 1991, p. 12.

4 Consejo de Estado. Memoria del Año 1992, Madrid, 10993, p. 122-123. Disponible en https://www.consejo-estado.es/wp-content/uploads/2021/05/MEMORIA-1992.pdf

sociedades tecnológicas actuales, induce a un replanteamiento de la tensión entre la permanencia y el cambio jurídico"[5].

Así mismo, siguiendo las reflexiones de CASTILLO BLANCO, el hecho constatable del necesario progreso de una sociedad en continua evolución demanda responder con cambios a la transformación de la sociedad y del Estado. Circunstancia, que a juicio del autor, justificaría la posibilidad de revisión del orden jurídico establecido, que no debe concebirse "como un punto de llegada, sino como un proceso en continuo desarrollo y perfeccionamiento"[6]. Y precisamente la transformación tecnológica que se está viviendo en los más diversos ámbitos constituye para los expertos la razón jurídica que justifica la intervención legislativa como mecanismo que permita asegurar y proteger los derechos de las personas y superar la insuficiencia normativa de los conceptos jurídicos tradicionales para abordar el fenómeno digital[7].

Ciertamente, sin un marco jurídico estable y confiable se antoja complicado que en Europa y en España se logre captar el interés de los inversores tecnológicos, y no resultará atractiva su iniciativa para las grandes empresas tecnológicas, que animadas por escenarios normativos más seguros y estables, se alejarán de nuestro país para desarrollarse en otros lugares con ordenamientos jurídicos más confiables, o bien, se inclinarán por establecerse en aquellos otros Estados en los que la única inquietud ante el avance de las tecnologías sea generar riqueza

---

5 PÉREZ LUÑO, A.E., "La seguridad jurídica y sus paradojas actuales", *Teoría y derecho: revista de pensamiento jurídico*, 12, 2012, pp. 124-140.

6 CASTILLO BLANCO, F.A., "El principio de seguridad jurídica: especial referencia a la certeza en la creación del Derecho", *Documentación Administrativa*, 263-264, mayo-diciembre 2002, pp.24-25.

7 Por todos, BARDAJÍ GÁLVEZ, A. y BARDAJÍ GÁLVEZ, L., "Ser o no ser. Una propuesta de adscripción sistemática en el ordenamiento jurídico", *Revista de Derecho y Genoma Humano*, 57,2022, pp. 47-74.

a la sociedad, y ofrecer un marco competitivo atractivo para la inversión.

Siguiendo con la consagración constitucional de este principio, recordaba el TC que el principio de seguridad jurídica presenta una doble proyección; así, puede diferenciarse una dimensión objetiva, que comprende los aspectos relativos a la certeza del Derecho que se manifiesta principalmente como la confianza en "el ordenamiento jurídico aplicable y los intereses jurídicamente tutelados"[8]; y por otra parte, se identifica con una perspectiva subjetiva, relativa a la "expectativa razonablemente fundada del ciudadano en cuál ha de ser la actuación del poder en la aplicación del Derecho"[9]. Claro que como con acierto puntualiza UGARTEMENDIA ECEIZABARRENA el contenido de esta obligación o mandato dirigido a los poderes públicos no se articula en forma de un derecho subjetivo a la seguridad jurídica, sino en un tipo de pretensión jurídica ligada o conectada a otras pretensiones jurídicas que sí se articulan como derechos subjetivos; así, por ejemplo, el derecho a la tutela judicial efectiva, y de cuyo contenido normativo forman parte[10].

Ahora bien, como tiene declarado el TC, y resulta especialmente predicable del fenómeno tecnológico, la seguridad jurídica "no ampara la necesidad de preservar indefinidamente el régimen jurídico existente en un momento histórico dado en relación con derechos o actuaciones determinadas"; claro que,

---

8 Véase STC 15/1986, de 31 de enero. BOE núm. 55, de 5 de marzo de 1986.

9 STC 36/1991, de 14 de febrero. BOE núm. 66, de 18 de marzo de 1991.

10 UGARTEMENDIA ECEIZABARRENA, J. I.,"El concepto y alcance de la seguridad jurídica en el Derecho constitucional español y en el Derecho comunitario europeo: un estudio comparado", *Cuadernos de Derecho Público*, 28, 2006, pp. 22-23.

ha de subrayarse que el cambio legislativo debe entenderse en todo caso como la necesaria respuesta a las transformaciones del orden social[11].

Supuesto todo lo anterior, poco podía imaginar ORWELL que la distópica sociedad que con tanto detalle describió en su novela *1984* estaría años después cerca de convertirse en una realidad, que a día de hoy inquieta a científicos, filósofos y juristas[12]. Su relato en aquel momento, detallaba los infortunios del ciudadano Winston Smith en una sociedad observada, en la que el "crimen de pensamiento", conocido como "crimental" se castigaba con la muerte o con veinticinco años de trabajos forzados.

En el tiempo presente, si la ciencia sigue su imparable avance, parece que no estaremos tan lejos de la sociedad que describía la mencionada novela. En efecto, las neurociencias[13], y la neurotecnología, entendida como el elenco de dispositivos y procedimientos utilizados para acceder, monitorizar, grabar, interferir, o manipular la estructura y función del sistema neu-

---

11 STC 227/1988, de 29 de noviembre, BOE núm. 307, de 23 de diciembre de 1988.

12 ORWELL, G., *1984*, Traducción al castellano de TEMPRANO, M., Penguin Random House Grupo Editorial, Barcelona, 2020, pp. 9-27. Decía el desdichado protagonista de la novela, que "El crimen de pensamiento no era algo que pudiera ser ocultado para siempre. Uno podía disimularlo por un tiempo, quizá durante años, pero tarde o temprano -la Policía del Pensamiento- te hacía comparecer".

13 Por su lucidez y claridad, adoptaremos la definición acuñada por CORTINA y CONILL, de suerte que las neurociencias pueden definirse como "ciencias experimentales que, con todas las herramientas técnicas disponibles y utilizando el método científico de observación, experimentación e hipótesis, tienden a explicar cómo funciona el cerebro". CORTINA, A. y CONILL, J., "Bioética y Neuroética", *ARBOR Ciencia, Pensamiento y Cultura,* 195,792, abril-junio 2019, p. 3.

ronal del ser humano[14], han acercado a los científicos como nunca antes al conocimiento y comprensión de la mente humana; y todo ello además, impulsado en la última década por el desarrollo de la inteligencia artificial, la robótica y el *big data.* Desentrañar el misterio que se esconde detrás del cerebro humano, y descifrar el proceso que rige su funcionamiento ha obsesionado en el siglo XXI a empresas[15], Gobiernos[16], y comunidad científica. Cuanto más cerca nos encontremos de conocer

---

[14] *Vid.* OECD. Recommendation on Responsible Innovation in Neurotechnology, OECD/Legal/0457, adopted on 11 December 2019.

[15] El proyecto Neuralink desde 2016, mediante dispositivos implantados en el cerebro asegura que facilita la conexión con computadoras, para restablecer capacidades cognitivas, o con la finalidad de rehabilitar la movilidad. Sin embargo, y a pesar de sus investigaciones exitosas en animales, fuertemente criticadas, los ambiciosos objetivos y expectativas anunciados por Elon Musk han tenido que revisarse y ajustarse, ante el anuncio de importantes errores en la utilización de esta tecnología en humanos. Disponible en https://neuralink.com/science [Consulta:25/06/2024.]

[16] BRAIN Initiative (Brain Research through Advancing Innovative Neurotechnologies). Disponible en https://braininitiative.nih.gov [Consulta: 10/11/2024]. Se reconoce al neurobiólogo español Rafael Yuste el mérito de lograr que el Gobierno del presidente Obama en 2013 asumiera el reto de financiar durante quince años la investigación para trazar un mapa completo de la actividad neuronal del cerebro humano, y de este modo, comprender cómo funciona este órgano para colaborar con la ciencia médica y ayudar a paliar o prevenir dificultades de movilidad, enfermedades mentales, neurodegenerativas y otras patologías asociadas al sistema nervioso. En Europa, el proyecto HBP (HUMAN BRAIN PROYECT) fue lanzado en 2013 con una duración de 10 años; está cofinanciado por la Comisión Europea; y entre sus focos de investigación destacan el desarrollo de atlas cerebral o el estudio de las redes cerebrales y las funciones cognitivas. La financiación total, incluidas las contribuciones de los socios, es de 607 millones de euros. Disponible en https://www.humanbrainproject.eu/en/ [Consulta:10/06/2024.]

el funcionamiento de la mente humana, más nos aproximaremos a mejorar la vida del ser humano y a entender su comportamiento; pero igualmente, mayor será el poder que puedan tener terceros sobre su conducta y su comportamiento.

El avance de enfermedades neurodegenerativas, las devastadoras consecuencias de los trastornos mentales, o los efectos de patologías asociados al funcionamiento del sistema nervioso han dirigido la investigación médica de las últimas décadas y han orientado el progreso de la ciencia, preocupada por descifrar el funcionamiento del cerebro humano como medio para impulsar el desarrollo médico de soluciones ante el aumento de las enfermedades neurológicas. De este modo, los logros más recientes y destacados de la neurotecnología se han centrado en las aplicaciones médicas, terapéuticas o rehabilitadoras de los pacientes (implantes cerebrales para paliar los efectos del Parkinson o la epilepsia, robots articulados para facilitar el movimiento, interfaces cerebro-ordenador para la recuperación de capacidades cognitivas....); y la neurociencia ha encaminado principalmente su objetivo a la recuperación de capacidades cognitivas y habilidades motoras ante los efectos adversos de diferentes enfermedades del ser humano. De ahí que podamos comprender y compartir el fervor social, político y científico que toda actividad asociada al prefijo "neuro" ha desatado en los últimos tiempos. Es por ello también que los logros y éxitos médicos de la neurotecnología, y la ilusión de creer en la bondad tecnológica, han silenciado graves e inadmisibles restricciones de derechos individuales de la persona; porque no nos engañemos, dichas limitaciones son más fácilmente aceptables y justificables ante la promesa y la expectativa de rehabilitar y recuperar habilidades y sentidos perdidos, y no se cuestionarán, más allá de reclamar la adopción de medidas y garantías jurídicas que aseguren el contenido esencial de los derechos fundamentales en juego.

Ahora bien, no parece que las investigaciones científicas en el ámbito de la neurociencia vayan a reducirse a las aplicaciones médicas y de salud, antes bien al contrario, cuando las fronteras médicas se dejen atrás, y en un horizonte cercano estas tecnologías se apliquen con fines judiciales, comerciales o militares no resultará tan fácilmente asumible una nueva delimitación de los contornos legales y éticos que hasta ahora limitaban el avance de la ciencia. Y es justamente en este contexto de euforia tecnológica, donde se hace presente el principio de seguridad jurídica, y la necesidad de articular mecanismos y garantías normativas para apuntalar los derechos y libertades fundamentales de las personas; y en este proceso de creación del derecho, y de limitación del desarrollo de las tecnologías disruptivas, el principio de seguridad jurídica resulta especialmente inspirador para el legislador.

Ciertamente, como tendremos oportunidad exponer, lo que diferencia y determina el potencial riesgo asociado a estas tecnologías lo son tanto la capacidad invasiva de los medios empleados por la neurociencia, como el bien jurídico afectado. Hasta el momento el progreso científico y tecnológico impactaba sobre atributos exteriores y visibles del individuo, esto es, sobre aspectos como la integridad física, la vida privada, la propia imagen, o la información personal; sin embargo, en el tiempo presente, la neurotecnología tiene el poder de acceder a la esencia de la persona, a aquellos aspectos o elementos que configuran su ser, su identidad, y que determinan en gran medida el comportamiento, y lo que cada uno de nosotros somos como individuos.

Por ello, la inquietud y el recelo de científicos, filósofos y juristas han dado paso a un debate que inicialmente se centró en los aspectos éticos y filosóficos de la aplicación de la neurotecnología, y que con el tiempo descubrió el profundo dilema jurídico que acompañaba a las neurociencias. En efecto, como tendremos oportunidad exponer, la fragilidad de valores y principios fundamentales como la seguridad jurídica, libertad individual, la dignidad personal o el libre desarrollo de la personalidad ante el avance de la neurociencia y el riesgo que las tecnologías emergentes conllevan para los derechos individuales, despertaron el interés por el debate jurídico y la preocupación por la debilidad de un marco jurídico que no parecía garantía suficiente sobre la que sustentar las restricciones y límites a la utilización de la neurotecnología.

Supuesto lo anterior, se alzaron entonces voces entre reconocidos científicos, reclamando la configuración de una nueva categoría de derechos humanos, que con carácter universal, permitiera dar forma legalmente y materializar un elenco de nuevos derechos de la persona cuya razón de ser consiste en la protección de la esencia de la persona y de aquellos aspectos que determinan su personalidad y dignidad como ser humano ante el desafío de la neurociencia[17]. Se propone entonces el reconocimiento de los llamados neuroderechos, como una nueva categoría de derechos humanos que, superando a los tradicionalmente reconocidos, se vinculan a los riesgos y amenazas que el uso de la neurotecnología conlleva para los valores y principios fundamentales sobre los que se asienta ética y jurídicamente la consideración y protección del ser humano.

En el presente trabajo nos proponemos reflexionar sobre esta propuesta, y sobre el debate que enfrenta a quienes conciben como forma de protección jurídica ante el progreso de la neurotecnología el reconocimiento de un nuevo elenco de derechos humanos que protejan la mente humana; y a quienes sostienen, por el contrario, que esta construcción normativa constituye una redundancia legal estéril, cuya única utilidad reside en la proclamación formal de nuevos derechos humanos, que lejos de articular garantías o instrumentos jurídicos eficientes para la salvaguarda de los derechos individuales, re-

---

17 VARIOS, "Four ethical priorities for neurotechnologies and AI", *Nature*, [en línea], (2017), <https://www.nature.com/articles/551159a>. [Consulta:14/09/2024.]

sultan una mera propuesta estética inútil y sin consenso jurídico.

En este sentido, la anticipación regulatoria en materia tecnológica ha sido defendida principalmente por el jurista BROWNSWORD, cuando razona que esperar a que surjan problemas antes de regular puede permitir daños irreversibles, especialmente en tecnologías que afectan a derechos fundamentales[18].

Sea como fuere, el dilema social, ético y legal que debemos afrontar con ocasión del uso de la neurotecnología, no es solo ni principalmente, si debe construirse, a partir del principio de seguridad jurídica proclamado constitucionalmente, una nueva categoría de derechos de la persona sino especialmente, si el ordenamiento jurídico debe permitir el acceso y la interferencia sobre la actividad y funcionamiento del cerebro humano; y en su caso, en qué condiciones y bajo qué límites y garantías legales y éticas será posible su desarrollo y aplicación. Recuérdese, en este sentido, que como decíamos, una de las cuestiones fundamentales en la manifestación y contenido del principio de seguridad jurídica se encuentra en la pluralidad de ordenamientos y contextos normativos que inciden sobre la regulación de las tecnologías, y en si precisamente ha de reforzarse este marco normativo, con nuevos derechos que doten de garantías reforzadas los derechos de las personas; o en su caso, por el contrario, esta aspiración bien pudiera lograrse mediante la revisión y reconceptualización de los derechos ya proclamados.

---

18 BROWNSWORD, R., *Law, Technology and Society: Reimagining the Regulatory Environment (Law, Science and Society)*, Routledge, London, 2019.

2. A PROPÓSITO DEL DILEMA SOBRE LA ÉTICA DE LA NEUROCIENCIA O LA NEUROCIENCIA DE LA ÉTICA

Sitúa la literatura científica el nacimiento de la expresión y el concepto de "neuroética" en el Congreso celebrado en San Francisco en 2002, auspiciado por DANA Foundation[19] y las Universidades de Stanford y California[20]. Sin embargo, mucho tiempo antes, la neuropsiquiatra alemana PONTIUS acuñó la expresión "neuro-ética" ya en 1973[21], manifestando en el trabajo entonces publicado su rechazo a la intervención y estimulación temprana en la movilidad de los recién nacidos. Dos décadas después, en un nuevo trabajo publicado, la científica alemana retoma el término, si bien en esta ocasión para referirse a la necesaria incorporación del consentimiento informado en las investigaciones neurocientíficas relativas a los procesos neurofisiológicos y neuropsicológicos[22].

Como pone de manifiesto ÁLVAREZ-DÍAZ, curiosamente, y a pesar de que entre los años 1993 y 2002 solo PONTIUS se refiere explícitamente a la neuroética, su iniciativa ha pasado inadvertida entre la comunidad científica, y, salvo excepciones, pocos han sido los trabajos que reconocen su contribución al origen de esta disciplina[23].

---

19 Para conocer actividades y objetivos de DANA Fundation, véase https://dana.org/about-dana/history/ [Consulta: 28/06/2024].

20 CORTINA ORTS, A. y CONILL, J., "Bioética y neuroética", *Arbor*, 195-792, abril-junio 2019, p.2.

21 PONTIUS, A.A., "Neuro-ethics of "walking" in the newborn", *Percept Mot Skills*, 37, 1973, pp. 235-245.

22 PONTIUS, A.A., "Neuroethics vs neurophysiologically and neuropsychologically uninformed influences in childrearing, education, emerging hunter-gatherers, and artificial intelligence models of the brain", *Psychol Rep.*, 72, 1993, pp. 451-458.

23 ÁLVAREZ-DÍAZ, J. A., "La muerte de la neuroética (como alguna vez se conoció)", *Neurosciences and History*, 1,2, 2014, pp. 26-33.

Igualmente, y siguiendo con el repaso al origen histórico de la neuroética, no podemos ignorar que el Comité Internacional de Bioética de UNESCO en su informe *Ethics and Neuroscience* ya en 1995 ponía de manifiesto la problemática ética que en un futuro debía abordarse con ocasión de implantes cerebrales o dispositivos para mejorar la capacidad cognitiva, estableciendo a estos efectos, la equiparación con los dilemas éticos que entonces despertaba la implantación de tejidos animales en seres humanos[24]. Anticipaba el mencionado informe que la neurociencia incorporaba "técnicas que permiten la intervención para influir en el comportamiento humano y las capacidades cognitivas de individuos y grupo"; si bien señalaba a estos efectos que los problemas que presentaba la investigación con humanos en el caso de la neurociencia, no diferían en esencia de las dificultades que afectan a las ciencias biomédicas en general.

En especial, este informe presenta el valor de anticipar las grandes cuestiones éticas que la neurotecnología plantea en el tiempo presente, a saber: por una parte, la frontera de la manipulación de los individuos en aplicación de estas técnicas; la necesidad de establecer un consentimiento informado, en especial en el caso de personas vulnerables; y, por último, la dificultad legal que plantea el acceso y comunicación de información médica que se genera al aplicar estas tecnologías.

---

24 UNESCO. International Bioethics Committee, *Ethics and Neurosciences*, CIP/BIO/95/CONF.002/3, 15 October 1995. Sin mencionar explícitamente la expresión, sin embargo, en el texto se vislumbran los principios y valores que posteriormente constituirán aspectos claves para el desarrollo de la neuroética. En este sentido, reclama el citado Comité la elaboración de protocolos de investigación que previamente sean evaluados por grupos de expertos, y que permitan garantizar la libertad y dignidad de las personas que se someten a estas investigaciones.

Ahora bien, como explica ÁLVAREZ-DÍAZ, hasta entonces la neuroética se identificaba exclusivamente con la ética de la neurociencia, esto es, con una parte de la bioética que se ocupaba de ofrecer respuestas a los conflictos éticos derivados del progreso de la investigación neurocientífica[25]. Esta consideración limitaba el concepto de neuroética, al contemplarlo como una especialización de la bioética, centrada en el ámbito de las implicaciones éticas de la intervención del cerebro, o una profundización del ámbito de conocimiento de la bioética aplicado a un campo particular.

Con todo, no puede negarse a la Conferencia celebrada en 2002 en la ciudad de San Francisco bajo el lema *Neuroethics: Mapping the Field* el mérito de haber acuñado con éxito y proyección científica internacional la expresión neuroética; y también de haber iniciado el camino para el debate social, legal y ético sobre la investigación e intervención en el cerebro humano, anticipando y definiendo el perjuicio que su desarrollo podrá significar para el individuo[26].

Ese mismo año, ROSKIES situaba el creciente interés de científicos, filósofos y juristas por investigar el cerebro humano en la convicción de que un mayor conocimiento del funcionamiento de la mente y de nuestro comportamiento sin duda llegará a tener un alcance impredecible para la ética y la justicia social[27]. En este mismo trabajo se pronuncia la citada científica estableciendo la ya célebre distinción entre ética de la neurociencia y neurociencia de la ética, de la que se han he

25 ÁLVAREZ-DÍAZ, J. A., "Neuroética: una introducción", *Revista Valenciana*, núm. 15, enero-junio, 2015, pp. 160-161.

26 Véase información en https://dana.org/article/neuroethics-mapping-the-field/ [Consulta: 12/07/2024.]

27 ROSKIES, A., "Neuroethics for the New Millenium", *Neuron*, 35, July 3, 2002, pp. 21-23.

cho eco numerosos trabajos posteriormente[28]. En este sentido, y siguiendo las reflexiones de la autora, los valores y principios que inspiran éticamente la investigación y aplicación de la neurociencia están alcanzando un mayor desarrollo y proyección; en tanto que el análisis y conocimiento de los procesos mentales que determinan nuestras decisiones y su naturaleza ética y moral constituyen aun hoy un ámbito por descubrir.

Ahora bien, dos son los hechos que determinan el arranque y la posterior la notoriedad de la neuroética; por una parte, el trabajo de CHURCHLAND, "Neurofilosofía. Hacia una ciencia unificada de la mente/cerebro" en 1986[29]; y por otra parte, el compromiso político adoptado por el Congreso de los Estados Unidos en 1990 al proclamar los próximos años como la "Década del Cerebro" con el objetivo de atraer fondos para investigación en este campo y centrar los avances en el conocimiento de las enfermedades relacionadas con la mente desde una perspectiva transversal e interdisciplinar.

En nuestro país, la neuroética ha despertado el interés de ilustres filósofos, como CORTINA y CONILL que han disertado sobre las dimensiones de la neuroética como disciplina vinculada a la ética fundamental o aplicada[30]. Igualmente, los citados autores han reflexionado, en su caso, sobre las tareas que la neurociencia de la ética deberá desempeñar, para cumplir con la aspiración de construir un marco para la neuroética fundamental. Así, haciendo suya la distinción acuñada por ROSKIES, los filósofos españoles centran su atención en la neurociencia de la ética, y proponen como bases y tareas que deben guiar el estudio de esta disciplina, "preguntarse por

---

28 Por todos, CORTINA, A. y CONILL, J., "Bioética y Neuroética", *ARBOR Ciencia, Pensamiento y Cultura, 792,* 195, abril-junio 2019, pp. 3-4.

29 CHURCHLAND, P.S., *Neurophilosophy. Toward a unified science of the mind/brain,* Massachusetts, MIT Press Cambridge, 1986.

30 CORTINA, A. y CONILL, J., "Bioética y Neuroética", *op. cit.,* pp. 8-9.

las bases cerebrales de la conducta moral, aclarando en qué consiste la moralidad y el mundo de categorías que sirven para comprenderla"; y en su caso, "intentar descubrir el fundamento de la obligación moral".

Abundando en lo expresado, BEORLEGUI acoge también esta diferenciación, si bien explica que la neurociencia de la ética presenta dos importantes dimensiones, que deben apreciarse para explicar el comportamiento moral del ser humano, a saber: la capacidad ética y el contenido moral del ser humano[31]. A juicio del autor, somos seres racionales, con capacidad intelectual y ética, pero no solo, porque también nos define como individuos y determina nuestro comportamiento moral, además de la condición biológico–cerebral, lo que el autor identifica con la "condición cultural e interpersonal". En definitiva, razona el autor, no es suficiente, aunque sí necesario, para comprender las normas o reglas del comportamiento ético del ser humano, conocer y descifrar el funcionamiento del cerebro, porque se precisa además tener en consideración el entorno social, cultural y la historia de cada persona.

Sea como fuere, lo cierto es que la neuroética, espoleada por la preocupación social, el interés científico, el apoyo público a la investigación en neurociencia y la curiosidad empresarial que despiertan estas ciencias, se ha destapado en los últimos tiempos como una disciplina fundamental llamada a interpelar sobre los importantes enigmas que encierra el conocimiento del cerebro, a través de estas tecnologías emergentes.

---

31 BEORLEGUI, C., "Ética y neurociencias. Una relación necesitada de clarificaciones", *Revista Realidad,* 119, 2009, pp. 68-69.

3. DE NUEVO SOBRE LOS VALORES Y PRINCIPIOS ÉTICOS ANTE EL DESAFÍO DE LA NEUROCIENCIA

Entonces, ¿cuáles son los ámbitos de preocupación e inquietud, desde la perspectiva ética, ante el reto de la neurociencia? Más allá de los desafíos de la neurociencia de la ética, apuntados brevemente en el epígrafe anterior, y cuyo estudio excede de este trabajo, lo cierto es que la libertad individual, libre albedrio, dignidad y privacidad son valores que desde la ética deben delimitar el progreso de la neurotecnología.

El ser humano ha de ser libre, para optar por técnicas de mejoramiento cognitivo, o en su caso, para rechazarlas; de suerte que no puede imponerse a la persona imperativamente que se someta a tratamientos y procedimientos que mejoren su capacidad y sus habilidades, si no lo desea. Aunque la cuestión a considerar es dónde queda la libertad humana, cuando socialmente sea accesible el mejoramiento humano, y el rechazo pueda conllevar el menoscabo de la propia capacidad, y la desventaja en las relaciones personales y sociales.

Igualmente, debemos confiar en la formación libre de la voluntad del ser humano en la toma de decisiones, de suerte que la neurociencia no debe interferir en ese proceso, o al menos, no de forma inconsciente y sin conocimiento y consentimiento del propio individuo. Y de este modo, cómo delimitar la responsabilidad del ser humano por sus actos, si ya no es posible asegurar que su voluntad es deliberada, que se ha formado sin intervención externa, y que responde a los deseos, y voluntad del propio sujeto[32].

---

32 PÉREZ MANZANO, M., "El tiempo de la consciencia y la libertad de decisión: bases para una reflexión sobre Neurociencia y responsabilidad penal", *DOXA. Cuadernos de Filosofía del Derecho*, 35, 2012, pp. 471-498.

Asimismo, el ser humano nace como ser único, investido de dignidad como valor irrenunciable, lo que determina su identidad y esencia como individuo; la extensión de sus capacidades, la manipulación de sus habilidades mediante dispositivos externos puede alterar el libre desarrollo de la personalidad individual, y la esencia e identidad que como ser humano nos define y determina cómo somos y cómo actuamos. Debe procurarse un equilibrio entre lo que cada ser humano es, le diferencia y determina en sus relaciones y su entorno, con la posibilidad de mejorar y aumentar sus capacidades y habilidades cognitivas.

Y por último, la necesidad de preservar la privacidad mental, ante la posibilidad de acceso a la información cerebral, bien a la que registra el funcionamiento de la mente, o bien a la que se deriva del mismo, y que constituye una valiosa fuente de información personal; porque como explican IENCA y HASELAGER, este acceso no solo incide en nuestra intimidad personal, sino que puede amenazar nuestra seguridad física, y tiene la capacidad de influir en nuestro comportamiento, y alterar nuestra esencia como individuos, aquello que nos define e identifica[33]. El acceso a la información neuronal de manera no autorizada, mediante interferencias en dispositivos, o sin el consentimiento y conocimiento de la persona, puede afectar a la toma de decisiones, a nuestra identidad y a nuestro comportamiento; y, en definitiva, a nuestras relaciones personales y sociales. Por ello, en la actualidad igual que se protege la información médica o genética, la seguridad de la información debe centrar prioritariamente su objetivo en la preservación de la información biológica, y especialmente, de la cerebral.

---

33 IENCA, M. y HASELAGER, P., "Hacking the brain: Brain-computer interfacing technology and the etihcs of neurosecurity", *Ethics and informatiom Technology*, 18, 2, 2016, pp. 117-129.

A la luz de estas consideraciones sobre los valores esenciales que éticamente deben preservarse ante los riesgos que las neurociencias presentan, la reflexión ética debe necesariamente venir acompañada de un debate jurídico que aborde desde la perspectiva legal, los límites y garantías frente al desafío de la neurociencia.

En efecto, el Derecho como forma de organización social ha sido configurado a partir del incuestionado principio de libertad individual de la persona, y este principio constituye un fundamento necesario para la consideración y eficacia del Derecho como instrumento de resolución de conflictos y de responsabilidad de los actos. Sin embargo, la neurociencia desafía esta hipótesis al cuestionar la idea de libertad humana ante la posibilidad de injerencia externa en los procesos mentales que llevan a la toma de decisiones. Entonces, como expresa SGARBI, si nuestras acciones no son libres, porque responden a una determinación inevitable, se pondrá en duda la propia utilidad del sistema legal, y aún más, deberá aceptarse, en palabras del autor, la irresponsabilidad individual, y por ende, la ineficacia misma de las normas como medio de control social[34].

Con todo, y a pesar de los progresos de la neurociencia, no se han alcanzado aún evidencias irrefutables de la ausencia de libertad, ni de la absoluta y exclusiva vinculación entre nuestro comportamiento y la actividad cerebral. Por ello, y a pesar de lo anterior, como expresa SMILANSKY, necesitamos aferrarnos a la ilusión de la libertad individual, y aceptar que somos libres, porque esta hipótesis, cumple una insustituible función jurídica y social; concediendo eficacia a nuestro ordenamiento jurídico, y organizando la sociedad y las relaciones entre las

---

34 SGARBI, A., "La hipótesis de la libertad frente al desafío de la neurociencia", *DOXA. Cuadernos de Filosofía del Derecho*, 36, 2013, pp. 489-490.

personas[35]. Aceptar este autoengaño, explica el autor, ética y jurídicamente nos conduce a preservar el orden en las relaciones sociales, y a asegurar la función social que el Derecho está llamado a cumplir.

Desde una dimensión ética, asimismo, el concepto de libertad individual, y de dignidad de la persona, nos lleva a reflexionar sobre importantes cuestiones jurídicas que el sistema legal deberá discernir. Porque la gran revolución en la neurociencia ha venido de la mano de las sofisticadas técnicas de imagen, en especial de la resonancia magnética funcional, gracias a la cual ha sido posible descifrar qué sucede en el cerebro humano ante determinados estímulos y vincular la reacción en determinadas áreas de nuestro cerebro a nuestro comportamiento. Y este conocimiento ha permitido desarrollar importantes avances médicos, pero también ha despertado no pocos recelos ante la evidencia de posibles usos inquietantes de estas técnicas de neuroimagen como instrumento de poder y control del comportamiento y la mente humana. Así, por ejemplo, ¿podrá exigirse al individuo normativamente que permita el registro de su actividad cerebral en el marco de un procedimiento civil o penal para conocer el alcance de unos hechos y su participación en los mismos? En su caso, ¿podremos determinar el grado de culpabilidad en un suceso a partir del registro de la actividad cerebral, aun en contra de la voluntad de la persona? ¿Podrá utilizarse judicialmente el registro de la actividad cerebral para definir el grado de culpabilidad del individuo? ¿Será posible decidir sobre la libertad condicional a partir del registro y mapeo de la actividad cerebral de un delincuente?

Estas preguntas que hoy nos pueden parecer fruto de una utopía, sin embargo, constituyen una realidad judicial, en especial, en Estados Unidos; y así, no es difícil encontrar algunos

---

35 SMILANSKY, S., "Free Will: from nature to illusion", Meeting of the Aristotelian Society, University of London, 20th November 2000.

procedimientos, en los que el registro mediante imagen de la actividad cerebral ha constituido prueba en un procedimiento ya en el año 1992[36]. Este escenario, donde se aspira a la socialización de la neurotecnología, y el conocimiento del cerebro estará al servicio de finalidades no médicas ni terapéuticas, exigirá establecer límites éticos y jurídicos que definan la utilización de la neurociencia.

Mientras la neurociencia siga avanzando en la investigación del cerebro humano, y la tecnología proporcione mecanismos para registrar, captar, intervenir o manipular la actividad cerebral, la neuroética deberá continuar reflexionando sobre los límites y condiciones de uso de esta tecnología; pero también deberá contribuir al conocimiento del proceso mental que determina nuestro comportamiento y condiciona nuestro sentido ético; porque cuanto mayor sea la comprensión de los mecanismos que intervienen en nuestros procesos mentales, mejor conoceremos al ser humano, y en mayor medida se podrá contribuir a su bienestar y salud.

4. APROXIMACIÓN CRÍTICA A LOS NEURODERECHOS COMO PRIORIDADES ÉTICAS

Cuando en 2017 Rafael Yuste y su equipo publican el trabajo *Four ethical priorities for neurotechnologies and AI*, describen un escenario en el que la tecnología podrá incrementar las desigualdades sociales, y en el que corporaciones, gobiernos y expertos informáticos podrán manipular y explotar al ser humano. Este

---

[36] Supreme Court of New York, *People State New York vs. Herbert Weinstein*, October 8, 1992. La apreciación de una lesión cerebral en el lóbulo frontal del acusado determinó a juicio del especialista forense "erosiones en la capacidad de juicio de la persona", el acusado a partir de estas conclusiones fue condenado, pero con una reducción de la pena.

contexto, explican los científicos, podría alterar profundamente algunas características humanas fundamentales, y en el tiempo presente no encuentra límites en los textos y declaraciones de derechos humanos existentes, por lo que sería necesario abordar lo que denominan cuatro ámbitos de preocupación ética, y que se corresponderían con: la privacidad mental y el consentimiento, la libertad y la identidad personal, la mejora humana y el sesgo[37].

Nacían así los llamados neuroderechos que, como vemos, inicialmente se identificaron con cuatro prioridades éticas frente al desafío de la neurotecnología. Posteriormente, ya en 2019 el neurocientífico español y su equipo avanzaron en su propuesta y sumaron a la necesidad de analizar el impacto ético, la exigencia de regular el uso de estas tecnologías. En el momento presente, desde la Fundación que lideran se anima a particulares a sumarse a la iniciativa que intenta lograr la aprobación de una nueva Declaración universal sobre neurotecnología y derechos humanos[38].

Claro que ese mismo año 2017 meses antes, en un riguroso y extenso trabajo, IENCA y ANDORNO identifican y definen con exhaustividad los que ellos denominan cuatro nuevos derechos de gran relevancia para los años venideros, y que se concretan en: el derecho a la libertad cognitiva, el derecho a la privacidad mental, el derecho a la integridad mental, y el derecho

---

[37] YUSTE, R. et al., "Four ethical priorities for neurotechnologies and AI", *op. cit.*, pp. 159-163.

[38] Vid. https://neurorightsfoundation.org/ [Consulta: 12/07/2024]. Se promueve en esta iniciativa un nuevo contexto jurídico internacional que adopte una nueva Declaración internacional de Derechos humanos, por entender que la era actual exige un marco de protección novedoso ya que "los tratados existentes no pueden ofrecer la protección sólida e integral de los derechos humanos que requiere un mundo neurotecnológico".

a la continuidad psicológica[39]. Emplean el término derechos neuroespecíficos para referirse a los proclamados derechos, si bien nos encontramos, sin duda, ante el germen de lo que en el momento presente se reconoce como "neuroderechos" humanos.

En una primera aproximación a ambas iniciativas llama nuestra atención, en primer lugar, la falta de consenso a propósito del propio catálogo de neuroderechos humanos; e igualmente, la diferente perspectiva desde la que se aborda la necesidad de afrontar jurídicamente el desafío de las neurociencias. Porque en el caso de IENCA y ANDORNO, se aboga tanto por la posibilidad de revisar y reformular derechos humanos tradicionales, como, llegado el caso, por configurar nuevos derechos humanos neuroespecíficos. Ahora bien, proponen antes de llegar a este desenlace normativo un "extenso debate futuro para probar la solidez normativa de esta expansión propuesta del marco de los derechos humanos a la dimensión de la neurotecnología". Y por supuesto, no podemos desconocer la falta de unanimidad entre la doctrina jurídica sobre la necesidad misma de articular a partir de un nuevo elenco de derechos humanos la regulación del uso de la neurociencia en el momento actual[40].

Sea como fuere, y a pesar de la división entre la doctrina científica, nos detendremos brevemente a analizar algunas claves jurídicas que definen a los neuroderechos, y abordaremos

---

39 IENCA, M. y ANDORNO, R., "Towards new human rights in the age of neuroscience and neurotechnology", *Life Sciences, Society and Policy*, 13, 3, 2017, pp. 1-27.

40 Buena muestra de estas desavenencias y desencuentros se manifiesta en los debates que en el Senado precedieron a la aprobación de la reforma constitucional chilena. Disponible en http://www.senado.cl/appsenado/templates/tramitacion/index.php?boletin_ini=13827-19 [Consulta: 24/09/2024.]

su proximidad con conceptos jurídicos y derechos ya consagrados en los sistemas legales nacionales, y en los textos internacionales.

Comenzamos este examen con el derecho a la libertad cognitiva o autodeterminación mental, en expresión acuñada por IENCA y ANDORNO, y entendida desde una doble dimensión como derecho de la persona a acceder a la neurotecnología, y en su caso, la libertad de rechazar el uso coactivo de estas tecnologías. Se refieren a ella los autores como un derecho humano fundamental, que constituye el apoyo y sustrato de otras libertades, y que se asimila a la libertad de pensamiento[41]. Sin ánimo de profundizar en estas reflexiones, porque excedería de la extensión de este trabajo, sin embargo, significar que la libertad de pensamiento, la capacidad para decidir sobre el propio cuerpo, y sobre las injerencias externas, no constituye ninguna novedad jurídica; no en vano, como aseguran LLAMAS y MARINARO no hay jurídicamente razón alguna para diferenciar la libertad cognitiva y la libertad de pensamiento, cuando ambas comparten como bien jurídico a proteger el derecho a que cada persona piense libremente, excluyendo que terceros puedan intervenir en dichos pensamientos[42].

---

41 La propia Carta Fundamental de la UE ya prevé explícitamente en el artículo 10 la libertad de pensamiento y de cambiar de convicciones. Cierto que no se aborda desde la dimensión de la neurotecnología y sus riesgos; pero su proclamación explícita permite acoger este derecho, y su reinterpretación y configuración a la luz de las tecnologías emergentes. UNIÓN EUROPEA. CARTA DE LOS DERECHOS FUNDAMENTALES DE LA UNIÓN EUROPEA, DOCE (2000/C 364/01), de 18 de diciembre de 2000.

42 LLAMAS, N.E. y MARINARO, J. A., "Neuroderecho: adaptabilidad de la normativa de derechos humanos con relación a la nuevas neurotecnologías y propuestas para su ampliación", *SCIO. Revista de Filosofía*, 21, 2021, p.97.

A la privacidad mental como neuroderecho se ha dedicado una extensa y prolija literatura jurídica, que ha destacado la problemática que esconde el tratamiento de los datos neuronales, y su directa vinculación con la comprensión de la mente y el comportamiento del ser humano[43]. Descifrar lo que pensamos, sentimos, deseamos, incluso lo que no conocemos; pero además, acceder y conocer el procedimiento mismo de formación de esos pensamientos y de nuestra voluntad, define quiénes somos, y cómo somos, y otorga un extraordinario poder a quien pueda acceder a esa información[44]. A la espera de que la hipótesis descrita se transforme en realidad, lo cierto es que la privacidad mental es una nueva dimensión de la privacidad o del derecho a la protección de datos personales, si bien respecto de un conjunto de datos muy específico y sensible: los datos neuronales. No es necesario un derecho humano o fundamental específico, será suficiente articular garantías que refuercen jurídicamente (consentimiento específico y expreso[45],

---

43 Véase nuestro trabajo, HERRÁN ORTIZ, A. I., "La privacidad mental como prioridad ética y jurídica. Una aproximación desde los derechos humanos", en *Derecho y medicina: desafíos tecnológicos y científicos,* Madrid, Dykinson, 2023, pp. 209-247.

44 Así lo expresa YUSTE, R., "Las nuevas neurotecnologías y su impacto en la ciencia, medicina y sociedad", Lecciones Cajal 1, 2019, p. 27. Texto en https://zaguan.unizar.es/record/86978/files/BOOK-2020-001.pdf [Consulta: 17/10/2024.]

45 En este sentido, el propio artículo 9 del Reglamento General de Protección de Datos Europeo ya especifica que en el caso de datos de carácter personal sensibles, y entendemos por tales, por ejemplo, datos genéticos, de salud, biométricos... se prohíbe el tratamiento de los mismos, salvo las excepciones legalmente previstas. Y así, en relación al tratamiento de datos personales neuronales, como datos de naturaleza sensible y de salud, deberá seguirse jurídicamente este mismo paradigma. Disponer una prohibición general, y en su caso, que solo el consentimiento en los términos legalmente establecidos constituya base legal de legitimación del tratamiento. Luego, no se trata de configurar un derecho nuevo, diferente, sino de articular

medidas de seguridad, prohibición de tratamiento en determinadas condiciones, evaluación de impacto sobre la protección de datos...) si es preciso, la protección de los datos neuronales, su tratamiento, y las posibles injerencias no deseadas por parte de terceros. No obstante lo anterior, proclamaban IENCA y ADORNO la insuficiencia del actual derecho a la privacidad para proteger la información neuronal. No compartimos, sin embargo, esta afirmación porque a nuestro juicio en Europa el derecho a la protección de datos personales dispone de un marco normativo sólido y solvente, que asegura al interesado el control de la información, y que además se sustenta sobre principios y garantías que sin esfuerzo pueden rescatarse para la protección de los datos personales neuronales (así, por ejemplo, la privacidad desde el diseño y por defecto para cualquier neurotecnología capaz de acceder a la información mental y manipular el comportamiento humano, la evaluación de impacto...)[46]. Teniendo en cuenta el estado actual de la neurociencia, no parece que falten derechos ni garantías para proteger la información personal, al menos en Europa, y tampoco en los textos internacionales, que como ya hemos expresado en otros trabajos, configuran derechos que solo precisan una lectura y revisión en clave de neurociencia y neurotecnología.

---

garantías específicas en el marco del contenido esencial del derecho a la privacidad, y que se contemplen los retos que la neurotecnología conlleva para el tratamiento de datos personales. REGLAMENTO (UE) 2016/679 DEL PARLAMENTO EUROPEO Y DEL CONSEJO de 27 de abril de 2016 relativo a la protección de las personas físicas en lo que respecta al tratamiento de datos personales y a la libre circulación de estos datos y por el que se deroga la Directiva 95/46/CE (Reglamento general de protección de datos), DOCE L119/1, de 4 de mayo de 2016.

46 En efecto, estos principios ya fueron proclamados por el Reglamento (UE) 2016/679, que con carácter específico se refiere en su art. 25 a la protección de datos desde el diseño y por defecto; y en el artículo 35 a la evaluación de impacto en protección de datos.

Siguiendo con este repaso, la integridad psíquica o mental desde la perspectiva de la neurotecnología, comprende la facultad de impedir que externamente y sin consentimiento de la persona se controle y manipule la capacidad mental de la persona, y con ello, su comportamiento. La posibilidad de borrar o alterar recuerdos, manipular sentimientos, controlar impulsos mediante mecanismos de neurotecnología podrá ser una realidad e inquietar a la sociedad en el futuro, por el momento las aplicaciones médicas de la neurotecnología no hacen sospechar que en la actualidad sea posible manipular e interferir en la mente humana. Con todo, ha de reconocerse que la integridad mental o psíquica ya está amparada en el contexto jurídico internacional y en algunos casos, en sistemas nacionales, si bien por razones evidentes será necesario, llegado el caso, adaptar, o en palabras de IENCA y ANDORNO "reconceptualizar" estos derechos a la luz de las nuevas técnicas y mecanismos que la neurotecnología facilita. La propia Carta de Derechos Fundamentales de la UE dispone en su artículo 3 explícitamente el derecho a la integridad personal, en su doble dimensión, física y psíquica; y proclama en el segundo apartado, los principios que deben respetarse en el marco de la medicina y la biología, y se cita en especial: el consentimiento libre e informado, la prohibición de prácticas que tenga por fin la selección de personas, y la prohibición de convertir a las personas en objeto de lucro[47].

Aseguran quienes defienden la necesidad de configurar legalmente los neuroderechos, que los nuevos usos de la neurociencia pueden llegar a vulnerar el derecho a la identidad mental o la continuidad psicológica de las personas a través de la intervención en el cerebro humano. Algunas técnicas

---

47 UNIÓN EUROPEA. CARTA DE LOS DERECHOS FUNDAMENTALES DE LA UNIÓN EUROPEA, DOCE (2000/C 364/01), de 18 de diciembre de 2000.

de neurotecnología pueden resultar especialmente invasivas, y afectar a los estados mentales y psíquicos de las personas y, por ende, a su identidad y al sentido mismo de reconocerse como la misma persona. Explican los científicos, en este sentido, sin evidencias científicas contrastables, por el momento, que algunas tecnologías como la estimulación profunda han podido alterar el estado mental y psicológico de los pacientes, y han podido transformar incluso su personalidad, alterando la percepción que sobre ellos mismos tenían como personas. El derecho a la continuidad psicológica pretende garantizar que la persona no sea manipulada ni controlada psicológicamente de forma no consentida. No se trata solo de impedir que se acceda y altere ilícitamente la información personal que genera nuestro cerebro, sino de excluir cualquier manipulación de nuestra actividad cerebral; y tiende en última instancia a preservar "la identidad personal y la coherencia de la conducta del individuo frente a modificaciones no consentidas por parte de terceros". Coincidimos con LLAMAS y MARINARO cuando objetan que la idea misma de continuidad psicológica presenta no pocas dificultades en su concreción. Así por ejemplo, la propia definición de la identidad persona de cada uno por terceros, o el concepto mismo de continuidad, que tropieza con llamada plasticidad neuronal, asociada al cambio permanente en su personalidad en la que vive el ser humano[48].

El derecho a la identidad personal, al libre desarrollo de la personalidad, y a no verse sometido a injerencias externas resume desde una perspectiva general lo que el derecho a la continuidad psicológica parece preservar. Sin embargo, y como venimos insistiendo, deberá hacerse una lectura en clave neurotecnológica, para que los mecanismos de protección que

---

[48] LLAMAS, N. E. y MARINARO, J. A., "Neuroderecho: adaptabilidad de la normativa de derechos humanos con relación a la nuevas neurotecnologías y propuestas para su ampliación", *op. cit.*, pp.98-99.

estos derechos articulan puedan ampliarse a las nuevas formas de injerencia que se desprenden de las neurociencias.

A los derechos neuroespecíficos ya apuntados, el grupo de investigación del neurobiológico Rafael Yuste incorpora otros dos: el derecho al aumento cognitivo o mejoramiento humano, y el derecho a la ausencia de sesgos. A este último no le dedicaremos más reflexión que aquella que comprende la remisión al Reglamento (UE) 2016/679, que en su artículo 4 se refiere a la elaboración de perfiles, explicando que consiste en "toda forma de tratamiento automatizado de datos personales consistente en utilizar datos personales para evaluar determinados aspectos personales de una persona física, en particular para analizar o predecir aspectos relativos al rendimiento profesional, situación económica, salud, preferencias personales, intereses, fiabilidad, comportamiento, ubicación o movimientos de dicha persona física"; y a tal efecto, reconoce al interesado el derecho a oponerse a dicho tratamiento en determinadas circunstancias (artículo 21 y 22 del RGPD). En coherencia con el texto normativo europeo, las legislaciones nacionales de los Estados miembros, entre ellas la española, han incorporado igualmente este derecho a su normativa interna de protección de datos[49].

A propósito del derecho al aumento cognitivo o mejoramiento de las capacidades y habilidades de la persona, su reconocimiento como derecho humano genera no pocas contradicciones en un mundo en el que algunos ciudadanos no tienen garantizados ni los más elementales derechos humanos. La neurociencia avanzará, y a buen seguro en unos años, más de los que estiman los neurocientíficos, será posible incorporar a nuestras actividades y a nuestra vida estas posibilidades

49 Véase, entre otros, artículo 11 y 18 de la Ley orgánica 3/2018, de 5 de diciembre de 2018, de Protección de Datos Personales y garantía de los derechos digitales, BOE núm. 294, de 6 de diciembre de 2018.

tecnológicas de mejora humana; sin embargo, hoy solo es una realidad en el ámbito médico, y con limitadas aplicaciones. Cualquier avance tecnológico o científico es susceptible de generar diferencias y desigualdades sociales, porque su acceso no es universal, así se ha vivido con el acceso a internet, la sanidad o la educación; sin embargo, nos encontramos todavía lejos de una sociedad en la que la neurociencia se aplique con carácter social y democrático para la mejora de la capacidad de personas sanas, y consiga crear humanos mejorados tecnológicamente[50]. Por el momento, la dignidad y la igualdad de las personas, y la justicia como valores universales inspirarán cualquier regulación que sea preciso adoptar para limitar la mejora humana con fines no médicos ni terapéuticos.

Presentados los neuroderechos que han alcanzado mayor consenso en su proclamación y reivindicación entre la comunidad científica, al interrogarnos sobre su proyección normativa, lo cierto es que ha sido más bien limitada su fuerza, y salvo la ya referida experiencia constitucional chilena, y alguna iniciativa internacional sin fuerza vinculante[51], no ha tenido la acogida esperada entre los legisladores nacionales, reacios a iniciar procesos legislativos respecto de riesgos, amenazas y desafíos cuyo alcance científico es incierto, y por ende, los efectos sociales y jurídicos están aún por definir en el tiempo presente.

Esta circunstancia tal vez se explica, a nuestro entender, por aplicación e inspiración del principio de seguridad jurídica, porque como con acierto explica GARCÍA MÁS, no se trata de

---

50 POSTIGO SOLANA, E., "Transhumanismo, mejoramiento humano y desafíos bioéticos de las tecnologías emergentes para el siglo XXI", *Cuadernos de bioética*, 105, 32, 2021, pp. 133-139.

51 ORGANIZACIÓN DE ESTADOS AMERICANOS. Declaración sobre Neurociencia, Neurotecnologías y Derechos Humanos: Nuevos Desafíos Jurídicos para las Américas, CJI/DEC. 01 (XCIX-O/21), de 11 de agosto de 2021.

adaptar los sistemas jurídicos a las nuevas tecnologías, bien al contrario, las tecnologías deben contemplarse como un instrumento al servicio del ciudadano y del Estado de Derecho, y en consecuencia, de los principios que lo configuran, entre los que la seguridad jurídica constituye un valor esencial[52].

Como expresamos, la iniciativa de los neuroderechos ha encontrado en Chile la esperada acogida; y de forma pionera en el mundo, el 25 de octubre de 2021 veía la luz una reforma constitucional que tenía por objeto "establecer el desarrollo científico y tecnológico al servicio de las personas"[53]. En efecto, se incorpora al artículo 19.1° de la Constitución de la República un apartado, muy alejado en su redacción del primer texto propuesto, y distanciado igualmente del proyecto liderado por el neurobiólogo español Rafael Yuste, que participó de forma activa durante la tramitación y en los debates que precedieron a la aprobación de la reforma. De forma paralela se tramita la aprobación de un proyecto de ley sobre protección de los neuroderechos y la integridad mental, y el desarrollo de la investigación y las neurotecnologías[54], cuya andadura legislativa es

---

52 GARCÍA MÁS, F. J., "Regreso al futuro: seguridad jurídica y nuevas tecnologías. El Blockchain y otras cuestiones digitales. La función notarial", *Revista Jurídica del Notariado*, 106, abril-junio, 2018, pp. 154-155.

53 CHILE. LEY NÚM. 21.383 MODIFICA LA CARTA FUNDAMENTAL, PARA ESTABLECER EL DESARROLLO CIENTÍFICO Y TECNOLÓGICO AL SERVICIO DE LAS PERSONAS, promulgada el 14 de octubre de 2021. Véase texto en https://www.bcn.cl/leychile/navegar?idNorma=1166983 [Consulta: 24/10/2024.]

54 CHILE. Proyecto de ley sobre protección de los neuroderechos y la integridad mental, y el desarrollo de la investigación y las neurotecnologías, correspondiente al Boletín N° 13.828-19, presentado mediante moción de un grupo de senadores en el Senado el 7 de octubre de 2020. Véase en https://www.senado.cl/appsenado/templates/tramitacion/index.php?boletin_ini=13828-19 [Consulta: 22/06/2024]

incierta, si bien está siendo objeto de enmienda en Congreso y Senado.

Quienes proclaman que la Constitución Chilena acoge de forma pionera los neuroderechos, no reparan en que del texto no se desprende ningún reconocimiento explícito de nuevos derechos, ni se proclaman nuevas garantías constitucionales que no estuvieran ya contempladas en textos internacionales o en otros textos nacionales. Cierto que se proclama la necesidad de resguardar "la actividad cerebral, así como la información proveniente de ella", y si bien no podemos ignorar el valor constitucional de esta declaración, la privacidad como protección de la información personal, y la integridad física y mental, constituyen garantías constitucionales que a nuestro juicio por el momento contemplan mecanismos jurídicos suficientes para la protección de la persona ante el reto neurocientífico.

Sin desmerecer el manifiesto esfuerzo transformador de esta iniciativa normativa, sin embargo, han sido muchos los desencuentros entre la doctrina, incluso ya en los propios debates en el Senado chileno se pone de manifiesto el recelo a propósito de la virtualidad jurídica de esta reforma, y se evidencia que la sociedad y tal vez la propia ciencia, no estaban aún preparadas para una regulación sobre el uso de la neurociencia[55].

Por no ser objeto de este estudio, dejamos para próximos trabajos el estudio de la experiencia constitucional chilena en su intento por regular el avance de la neurociencia, y nos emplazamos a revisar en un futuro la eficacia y proyección de una reforma pionera, que posiblemente llegó demasiado tempra-

---

55 SENADO DE CHILE. INFORME DE LA COMISIÓN DE DESAFÍOS DEL FUTURO, CIENCIA, TECNOLOGÍA E INNOVACIÓN recaído en el proyecto de reforma constitucional, en tercer trámite constitucional, que modifica el artículo 19, número 1°, de la Carta Fundamental, para proteger la integridad y la indemnidad mental con relación al avance de las neurotecnologías. BOLETÍN N° 13.827-19.

no, cuando aún la ciencia y la sociedad en Chile no estaban preparadas para aceptar y valorar las implicaciones jurídicas de la neurociencia.

5. LOS NEURODERECHOS, UNA NUEVA CATEGORÍA DE DERECHOS DE LA PERSONA: ¿NECESIDAD O INFLACIÓN NORMATIVA?

Explicaba el informe del Comité Internacional de Bioética de la UNESCO en el ya mencionado informe *Ethics and Neurosciences* que las neurociencias brindan esperanza ante las enfermedades, pero que al mismo tiempo constituyen un terreno peligroso que podía facilitar la manipulación genética e informática con fines conductuales. Precisamente el riesgo sobre la libertad y la dignidad de la persona y los valores jurídicos que de la misma emanan trasladó el dilema ético hacia un inaplazable diálogo jurídico. En efecto, el valor que nuestra mente representa para la libertad personal y para nuestra autonomía justifica el temor social, jurídico y ético que se oculta detrás del necesario progreso médico que encarna la neurociencia. Parece que la mente humana dejará de ser el baluarte inexpugnable de nuestra intimidad y autonomía, porque los futuros avances en neurotecnología disponen del potencial para facilitar el acceso, si quiera parcialmente, a la información que nuestro cerebro genera. Y si bien inicialmente es fácil aceptar que este avance será beneficioso para las personas y para la sociedad, también es sencillo imaginar que esta tecnología podrá utilizarse abusivamente y conllevará amenazas y riesgos hasta ahora impensables para la libertad mental y la oportunidad de regir libremente el comportamiento. Ciertamente, novedosas técnicas de imagen cerebral permiten comprender el funcionamiento del cerebro y registrar la conexión entre los estados mentales y el comportamiento humano; así, la resonancia magnética funcional ha permitido acceder a determinada información del cerebro humano y proporcionar información sobre los procesos cerebrales y su conexión con el comportamiento humano[56]. Célebres han sido algunos de los experimentos que han destacado el potencial de la neurotecnología para acceder a la información de nuestra actividad cerebral, y con ello, dotar de capacidad y habilidades perdidas a personas enfermas; pero también su uso podrá permitir el mejoramiento humano de personas sanas (mayor capacidad y facilidad para memorizar, mayor agilidad de movimientos, extensión de la capacidad para mantener la atención, para comunicarnos con la mente, para permanecer infinitamente activos...). La percepción de que la neurotecnología en breve espacio de tiempo logrará descifrar la información que se esconde en nuestra mente, y por ello, no solo accederá y registrará nuestra actividad neuronal, sino que podrá intervenir, alterar y manipular nuestro comportamiento ha suscitado un diálogo ético y legal al que intentaremos aproximarnos en este estudio.

A propósito del debate legal, significar que, pese a lo que pudiera pensarse, no ha servido para definir qué posición le corresponde adoptar al Derecho ante el desafío de la neurociencia. En efecto, entendemos que es esta una cuestión muy sensible, que requiere conciliar los intereses de la ciencia, la medicina, y la sociedad, con una celosa política legislativa, que

---

56 ROSALES, M. R., "Resonancia magnética funcional: una nueva herramienta para explorar la actividad cerebral y obtener un mapa de su corteza", *Revista chilena de radiología*, 2, 9, 2003, pp. 86-91. Explica de forma sencilla la neuroradióloga que "La resonancia magnética funcional utiliza los principios generales que relacionan estrechamente la actividad neuronal con el metabolismo y el flujo sanguíneo"; de este modo, puede registrar los cambios en el flujo y presión sanguínea del cerebro, "que acompañan la activación neuronal y permite la evaluación funcional de regiones responsables de la sensorialidad, motricidad, cognición y procesos afectivos en cerebros normales y patológicos".

vele no solo en el ámbito nacional, sino principalmente desde una dimensión internacional, por los derechos, principios y valores supremos consagrados en el orden jurídico; por lo que debe reflexionarse sobre la misión del Derecho, y en especial, sobre qué reclamamos del ordenamiento jurídico ante el progreso de la neurotecnología como sociedad y como individuos. Entonces, ¿qué le pedimos al Derecho? ¿Que actúe de forma excluyente y restrictiva con las prácticas y aplicaciones de la neurociencia? O, por el contrario, ¿le reclamamos que tutele jurídicamente la investigación y utilización de estas tecnologías emergentes?

Reconociendo que la respuesta jurídica más sencilla, ante el riesgo y la incertidumbre que estas tecnologías implican, sería recomendar legalmente su prohibición; la posibilidad de que su uso pueda llevar a actos de extrema gravedad para las personas no justifica esta prohibición, sino más bien reclama una celosa y cuidada normativa que delimite los difusos contornos entre los usos permitidos y aquellos que jurídica y éticamente no debieran ser admisibles. Es en este contexto de necesidad, de confianza en el sistema jurídico, y certeza que se reclama al Derecho, donde emerge en nuestro país la Carta de Derechos digitales, aprobada por el Gobierno en 2021[57]. Cierto que no constituye un texto normativo jurídicamente vinculante, y tampoco pueden fundamentarse ni ampararse derechos subjetivos susceptibles de reclamación por los interesados en sus previsiones; pero presenta el valor de marcar y dar certeza a los principios y valores que inspirarán una futura normativa en este ámbito. Y así, se articula el compromiso del legislador español que inspirará la regulación de la neurotecnología en España; y por la cual, en el apartado XXVI se dispone que "la ley podrá regular aquellos supuestos y condiciones de empleo

57 Disponible en https://www.lamoncloa.gob.es/presidente/actividades/Documents/2021/140721-Carta_Derechos_Digitales_RedEs.pdf

de las neurotecnologías" no solo con fines médicos, sino también más allá de su aplicación terapéutica, cuando pretendan el aumento cognitivo o la estimulación o potenciación de las capacidades de las personas; por lo que el legislador español tiene la puerta abierta para legitimar la utilización de la neurotecnología con fines de neuromejora humana.

En efecto, como decíamos, lejos de centrar el interés jurídico en la actuación que se espera del Derecho, los científicos han encaminado la reflexión como de forma tradicional ha venido haciéndose siempre que una nueva amenaza, tecnológica o científica, se cernía sobre los derechos de las personas; esto es, deliberando sobre la necesidad de incrementar el elenco de derechos humanos en este caso, para articular de forma más efectiva y visible la protección de los derechos de las personas ante la intromisión en la actividad cerebral y el comportamiento de las personas[58]. Se busca de este modo la ansiada seguridad jurídica, que en el razonamiento de PÉREZ LUÑO, "constituye presupuesto del Derecho, pero no de cualquier forma de legalidad positiva, sino de aquella que dimana de los derechos fundamentales, es decir, los fundamentan el entero orden constitucional; y función del Derecho que asegura la realización de las libertades"[59].

Y como hemos expresado, precisamente en la pretensión de dotar de amparo específico a la persona ante el desafío de la

---

58 Decía BOBBIO que "... una cosa es proclamar este derecho, y otra satisfacerlo efectivamente. El lenguaje de los derechos tiene sin duda una gran función práctica, que es la de dar particular fuerza a las reivindicaciones de los movimientos que exigen para sí y para los demás la satisfacción de nuevas necesidades materiales y morales, pero se convierte en engañosa si oscurece u oculta la diferencia entre el derecho reivindicado y el reconocido y protegido". Véase BOBBIO, N., *El tiempo de los derechos,* Sistema, Madrid, 1991, p. 28.

59 PÉREZ-LUÑO, A. E., "La seguridad jurídica: una garantía del Derecho y la Justicia", *Boletín de la Facultad de Derecho,* 15,2000, p. 28.

neurotecnología, surgen los llamados "neuroderechos", como propuesta jurídica que recoge las garantías legales efectivas necesarias para la protección del cerebro y la mente humana frente a estas tecnologías disruptivas. Inicialmente como una sola voz la doctrina científica entonó la necesidad de avanzar legalmente en el reconocimiento de una nueva categoría de derechos, como única forma de respuesta jurídica a los riesgos y amenazas que podría ocasionar el registro y control de la actividad cerebral. Los derechos humanos tradicionales, se decía, no constituyen el instrumento jurídico adecuado para afrontar los desafíos científicos y tecnológicos que la neurotecnología plantea[60]. Coincidimos con quienes señalan que es preciso articular nuevos mecanismos legales que se anticipen a estos retos científicos, y que contemplen los derechos, humanos y fundamentales, desde una nueva dimensión científica, y sin embargo, no creemos que esta protección necesariamente en el momento presente deba venir de la mano de la configuración de un nuevo elenco de neuroderechos humanos.

En coherencia con el principio de seguridad jurídica y de certeza del derecho, en el ámbito de los neuroderechos, IENCA defiende específicamente su regulación anticipatoria por el carácter fundamental de los derechos en juego y el riesgo de afectación a la autonomía mental[61]. Vincula el autor en su estudio la necesidad de anticipación regulatoria de acuerdo con el principio de precaución y seguridad y la protección de la privacidad mental. En su caso, no solo se reclama un marco normativo específico, sino también que el mismo vaya acom-

---

60 CAYÓN DE LAS CUEVAS, J. y REGUERA ANDRÉS, M.C., "La garantía de los neuroderechos: a propósito de las iniciativas emprendidas para su reconocimiento", *Derecho y salud*, 31, 2021, pp. 213-222.

61 IENCA, M., Common Human Rights Challenges raised by different Applications of neurotechnologies in the Biomedical Field. Commitee on Bioethics of the Council of Europe, 2021. Disponible en https://rm.coe.int/report-final-en/1680a429f3 [Consulta:12/11/2024.]

pañado de mecanismos de control y prevención que faciliten su implementación, y un régimen sancionador que vele por la eficacia de estas normas y principios.

A mayor abundamiento, y siguiendo el razonamiento de KELSEN, la seguridad jurídica se concibe como fundamento del orden normativo, y entonces el Derecho no se configura solo como un conjunto de normas, sino como sistema destinado a garantizar estabilidad y previsibilidad en las relaciones sociales[62]. Así las cosas, si la seguridad jurídica se consagra como garantía de previsibilidad normativa, en el contexto de los neuroderechos, implica que las leyes que regulan el uso de tecnologías neurocognitivas deben ser claras y predecibles, para que los ciudadanos conozcan qué está permitido, qué está prohibido y qué derechos tienen protegidos. Al mismo tiempo, si, como expresa KELSEN, la legitimidad de una norma jurídica no depende solo de su contenido moral, sino de su posición dentro del sistema normativo y su conformidad con la norma superior (Constitución, tratados internacionales, etc.); en el caso de los neuroderechos, su regulación debe derivar de principios fundamentales como la dignidad humana y los derechos fundamentales consagrados en la Constitución o instrumentos internacionales. En definitiva, la regulación debe anticiparse al desarrollo tecnológico, estableciendo garantías previas que permitan un desarrollo seguro de la neurotecnología dentro del marco constitucional y de los derechos humanos.

Con todo, y a pesar de que especialmente la comunidad científica impulsó el reconocimiento de los neuroderechos, lo cierto es que cada vez es mayor la resistencia entre la doctrina jurídica a esta iniciativa[63]. Se argumenta que lo novedoso re-

---

62 KELSEN, H., *Teoría pura del Derecho,* Universidad Nacional Autónoma de México, México D.F., 1982, pp. 258-ss.

63 GONZÁLEZ ÁLVAREZ, R., "Neuroderechos, prueba neurocientífica y garantía de independencia judicial", *Revista Derecho & Sociedad,* 57,

side en los medios de vulneración de los derechos, de suerte que estos nuevos mecanismos deberán contemplarse para establecer nuevas garantías e instrumentos jurídicos, aunque de ello no se desprende que necesariamente esta protección deba articularse mediante la configuración de nuevos derechos humanos[64].

Así también, proponemos un repaso a los sistemas legales nacionales, y a los textos internacionales, que nos permitirá concluir que algunos de estos neuroderechos, por no decir todos, ya se encuentran proclamados; en este sentido, la privacidad, la integridad personal, la igualdad o la libertad son valores recogidos en declaraciones, convenios y normas legales nacionales e internacionales. Así las cosas, la proclamación y delimitación de una nueva categoría de derechos humanos o constitucionales, ¿en qué contribuye legalmente a la protección de las personas ante el desafío neurotecnológico?

Podrá decirse que concede visibilidad a los instrumentos y garantías jurídicas que dan amparo a estos derechos, que facilita la identificación de nuevos conceptos y categorías jurídicas para reforzar los límites frente a actuaciones abusivas, que refuerza el valor de los bienes jurídicos a proteger… Sin embargo, lo cierto es que los neuroderechos humanos constituyen conceptos jurídicos abstractos, que ingenuamente se anticipan a algunos de los avances que a día de hoy la neurociencia no ha alcanzado; así mismo, resultan poco exhaustivos en su configuración y carecen de solidez legal para garantizar de forma efectiva los derechos y libertades de las personas ante la nueva amenaza que la neurotecnología representa.

2021, pp. 22-23.

64 LLAMAS, N. E. y MARINARO, J. A., "Neuroderecho: adaptabilidad de la normativa de derechos humanos con relación a la nuevas neurotecnologías y propuestas para su ampliación", *SCIO Revista de Filosofía,* 21, 2021, p. 97.

Como con acierto explica DE MONTALVO JÄÄSKELÄINEN los neuroderechos "no constituyen realmente verdaderas novedades, sino, más bien, meras explicitaciones de los de primera generación y algunos de cuarta generación, desarrollados al albur del avance de la tecnología en general y la necesaria protección de la privacidad y de los datos de los individuos". En consecuencia, concluye el autor, no resulta preciso regular los neuroderechos, porque resultaría redundante, habida cuenta que los mismos fácilmente pueden articularse a partir de los derechos y garantías constitucionalmente ya reconocidos[65].

Ciertamente, un análisis de los "neuroderechos", permite identificar fácilmente en los mismos derechos como la protección de datos personales, la intimidad personal o familiar, el secreto de las comunicaciones, la integridad física o mental, que constituyen una realidad legal en los diferentes ordenamientos jurídicos; y desde luego, también en el Derecho constitucional español. Por ello, cuando se identifican ámbitos de protección o interés como neuroderechos en el contexto científico, no resulta complejo legalmente encajar los mismos en figuras jurídicas ya reconocidas en el sistema legal[66]. Desde luego, la proclamación de la Constitución española contenida en el artículo 18.4º prevé los principios que legalmente instan a limitar la neurotecnología y su impacto en los derechos de la persona. Por ello, y si el orden jurídico ya protege suficientemente los bienes e intereses jurídicos que preocupan e inquietan a la sociedad, más pareciera que la configuración legal de nuevos

---

65 MONTALVO JÄÄSKELÄINEN, F. de, "Podemos leer tu mente: la libertad de pensamiento y el derecho en tiempos de neurotecnología", en *Bioderecho y Retos. M-Health, Genética, IA, Robótica Y Criogenización*, Dykinson, Madrid, 2022, pp. 282-283.

66 En este sentido, SUSSER, D. y CABRERA, L. Y., "Brain Data in Context: Are New Rights the Way to Mental and Brain Privacy?", *AJOB Neuroscience*, 15(2), 2023, pp. 122–133. Disponible en https://doi.org/10.1080/21507740.2023.2188275 [Consulta: 24/11/2024.]

derechos constituye, en palabras de la doctrina, una inflación normativa, que una necesidad legal, justificada por el valor de la seguridad jurídica[67].

Avanza la ciencia, cambian los mecanismos de intromisión y crecen las amenazas tecnológicas y, sin embargo, los neuroderechos encuentran en los derechos humanos ya consagrados un campo abonado que permite articular mecanismos para la protección de estos bienes jurídicos; se trata de interpretar los derechos humanos a la luz de la neurociencia, y reconducir los neuroderechos para facilitar su encuadre en los tradicionales derechos humanos. Y es precisamente en este sentido de plenitud del Derecho donde el principio de seguridad jurídica muestra también su trascendencia como principio y valor del ordenamiento jurídico. Por ello, desde la perspectiva de la seguridad jurídica, la plenitud constituye la respuesta a la incertidumbre sobre la capacidad o aptitud del ordenamiento para dar solución a cuantos problemas jurídicos puedan surgir en la vida social[68]. Y así parece que en este momento, teniendo en cuenta el desarrollo de la ciencia, la seguridad jurídica anticipa un escenario en el que los derechos de las personas se encuentran suficientemente amparados frente al desarrollo digital, sin que sea preciso la configuración de nuevos conceptos o derechos.

En todo caso, y si bien no compartimos la necesidad de articular un nuevo catálogo de derechos humanos, somos conscientes de que el avance de la neurociencia obligará a conocer, reinterpretar y revisar los límites y alcance de los derechos y garantías ya reconocidos; al tiempo que será preciso preparar

---

67 RECASENS SICHES, L., "La seguridad como motivo radical de lo jurídico", *op. cit.*, p. 229.

68 MONTORO BALLESTEROS, A., "La seguridad jurídica en la configuración del Derecho como ordenamiento ", *Anuario de Filosofía del Derecho,* 18, 2001, p. 320.

a los operadores jurídicos para que interpreten y apliquen los derechos ya consagrados, a partir de los desafíos que presenta la neurotecnología. Y en este sentido, tanto la Declaración universal de Bioética y derechos humanos[69] como la Declaración universal de genoma y derechos humanos[70] constituyen referentes internacionales, que como paradigmas jurídicos pueden inspirar los pasos que, en el ámbito internacional, parecen reclamarse por la comunidad científica. Sin llegar a proclamar nuevos derechos, se trata de llamar la atención sobre los riesgos y amenazas presentes de la neurotecnología, y articular un debate institucional que desde la perspectiva ética, contribuya a perfilar los principios y límites que legalmente deberán respetarse. Como expresa RECASENS SICHES, el Derecho tiene su razón de ser en el valor de la seguridad, entendida como aquellos intereses que a la sociedad en cada momento le importa proteger, por ser fundamentales para sus fines[71]. Desde esta reflexión, que el progreso científico impacta e irrumpe en nuestros derechos es una realidad, que se debe actuar para construir un marco jurídico sólido es una necesidad, pero todavía hoy puede afirmarse que muchas de las expectativas que la neurociencia prometía constituyen una utopía que por el momento se encuentra lejos de integrarse en nuestra vida, y en su caso, de aplicarse en beneficio del ser humano.

En este sentido, nos hacemos eco, por su relevancia, y por la especial correlación con la irrupción de las tecnologías, de las afirmaciones del Consejo de Estado, que en su Memoria de 1992, ya manifestó que constituye una "aspiración razonable,

---

69 UNESCO. Declaración universal sobre bioética y derechos humanos, 33ª Sesión de la Conferencia General, 19 de octubre de 2005.

70 UNESCO. Declaración universal de Genoma y derechos humanos, 29ª Sesión de la Conferencia General, 11 de noviembre de 1997.

71 RECASENS SICHES, L., "La seguridad como motivo radical de lo jurídico", *op. cit.*, pp. 226-227.

al concebir y llevar a efecto los planes de producción normativa, la de conseguir el mayor grado posible de estabilidad en beneficio del conjunto del ordenamiento y de su más eficaz recepción social y en evitación de las perturbaciones que, [...], se siguen del ritmo de cambio de las normas aplicables, sin dar tiempo, en ocasiones, a que las anteriores acrediten sus virtudes o sus defectos ...”[72]. Y es precisamente esta sensación que ya transmitió BAUMANN, con unos tiempos líquidos, marcados por la ausencia de consolidación de valores, la que no permite un análisis reposado y sereno de cuantos derechos y garantías de forma tradicional ya se articulan en el ordenamiento jurídico, y cuya aplicación, o reinterpretación pudiera asegurar protección suficiente e idónea para nuestros derechos fundamentales ante el avance de la neurotecnología.

6. REFLEXIONES FINALES

Nuestro cerebro, dicen los neurocientíficos, no es un órgano más del cuerpo humano; es aquel que nos dota de individualidad, que nos concede inteligencia, sentido moral, sentimientos...En definitiva, nuestro cerebro concentra la esencia de lo que somos como individuos, nos hace únicos como seres humanos, y fundamenta la razón de nuestro comportamiento. Por ello, el control y la intervención externa sobre la actividad cerebral de los individuos llevaría a consecuencias terribles para la sociedad y la propia persona. El debate sobre los límites que ética y legalmente configuren el uso de la neurociencia estará siempre condicionado por el valor y la consideración que socialmente otorguemos al ser humano.

---

72 CONSEJO DE ESTADO. Memoria del Año 1992, Madrid, 10993, p.69-70. Disponible en https://www.consejo-estado.es/wp-content/uploads/2021/05/MEMORIA-1992.pdf [Consulta: 12/01/2025.]

La preocupación e inquietud que despertó entre filósofos, científicos y juristas el desafío de las neurociencias cristalizó en la configuración de una nueva disciplina, la llamada neuroética. Era preciso abordar el impacto ético del uso de la neuroeciencia, impulsada por el progreso tecnológico de la inteligencia artificial y el *big data*. Pronto las reflexiones sobre la libertad, la intimidad, la identidad de las personas en un contexto científico en el que la mente humana podía quedar al descubierto, se vieron superadas por una nueva realidad: de ser algún día posible, qué limite establecer éticamente a la investigación sobre los procesos mentales que determinan nuestras elecciones, nuestra moral, nuestro comportamiento. No se trataba solo de dilucidar los principios que éticamente debían inspirar y limitar el uso de la neurotecnología; sino de analizar desde la neurociencia cómo se determina nuestro comportamiento, nuestras decisiones y, en definitiva, nuestro sentido de la moral y la ética.

Así las cosas, el avance en el conocimiento del funcionamiento del cerebro humano, aún con sus limitaciones, reclama definir desde una nueva perspectiva los contornos jurídicos que configuran el ejercicio de los derechos fundamentales. En efecto, la posibilidad de acceder a la información que nuestra mente genera, el registro de la actividad cerebral, y más aún, la posibilidad científica de controlar el comportamiento humano, mediante la manipulación neurológica de nuestra actividad cerebral, abren un nuevo contexto científico y tecnológico. Ahora bien, aceptando que esto pueda llegar a ser una realidad, sin embargo, en el momento presente no compartimos los argumentos de quienes defienden la urgente necesidad y oportunidad de incrementar el elenco de derechos humanos y constitucionales como una forma jurídica de hacer frente al desafío de la neurociencia. A nuestro entender, debemos preguntarnos si esta respuesta jurídica no se anticipa inoportunamente, al pretender regular un escenario científico y tecnológico aún por construir, habida cuenta que el verdadero alcance e implicación de la neurociencia en la persona y sus derechos resultan aún inciertos. Por ello, ante una posible aplicación de la neurotecnología en ámbitos como la educación, el marketing o los procesos judiciales, entendemos el interés y la inquietud por revisar y preparar el terreno normativo para evitar actuaciones abusivas y consecuencias perjudiciales para los derechos de las personas. Y si bien, no nos sorprende que legalmente se haya centrado la mirada en los derechos humanos como respuesta a la irrupción de las neurociencias, lo cierto es que no todo interés, ni preocupación ética y jurídica necesariamente debe configurarse como un derecho humano.

La iniciativa de establecer un nuevo catálogo de neuroderechos humanos que con tanto entusiasmo y tesón partió de la Universidad de Columbia y ha pretendido contagiar al resto de la comunidad científica, no ha recibido la acogida esperada. Y si debemos buscar razones a esta resistencia, tal vez pueda explicarse porque las garantías jurídicas en Europa y Estados Unidos no son las mismas, o porque la realidad científica en los países es muy diferente, como diferentes son también las sociedades y sus prioridades éticas y jurídicas.

Con todo, ha de reconocerse que el contexto científico y tecnológico en el que ven la luz algunos de los textos y declaraciones internacionales de derechos humanos y de derechos fundamentales difiere sustancialmente del actual, por lo que difícilmente pudieron tenerse presentes las amenazas y riesgos que ética y jurídicamente la neurotecnología plantea. Ahora bien, la estrategia legal de identificar nuevos derechos humanos o constitucionales para reforzar la protección de la persona ante la irrupción de la neurociencia, requiere antes una reflexión reposada sobre la oportunidad y efectividad legal de esta iniciativa, que alcance un consenso entre los operadores jurídicos y la doctrina, que a día hoy no parece posible.

A nuestro juicio, no juzgamos necesario, ni beneficioso, promover que cada desafío tecnológico o científico destierre derechos y principios fundamentales consagrados en los ordenamientos nacionales e internacionales; porque, aunque sea precisa una revisión, adaptación y reinterpretación de su contenido y mecanismos de protección; su vigencia y valor jurídico no deben cuestionarse. Principios como la libertad, la intimidad, la dignidad y el libre desarrollo de la personalidad han inspirado, lo siguen haciendo, y vienen sustentado derechos constitucionales y humanos, en el ámbito nacional e internacional, de ahí que no debamos ignorar su valor como conceptos jurídicos universales para la protección de la persona frente al progreso de la tecnología.

Porque si bien, como se ha puesto de manifiesto, Chile dio normativamente un paso al frente en octubre de 2021, con la reforma constitucional y la tramitación de un proyecto de ley sobre protección de neuroderechos, los recientes acontecimientos normativos en ese país, parecen desmentir la necesidad u oportunidad de una reforma pionera jurídicamente. En efecto, no hay unanimidad sobre la necesidad de anticipar una reforma constitucional o elaborar una nueva carta de derechos humanos neuroespecíficos entre la doctrina científica, como hemos podido observar; y así, se estima que la iniciativa ha llegado demasiado pronto, cuando los avances en neurociencia tan solo se intuyen y se encuentran reducidos al ámbito de la investigación experimental o la medicina. La neurociencia no ha avanzado tanto como prometió, la sociedad no está preparada ni muestra excesivo interés por limitar unas tecnologías que a día de hoy no inquietan tanto como pudiera pensarse; y así, parece que tendremos que esperar para conocer el verdadero impacto social, ético y jurídico del uso de la neurociencia, y confiar en que para entonces el debate ético habrá procurado respuestas y nuestro sistema jurídico habrá articulado garantías y principios que limiten posibles usos no deseados o abusivos de estas tecnologías emergentes.

Desde este razonamiento, si como expresa el TC, la seguridad jurídica permite promover, en el orden jurídico, la justicia y la igualdad, en libertad, entonces, y de conformidad con este valor del orden jurídico, cualquier regulación que aspire de forma específica a establecer normas para la protección de la actividad cerebral, deberá inspirarse en los mencionados principios, y en todo caso, dicha legislación solo tendrá sentido si sirve para reforzar estas garantías constitucionales frente al desarrollo de la sociedad digital. Eso sí, antes, deberá evaluarse si el sistema jurídico actual ofrece suficientes garantías para las personas ante el empleo de la neurotecnología en el tiempo presente, sin que sea preciso incrementar y saturar el tradicional catálogo de derechos y libertades fundamentales de la persona.

La protección de los llamados neuroderechos requiere un sistema normativo sólido que proteja a los individuos de cambios arbitrarios o inesperados en las reglas que regulan el acceso, uso y límites de las tecnologías neurocognitivas. Siendo así, el principio de seguridad jurídica garantiza que la actuación de empresas, gobiernos o instituciones que utilizan tecnologías cerebrales esté sometida a la ley y no se proceda de forma arbitraria. Ciertamente, el principio de seguridad jurídica actúa como una barrera protectora frente a posibles vulneraciones de derechos humanos derivadas de la aplicación de neurotecnologías. Porque no debemos ignorar que un sistema jurídico que regule adecuadamente los neuroderechos fortalecerá la confianza de los ciudadanos en que los derechos relativos a su actividad mental y cognitiva serán respetados.

Sin embargo, no es menos cierto que pueden encontrarse a menudo razones fundadas para sostener que no siempre es idónea una regulación prematura de los fenómenos tecnológicos; ello porque, a nuestro juicio, se puede incurrir en el riesgo de obstaculizar la innovación, se enfrenta el legislador a la dificultad de regular lo desconocido y con frecuencia, se deberá afrontar una posible obsolescencia prematura de las normas jurídicas.

La seguridad jurídica es indispensable para garantizar que los neuroderechos no sean una aspiración abstracta, sino derechos efectivos en un entorno tecnológico en rápida evolución. A través de marcos normativos claros, predecibles y respetuosos de los derechos fundamentales, se puede construir una sociedad donde la tecnología sirva al bienestar humano sin comprometer la dignidad ni la autonomía de las personas.

En definitiva, no parece tarea sencilla la del legislador en su intento por conciliar el imparable avance e irrupción de las tecnologías disruptivas y los elementos y valores esenciales que definen nuestro sistema jurídico, como el principio de seguridad jurídica; más aún en un ámbito como la neurotecnología, cuya proyección social y científica se encuentra aún por descubrir.

7. REFERENCIAS BIBLIOGRÁFICAS

ÁLVAREZ-DÍAZ, J. A., "Neuroética: una introducción", *Revista Valenciana*, 15, enero-junio, 2015, pp. 157-187.

ÁLVAREZ-DÍAZ, J. A., "La muerte de la neuroética (como alguna vez se conoció)", *Neurosciences and History*, 1, 2, 2014, pp. 26-33.

BARDAJÍ GÁLVEZ, A. y BARDAJÍ GÁLVEZ, L., "Ser o no ser. Una propuesta de adscripción sistemática en el ordenamiento jurídico", *Revista de Derecho y Genoma Humano*, 57,2022, pp. 47-74.

BASTIDAS CID, Y. V., "Neurotecnología: interfaz cerebro computador y protección de datos cerebrales o neurodatos en el contexto del tratamiento de datos personales en la Unión Europea", *Revista Iberoamericana de Derecho Informático (Segunda Época)*, 2021, pp. 101-176.

BEORLEGUI, C., "Ética y neurociencias. Una relación necesitada de clarificaciones", *Revista Realidad*, 119, 2009, pp. 37-75.

BOBBIO, N., *El tiempo de los derechos*, Sistema, Madrid, 1991.

BROWNSWORD, R., *Law, Technology and Society: Reimagining the Regulatory Environment (Law, Science and Society)*, Routledge, London, 2019.

CASTILLO BLANCO, F.A., "El principio de seguridad jurídica: especial referencia a la certeza en la creación del Derecho", *Documentación Administrativa*, 263-264, mayo-diciembre 2002, pp. 21-72.

CAYÓN DE LAS CUEVAS, J. y REGUERA ANDRES, M. C., "La garantía de los neuroderechos: a propósito de las iniciativas emprendidas para su reconocimiento", *Derecho y salud,* 31, 2021, pp. 213-222.

CHURCHLAND, P.S., *Neurophilosophy. Toward a unified science of the mind/ brain,* Massachusetts, MIT Press Cambridge, 1986.

CORTINA ORTS, A., *Neuroética y neuropolítica. Sugerencias para una educación moral,* Tecnos, Madrid, 2011.

CORTINA ORTS, A., "La indeclinable libertad de los ciudadanos. Neuroética y neuropolítica", *Neurociencia, neuroética y bioética,* Universidad Pontificia Comillas, Madrid, 2014, pp. 15-26.

CORTINA, A. y CONILL, J., "Bioética y Neuroética", *ARBOR Ciencia, Pensamiento y Cultura,* 792, 195, abril-junio 2019, pp. 1-11.

DE ASIS, R., "Sobre la propuesta de los neuroderechos", Derechos y libertades: *Revista de Filosofía del Derecho y derechos humanos,* 47, 2022, pp. 51-70.

DIEGUEZ, A., *Transhumanismo. La búsqueda tecnológica del mejoramiento humano,* Herder, Barcelona, 2017.

GARCÍA MÁS, F. J., "Regreso al futuro: seguridad jurídica y nuevas tecnologías. El Blockchain y otras cuestiones digitales. La función notarial", *Revista Jurídica del Notariado,* 106, abril-junio, 2018, pp. 153-238.

GONZÁLEZ ÁLVAREZ, R., "Neuroderechos, prueba neurocientífica y garantía de independencia judicial", *Revista Derecho & Sociedad,* 57, pp. 1-26.

HERRÁN ORTIZ, A. I., "La privacidad mental como prioridad ética y jurídica. Una aproximación desde los derechos humanos", en *Derecho y medicina: desafíos tecnológicos y científicos,* Dykinson, Madrid, 2023.

IENCA, M. y ANDORNO, R. "Towards new human rights in the age of neuroscience and neurotechnology", *Life Sciences, Society and Policy,* 13, 2017, pp. 1-26.

IENCA, M. y HASELAGER, P., "Hacking the brain: brain–computer interfacing technology and the ethics of neurosecurity", *Ethics Inf Technol,* 18, 2016, pp. 117–129.

IENCA, M.; HASELAGER, R. y EMANUEL, E., "Brain leaks and consumer neurotechnology", *Nature Biotechnology,* 36, 2018, pp. 805–810.

KELSEN, H., *Teoría pura del Derecho,* Universidad Nacional Autónoma de México, México D.F., 1982.

LLAMAS, N. E. y MARINARO, J.A., "Neuroderecho: adaptabilidad de la normativa de derechos humanos con relación a la nuevas neurotecnologías y propuestas para su ampliación", *SCIO Revista de Filosofía*, 21, 2021, pp. 83-111.

MONTALVO JÄÄSKELÄINEN, F. de, "Podemos leer tu mente: la libertad de pensamiento y el derecho en tiempos de neurotecnología", en *Bioderecho y Retos. M-Health, Genética, IA, Robótica Y Criogenización*, Dykinson, Madrid, 2022.

MONTORO BALLESTEROS, A., "La seguridad jurídica en la configuración del Derecho como ordenamiento", *Anuario De Filosofía Del Derecho*, 18, 2001, pp. 301-320.

ORWELL, G., *1984*, Traducción al castellano de TEMPRANO, M., Penguin Random House Grupo Editorial, Barcelona, 2020.

PÉREZ-LUÑO, A. E., "La Seguridad Jurídica: una garantía del Derecho y la Justicia", *Boletín de la Facultad de Derecho*, 15, 2000, 25-38.

PÉREZ-LUÑO, A. E., "La seguridad jurídica y sus paradojas actuales", TEORDER, 12, 2012, pp. 124-140.

PONTIUS, AA., "Neuro-ethics of "walking" in the newborn", *Percept Mot Skills*, 37, 1973, pp. 235-245.

PONTIUS, A.A., "Neuroethics vs neurophysiologically and neuropsychologically uninformed influences in childrearing, education, emerging hunter-gatherers, and artificial intelligence models of the brain", *Psychol. Rep.*, 72, 1993, pp. 451-458.

RECASENS SICHES, L., "La seguridad como motivo radical de lo jurídico", *Revista de la Facultad de Derecho de México*, 53, 239, 2003, pp. 225- 238.

RECHE TELLO, N., "Nuevos derechos frente a la neurotecnología: la experiencia chilena", *Revista de Derecho Político*, 112, 2021, pp. 415-446.

ROSALES, M. R., "Resonancia magnética funcional: una nueva herramienta para explorar la actividad cerebral y obtener un mapa de su corteza", *Revista chilena de radiología*, 2, 9, 2003, pp. 86-91.

ROSKIES, A., "Neuroethics for the New Millenium", *Neuron*, 35, 2002, pp. 21-23.

SGARBI, A., "La hipótesis de la libertad frente al desafío de la neurociencia", *DOXA. Cuadernos de Filosofía del Derecho*, 36, 2013, pp. 475-506.

SMILANSKY, S., "Free Will: from nature to illusion", *Meeting of the Aristotelian Society*, University of London, 20th November 2000.

SUSSER, D. y CABRERA, L. Y., “Brain Data in Context: Are New Rights the Way to Mental and Brain Privacy?”, *AJOB Neuroscience*, 15(2), 2023, pp. 122–133. Disponible en https://doi.org/10.1080/21507740.2023.2188275

UGARTEMENDIA ECEIZABARRENA, J. I.,”El concepto y alcance de la seguridad jurídica en el Derecho constitucional español y en el Derecho comunitario europeo: un estudio comparado”, *Cuadernos de Derecho Público*, 28, 2006, pp. 17-54.

YUSTE, R., “Las nuevas neurotecnologías y su impacto en la ciencia, medicina y sociedad”, Lecciones Cajal 1, 2019. Texto en https://zaguan.unizar.es/record/86978/files/BOOK-2020-001.pdf

YUSTE, R. et al., “Four ethical priorities for neurotechnologies and AI”, *Nature*, [en línea], (2017), <https://www.nature.com/articles/551159a>.

Capítulo 4.

Seguridad jurídica y Derecho penal económico: análisis de una relación conflictiva a la luz de algunos supuestos

MARÍA SOLEDAD GIL NOBAJAS
Profesora de Derecho penal
Universidad de Deusto
DEMELSA BENITO SÁNCHEZ
Profesora de Derecho Penal
Universidad de Deusto

SUMARIO: 1. Introducción. 2. El origen del problema: los rasgos definitorios del Derecho penal económico. 3. Análisis de dos supuestos de convivencia del régimen de protección penal con la tutela extrapenal en la delincuencia socioeconómica. 3.1. Los delitos de descubrimiento y revelación de secretos de empresa. 3.2. Los delitos de corrupción entre particulares. 4. Consideraciones finales. 5. Referencias bibliográficas.

1. INTRODUCCIÓN

El aforismo *nullum crimen sine lege, nulla poena sine lege praevia,* expresión de las garantías criminal y penal del principio de legalidad que consagra el art. 25.1 CE[1], constituye una ga-

---

1 Este trabajo es resultado del proyecto de investigación "Derecho penal de clase: propuestas *de lege lata* y *de lege ferenda*", financiado

rantía y derecho del ciudadano frente al sistema penal. Obliga a que la ley penal cumpla con determinados requisitos que, en esencia, suponen la sumisión y respeto a la ley, garantizando los derechos y libertades de los ciudadanos frente a cualquier arbitrariedad del Estado, de manera que formalmente la materia penal queda reservada a la ley (requisito de la ley escrita o reserva de ley), y además, no podrá aplicarse retroactivamente en perjuicio del ciudadano (irretroactividad de la ley penal)[2]. Pero base de lo anterior es la garantía material que los sustenta[3]. Como ha recordado el Tribunal Constitucional[4], la seguridad jurídica conecta íntimamente con la legalidad penal y, entre sus distintas manifestaciones, con el principio de taxatividad, mandato de determinación o principio de certeza o concreción. Esta garantía material, limitadora para el legislador e

---

por el Ministerio de Ciencia e Innovación del Gobierno de España (Referencia: PID2022-142211NB-C22), y del grupo de investigación reconocido por el Gobierno Vasco "Constitución económica y justicia social" (Referencia: IT1768-22), a los que pertenecen las autoras.

2 Cfr. PRIETO SANCHÍS, L., *Garantismo y Derecho penal*, Iustel, Madrid, 2011, p. 104, distinguiendo la vigencia de la ley penal cuando ha sido producida con arreglo a criterios formales de órgano competente y procedimiento, y la validez de la ley penal, cuando además su contenido se muestra respetuoso con las exigencias sustantivas de respeto a los principios y derechos fundamentales establecidos en la Constitución.

3 GARCÍA ALBERO, R., "¿'Nullum crimen sine lex certa'? Causas y efectos de la crisis del principio de taxatividad", 62, 2008, p. 58. Consideran que el principio de taxatividad deriva de la reserva absoluta de ley, HUERTA TOCILDO, S., "El derecho fundamental a la legalidad penal", *REDC*, 39, 1993, p. 83; VILLAVERDE MENÉNDEZ, I., "Principio de taxatividad, una reflexión jurisprudencial", en PÉREZ MANZANO, M./LASCURAÍN SÁNCHEZ, J.A. (Dirs.), *La tutela multinivel del principio de legalidad penal*, *Marcial Pons*, Madrid, 2016, p. 104.

4 Como expresan las SSTC 62/1982, de 12 de octubre (ECLI:ES:TC:1982:62) y 133/1987, de 21 de julio (ECLI:ES:TC:1987:133).

igualmente barrera al arbitrio judicial[5], recuerda que las leyes penales deben describir las conductas prohibidas y las consecuencias que se derivan de su realización. La certeza de la ley penal, pilar de la seguridad jurídica, expresa la previsibilidad o predictibilidad para saber qué conductas el legislador ha seleccionado como prohibidas y qué consecuencias jurídicas tendrá la realización de dichas conductas[6].

Sin embargo, y sin pretensión de adentrarnos en el debate sobre la comprensión y evolución del requisito de certeza de la ley penal, diversos factores habrían contribuido a su crisis[7]. Entre otras causas, un elemento de influencia ha sido la paulatina expansión del intervencionismo penal en ámbitos que en origen eran ajenos a su radio de protección. En este contexto, los delitos socioeconómicos pueden incluirse entre las áreas de expansión del Derecho penal en las que se aprecia de manera más pronunciada la crisis de la certeza de la ley. La propia función protectora de esta disciplina jurídica frente a los bienes jurídicos más importantes y frente a los ataques más intolerables, derivado de la exigencia de los principios intervención mínima, *ultima ratio* y fragmentariedad, pueden entrar en ocasiones en colisión frente a una materia cuya regulación primaria es extramuros del Derecho penal y en el que los bienes jurídicos tutelados se alejan del clásico referente individual para proteger frecuentemente intereses supraindividuales de difusos contornos.

Teniendo en cuenta, por un lado, que la definición del tipo penal, con sus requisitos objetivos y subjetivos, es el lugar de expresión de la taxatividad y, en consecuencia, de la seguridad

---

5 PRIETO SANCHÍS, L., *op. cit.*, p. 105.

6 HUERTA TOCILDO, S., *op. cit.*, p. 23.

7 *Cfr.* al respecto, GARCÍA ALBERO, R., *op. cit.*, pp. 58 ss.; NAVARRO FRÍAS I., *Mandato de determinación y tipicidad penal*, Comares, Granada, 2010, pp. 15 s. y 76 ss.

jurídica y, por otro, que en el Derecho penal económico es habitual la convivencia de distintos regímenes de protección (en la esfera penal, la administrativa e, incluso la civil), el presente trabajo analiza dos supuestos en los que la predictibilidad de las consecuencias jurídicas asignadas a una conducta prohibida resulta cuestionada y, con ello, la propia noción de que el Derecho penal debe ser realmente el mínimo posible[8]. En concreto, se abordarán dos ámbitos de delincuencia económica: la protección de los secretos empresariales y los delitos de corrupción entre particulares.

2. EL ORIGEN DEL PROBLEMA: LOS RASGOS DEFINITORIOS DEL DERECHO PENAL ECONÓMICO

Puede decirse que el origen del Derecho penal económico en el ordenamiento jurídico-penal español se sitúa, tras varios intentos previos de reforma, en la aprobación del Código Penal de 1995. Aunque ya existían algunas figuras delictivas en el CP anterior de naturaleza socioeconómica, no fue hasta el "Código Penal de la democracia" cuando se institucionalizó esta categoría delictiva a la que se le dedicó buena parte del Título XIII, "Delitos contra el patrimonio y contra el orden socioeconómico". Nacimiento en nuestro Derecho penal positivo que se fundó en la insuficiencia de los delitos patrimoniales clásicos, pensados para ser aplicados al comerciante individual, para resolver los problemas que planteaba la responsabilidad de la actividad y gestión empresarial[9].

---

8 PRIETO SANCHÍS, L., *op. cit.*, p. 108.

9 GALLEGO SOLER, J.-I., "Política criminal en materia de delitos societarios", en MIR PUIG, S./CORCOY BIDASOLO, M. (Dirs.), *Nuevas tendencias en Política Criminal. Una auditoría al Código Penal español de 1995*, Reus,Madrid, 2006, p. 211.

Desde el primer momento el Derecho penal económico se ha convertido en una parcela con rasgos propios que ha llevado a su estudio autónomo y que plantea particulares problemas en atención a los principios y categorías penales. Su propia denominación formula una "materia fluida y de contornos imprecisos"[10], cuyo contenido se proyecta sobre el aspecto económico o socioeconómico[11], pero cuya concreción queda condicionada por una aproximación más liberal o más intervencionista del Estado en el marco de una economía de mercado de acuerdo con la constitución económica consagrada en nuestra Carta Magna, entre otros, en los arts. 38 (libertad de empresa), 51 (defensa de consumidores y usuarios) y 128 (subordinación de la riqueza del país al interés general y participación pública en la actividad económica).

Es, precisamente, esta proyección hacia su particular objeto de tutela -el orden socioeconómico- la que dota al Derecho penal económico, como se acaba de señalar, de unos rasgos definitorios propios[12]. La dificultad en la definición de los bienes jurídicos tutelados en los delitos socioeconómicos, bajo el paraguas común del orden socioeconómico, genera una primera fuente de inseguridad jurídica que irradia al descender al plano de la tipificación penal en este ámbito. Se trata, además, en muchas ocasiones de proteger intereses supraindividuales

---

10 RODRÍGUEZ MORULLO, G., "Algunas consideraciones político-criminales sobre los delitos societarios", *ADPCP*, 1984, p. 680.

11 MARTÍNEZ-BUJÁN PÉREZ, C., *Derecho Penal económico*, Iustel, Madrid, 2012, p. 13.

12 Siguiendo a MARTÍNEZ-BUJÁN PÉREZ, los criterios de identificación de los delitos socioeconómicos serían los siguientes: a) el bien jurídico u objeto de tutela; b) su no pertenencia al núcleo tradicional del Derecho Penal; c) los problemas procesales que plantean; d) la concepción criminológica de esta delincuencia; y e) la habitual ejecución de estos delitos a través de una empresa. En *Derecho Penal económico...*, *op. cit.*, pp. 65-ss.

mediante delitos de peligro, bien directamente, esto es, como objeto de tutela incorporado en el contenido de injusto, como es el caso de los delitos de corrupción entre particulares (de aceptarse que con ellos se protege la competencia leal), bien mediatamente en un segundo orden actuando como *ratio legis* de la incriminación, pero apareciendo otro bien jurídico, individual o colectivo, que es el directamente o técnicamente protegido[13]. Ejemplo de esto son los delitos de revelación de secretos de empresa, en los que se castigan determinadas conductas que suponen una puesta en peligro del interés económico que implica el secreto, pero que igualmente se orientan en un segundo plano a la protección de la competencia leal.

Debe partirse de que la regulación penal de los delitos objeto de análisis en este trabajo tiene origen en una decisión político-criminal, pero que dice poco o nada de los criterios que han llevado a tomarla[14], esto es, si está o no justificada, y, en ocasiones, de la articulación y coordinación de esta regulación con la que ofrecen otros sectores jurídicos. A los problemas de legitimidad que surgen de la frecuente naturaleza supraindividual de los bienes jurídicos tutelados en el marco del Derecho penal económico, se aúnan los que derivan de su protección mediante el uso de delitos de peligro, adelantando así las barreras de protección penal sobre la base, además, de que los delitos socioeconómicos constituyen un Derecho penal accesorio[15]. Por regla, se construyen sobre la preexistencia de un ilícito extrapenal, por lo que una nota distintiva de este carácter accesorio es el frecuente recurso a técnicas de tipifi-

---

13 MARTÍNEZ-BUJÁN PÉREZ, C., *Derecho Penal económico…, op. cit.*, p. 67.

14 ZÚÑIGA RODRÍGUEZ, L., *Política Criminal*, Colex, Madrid, 2001, p. 246.

15 MARTÍNEZ-BUJÁN PÉREZ, C., *Derecho Penal económico…, op. cit.*, p. 75.

cación que remiten a la normativa extrapenal de protección primaria para delimitar el ámbito de lo punible (elementos normativos del tipo y leyes penales en blanco).

Supuestamente, la intervención penal debe quedar reservada a los casos más graves para preservar su carácter mínimo e, igualmente, evitar duplicidades de sanción. Sin embargo, la ausencia en ocasiones de criterios legales de delimitación del ámbito penal y el administrativo o el civil, así como las disfuncionalidades y deficiencias técnicas que presenta la tipificación de algunos delitos, dificultan su interpretación y aplicación con el consiguiente riesgo de menoscabar el fin preventivo de las normas penales.

En este sentido, la existencia de un único *ius puniendi* del Estado en su doble manifestación penal y administrativa, al que se suma, por un lado, un amplio protagonismo de la Administración Pública en España, con su sistema de ilícitos y sanciones para proteger los intereses de la Administración[16], y por otro, la tendencia ya manifestada de la expansión del Derecho penal en sectores en origen ajenos a él, ha derivado en la cuestión de delimitar los contornos de la gravedad de las conductas que caen bajo la órbita de una u otra rama sancionadora. Como sabemos, tradicionalmente las relaciones entre la potestad sancionadora penal y administrativa se ha discutido conforme a las teorías de la diferenciación cuantitativa y cualitativa, debate que aunque hoy por hoy parece en cierta medida estéril[17], no dispensa de la labor de determinar cuál es

---

[16] RANDO CASERMEIRO, P., *La distinción entre el Derecho Penal y el Derecho Administrativo sancionador. Un análisis de política jurídica*, Tirant lo Blanch, Valencia, 2010, p. 62.

[17] Asume una diferenciación cuantitativa entendiendo que hay una identificación en cuanto a la naturaleza de los ilícitos, ZÚÑIGA RODRÍGUEZ, L., *Política Criminal..., op. cit.*, p. 244-ss., con mayores referencias doctrinales.

la diferencia de grado que marca la frontera de la intervención penal en un ámbito en el que el ilícito penal se construye sobre la vulneración de la normativa extrapenal.

Pero la expansión del Derecho penal en materia socioeconómica no ha puesto únicamente sobre la mesa la cuestión de su administrativización, sino igualmente de su mercantilización. La dificultad para delimitar cuándo debe intervenirse penalmente en este ámbito también salpica a otros marcos legales de tutela en los que la regulación penal convive con la protección otorgada por el Derecho Privado, civil o mercantil. Con el añadido, en este caso, de que no se trata de regímenes de tutela que comparten la naturaleza sancionadora de las consecuencias jurídicas que imponen, sino que se está ante la convivencia de un régimen de protección sancionador junto a otro de carácter resarcitorio o compensatorio. Aquí igualmente los criterios de distinción para delimitar el ámbito de lo punible resultan en ocasiones insuficientes o no se especifican en tipificación de la conducta punible, lo que constituye nuevamente una fuente de inseguridad jurídica. A mayores, la convivencia de dos regímenes de protección puede presentarse como una opción de a qué vía acudir en función, no de la gravedad del hecho (en ausencia de criterio que permita delimitar el ámbito de lo punible), sino de lo que resulte más conveniente para el afectado (prescripción de la acción penal o civil, legitimación activa, prejudicialidad, prueba…), lo que genera disfuncionalidades, respuestas insatisfactorias y problemas de *bis in idem* o, incluso, puede llevar a un uso torticero del Derecho penal desplazando otros mecanismos extrapenales de respuesta al caso concreto que pudieran resultar suficientes[18].

---

18 Sobre esta cuestión, fundamental, GÓMEZ BENÍTEZ, J.M., *Curso de Derecho Penal de los negocios a través de casos. Reflexiones sobre el desorden legal*, Colex, Madrid, 2001, pp. 23-ss.

En este contexto, resulta esencial la labor interpretativa de la doctrina y, especialmente, la de los órganos judiciales encargados de aplicar la ley penal. Las leyes penales deben ser predecibles para que los ciudadanos puedan conocer y guiar su conducta, lo que apela a una versión subjetiva de la seguridad jurídica, y ante todo supone hacer posible una concreta aplicación de la ley evitando la arbitrariedad de los poderes públicos como garantía frente a los ciudadanos[19]. Cabe reconocer que toda norma penal posee un margen inevitable de indeterminación, derivado de su carácter general y abstracto. Sin embargo, este margen se amplía en los delitos socioeconómicos debido a su complejidad técnica y las particularidades que los caracterizan, según han sido expuestas. Ante estas circunstancias, la labor de jueces y tribunales se vuelve indispensable para aportar un criterio valorativo que complemente la tipificación penal y para garantizar la necesaria coherencia y coordinación, especialmente cuando convergen regulaciones de diversas ramas del derecho. Esta cuestión se abordará en lo que sigue, a la luz de la protección penal del secreto empresarial y de los delitos de corrupción entre particulares.

3. ANÁLISIS DE DOS SUPUESTOS DE CONVIVENCIA DEL RÉGIMEN DE PROTECCIÓN PENAL CON LA TUTELA EXTRAPENAL EN LA DELINCUENCIA SOCIOECONÓMICA

En los delitos de descubrimiento y revelación de secretos y en los delitos de corrupción entre particulares coexisten, junto al régimen penal, otros mecanismos de protección en el Derecho administrativo y/o el Derecho civil. De qué manera la doc-

---

19 GARCÍA ALBERO, R., *op. cit.*, pp. 74 y 77; NAVARRO FRÍAS, I., *Mandato..., op. cit.*, pp. 27 ss. y, en especial, p. 40.

trina y la jurisprudencia han contribuido a abordar la delimitación del ámbito de aplicación de la intervención penal y si esta contribución resulta satisfactoria, se aborda a continuación.

3.1. Los delitos de descubrimiento y revelación de secretos de empresa

El reconocimiento de la libertad de empresa en el artículo 38 CE otorga base constitucional a la protección del secreto empresarial, como elemento fundamental para mantener el régimen de competencia y, por ende, el funcionamiento de nuestra economía de mercado. Esta protección constitucional del secreto empresarial se ha desarrollado a través de diversas normas de distinta índole, principalmente en los ámbitos civil y penal. Sin embargo, el Derecho penal no constituye el marco primario para su protección, ya que, en consonancia con las características de los delitos socioeconómicos expuestas anteriormente, se remite a la regulación extrapenal para su aplicación.

Una herramienta clave para gestionar la competencia es la protección de la confidencialidad del conocimiento que las empresas generan y desarrollan, frente a posibles intromisiones ilegítimas de sus competidores. El artículo 13 de la Ley 3/1991, de 10 de enero, de Competencia Desleal (LCD)[20], refuerza esta comprensión al calificar como desleal la violación de secretos empresariales. En su redacción original consideraba un acto de competencia desleal la divulgación o explotación de secretos de empresa sin la autorización del titular, ya fuera tras un acceso legítimo pero con deber de reserva, o mediante acceso ilegítimo. Sin embargo, con la entrada en vigor de la Ley 1/2019, de 20 de febrero, de Secretos Empresariales

---

[20] BOE núm. 10, de 11 de enero de 1991.

(LSE)[21], las infracciones a estos y las acciones legales correspondientes se rigen por esta norma específica, tal como establece la versión actual del artículo 13 LCD[22]. La Ley 1/2019 cumple con el mandato de transposición de la Directiva (UE) 2016/943 del Parlamento Europeo y del Consejo, de 8 de junio de 2016, relativa a la protección de los conocimientos técnicos y la información empresarial no divulgados (secretos comerciales) contra su obtención, utilización y revelación ilícitas[23]. Esta norma, que toma como precedente la LCD y la Directiva de 2016, pretende mejorar la protección del secreto ante el desarrollo de las tecnologías de la información y comunicación, mediante una regulación civil pero con implicaciones procesales, mercantiles y, lógicamente, penales, principalmente por ser pionera a la hora de ofrecer un concepto legal de secreto empresarial[24].

Junto a esta regulación, tradicionalmente ha existido acuerdo en la doctrina penal sobre la necesidad de tutelar también en el seno del Derecho Penal esta materia[25]. En este sentido, el art. 499 del Código Penal (CP) de 1973 tipificaba el descubrimiento de un secreto industrial en perjuicio de su dueño por parte del encargado, empleado u obrero de una fábrica

---

21 BOE núm. 45, de 21 de febrero de 2019.

22 Tras la entrada en vigor de la Ley 1/2019, de Secretos Empresariales, el art. 13 LCD dispone: "Se considera desleal la violación de secretos empresariales, que se regirá por lo dispuesto en la legislación de secretos empresariales".

23 DOUE L 157, de 15 de junio de 2016.

24 OLMOS PORTERO, V., "VI. Marco del secreto empresarial", en GONZÁLEZ GUTIÉRREZ, J. (Coord.), *La defensa penal de la propiedad intelectual, industrial y el secreto empresarial,* Tirant lo Blanch, Valencia, 2024, p. 158-ss.

25 CARRASCO ANDRINO, M., *La protección penal del secreto de empresa,* Cedecs, Barcelona, 1998, p. 159, en la medida en que las acciones civiles no tienen naturaleza sancionadora, sino reparadora o compensatoria.

o establecimiento industrial[26], ubicándolo en el marco de los delitos contra la libertad y seguridad personales. Con ello se distorsionaba su comprensión como acto de competencia desleal y de afectación al mercado, en el marco de una regulación penal previa a la aprobación de la LCD. Con la aprobación del CP de 1995 los delitos de descubrimiento y revelación de secretos de empresa, tipificados en los arts. 278 a 280 CP, pasaron a incluirse en el Título XIII ("Delitos contra el patrimonio y el orden socioeconómico"), Capítulo XI ("De los delitos relativos a la propiedad intelectual e industrial, al mercado y a los consumidores), Sección 3ª ("De los delitos relativos al mercado y los consumidores"). Con esta nueva y acertada ubicación sistemática se les reconocía como auténticos delitos de naturaleza socioeconómica y consolidaba su consideración como delitos de competencia desleal que vulneran los legítimos intereses de los competidores[27], en consonancia con lo establecido en la LCD, aprobada cuatro años antes que el CP de 1995. Además, la actual regulación penal, que no ha sufrido modificaciones hasta la fecha, presenta una tipificación más amplia que la de su predecesor art. 499, dando carta de naturaleza a una interpretación expansiva e integradora que tanto doctrina como jurisprudencia hacían de este tipo penal[28].

En este nuevo marco normativo los arts. 278 a 280 CP son tributarios de la regulación civil. Por un lado, porque en ellos se acoge el concepto más amplio posible de secreto en el ámbi-

---

26 Aunque algunas voces en la doctrina y la jurisprudencia defendían una interpretación amplia que equiparaba los secretos comerciales y de organización a los industriales. *Vid.* BAJO FERNÁNDEZ, M., *Derecho penal económico aplicado a la actividad empresarial*, Civitas, Madrid, 1978, pp. 295-ss.

27 MARTÍNEZ BUJÁN-PÉREZ, C., *Delitos relativos al secreto de empresa*, Tirant lo Blanch, Valencia, 2010, p. 18.

28 OLMOS PORTERO, V., "VI. Marco...", *op. cit.*, p. 159.

to económico-empresarial[29], ya sea industrial, comercial o relativo a la organización y relaciones de la empresa. Por otro lado, porque amplía las conductas típicas respecto de la regulación anterior. La vulneración del secreto empresarial pasó a incriminarse tanto cuando el acceso a este había sido lícito, pero con deber de guardar reserva, como ilícito; cuestión sobre la que se volverá más adelante.

Con carácter mayoritario se considera que los delitos de descubrimiento y revelación de secretos de empresa son delitos de peligro concreto que protegen como bien jurídico directamente tutelado la capacidad competitiva de la empresa o el valor económico que el secreto encierra para la empresa[30]. De ahí que la clave para valorar la ilicitud de la conducta incriminada está, precisamente, en determinar si se está ante un secreto de empresa, elemento nuclear en la medida en que su protección constituye el objeto y razón de ser de estos delitos[31]. Pero el Código Penal no ha definido ni en el antiguo art. 499 (que se refería solo al secreto industrial), ni conforme a la actual regulación qué debe entenderse por secreto de empresa a efectos jurídico-penales. Aquí se manifiesta su dependencia al orden civil, en la medida en que la doctrina y jurisprudencia tomaban en consideración el concepto de secreto de empre-

---

29 CARRASCO ANDRINO, M., *op. cit.*, p. 112; MARTÍNEZ-BUJÁN PÉREZ, C., *Delitos…*, *op. cit.*, p. 26.

30 Por todos, MARTÍNEZ-BUJÁN PÉREZ, C., *Delitos…*, *op. cit.*, p. 21; y el mismo autor en *Derecho penal económico y de la empresa. Parte especial*, 7ª ed., 2023, p. 320 y s. Apelan a la leal competencia entre empresarios como bien jurídico directamente protegido, GALÁN MUÑOZ, A. y NÚÑEZ CASTAÑO, E., *Manual de Derecho penal económico y de la empresa*, Tirant lo Blanch, Valencia, 2017, p. 134. En el mismo sentido, STS, 2ª, 285/2008, de 12 de mayo, ECLI:ES:TS:2008:2885.

31 STS, 2ª, nº 679/2018, de 20 de diciembre, ECLI:ES:TS:2018:4422.

sa definido, a su vez, por la doctrina y jurisprudencia civil[32]. Además, según se ha señalado *supra*, la LSE establece por primera vez un concepto legal de secreto empresarial en su art. 1[33], transposición del art. 2(1) de la Directiva (UE) 2016/943 y que, desde la aprobación de esta ley, igualmente es aplicable a los arts. 278 a 280 CP[34].

En esencia, el art. 1 LSE viene a refrendar las cuatro características ya definidas por la doctrina y, sobre todo, la jurisprudencia para conceptuar el objeto material de estos delitos: i) confidencialidad; ii) valor competitivo; iii) exclusividad; y iv)

---

32 En consonancia con las normas internacionales en la materia, particularmente el art. 39.2 del Acuerdo de la OMC sobre los aspectos de los Derechos de Propiedad Intelectual relacionados con el Comercio (ADPIC), de 1994.

33 Art. 1 LSE: "1. (...). A efectos de esta ley, se considera secreto empresarial cualquier información o conocimiento, incluido el tecnológico, científico, industrial, comercial, organizativo o financiero, que reúna las siguientes condiciones:
a) Ser secreto, en el sentido de que, en su conjunto o en la configuración y reunión precisas de sus componentes, no es generalmente conocido por las personas pertenecientes a los círculos en que normalmente se utilice el tipo de información o conocimiento en cuestión, ni fácilmente accesible para ellas;
b) tener un valor empresarial, ya sea real o potencial, precisamente por ser secreto, y
c) haber sido objeto de medidas razonables por parte de su titular para mantenerlo en secreto".

34 Tal y como refrenda la SAP Palencia, nº 42/2023, de 23 de octubre. ECLI: ES:APP:2023:340. Recuerda el carácter no vinculante del art. 2(1) de la Directiva y, en consecuencia, de la definición del art. 1 Ley 1/2019, ESTRADA i CUADRAS, A., "Protección de la propiedad intelectual e industrial, del mercado y de los consumidores", en SILVA SÁNCHEZ, J.M. (Dir.) y ROBLES PLANAS, R. (Coord.), *Lecciones de derecho penal económico y de la empresa. Parte general y especial*, Atelier, Barcelona, 2023, p. 524.

licitud[35]. El elemento nuclear está en la nota de la confidencialidad, esto es, la reserva o falta de notoriedad[36], no en términos absolutos, sino entendida como exclusión de los competidores o, en expresión de la LSE, de las "personas pertenecientes a los círculos en que normalmente se utilice el tipo de información o conocimiento en cuestión", y, además, que no es fácilmente accesible[37]. En la valoración de esta circunstancia, se impone también que el empresario haya adoptado medidas razonables para preservar la confidencialidad, (claves de acceso a la información, cláusulas de confidencialidad, etc.)[38].

En segundo lugar, el valor competitivo del secreto, su interés económico, justifica la voluntad de mantenerlo oculto[39], puesto que es lo que permitirá a la empresa mejorar su posición en el mercado respecto de sus competidores[40]; requisito que conecta con el bien jurídico tutelado. Además, como tercera característica, es necesario que se trate de un conocimiento, cualquiera que sea su soporte, exclusivo y excluyente de la

---

35 Por todas, vid. SSTS 285/2008, de 12 de mayo (ECLI:ES:TS:2008:2885); 864/2008, de 20 de diciembre (ECLI:ES:TS:2008:7442); 679/2018, de 20 de diciembre (ECLI:ES:TS:2018:4422) y 735/2024, de 12 de julio (ECLI:ES:TS:2024:3902). En la llamada jurisprudencia menor, vid. la SAP Vizcaya, sec. 6ª, 821/2011, de 4 de noviembre (ECLI:ES:APBI:2011:2503). En la doctrina, por todos, MORÓN LERMA, E., *El secreto de empresa: protección penal y retos que plantea ante las nuevas tecnologías*, Aranzadi, Cizur Menor, 2002, pp. 66 y ss.; MARTÍNEZ-BUJÁN PÉREZ, C., *Delitos…, op. cit.*, pp. 34 y ss.

36 CARRASCO ANDRINO, M., *op. cit.*, p. 25.

37 MARTÍNEZ-BUJÁN PÉREZ, C., *Delitos…, op. cit.*, p. 35.

38 No obstante, algún autor considera que la necesidad de adopción de medidas razonables no forma parte del concepto de secreto de empresa, sino que apela en realidad al ámbito de la configuración de las conductas típicas. En este sentido, ESTRADA i CUADRAS, A., "Protección…", *op. cit.*, p. 525 s.

39 MARTÍNEZ-BUJÁN PÉREZ, C., *Delitos…, op. cit.*, p. 37.

40 CARRASCO ANDRINO, M., *La protección penal…, op. cit.*, p. 29.

empresa titular del secreto[41]. Por último, debe predicarse su carácter lícito, por razón de que el uso de un conocimiento que es ilícito para obtener una ventaja competitiva constituye en sí mismo un acto de competencia desleal de acuerdo con el art. 15.1 LCD[42].

Según lo anterior el secreto de empresa no es un concepto estático, sino lábil y dinámico[43]. Solo cuando en un caso concreto un determinado conocimiento o información supera estas cuatro condiciones se calificará de secreto empresarial. Así lo avala la jurisprudencia, puesto que un mismo elemento ha podido ser considerado o no como secreto según las concretas circunstancias concurrentes, lo que generalmente va ligado a la mayor o menor facilidad de acceso a la información y a las medidas adoptadas por su titular para preservar su confidencialidad.

En relación con este tema, es relevante destacar el caso de los listados de clientes, un supuesto tradicionalmente controvertido en el ámbito penal y uno de los más frecuentemente enjuiciado por los tribunales. En la actualidad, existe consenso en considerar los listados de clientes como un tipo de información susceptible de ser calificada como secreto empresarial, siempre que cumpla con los requisitos exigidos para ello, especialmente el carácter confidencial de dicha información[44].

---

41 En contra de considerar la exclusividad como nota definitoria del secreto empresarial, ESTRADA i CUADRAS, A., "Protección...", *op. cit.*, p. 525.

42 Art. 15.1 LCD: "Se considera desleal prevalerse en el mercado de una ventaja competitiva adquirida mediante la infracción de las leyes. La ventaja ha de ser significativa".

43 SSTS1607/2000, de 16 de febrero de 2001 (ECLI:ES:TS:2001:1082) y 285/2008, de 12 de mayo (ECLI:ES:TS:2008:2885).

44 Ofrece una revisión jurisprudencial de supuestos en los que el listado de clientes se ha considerado o no secreto de empresa, MARTÍNEZ-BUJÁN PÉREZ, C., *Delitos...*, *op. cit.*, p. 29-ss. Consideran que el

La controversia sobre su aptitud para recibir protección penal surge por la histórica diferencia de tratamiento en el ámbito civil, puesto que la Sala 1ª del Tribunal Supremo (TS) ha manifestado que el listado de clientes no es secreto de empresa, y su descubrimiento y revelación, aunque constituye una conducta de competencia desleal, es un acto contrario a la buena fe del art. 4 LCD[45]. Las consecuencias de esta distinción son apre-

---

listado de clientes es asumido por doctrina y jurisprudencia penal como secreto de empresa, GALÁN MUÑOZ, A. y NÚÑEZ CASTAÑO, E., *Manual..., op. cit.*, p. 134. Han considerado que el listado de clientes constituía secreto de empresa, entre otras, las ya citadas SSTS 285/2008, de 12 de mayo; 864/2008, de 16 de diciembre y la SAP Vizcaya, sec. 6ª, nº 821/2011, de 4 de noviembre. Igualmente, la SJP Palma de Mallorca, 63/2013, de 12 de febrero, ECLI:ES:JP:2013:5. Niega su consideración como secreto empresarial, por no reunir la nota de confidencialidad, la SAP Barcelona, sec. 10ª, 525/2017, de 14 de julio, ECLI: ES:APB:2017:7740.

Como señala la SAP Vizcaya, sec. 2ª, 90083/2015, de 1 de abril (ECLI: ES:APBI:2015:1051), para constituir secreto de empresa el listado de clientes no es fácilmente accesible en el ámbito concreto de actividad económica, o añade otros elementos, como la vinculación con ofertas, o tratamiento de precios individualizado para cada cliente, estados de las ofertas, etc.

45 La STS, 1ª, 901/1999, de 29 de octubre (ECLI:ES:TS:1999:6775), recoge: "(e)s indudable, tal como se dice en las sentencias de instancia, que la clientela es un elemento esencial de la empresa y de toda actividad comercial. Lo que es dudoso es si, además, tiene la categoría de secreto empresarial, como así lo sostiene la parte demandante y estiman las sentencias de instancia. Esta Sala no admite esta calificación: el listado o la relación de la clientela no es un secreto empresarial. Sin embargo, el hecho del empleado o empleados de una empresa, que inducidos por otra, de la competencia, aprovechan el listado de la clientela de la primera para hacer ofrecimiento de los servicios de la segunda, esta Sala considera que son objetivamente contrarios a las exigencias de la buena fe, tal como contempla el art. 5 de la Ley". También en el mismo sentido se ha pronunciado la STS, 1ª, 668/2012, de 14 de noviembre, ECLI:ES:TS:2012:8028.

ciables, puesto que, en caso de reunir las características para ser secreto empresarial en la vía penal (definición que, por lo demás, se parte de que es común en ambos órdenes) el ámbito de protección es más amplio que por la vía civil, lo que resulta una contradicción con el carácter de subsidiariedad y de *ultima ratio* característico de la intervención penal, que en teoría debería ofrecer una protección más restrictiva. Afortunadamente, tras la aprobación de la LSE esta disfuncionalidad entre los regímenes de protección parece superada, puesto que de la definición de secreto empresarial del art. 1 se infiere que los secretos comerciales, entre los que se incluyen los listados de clientes y proveedores, también pueden integrarse en ella si cumplen las condiciones para ello, como ha reconocido en los últimos tiempos la jurisprudencia mercantil[46].

Siendo el epicentro de la protección penal (y extrapenal) el secreto de empresa, la regulación de los arts. 278 a 280 CP asume, en esencia, la estructura de conductas ilícitas que recogía antes de su reforma el art. 13 LCD y actualmente regula el art. 3 LSE: vulneraciones por agentes externos a la empresa (acceso ilegítimo), internos (acceso legítimo pero con deber de guardar reserva) y el aprovechamiento o recepción del secreto por tercero. Todos ellos son delitos de peligro concreto contra la capacidad competitiva de la empresa, lo que supone que no se exige que finalmente se haya visto afectada ni que se traduzca en un concreto perjuicio económico para el titular del secreto.

El art. 278.1 CP tipifica el descubrimiento por medios ilícitos del secreto, cualquiera que sea su soporte. Se configura como un delito de consumación anticipada que castiga el apo-

---

[46] Por todas, SAP Barcelona, sec. 15ª, 117/2024, de 22 de marzo (ECLI: ES:APB:2024:3167), entendiendo que el criterio de la Sala 1ª del TS de excluir los listados de clientes es incompatible con la LSE y con la Directiva (UE) 2016/943.

deramiento material o intelectual por cualquier medio, incluido el uso de medios tecnológicos, del secreto[47], y que requiere acreditar la intención de descubrirlo con independencia de que finalmente se llegue a tener conocimiento efectivo del secreto. Como subtipo agravado, se castiga en el apartado 2 del mismo precepto su posterior revelación, cesión o difusión a terceros, por regla, los competidores. Por su parte, el art. 279.1 hace lo propio en relación con la revelación, difusión o cesión del secreto por quien tiene el deber de guardar reserva. En relación con este deber no existe consenso sobre cuál es su fuente, si debe precisarse en una previsión legal o en el contrato o son suficientes los deberes genéricos de buena fe en la relación laboral. No obstante, sobre este aspecto se volverá más adelante cuando se trate la delimitación del ilícito penal y el civil. El art. 279 también prevé como tipo atenuado la utilización del secreto en provecho propio (apartado 2), en cuyo caso se exige la intención de obtener una ventaja competitiva frente a la empresa o empresario sobre el que se tenía deber de reserva[48]. Por último, el art. 280 CP tipifica una figura residual para evitar lagunas de punición que castiga a quien, sin participar en el descubrimiento del secreto pero conociendo su origen ilícito, realiza alguna de las conductas de los arts. 278 y 279, en concreto, revelar, difundir, ceder o utilizar en provecho propio el secreto de empresa[49].

Puestas las bases de esta normativa, el punto de partida para la distinción de la protección del secreto empresarial en la esfera penal y civil, es, como sabemos, que la intervención penal

---

47 MORÓN LERMA, E., *op. cit.*, p. 301 ss., en sentido amplio de "adueñarse de algo".

48 GALÁN MUÑOZ, A. y NÚÑEZ CASTAÑO, E., *op. cit.*, p. 139.

49 Para una exposición en la jurisprudencia de los elementos típicos de estas figuras delictivas, *vid.* las ya citadas SSTS 864/2008, de 16 de diciembre, y 735/2024, de 12 de julio.

debe reservarse por exigencias del principio de intervención mínima y *ultima ratio* a los supuestos más graves, con un contenido de antijuricidad material merecedor de reproche penal[50]. Ahora bien, el Código Penal no ofrece criterio alguno que permita delimitar el ámbito de aplicación de la esfera penal frente a la protección extrapenal. En su ausencia, corresponde a la doctrina[51] y, fundamentalmente, a los jueces y tribunales la delimitación de dicha frontera a partir de los requisitos típicos que recogen los arts. 278 a 280 CP.

Un primer elemento de distinción recae sobre el objeto material de estos delitos, es decir, su consideración como secreto de empresa. Así, algunas resoluciones judiciales han planteado que la ausencia de alguna de las notas relevantes que lo definen vetaría la acción penal, pero no la civil. De otra forma, existiría un concepto jurídico-penal de secreto empresarial, diferenciado del propio que ampara la vía civil. Así, en algún caso el criterio de distinción se ha focalizado en el requisito del valor competitivo, de manera que en ausencia de trascendencia económica de la información y, por tanto, de afectación a la capacidad competitiva de la empresa, entra en juego la protec-

---

50 AAP Álava, sec. 2ª, nº 72/2010, de 4 de marzo, ECLI: ES:APVI:2010:164. En el mismo sentido, SAP Córdoba, sec. 1ª, 426/2004, de 20 de octubre de 2004, ECLI:ES:APCO:2004:1366. Señala la SAP Palencia, nº 42/2023, de 23 de octubre (ECLI: ES:APP:2023:340), que la tutela penal debe reservarse a los supuestos “especialmente graves que trascienden por su contenido o consecuencias a la normativa sancionadora mercantil. Lo contrario sería hacer inexistente esta normativa mercantil desproporcionando la intervención penal”.

51 Cfr. CARRASCO ANDRINO, M., *La protección penal…*, *op. cit.*, p. 161, quien subraya la compatibilidad de la vía civil y penal por perseguir finalidades distintas, además de entender que a la intervención penal le corresponde una función de reforzamiento de una previa normativa de naturaleza extrapenal.

ción extrapenal[52]. En otros casos, los tribunales han argumentado la inexistencia de un secreto de empresa con relevancia penal debido a la ausencia de su carácter reservado, por tratarse de información fácilmente accesible en registros públicos[53].

Esta interpretación es, a nuestro juicio, cuestionable. El secreto empresarial es un elemento que viene definido por la normativa civil. En concreto, desde la aprobación de la LSE se cuenta con una definición legal al respecto. Pero también con anterioridad era pacífico aceptar penalmente el concepto de secreto de empresa acotado en el orden civil y mercantil con base en algunas normas internacionales. El Derecho penal no se encuentra necesariamente vinculado a los dictados de las normas de Derecho privado para delimitar un concepto con trascendencia penal, por razón de los diferentes fines que se persiguen en uno y otro caso, pudiendo en algunos casos superar las cuestiones formales que lo pueden condicionar en el ámbito del Derecho privado. No obstante en lo que se refiere al secreto de empresa, no parece posible establecer una diferencia entre un concepto penal o civil en función de que estén presentes o no todas sus notas definitorias, porque la ausencia de uno de esos elementos ya excluye la presencia de un secreto empresarial susceptible de protección en el ámbito civil. Por tanto, no puede ser la carencia de alguno de sus elementos

---

52 Así se infiere de la SAP Palencia, nº 42/2023, de 23 de octubre (ECLI: ES:APP:2023:340), en relación con una serie de documentos que "no ponen de manifiesto una evidente y real mejora competitiva presente o futura para la empresa". En el caso de autos se trataban de determinados documentos (plano de instalaciones fabriles, estudios de mercado, inversiones hipotéticas que no han llevado a la toma de decisiones estratégicas y meros estudios de trabajo) que se consideraron que no aportaban un especial valor competitivo por no ser especialmente útiles al competidor y, además, de fácil acceso en un registro público.

53 SAP Palencia, nº 42/2023, de 23 de octubre (ECLI: ES:APP:2023:340).

definitorios lo que marque la frontera entre la intervención penal y civil, porque en ese caso directamente no habrá objeto de tutela como tal secreto de empresa en ambos casos. Conforme a lo anterior, el criterio que, en su caso, podrá delimitar la intervención penal frente a la civil, en el caso de que se trate de un secreto de empresa, es la mayor relevancia o intensidad en la apreciación de alguna de sus notas definitorias. Así, no sería la ausencia de trascendencia económica de la información lo que vetaría la vía penal, sino el grado de relevancia de esta y su virtualidad para afectar al bien jurídico protegido.

Algún autor ha sugerido que tal vez podría deslindar un concepto penal o civil de secreto de empresa la exclusividad de la información reservada con valor económico[54]. Esta característica es asumida jurisprudencialmente, pero no la contempla expresamente la LSE, si bien coincidimos en que este criterio no resulta convincente. La exclusividad está intrínsecamente ligada a la propia noción de confidencialidad y al interés del titular en mantener dicha información en secreto. Si no fuera así y se tratara de información que no es exclusiva de la empresa, sino común entre las empresas del sector o conocida y utilizada por otras (como un proceso productivo, por ejemplo), no habría un interés claro en mantenerla en secreto.

Al margen de lo anterior, y partiendo de un concepto común de secreto de empresa en la esfera civil y penal, nada impide que la tutela extrapenal provenga por vía diferente a la LSE (o, anteriormente, al art. 13 LCD), por considerar que, no

---

54 ESTRADA i CUADRAS, A., "Violación de secretos empresariales", en *Penal Económico y de la Empresa*, Francis Lefebvre, Madrid, 2016, p. 567, si bien concluye en que la exclusividad no parece un buen criterio de selección de la relevancia penal de la conducta, en la medida en que esta debe ser la capacidad del secreto empresarial para lesiones o poner en peligro el bien jurídico protegido, que lo identifica con el patrimonio individual.

estando ante un secreto empresarial, la conducta aún pueda ser calificada de acto de competencia desleal como un acto de mala fe, o también porque se vulnera un pacto de no concurrencia conforme a lo prescrito en los arts. 5 d) y 21 del Estatuto de los Trabajadores[55]. Por ejemplo, es pacífico en el ámbito civil y penal excluir como secretos empresariales las habilidades[56], los conocimientos y la experiencia profesional que un sujeto va adquiriendo a lo largo del tiempo en el ejercicio de su empleo o cargo, dado que aquí no puede hablarse de apoderamiento o aprovechamiento[57]. Pero otra cosa será que exista un pacto de no concurrencia o que la utilización de los conocimientos que por su cargo tenía pueda considerarse un acto contrario a la buena fe[58].

---

55 El pacto de no concurrencia tras la cesación del contrato de trabajo no puede superar los dos años para técnicos y los seis meses para el resto de trabajadores, siempre que el empresario tenga un efectivo interés industrial o comercial en ello y medie la correspondiente compensación económica para el trabajador.

56 Posición que ha refrendado actualmente el art. 1.3 LSE: "La protección de los secretos empresariales no afectará a la autonomía de los interlocutores sociales o a su derecho a la negociación colectiva. Tampoco podrá restringir la movilidad de los trabajadores; en particular, no podrá servir de base para justificar limitaciones del uso por parte de estos de experiencia y competencias adquiridas honestamente durante el normal transcurso de su carrera profesional o de información que no reúna todos los requisitos del secreto empresarial, ni para imponer en los contratos de trabajo restricciones no previstas legalmente".

57 SAP Córdoba, sec. 3ª, 48/2007, de 12 de marzo (ECLI:ES:APCO:2007:689); SAP Vizcaya, sec. 2ª, 90083/2015, de 1 de abril (ECLI: ES:APBI:2015:1051). En la Sala Primera del Tribunal, por todas, SSTS, 1ª, 48/2012, de 21 de febrero (ECLI: ES:TS:2012:1324) y 468/2013, de 15 de julio (ECLI: ES:TS:2013:4498).

58 SAP Córdoba, sec. 1ª, 426/2004, de 20 de octubre (ECLI:ES:APCO:2004:1366); AAP Madrid, sec. 5ª, 961/2003, de 12 de mayo (ECLI:ES:APM:2003:1158ª).

Fuera de los contornos del objeto material, la decisión de si una conducta constituye un ilícito penal o civil viene de la mano de los elementos típicos de los arts. 278 a 280 CP. Un primer grupo de supuestos que quedan extramuros del Derecho penal, sin perjuicio de las acciones civiles que puedan entablarse en virtud del art. 9 LSE, son las conductas imprudentes de quien diligentemente debió suponer o conocer el carácter secreto de la información[59], puesto que el CP solo castiga la modalidad dolosa en estos delitos.

A partir de esta restricción en el tipo subjetivo, en el marco del art. 278 una parte de la doctrina defiende la necesidad de que el apoderamiento (en sentido amplio), la interceptación de telecomunicaciones, o la captación mediante el uso de artificios técnicos supere unas barreras mínimas de autoprotección para ser penalmente relevante[60], lo que permitiría derivar al ámbito civil aquellas conductas en las que no ha habido reserva o adopción de medidas de autoprotección. Por su parte, en el tipo subjetivo la modalidad de apoderamiento por medios ilícitos es un delito tendencial que exige como requisito subjetivo específico el ánimo de descubrir el secreto, por lo que, en ausencia de este, la conducta es atípica[61] y derivará, por tanto, en su caso, al ámbito civil o laboral.

Con todo, los supuestos más habituales en los tribunales versan sobre el ámbito de punición de las figuras tipificadas en el art. 279 CP. El auto de la Audiencia Provincial (AAP) Álava de

59 OLMOS PORTERO, V., *op. cit.*, p. 171.

60 ESTRADA i CUADRAS, A., "Violación…", *op. cit.*, p. 573; MARTÍNEZ-BUJÁN PÉREZ, C., *Derecho penal económico y de la empresa…*, *op. cit.*, p. 328.

61 Derivado de esta exigencia, también considera atípicas las conductas llevadas a cabo con dolo eventual, ESTRADA i CUADRAS, A., "Violación…", *op. cit.*, p. 575.

4 de marzo de 2010[62], negó la relevancia penal de los hechos a un supuesto en que el sujeto, que había sido trabajador de la empresa, se había apoderado de una determinada información que revestía las características del secreto, pero ni la había revelado, cedido o difundido, ni tampoco había hecho uso propio de ella. En ausencia de tal provecho efectivo, remitía el asunto a una cuestión civil. En la misma línea se pronuncia la STS de 16 de febrero de 2000, negando la tipicidad del apoderamiento sin aprovechamiento propio[63]. Sin embargo, también la regulación civil exige en estos casos la "divulgación o explotación, sin autorización del titular", si se toma la redacción del art. 13 LCD vigente en el momento de los hechos, o, si partimos del art. 3 LSE, la "utilización o revelación (...) sin el consentimiento de su titular". Con lo que es cuestionable que estos supuestos entren en el radio de acción de esta normativa.

Pero el supuesto más controvertido remite a la fuente del deber de reserva. Tanto doctrina como jurisprudencia están divididas en considerar si es necesario una previsión legal o contractual expresa al respecto o son suficientes los deberes generales de buena fe como el que se deriva del art. 5.a del Estatuto de los Trabajadores en el ámbito de las relaciones laborales. Aunque encontramos resoluciones judiciales en uno u otro sentido, en nuestra opinión razones de intervención mínima y coordinación de la respuesta penal y civil deberían limitar la relevancia penal a los supuestos en los que la revelación o el uso en provecho propio se realiza incumpliendo un deber específico, legal o contractual de reserva, como mayoritariamen-

---

62 AAP Álava, sec. 2ª, 72/2010, de 4 de marzo (ECLI: ES:APVI:2010:164).

63 STS nº 1607/2000, de 16 de febrero de 2001 (ECLI:ES:TS:2001:1082).

te defiende la jurisprudencia menor[64] y parte de la doctrina[65], y teniendo en cuenta las penas asignadas a estos delitos[66].

Del análisis anterior se desprende que el criterio utilizado para distinguir entre la acción penal y la civil no siempre resulta satisfactorio, especialmente cuando la razón defendida podría llevar a la exclusión de ambas vías de protección, como ocurre con la definición misma de secreto empresarial y sus elementos constitutivos y en relación con algunas modalidades típicas. En este escenario, no es extraño que el afectado opte por la vía legal que le resulte más conveniente, considerando factores como los plazos de prescripción y caducidad, que suelen ser más breves en el ámbito del Derecho privado. Además, es importante tener en cuenta que en el proceso penal también puede abordarse la responsabilidad civil, lo que podría resultar más atractivo para el perjudicado que la sanción penal en sí misma, con el riesgo inherente de desnaturalizar la intervención penal y convertirla en un medio para obtener ventajas civiles.

---

64 AAP Madrid, sec. 17ª, 524/2005, de 16 de mayo; AAP Zaragoza, sec. 3ª, 81/2006, de 24 de febrero; AAP Madrid, sec. 16ª, 88/2007, de 2 de febrero, en el que concluye que la existencia de un pacto de no competencia implica generalmente la inexistencia de una cláusula de confidencialidad.

65 MARTÍNEZ-BUJÁN PÉREZ, C., *Derecho penal económico y de la empresa…*, *op. cit.*, p. 336; ESTRADA i CUADRAS, A., "Violación…", *op. cit.*, p. 577.
Sobre la duración del deber de guardar reserva una vez concluida la relación laboral, la posición mayoritaria considera que dependerá del tiempo que el secreto pueda aportar valor competitivo a la empresa (por ejemplo, la ya citada STS 285/2008, de 12 de mayo), si bien también se toma como criterio los plazos establecidos en el Estatuto de los Trabajadores sobre los pactos de no concurrencia.

66 ESTRADA i CUADRAS, A., "Violación…", *op. cit.*, p. 577.

3.2. Los delitos de corrupción entre particulares

Los delitos de corrupción entre particulares se ubican en la Sección 4ª del Capítulo XI del Título XXIII del Libro II del CP; una sección titulada "Delitos de corrupción en los negocios", en la que se ubican el delito aquí objeto de estudio (art. 286 bis), el delito de corrupción de funcionario público extranjero en actividades comerciales internacionales (art. 286 ter) y un tipo agravado común a ambos delitos (art. 286 quáter), salvo su apartado final, que solo se aplica respecto del art. 286 bis. El delito de corrupción entre particulares se incorporó al texto punitivo a través de la Ley Orgánica 5/2010, de 22 de junio[67], y en su corta existencia ha sufrido dos reformas[68].

Los problemas de inseguridad jurídica que se presentan en relación con este tipo penal traen su causa en la amplitud de su formulación, lo que hace que pueda entrar en colisión con normas extrapenales con las que es difícil establecer una delimitación. En concreto, nos referimos a la Ley 15/2007, de 3 de julio, de Defensa de la Competencia (LDC)[69], norma de naturaleza administrativa que persigue la protección de la competencia en el mercado, bien jurídico que también es el

---

67 Ley Orgánica 5/2010, de 22 de junio, por la que se modifica la Ley Orgánica 10/1995, de 23 de noviembre, del Código Penal (BOE núm. 152, de 23 de junio de 2010).

68 Ley Orgánica 1/2015, de 30 de marzo, por la que se modifica la Ley Orgánica 10/1995, de 23 de noviembre, del Código Penal (BOE núm. 77, de 31 de marzo de 2015); y Ley Orgánica 1/2019, de 20 de febrero, por la que se modifica la Ley Orgánica 10/1995, de 23 de noviembre, del Código Penal, para transponer Directivas de la Unión Europea en los ámbitos financiero y de terrorismo, y abordar cuestiones de índole internacional (BOE núm. 45, de 21 de febrero de 2019).

69 BOE núm. 159, de 4 de julio de 2007.

que pretende tutelar el Código Penal en este tipo penal[70]. No obstante, la definición de este bien jurídico no está exenta de discusión[71], lo que, como se indicó *supra*, dificulta la propia tipificación penal.

El art. 286 bis castiga el lado activo y pasivo de la corrupción entre particulares. Es decir, la promesa, ofrecimiento o concesión (corrupción activa) y la recepción, solicitud o aceptación (corrupción pasiva) de un soborno, o – como dice el texto le-

---

70 La cuestión del bien jurídico en relación con este delito no es pacífica, aunque la mayoría de la doctrina apuesta por el referido bien jurídico. *Vid.*, entre otros, BUSTOS RUBIO, M., "Los delitos de corrupción en los negocios". En GÓMEZ PAVÓN, P.; BUSTOS RUBIO, M. y PAVÓN HERRADÓN (Dir.), *Delitos económicos,* Wolters Kluwer, Madrid, 2019, p. 238; GIL NOBAJAS, M. S., "El delito de corrupción en los negocios (art. 286 bis): análisis de la responsabilidad penal del titular de la empresa, el administrador de hecho y la persona jurídica en un modelo puro de competencia", *Estudios penales y criminológicos,* XXV, 2015, pp. 574-580; GILI PASCUAL, A., "Bases para la delimitación del ámbito típico en el delito de corrupción privada. Contribución al análisis del art. 286 bis del Código Penal según el Proyecto de reforma de 2007", *Revista Electrónica de Ciencia Penal y Criminología,* 09-13, 2007, pp. 8-13; GÓMEZ-JARA DÍEZ, C., "El delito de corrupción entre particulares (art. 286 bis)". En SILVA SÁNCHEZ, J. M. (Dir.) y PASTOR MUÑOZ, N. (Coord.), *El nuevo Código Penal. Comentarios a la reforma,* La Ley, Madrid, 2012, pp. 420-421; NAVARRO FRÍAS, I. y MELERO BOSCH, L. V., "Corrupción entre particulares y tutela del mercado", *InDret. Revista para el análisis del Derecho,* 4, 2011, pp. 1-40; OTERO GONZÁLEZ, P., "Corrupción entre particulares (Delito de)", *Eunomia. Revista en Cultura de la Legalidad,* 3, 2013, pp. 174-183. *Vid.* un debate reciente sobre las diferentes posturas en NÚÑEZ CASTAÑO, E. "A propósito de la legitimidad del delito de corrupción entre particulares", *Revista Penal México,* 20, 2022, pp. 158-167.

71 *Cfr.* al respecto PAREDES CASTAÑÓN, J. M., "El mercado como objeto de regulación y protección jurídica: El caso de las restricciones verticales a la competencia", *Revista de Derecho penal y Criminología,* 22, 2019, pp. 107-158.

gal – de un "beneficio o ventaja no justificados" siempre que se realice buscando favorecer indebidamente a un competidor en el mercado frente a otro. El problema de inseguridad jurídica tiene que ver con la dificultad para concretar cuándo se aplica la normativa extrapenal y cuándo la normativa penal ante un caso de soborno en los negocios, dado que estas conductas tienen encaje, *a priori,* tanto en el Código Penal como en el LDC.

Fuera del Código Penal, las conductas relativas al pago de sobornos para ganar cuotas de mercado pueden ser sancionadas a través de la LDC. Esta ley castiga dos tipos de comportamientos: las conductas colusorias y el abuso de posición dominante (arts. 1 y 2 LDC, respectivamente, en línea con los arts. 101 y 102 del Tratado de Funcionamiento de la Unión Europea[72]). Comenzaremos por la segunda, pues plantea menos problemas. La posición dominante no se considera en sí misma una conducta ilícita, ni en el Derecho español, ni en el Derecho de la Unión Europea. Lo ilícito es el abuso de la dicha posición, en tanto que se entiende que así se perjudica a los competidores y a los consumidores[73]. En esencia, se considera que se produce un abuso de la posición dominante cuando la empresa así posicionada aplica condiciones a clientes o usuarios por encima del nivel competitivo, o cuando crea obstáculos a la expansión o a la entrada de nuevos competidores en el mercado[74]. Realmente, podría pensarse que una empresa en una posición dominante no necesita pagar un soborno "en la adquisición o venta de mercancías, o en la contratación de servicios o en las relaciones comerciales" (elemento que exige el

---

72 DOUE C 83, de 30 de marzo de 2010.

73 LAGUNA DE PAZ, J. J., "Ámbito de aplicación del Derecho de la competencia", *Revista de Administración Pública,* 208, 2019, p. 35.

74 SIGNES DE MESA, J. I.; FERNÁNDEZ TORRES, I. y FUENTES NAHARRO, M., *Derecho de la competencia,* Thomson Reuters / Civitas, Cizur Menor, 2013, p. 213.

art. 286 bis CP), precisamente por la posición en la que se halla, por lo que no parece que las conductas de soborno puedan castigarse como abuso de posición dominante; es decir, no parece que aquí se dé conflicto entre la norma penal y la extrapenal[75]. Sin embargo, sí podría existir colisión en relación con las conductas colusorias. Al respecto, el art. 1 LDC prohíbe, como conducta colusoria, "todo acuerdo, decisión o recomendación colectiva, o práctica concertada o conscientemente paralela, que tenga por objeto, produzca o pueda producir el efecto de impedir, restringir o falsear la competencia en todo o parte del mercado nacional".

El *pactum scaeleris* que tiene lugar entre sobornador y sobornado puede identificarse con ese "acuerdo" al que hace referencia la ley, de hecho, el término "acuerdo" se ha interpretado en sentido amplio, admitiéndose, por ejemplo, el pacto escrito u oral, formal o informal, y los "pactos entre caballeros"[76], y caerá bajo su ámbito de aplicación si tiene como efecto o puede tener como efecto el impedimento, la restricción o el falseamiento de la competencia, tal como se exige en el precepto. Esta infracción administrativa se entiende realizada aun cuando el acuerdo no se haya ejecutado o puesto en práctica (al igual que sucede en el Código Penal), bastando con que el acuerdo *pueda* tener efectos negativos en la libre competencia. Es más, la conducta a la que hace referencia el art. 1 LDC está

---

75 No obstante, tampoco es descartable. Recuérdese el caso *Tabacalera* en donde los actos desleales consistieron en hacer regalos a los expendedores que compraron sus productos. El Tribunal de Defensa de la Competencia consideró que la entrega de esos regalos no perturbó de manera suficiente el mercado, por lo que entendió que no era de aplicación la LDC en ese extremo. *Vid.* Resolución del Tribunal de Defensa de la Competencia de 16 de febrero de 1999 (Expediente 375/96, Tabacos de Canarias).

76 SIGNES DE MESA, J. I.; FERNÁNDEZ TORRES, I. y FUENTES NAHARRO, M., *op. cit.*, p. 110.

igualmente prohibida aunque los intervinientes no tuvieran conocimiento siquiera de los efectos nocivos en el mercado, ni persiguieran restringir la competencia[77] (nótese que aquí el Código Penal es más restrictivo por la exigencia del dolo, máxime en un tipo penal como este en el que existe un elemento subjetivo específico). En todo caso, el art. 5 LDC prevé una limitación a su aplicación en atención a la afectación al bien jurídico, de modo tal que no se aplicará la ley a "aquellas conductas que, por su escasa importancia, no sean capaces de afectar de manera significativa a la competencia. Reglamentariamente se determinarán los criterios para la delimitación de las conductas de menor importancia, atendiendo, entre otros, a la cuota de mercado"[78].

Teniendo todo esto en cuenta, el interrogante que se plantea es si el Código Penal, en concreto, el art. 286 bis debe también restringirse a esos supuestos de afectación significativa del bien jurídico o, mejor dicho, si debe restringirse aún más en atención al principio de intervención mínima. La redacción del tipo no establece límite alguno, es decir, no exige un elemento adicional respecto de la infracción administrativa, lo que, por cierto, no solo genera inseguridad sino que pone en

---

77 En este sentido, *vid.*, por ejemplo, la Resolución de la Comisión Nacional de la Competencia de 20 de marzo de 2013, expediente S/0359/11, ATASA, pp. 34-35.

78 Es el Reglamento de Defensa de la Competencia (Real Decreto 261/2008, de 22 de febrero, por el que se aprueba el Reglamento de Defensa de la Competencia, BOE núm. 50, de 27 de febrero de 2008) el que establece en su art. 1 unas cuotas de mercado a tener en cuenta para valorar la menor importancia de la conducta. Y en todo caso, el art. 2 excluye la aplicación de esta regla de mínimos en los supuestos en que las conductas entre competidores tengan por objeto: a) La fijación de los precios de venta de los productos a terceros; b) la limitación de la producción o las ventas; c) el reparto de mercados o clientes, incluidas las pujas fraudulentas, o la restricción de las importaciones o las exportaciones.

cuestión el principio de intervención mínima. Dado que el art. 286 bis CP no ha establecido límites en atención a la lesividad de la conducta, podría llegar a sancionar conductas que están fuera de la LDC, como ocurre con las conductas de escasa o menor importancia; un absoluto sinsentido en tanto que el Código penal no puede castigar conductas que están permitidas en otras normas. Ni siquiera el tipo atenuado del art. 286 bis, párrafo tercero, tiene relación con la menor afectación al bien jurídico de la competencia en el mercado. La rebaja de la pena – por cierto, de carácter potestativo, no obligatoria como el art. 5 LDC – únicamente se vincula a dos supuestos: la cuantía del beneficio o del valor de la ventaja, y la trascendencia de las funciones del culpable en la organización, pero nada en el tipo atenuado hace referencia a la afectación al bien jurídico.

Es más, nótese que, siguiendo la redacción actual de los clásicos delitos de cohecho, el art. 286 bis no exige para la consumación del delito la efectiva realización del pago del soborno, bastando el mero ofrecimiento o solicitud; situación en la que el peligro para el bien jurídico queda verdaderamente alejado pues se "anticipa" la consumación. Precisamente por la lejanía del peligro para la competencia en el mercado, se debe cuestionar este adelantamiento de la barrera de intervención penal, dado que se podrían llegar a sancionar conductas que la legislación administrativa no sanciona por su escasa o nula repercusión en el mercado. El hecho de que se tipifiquen penalmente conductas que podrían no estarlo en el Derecho administrativo es sin duda una vulneración del carácter fragmentario que ha de tener el Derecho penal, en virtud del cual solo debe intervenir esta rama del Derecho ante las modalidades de ataque más graves al bien jurídico en cuestión. Debería, por ello, el legislador introducir en el art. 286 bis algún elemento para limitar la intervención del *ius puniendi* a las conductas que afecten a la competencia en el mercado de manera significativa, como se hace en otros delitos económicos[79].

De lo expuesto hasta el momento, surge la duda de por qué el legislador ha redactado el art. 286 bis CP de forma tan amplia. La incorporación de este precepto al texto punitivo trae su causa en la normativa supranacional en materia de corrupción, en concreto, de la Decisión marco 2003/568/JAI del Consejo, de 22 de julio de 2003, relativa a la lucha contra la corrupción en el sector privado[80]. El problema que existe en el momento actual con la transposición de medidas penales procedentes del ámbito supranacional al Derecho nacionales es que se realizan sin el correspondiente debate político-criminal previo[81], lo que lleva a la incorporación de tipos penales excesivamente vagos, en ocasiones, incluso, técnicamente deficientes, que dificultan hasta el extremo su aplicación, lo que puede convertirlos en puro Derecho penal simbólico, como sucede

---

79 Por ejemplo, arts. 284.1.2º, 284.1.3º, 285 CP.

80 DOUE L 192, de 31 de julio de 2003.También el Convenio penal sobre la corrupción del Consejo de Europa, del año 1999, y la Convención de Naciones Unidas contra la corrupción, del año 2003, ambos ratificados por España, exigen su castigo penal.

81 *Cfr.* específicamente, respecto de la corrupción entre particulares, CORCOY BIDASOLO, M., "Algunas cuestiones político-criminales sobre la corrupción privada. Límites y eficacia de los compliance", en MIR PUIG, S.; CORCOY BIDASOLO, M. y GÓMEZ MARTÍN, V. (Dir.); HORTAL IBARRA, J. C. y VALIENTE IVAÑEZ, V. (Coord.), *Responsabilidad de la empresa y compliance: programas de prevención, detección y reacción penal*, BdF, Buenos Aires, 2014, p. 178; GILI PASCUAL, A., "Bases para la delimitación...", *op. cit.*, p. 10; SÁNCHEZ BERNAL, J., "Algunos highlights sobre el delito de corrupción privada en España. Entre la necesidad y la exasperación legislativa", en Bustos Rubio, M. y Abadías Selma, A. (Dir.), *Una década de reformas penales. Análisis de diez años de cambios en el Código Penal (2010-2020)*, Bosch Editor, Madrid, 2020, p. 531.

con varios de los delitos económicos[82] y, en concreto, con el delito de corrupción entre particulares, que tras casi quince años de vigencia, apenas se conocen sentencias en la jurisprudencia mayor, y muy pocas en la jurisprudencia menor.

4. CONSIDERACIONES FINALES

Como se señalaba en la introducción, la seguridad jurídica está estrechamente relacionada con el principio de legalidad penal. Entre las diferentes manifestaciones de este principio, este trabajo ha puesto el foco en la relación entre la seguridad jurídica y el principio de taxatividad, centrando el estudio en dos grupos de delitos, los delitos de revelación de secretos de empresa y los delitos de corrupción entre particulares. En relación con ambos delitos se aprecia una primera indeterminación que tiene que ver con el bien jurídico tutelado, un problema que, en general, está presente en todo el Derecho penal económico, en donde es difícil delimitar los contornos de un bien jurídico tan vago como es el orden socioeconómico. Ese problema se traslada, irremediablemente, a la configuración de los tipos penales, en donde en ocasiones no resulta sencillo precisar cuál concreto interés es digno de tutela penal.

Un segundo problema que aparece en relación con los delitos estudiados, y también, en general, con los delitos contra el orden socioeconómico, es su configuración como delitos de peligro, lo que está en estrecha relación con la cuestión del bien jurídico. Probablemente sea la indeterminación de este último lo que lleva a hacer uso de la técnica de los delitos de peligro, adelantando la barrera de intervención penal de una manera que no siempre se acomoda a los principios limitado-

---

82 TERRADILLOS BASOCO, J., *Aporofobia y plutofilia. La deriva jánica de la política criminal contemporánea*, Bosch Editor, Madrid, 2020, p. 37.

res del Derecho penal como el principio de lesividad y el de intervención mínima. Esta técnica implica, además, en no pocas ocasiones, que estos ilícitos penales se construyan sobre ilícitos administrativos o civiles preexistentes, lo que genera una notable inseguridad jurídica cuando en el Código Penal no se concretan elementos que diferencien el delito de otros ilícitos, como precisamente sucede en los delitos aquí analizados. En el caso de los delitos de revelación de secretos, el principal problema gira en torno al propio concepto de secreto, sobre el que se han intentado realizar cuestionables interpretaciones diferenciadoras en el orden civil y penal, generalmente para restringir el ámbito de lo punible penalmente, pero en algún caso ha dado lugar a un ámbito de protección mayor de la intervención penal, como ha sucedido con el listado de clientes, al menos hasta la aprobación de la LSE, cuando en realidad se está ante un concepto unitario en ambas disciplinas. En el delito de corrupción entre particulares, el problema se aprecia en la no restricción de la conducta típica a las conductas de afectación más grave a la competencia en el mercado, cosa que sí hace la Ley de Defensa de la Competencia. Ello lleva a la ilógica consecuencia de que la intervención penal pueda llegar a ser más amplia que la intervención administrativa si no se realiza una interpretación restrictiva del tipo.

Estos problemas de inseguridad jurídica pueden derivar en el cuestionamiento de la legitimidad de las normas del Derecho penal económico e incluso, como se ha visto en el caso concreto de la corrupción entre particulares, en la consolidación de una suerte de Derecho penal simbólico dada su escasa o nula aplicación. En el fondo, parece que subyace un desconocimiento por parte del legislador acerca de lo que desea tutelar y frente a qué ataques[83], desconocimiento que le lleva a la ya comentada imprecisión tipificadora.

---

83 GARCÍA ALBERO, R., *op. cit.*, p. 79.

5. REFERENCIAS BIBLIOGRÁFICAS

BAJO FERNÁNDEZ, M., *Derecho penal económico aplicado a la actividad empresarial*, Civitas, Madrid, 1978.

BUSTOS RUBIO, M., "Los delitos de corrupción en los negocios", en *Delitos económicos*, Wolters Kluwer, Madrid, 2019, pp. 235-256.

CARRASCO ANDRINO, M., *La protección penal del secreto de empresa*, Cedecs, Barcelona, 1998.

CORCOY BIDASOLO, M., "Algunas cuestiones político-criminales sobre la corrupción privada. Límites y eficacia de los compliance", en *Responsabilidad de la empresa y compliance: programas de prevención, detección y reacción penal*, BdF, Buenos Aires, 2014, pp. 161-194.

ESTRADA i CUADRAS, A., "Protección de la propiedad intelectual e industrial, del mercado y de los consumidores", en *Lecciones de derecho penal económico y de la empresa. Parte general y especial*, Atelier, Barcelona, 2023, pp. 495-570.

ESTRADA i CUADRAS, A., "Violación de secretos empresariales", en *Penal Económico y de la Empresa*, Francis Lefebvre, Madrid, 2016, pp. 559-582.

GALÁN MUÑOZ, A. y NÚÑEZ CASTAÑO, E., *Manual de Derecho penal económico y de la empresa*, Tirant lo Blanch, Valencia, 2017.

GALLEGO SOLER, J. I., "Política criminal en materia de delitos societarios", en *Nuevas tendencias en Política Criminal. Una auditoría al Código Penal español de 1995*, Reus, Madrid, 2006, pp. 209-294.

GARCÍA ALBERO, R., "¿'Nullum crimen sine lex certa'? Causas y efectos de la crisis del principio de taxatividad", *Jueces para la Democracia*, 62, 2008, pp. 57-91.

GIL NOBAJAS, M. S., "El delito de corrupción en los negocios (art. 286 bis): análisis de la responsabilidad penal del titular de la empresa, el administrador de hecho y la persona jurídica en un modelo puro de competencia", *Estudios penales y criminológicos*, XXV, 2015, pp. 567-624.

GILI PASCUAL, A., "Bases para la delimitación del ámbito típico en el delito de corrupción privada. Contribución al análisis del art. 286 bis del Código Penal según el Proyecto de reforma de 2007", *Revista Electrónica de Ciencia Penal y Criminología*, 09-13, 2007, pp. 1-35.

GÓMEZ BENÍTEZ, J.M., *Curso de Derecho Penal de los negocios a través de casos. Reflexiones sobre el desorden legal*, Colex, Madrid, 2001.

GÓMEZ-JARA DÍEZ, C., "El delito de corrupción entre particulares (art. 286 bis)", en *El nuevo Código Penal. Comentarios a la reforma,* La Ley, Madrid, 2012.

HUERTA TOCILDO, S., "El derecho fundamental a la legalidad penal", *REDC,* 39, 1993, pp. 81-114.

LAGUNA DE PAZ, J. J., "Ámbito de aplicación del Derecho de la competencia" [en línea], (2019), <https://doi.org/10.18042/cepc/rap.208.01>. [Consulta: 22/02/2025.].

MARTÍNEZ-BUJÁN PÉREZ, C., *Derecho Penal económico,* Iustel, Madrid, 2012.

MARTÍNEZ-BUJÁN PÉREZ, C., *Delitos relativos al secreto de empresa,* Tirant lo Blanch, Valencia, 2010.

MARTÍNEZ-BUJÁN PÉREZ, C., *Derecho penal económico y de la empresa,* 7ª ed. Tirant lo Blanch, Valencia, 2023.

MORÓN LERMA, E., *El secreto de empresa: protección penal y retos que plantea ante las nuevas tecnologías,* Aranzadi, Cizur Menor, 2002.

NAVARRO FRÍAS I., *Mandato de determinación y tipicidad penal,* Comares, Granada, 2010.

NAVARRO FRÍAS, I. y MELERO BOSCH, L. V., "Corrupción entre particulares y tutela del mercado", *InDret. Revista para el análisis del Derecho,* 4, 2011, pp. 1-40.

NÚÑEZ CASTAÑO, E., "A propósito de la legitimidad del delito de corrupción entre particulares", *Revista Penal México,* 20, 2022, pp. 155-173.

OLMOS PORTERO, V., "VI. Marco del secreto empresarial", en *La defensa penal de la propiedad intelectual, industrial y el secreto empresarial,* Tirant lo Blanch, Valencia, 2024.

OTERO GONZÁLEZ, P., "Corrupción entre particulares (Delito de)", *Eunomia. Revista en Cultura de la Legalidad,* 3, 2013, pp. 174-183.

PAREDES CASTAÑÓN, J. M., "El mercado como objeto de regulación y protección jurídica: El caso de las restricciones verticales a la competencia" [en línea], (2019), <https://doi.org/10.5944/rdpc.22.2019.26441>. [Consulta: 22/02/2025.].

PRIETO SANCHÍS, L., *Garantismo y Derecho penal,* Iustel, Madrid, 2011.

RANDO CASERMEIRO, P., *La distinción entre el Derecho Penal y el Derecho Administrativo sancionador. Un análisis de política jurídica,* Tirant lo Blanch, Valencia, 2010.

RODRÍGUEZ MOURULLO, G., "Algunas consideraciones político-criminales sobre los delitos societarios", *ADPCP,* 1984, pp. 677-691.

SÁNCHEZ BERNAL, J., "Algunos highlights sobre el delito de corrupción privada en España. Entre la necesidad y la exasperación legislativa", en *Una década de reformas penales. Análisis de diez años de cambios en el Código Penal (2010-2020)*, Bosch Editor, Madrid, 2020, pp. 515-533.

SIGNES DE MESA, J. I.; FERNÁNDEZ TORRES, I. y FUENTES NAHARRO, M., *Derecho de la competencia*, Thomson Reuters / Civitas, Cizur Menor, 2013.

TERRADILLOS BASOCO, J., *Aporofobia y plutofilia. La deriva jánica de la política criminal contemporánea*, Bosch Editor, Madrid, 2020.

VILLAVERDE MENÉNDEZ, I., "Principio de taxatividad, una reflexión jurisprudencial", en *La tutela multinivel del principio de legalidad penal*, Marcial Pons, Madrid, 2016.

ZÚÑIGA RODRÍGUEZ, L., *Política Criminal*, Colex, Madrid, 2001.

Capítulo 5.

Los MASC y la seguridad jurídica en la Ley orgánica de medidas en materia de eficiencia del servicio público de justicia

GEMA TOMÁS MARTÍNEZ
Profesora de Derecho civil
Universidad de Deusto

1. LOS MASC EN LA LEY ORGÁNICA 1/2025, DE 2 DE ENERO, DE MEDIDAS EN MATERIA DE EFICIENCIA DEL SERVICIO PÚBLICO DE JUSTICIA

La aprobación de la Ley Orgánica 1/2025, de 2 de enero, de medidas en materia de eficiencia del Servicio Público de

Justicia[1], coloca en un lugar relevante a los medios adecuados de solución de controversias. Conocidos con el acrónimo MASC, son objeto de regulación en el Capítulo I del Título 2 de esta norma con el objetivo de lograr "un servicio público de justicia sostenible"[2]. A tal fin, una de las reformas más importantes que introduce la ley y que tendrá un impacto jurídico y económico inmediato, es la imposición del requisito de haber acudido previamente a un MASC para que una demanda en asuntos civiles y mercantiles sea admitida, incluidos los conflictos transfronterizos[3], con ciertas excepciones[4]. La obligación de haber intentado resolver la controversia a través de un medio adecuado de solución de controversias, antes de poder acudir ante un tribunal constituye una novedad radical en nuestro ordenamiento jurídico[5].

---

1 BOE núm. 3, de 3 de enero de 2025.

2 Vid. Preámbulo, apartado IV.

3 En defecto de sometimiento expreso o tácito a lo dispuesto en este título, su regulación será aplicable cuando, al menos, una de las partes tenga su domicilio en España y la actividad negociadora se realice en territorio español. A estos efectos tendrán la consideración de conflictos transfronterizos los definidos en el artículo 3 de la Ley 5/2012, de 6 de julio, de mediación en asuntos civiles y mercantiles (art. 3.1 LO 1/2025).

4 El iter legislativo de esta ley ha sido largo. El Proyecto de Ley de medidas de eficiencia procesal del servicio público de Justicia (Boletín Oficial de las Cortes Generales. Congreso de los Diputados. 22 Abril 2023. 97-1), que había recibido la sanción correspondiente del Consejo de Ministros de 12 abril de 2023, generó debate doctrinal al regular los Medios Adecuados de Solución de Controversias en vía no jurisdiccional (MASC) como requisito de procedibilidad.

5 Hubo un intento de lograr impulsar la mediación extrajudicial que tuvo lugar con el Anteproyecto de Ley de impulso de mediación que presentó el Ministerio de Justicia en 2019 pero que no llegó a tramitarse, se archivó sin llegar a discutirse en las Cortes; pero es el antecedente de la actual Ley. Incluía medidas de modulación de las costas y también medidas incentivadoras más que sancionadoras, por

No obstante, según el artículo 14, párrafo segundo, no podrán ser sometidos a medios adecuados de solución de controversias, ni aun por derivación judicial, los conflictos que versen sobre materias que no estén a disposición de las partes en virtud de la legislación aplicable, pero sí será posible su aplicación en relación con los efectos y medidas previstos en los artículos 102 y 103 del Código Civil, sin perjuicio de la homologación judicial del acuerdo alcanzado. En el párrafo segundo se establece que en ningún caso podrán aplicarse dichos medios de solución de controversias, a los conflictos de carácter civil que versen sobre alguna de las materias excluidas de la mediación, conforme a lo dispuesto en el apartado 9 del artículo 89 de la Ley Orgánica 6/1985, de 1 de julio, del Poder Judicial.

Quedan excluidas en todo caso, según el apartado 2 del artículo 3, la materia penal[6], laboral y concursal[7], así como los asuntos de cualquier naturaleza, con independencia del orden

---

ejemplo, la exención de IVA o aplicación del tipo superreducido a las actividades MASC prestadas por profesionales cuando se lograse un acuerdo que evite acudir a los tribunales (RUIZ, E., "¿Qué son los MASC? Anteproyecto de Ley de Medidas de Eficiencia Procesal del Servicio Público de Justicia", Blog: Mediando conflictos.es [Consulta: 15/03/2021.]

6 Debido a que en el proceso penal no rige el principio dispositivo, sin perjuicio del derecho de las víctimas a acceder a servicios de justicia restaurativa con la finalidad de obtener una adecuada reparación material y moral de los perjuicios derivados del delito cuando se cumplan los requisitos establecidos legalmente, tal y como afirma el legislador en la Exposición de Motivos.

7 Respecto a la materia concursal y laboral porque en su normativa reguladora ya se prevén instrumentos en los que se materializan soluciones pactadas acomodadas a la naturaleza y peculiaridades de aquellas materias.

jurisdiccional ante el que deban ventilarse, en los que una de las partes sea una entidad perteneciente al sector público[8].

1.1. MASC *Versus* ADR: De lo alternativo a lo adecuado

Los medios adecuados de solución de controversias encuentran su origen en los llamados "medios alternativos" de solución de conflictos[9]. Eran conocidos con las siglas ADR -*Alternative Dispute Resolution*- dado que es en la esfera anglosajona donde nacieron[10] y allí es donde también a lo largo de los años se han ido asentando, aunque no de modo pacífico ni para todos los ámbitos jurisdiccionales. Se menciona con frecuencia

---

8 El legislador anuncia al respecto la futura regulación de estos mismos medios adecuados de solución de controversias en el ámbito administrativo y en el orden jurisdiccional contencioso-administrativo, lo que requiere de un instrumento propio específico.

9 Véanse sobre diversos aspectos de los MASC las obras: BARONA VILAR, S., *Masc, to be or not to be? medios adecuados de solución de conflictos en la justicia, Tirant lo Blanch,* Valencia, 2024; VÁZQUEZ DE CASTRO, E. y GARCÍA VILLALUENGA, L., Habilidades y *procedimientos en la mediación. De la teoría a la práctica de los MASC,* 2ª ed., Aranzadi, 2024; y CALAZA, S., ORDEÑANA, I. y SIGÜENZA, J. (dirs.), *De los ADR (Alternative Dispute Resolution) a los CDR (Complementary Dispute Resolution) en la Jurisdicción civil,* Tirant lo Blanch, Valencia, 2023.

10 El acrónimo "ADR" del inglés *Alternative Dispute Resolution,* tiene su origen en Estados Unidos en los años 60 y 70 motivado por la elevada litigiosidad que se produce en esas décadas. En consecuencia, en ese país comienza una ralentización de los procesos judiciales que desencadenaron el desarrollo de mecanismos ágiles y más económicos que se conocen con esa expresión y que logra una rápida difusión posteriormente. Bajo esas palabras se incluían los modos que hoy conocemos como el arbitraje, la conciliación o la mediación. Años después, se fue matizando la terminología, surgiendo la expresión "MASC" (métodos alternativos de solución de conflictos).

la Conferencia de Roscoe Pound, famoso profesor y decano de la Universidad de Harvard, que supuso un revulsivo en el *statu quo* de los operadores legales tradicionales en 1906 al referirse a la excesiva litigiosidad y a la necesidad de superar la confrontación de la que se beneficiaban principalmente los abogados[11]. Setenta años después, en 1976, se organizó una conferencia conmemorativa en la que también un profesor de la misma Universidad llamado Frank Sander propuso un sistema *multidoor courthouse*, en el cual las personas que quisieran solucionar sus problemas podían elegir entre diferentes medios, entre los cuales estaba el tradicional proceso judicial, y junto a este, el arbitraje, la negociación o la mediación[12].

---

11 El discurso de Roscoe Pound de 1906 sobre el progreso de la Justicia (*National Conference on the Causes of Popular Dissatisfaction with the Administration of Justice)* como dice SOLETO MUÑOZ, H., "La conferencia Pound y la adecuación del método de resolución de conflictos", *Revista de Mediación*, 2017, 10, supuso un antes y un después. Se produjo en una reunión ante la abogacía estadounidense (ABA) en 1906 titulada: "Las causas de la insatisfacción popular con la administración de justicia".
En esta disertación el profesor y decano de la Universidad de Harvard hizo un balance de las insuficiencias de la Justicia de la época, transcurridos 130 años desde la independencia de Reino Unido y que el conocido jurista americano atribuía en parte al sistema de confrontación que existía en los tribunales. Su discurso, pronunciado ante este foro de letrados, generó como era de imaginar una gran controversia. La descripción de Pound de los distintos factores de insatisfacción, que incluían el comportamiento, en su opinión, excesivamente confrontativo (al estilo del deporte) de los abogados, produjo un enorme revuelo entre la abogacía congregada, contraria o favorable a su visión.

12 Ver GARCÍA ROQUETA, C., "El sistema multi-puertas: un nuevo paradigma para Resolver conflictos", *Economist&Jurist*, 11 de Enero de 2024.

La expresión ADR en el contexto anglosajón refleja que estos medios ofrecen una vía diferenciada a la judicial a la hora de afrontar la solución de controversias. Progresivamente el término "alternativos" ha ido dando paso al de medios "adecuados" de suerte que se han despojado de su rol marginal para resituarse en un escenario técnico-jurídico en el que aspiran a jugar no un rol secundario o de opción subsidiaria, sino el de medios igualmente efectivos para resolver problemas. La expresión "adecuados", aunque no aporta un valor legal, sí refleja una atribución cualitativa de "bondad" hacia estas herramientas con las que cualquiera puede sentirse seguro a la hora de encontrar una solución a sus problemas legales.

Estos medios vienen precedidos de cualidades teóricas como la de producir resultados más económicos y rápidos que los que arroja el proceso judicial en la resolución del conflicto. Asimismo, se predica de ellos que favorecen la posibilidad de mantener una relación inter-partes de menor confrontación y que posibilitan el configurar acuerdos que la rigidez procesal no suele facilitar.

1.2. Los objetivos confesos de la LO 1/2025 en relación con los MASC

Todos estos atributos pueden potencialmente, aunque no necesariamente, favorecer a las partes en conflicto, y por ello el legislador bendice la incorporación de los MASC en la LO 1/2025 con la justificación de la "cultura de la concordia", para superar la de la confrontación. El Preámbulo evoca esta idea al enunciar que:

> "La justicia emana del pueblo, la ley ha de propiciar e impulsar la participación de la ciudadanía en el sistema de Justicia. Ya se hace en el ámbito penal con la institución del jurado, y es conveniente también abrir la justicia civil, social -e inmedia-

tamente después la contencioso-administrativa- a los ciudadanos para que se sientan protagonistas de sus propios problemas y asuman de forma responsable la solución más adecuada de los mismos, especialmente en determinados casos en los que es imprescindible buscar soluciones pactadas que garanticen, en lo posible, la paz social y la convivencia"[13].

Asimismo, insiste el legislador en que en realidad la introducción de los MASC:

> "Es todo un sistema que se enmarca dentro del movimiento de lo que la filosofía del derecho denomina la justicia deliberativa de servicio a la ciudadanía, albergando en el seno de sus instituciones mecanismos de solución de controversias, promoviendo y facilitando el diálogo social y, a la vez, fortaleciendo el importante papel que desempeñan en una sociedad democrática avanzada".

Ahora bien, el legislador reconoce en realidad en el Preámbulo de la ley, otras razones para la introducción de los MASC en la dinámica de solución de conflictos, y están relacionadas con "la necesidad de agilización y de resolver el atasco judicial en el que nos encontramos". Considera imprescindible hacer frente dice expresamente:

> "al número actual de asuntos judicializados, que, unido al riesgo patente de aumento muy delicada que exige adoptar medidas inmediatas y efectivas, so pena de que aquélla se vea abocada a un incremento en la duración media de los asuntos e incluso un colapso de la actividad de los Tribunales".

Por tanto, de la *voluntas legislatoris* se desprende que de una parte parece haber un objetivo de desjudicialización porque entiende el promotor de la ley que es bueno que los conflictos se reparen por modo pacto, pero por otro lado hay un motivo

---

13 Apdo I del Preámbulo de la Ley.

de necesidad objetiva, de descongestión de la actividad jurisdiccional con riesgo actual de colapso, que enlaza directamente con la idea de sostenibilidad del Servicio Público de Justicia.

En las páginas siguientes se pretende aportar una reflexión, a partir de la interpretación del articulado de la LO 1/2025, sobre la intersección entre la seguridad jurídica como principio fundamental de nuestro Estado de Derecho y estos medios de solución de controversias, MASC, como instrumentos de eficiencia que se incorporan al sistema de justicia en los términos en los que lo hace la ley.

La hipótesis que orienta este análisis es valorar el impacto de esta medida sobre el pilar básico de la seguridad jurídica, que se puede ver afectada con la regulación de los MASC que hace la LO 1/2025. Cabe cuestionarse de qué manera la sostenibilidad del sistema de justicia justifica la regulación, ciertamente profunda y de gran alcance, que hace esta ley. No se abordarán cada uno de los MASC de modo individualizado, sino todos ellos como instrumentos "preprocesales" del sistema público de Justicia.

2. LA LLAMADA "JUSTICIA DE LA PAZ": LA CONCORDIA COMO PARADIGMA

Previo a la cuestión abordada en estas páginas, conviene subrayar el paradigma del que parte el legislador porque es el fundamento en el que se apoya la regulación de los MASC y, a mi juicio, sirve de criterio interpretativo de esta norma, determina si se abre o no proceso, condiciona el discurrir procesal, la verdadera voluntad negociadora e impacta en la imposición de costas procesales[14].

---

14 Véanse los comentarios a estas cuestiones en: BLÁZQUEZ MARTÍN, R., "El impacto de los medios adecuados de solución de controversias en

El legislador en el Preámbulo hace una declaración de principios que orienta al justiciable al afirmar que:

> "Dejando clara la indiscutible importancia constitucional del ejercicio de la potestad jurisdiccional por los jueces y tribunales, con la introducción de estos mecanismos, ya consolidados en el derecho comparado, se cumple la máxima de la Ilustración y del proceso codificador: que antes de entrar en el templo de la Justicia, se ha de pasar por el templo de la concordia. En consecuencia, trata de potenciar la negociación entre las partes, directamente o mediante un tercero neutral, partiendo de la base de que estos medios reducen el conflicto social, evitan la sobrecarga de los tribunales y pueden ser igualmente adecuados para la solución de la inmensa mayoría de las controversias en materia civil y mercantil. El servicio público de Justicia debe ser capaz de ofrecer a la ciudadanía la vía más adecuada para gestionar su problema. En unos casos será la vía exclusivamente judicial, pero en muchos otros será la vía consensual la que ofrezca la mejor opción. La elección del medio más adecuado de solución de controversias aporta calidad a la Justicia y reporta satisfacción a los ciudadanos. En este contexto cobran importancia las razones de las partes para construir soluciones dialogadas en espacios compartidos".

La justificación de la entrada de los MASC en la LO 1/2025 radica, en consecuencia, en la importancia que se otorga a la solución negociada, dialogada, a lo que llama el legislador "la concordia", "la justicia de la paz" *versus* "la justicia de la confrontación". Para la LO 1/2025, "con el debido respeto hacia la potestad jurisdiccional, que corresponde exclusivamente a

---

el proceso civil tras la Ley Orgánica 1/2025, de 2 de enero, de medidas en materia de eficiencia del Servicio Público de Justicia", *Diario LA LEY*, 10643, Sección Tribuna, 14 de Enero de 2025; CARRETERO MORALES, E., "El modelo de «obligatoriedad mitigada» de los MASC", *Diario LA LEY*, Nº 10256, 2023; y MARTÍNEZ DE SANTOS, A., "Las novedades en materia de costas en Ley Orgánica 1/2025, de 2 de enero, de medidas en materia de eficiencia del Servicio Público de Justicia", *Diario LA LEY*, 10649, Sección Tribuna, 22 de Enero de 2025.

los juzgados y tribunales, la ley orgánica apuesta, más allá de lo que llama la "administración de la justicia contenciosa", por un "sistema que se enmarca dentro del movimiento de lo que la filosofía del derecho denomina la justicia deliberativa, que no es monopolio de los cuerpos judiciales ni de la abogacía, sino que pertenece a toda la sociedad civil".

En realidad, sin embargo, el llamado Derecho colaborativo, es solo una de las opciones posibles de lograr una solución adecuada a una controversia[15], como así queda regulado en el cuerpo de la ley (artículo 19), superando la ambigüedad de la que adolece el Preámbulo en esas líneas arriba citadas. La idea de fondo de dar importancia a la negociación se explicita muy claramente cuando el Preámbulo afirma que:

> "Se debe recuperar la capacidad negociadora de las partes, con la introducción de mecanismos que rompan la dinámica de la confrontación y la crispación que invade en nuestros tiempos las relaciones sociales. Para ello es necesario introducir medidas eficaces que no se degraden ni transformen en meros requisitos burocráticos. Con este fin se ha de potenciar la

---

15 Respecto al "Derecho colaborativo", el legislador se pronuncia en estos términos: "Asimismo, se reconocen medios suficientemente contrastados a nivel internacional como el Derecho colaborativo que facilita la negociación estructurada de las partes asistidas por sus respectivas abogadas y abogados y que permite, de una forma natural y orgánica, integrar en el equipo, si se considerase oportuno, a terceras personas expertas neutrales.
Los principios fundamentales del proceso colaborativo son: la buena fe, la negociación sobre intereses, la transparencia, la confidencialidad, el trabajo en equipo -entre las partes, sus abogadas y abogados y las terceras personas expertas neutrales que pudieran, en su caso, participar- y la renuncia a tribunales por parte de los y las profesionales de la abogacía que hayan intervenido en el proceso, caso de no conseguir una solución, total o parcial, de la controversia".

> mediación en todas sus formas e introducir otros mecanismos de acreditada experiencia en el derecho comparado".

El legislador español justifica la entrada de los MASC con una función integrada en la regulación del propio sistema de justicia, para ser utilizados de modo previo y evitar el acceso al Servicio Público de Justicia. Todo ello sobre el paradigma de la llamada cultura de la paz y de la recuperación de la convivencia, superando el de la confrontación.

Sin embargo, a mi juicio, lo que parece presentarse como una confrontación teórica de dos paradigmas, en la práctica no es tal. Es difícil no estar de acuerdo con la idea de que posibilitar el acuerdo es algo deseable, siguiendo el viejo adagio "más vale un mal arreglo que un buen pleito". No hay en este sentido nada nuevo. Sería difícil no compartir el paradigma de que la concordia es mejor que la confrontación y que un acuerdo negociado ahorra recursos (especialmente al Estado, no siempre a las partes en la medida en que la negociación y la mediación se han profesionalizado). Ahora bien, la cuestión es que el impulso a la negociación se realiza de modo forzado. La LO 1/2025 no utiliza en general estímulos positivos[16], ni

---

16 Una importante excepción son las modificaciones en el ámbito fiscal sobre exención de las indemnizaciones de responsabilidad civil, en la cuantía legal o judicialmente reconocida. Asimismo, las indemnizaciones como consecuencia de responsabilidad civil por daños físicos o psíquicos, satisfechos por la entidad aseguradora del causante del daño no previstas en el párrafo anterior, cuando deriven de un acuerdo de mediación o de cualquier otro medio adecuado de solución de controversias legalmente establecido, siempre que en la obtención del acuerdo por ese medio haya intervenido un tercero neutral y el acuerdo se haya elevado a escritura pública, hasta la cuantía que resulte de aplicar, para el daño sufrido, el sistema para la valoración de los daños y perjuicios causados a las personas en accidentes de

potencia económicamente la resolución negociada. Los MASC se incorporan como *conditio sine qua non* al acceso al sistema público de justicia, a cargo del justiciable, que no será propiamente tal ni podrá acceder al Servicio Público de Justicia, si no demuestra que ha intentado resolver el conflicto de modo privado y a su cargo (requisito de procedibilidad del que se hablará más adelante). La Ley de esta forma da carta de naturaleza preprocesal, por así decirlo, a una serie de medios que pasan de ser medios voluntarios a instrumentos vinculantes, protagonistas ineludibles dentro del sistema, con un impacto jurídico y económico (costas procesales) a través de su uso for-

---

circulación, incorporado como anexo en el texto refundido de la Ley sobre responsabilidad civil y seguro en la circulación de vehículos a motor, aprobado por el Real Decreto Legislativo 8/2004, de 29 de octubre.

Igualmente estarán exentas las indemnizaciones por daños personales derivadas de contratos de seguro de accidentes, salvo aquellos cuyas primas hubieran podido reducir la base imponible o ser consideradas gasto deducible por aplicación de la regla 1.ª del apartado 2 del artículo 30 de esta ley, hasta la cuantía que resulte de aplicar, para el daño sufrido, el sistema para la valoración de los daños y perjuicios causados a las personas en accidentes de circulación, incorporado como anexo en el texto refundido de la Ley sobre responsabilidad civil y seguro en la circulación de vehículos a motor, aprobado por el Real Decreto Legislativo 8/2004, de 29 de octubre (Modificación de la Ley 35/2006, de 28 de noviembre, del Impuesto sobre la Renta de las Personas Físicas y de modificación parcial de las leyes de los Impuestos sobre Sociedades, sobre la Renta de no Residentes y sobre el Patrimonio. Letras d), e) y k) del artículo 7).

Por razones de seguridad jurídica, se modifica la exención prevista para las indemnizaciones por despido o cese de los trabajadores y trabajadoras para eliminar cualquier duda interpretativa y confirmar expresamente a nivel legal que no derivan de un pacto, convenio o contrato, las indemnizaciones acordadas ante el servicio administrativo como paso previo al inicio de la vía judicial social.

zoso (tenga o no éxito su utilización) lo que antes no lo era, y todo ello a cargo del justiciable.

Puede que la LO 1/2025 produzca en el futuro la deseada reducción de asuntos que entran en los tribunales, pero será a cargo de que fructifique el MASC elegido y que funcionará a su cargo, dado que los profesionales de la mediación, negociación y conciliación, entre otros, recibirán sus honorarios por su labor, salvo que se tenga derecho a la justicia gratuita (cfr. artículo 11)[17] y si no resulta exitosa, se abrirá proceso judicial con sus costas correspondientes.

La doctrina en los primeros comentarios de urgencia ha subrayado que la LO 1/2025 ha desnaturalizado los MASC porque han sido despojados por mor de la ley de su carácter intrínsecamente voluntario[18].

3. MODALIDADES DE MASC INCORPORADOS EN LA LO 1/2025

El Capítulo 1 de la LO 1/2025 introduce por primera vez en nuestro ordenamiento jurídico, la regulación de medios ade-

---

17 Según el primer apartado de este artículo 11, cuando las partes acudan al proceso negociador asistidas por sus abogados o abogadas habrán de abonar los respectivos honorarios, salvo que se tenga derecho al beneficio de justicia gratuita. Y añade el apartado segundo, que se asegurará la existencia de mecanismos públicos para la solución de conflictos de acceso gratuito para las partes. Si las partes deciden optar por otros mecanismos en el caso de que intervenga una tercera persona neutral, sus honorarios profesionales serán objeto de acuerdo previo con las partes intervinientes.

18 CALAZA LÓPEZ, S., "Decálogo procesal de urgencia: claves de la reforma de la ley orgánica de medidas en materia de eficiencia del servicio público de justicia", *Diario LA LEY*, 10637, Sección Tribuna, 3 de Enero de 2025.

cuados de solución de controversias en vía no jurisdiccional. El Capítulo I es el primero del Título II que lleva por título "Medidas en materia de eficiencia procesal del Servicio Público de Justicia", y tal y como se ha dicho más arriba los MASC se justifican "como medida imprescindible para la consolidación de un servicio público de Justicia sostenible". La Sección 3.ª aborda las diferentes modalidades de negociación previa a la vía jurisdiccional, y comienza estableciendo en el artículo 2 que:

> "A los efectos de esta ley, se entiende por medio adecuado de solución de controversias cualquier tipo de actividad negociadora, reconocida en esta u otras leyes, estatales o autonómicas, a la que las partes de un conflicto acuden de buena fe con el objeto de encontrar una solución extrajudicial al mismo, ya sea por sí mismas o con la intervención de una tercera persona neutral".

La LO 1/2025 contempla en el artículo 14 los medios adecuados de solución de controversias en vía no jurisdiccional con regulación especial. No categoriza los MASC como *numerus clausus*, pero básicamente los que menciona en el artículo 14 son los principales, sin perjuicio de que pudieran modularse con la regulación autonómica sobre la materia, respecto a la mediación, o bien en otras futuras normas estatales. En el primero de sus apartados, este precepto afirma que:

> "Las partes podrán acudir a cualquiera de las modalidades de negociación previa reguladas en este capítulo, a la mediación regulada en la Ley 5/2012, de 6 de julio, o a cualquier otro medio adecuado de solución de controversias previsto en otras normas. En particular, las partes podrán cumplir dicho requisito mediante la negociación directa o, en su caso, a través de sus abogados o abogadas, así como a través de un proceso de Derecho colaborativo".

En los artículos siguientes quedan por lo tanto enumerados cuáles son los MASC de suerte que cualquiera de ellos sirve para cumplir con el requisito de procedibilidad que la ley exige antes de intentar acceder al servicio público de justicia[19]:

1. En primer lugar, la mediación, que ya estaba regulada en nuestro Derecho en la Ley 5/2012, de 6 de julio, de mediación en asuntos civiles y mercantiles[20] y, en su caso, por la legislación autonómica que resulte de aplicación, y que sufre algunos cambios en esta LO 1/2025[21]. A decir verdad, tras más de una década de su existencia, no puede decirse que con carácter general esta norma haya generado una cultura de la mediación

---

19 Es un avance esta enumeración de los MASC que hace la LO 1/2025 respecto al proyecto de Ley de Eficiencia procesal porque como decía PÉREZ DAUDÍ es imposible delimitarlos de una forma cerrada, pero sí se debía dar alguna indicación necesaria (PÉREZ DAUDÍ, V., "Los MASC y el proceso civil. Propuestas de reforma del Proyecto de Ley de Eficiencia Procesal", *Diario La Ley*, 10121, de 27 de julio de 2022). La doctrina ha llegado a describir hasta siete posibles mecanismos de negociación previa o coetánea en la jurisdicción civil que pudieran ser insertados de modo respetuoso con la voluntad de las partes en aras a lograr una solución de las controversias en el ámbito civil. Ver ampliamente sobre el tema: CALAZA, S., ORDEÑANA, I y SIGÜENZA, J, (dirs.), *De los ADR (Alternative Dispute Resolution) a los CDR (Complementary Dispute Resolution) en la Jurisdicción civil*, Tirant lo Blanch, 2023.

20 Mediante la que se transpuso al ordenamiento interno español la Directiva 2008/52/CE del Parlamento Europeo y del Consejo, de 21 de mayo de 2008, sobre ciertos aspectos de la mediación en asuntos civiles y mercantiles. Junto con ella, la respectiva norma de desarrollo dictada al amparo del Real Decreto 980/2013, de 13 de diciembre.

21 La Ley 5/2012, de 6 de julio, se modifica respecto a los efectos de la mediación sobre los plazos de prescripción y caducidad, su conexión con el requisito de procedibilidad establecido en la Ley 1/2000, de 7 de enero; los requisitos que han de cumplirse para ello, la armonización del requisito de confidencialidad con la regulación contenida en la presente ley para los restantes medios adecuados de solución de controversias en vía no jurisdiccional; la asistencia letrada, la sesión inicial, la sesión constitutiva y la derivación intrajudicial.

en España, como tampoco lo ha hecho en la mayor parte de los países de la UE[22]. Sin embargo, ha de reconocerse que la mediación es el MASC que cuenta con más arraigo, regulación y profesionales formados[23].

2. En segundo lugar la conciliación privada que puede tener lugar a través de diferentes operadores, se regula en cuanto a sus funciones y deberes en los artículos 15 y 16. Estamos hablando de estos tipos de conciliación privada:

2.1. Conciliación ante notario, que se regirá por lo dispuesto en el capítulo VII del título VII de la Ley del Notariado, de 28 de mayo de 1862, sin perjuicio de lo establecido en el artículo 5.1.

---

22 Ver la Resolución de 12 de septiembre de 2017, sobre la aplicación de la Directiva 2008/52/CE del Parlamento Europeo y del Consejo, de 21 de mayo de 2008 sobre ciertos aspectos de la mediación en asuntos civiles y mercantiles (Directiva sobre la mediación) DOUE. C 337/2 de 20.9.2018, en la que se pone de relieve la baja incidencia de la mediación en la Unión Europea a pesar de haber transcurrido una década desde el impulso de esta a escala comunitaria.
La transposición de la Directiva ha tenido enfoques variados en los Estados miembros, reflejando diferencias culturales y normativas, en general se ha intentado potenciar los MASC en el marco nacional procesal del sistema de administración de justicia.

23 El entorno profesional de la mediación cuenta con foros especializados, mecanismos de formación reglados en el ámbito universitario y de la abogacía y certificaciones oficiales que habilitan al profesional para ejercer como mediador. La importancia de la mediación ha ido creciendo a lo largo de los últimos años y su rol da un salto cualitativo con la LO 1/2025, desde el momento en que, como afirma Lorenzo Prats, “la ley incluye sanciones para quienes actúen de mala fe en la mediación; el mediador ya no es solo un facilitador del acuerdo, sino que tiene la obligación de certificar si las partes han negociado con una verdadera intención de resolver el conflicto” [Confilegal, fecha consulta: 16/02/2025.].

2.2. Conciliación ante el registrador, que se regirá por lo dispuesto en el título IV bis de la Ley Hipotecaria, sin perjuicio de lo establecido en el artículo 5.1.

3. Además, la conciliación puede tener lugar, según el artículo 14, ante el letrado o letrada de la Administración de Justicia. Se regirá en este caso por lo establecido en el título IX de la Ley 15/2015, de 2 de julio, de la Jurisdicción Voluntaria; y la conciliación ante el juez o la jueza de paz, por lo establecido en el artículo 47 de la Ley 1/2000, de 7 de enero, de Enjuiciamiento Civil y por el título IX de la Ley 15/2015, de 2 de julio, de la Jurisdicción Voluntaria.

4. Oferta vinculante confidencial, regulada en el artículo 17 en el sentido siguiente:

> "Cualquier persona que, con ánimo de dar solución a una controversia, formule una oferta vinculante confidencial a la otra parte, queda obligada a cumplir la obligación que asume, una vez que la parte a la que va dirigida la acepta expresamente. Dicha aceptación tendrá carácter irrevocable"[24].

5. Opinión neutral de una persona experta independiente, regulada en el artículo 18 en estos términos:

> "1. Las partes, con objeto de resolver una controversia, podrán designar de mutuo acuerdo a una persona experta independiente para que emita una opinión no vinculante respecto a la materia objeto de conflicto. Las partes estarán obligadas a entregar a la persona experta toda la información y pruebas de que dispongan sobre el objeto controvertido.2. El dictamen podrá versar sobre cuestiones jurídicas o sobre cualquier otro aspecto técnico relacionado con la capacitación profesional del experto".

---

[24] Sobre el tema véase SÁNCHEZ, J., "La oferta vinculante del artículo 17 de la LO 1/2025 y el contenido de la misma para cumplir con el requisito de procedibilidad", *Revista VLex,* 248, 2025.

6. Cualquier otra actividad negociadora, reconocida en esta u otras leyes, estatales o autonómicas, pero que cumpla lo previsto en las secciones 1.ª y 2 ª, de este capítulo o en una ley sectorial según artículo 5.1. de la LO 1/2025.

7. Singularmente, se considerará cumplido el requisito cuando la actividad negociadora se desarrolle directamente por las partes, o entre sus abogados o abogadas bajo sus directrices y con su conformidad, así como en los supuestos en que las partes hayan recurrido a un "proceso de Derecho colaborativo". El artículo 19 regula el así llamado "proceso de Derecho colaborativo":

> "Las partes podrán acudir a un proceso de Derecho colaborativo, por el que, acompañadas y asesoradas cada una de ellas por una o un profesional de la abogacía ejerciente y con colegiación en un Colegio de la Abogacía, acreditado en Derecho colaborativo, y con la intervención, en su caso, de terceras personas neutrales expertas en las diferentes materias sobre las que verse la controversia o facilitadoras de la comunicación, buscaran la solución consensuada, total o parcial, a su controversia".

El Derecho colaborativo tiene su sede originaria en Estados Unidos, donde a finales del siglo pasado de la mano de la abogacía y en relación con el Derecho de familia y sucesorio, surge como un modo de solución de las diferencias basándose en el diálogo, la cooperación y el acuerdo para la resolución de disputas. En concreto, nace en 1990, en Minneapolis (Minnesota), en el ámbito de Derecho de familia, de la mano del abogado Stuart G. Webb, especialista en Derecho de Familia; posteriormente se extiende a California y al resto del país; y también va encontrando su consolidación en Europa[25]. Se

---

25 Véase SOLETO MUÑOZ, H. y RUIZ LÓPEZ, C., "Elementos esenciales del derecho colaborativo", *Anuario de mediación y solución de conflictos*, 3, 2015, pp. 95-117; MORAL MORO, M.J., "El derecho colaborativo

considera que llega a España en el año 2013, donde pretende ampliarse, no sólo a cuestiones familiares sino a otros ámbitos, como el derecho de empresa[26].

4. LOS MASC COMO NUEVO REQUISITO DE PROCEDIBILIDAD

Una vez presentados los distintos MASC, procede adentrarse en el objeto de esas páginas comenzando con la novedad más significativa de la LO 1/2025, que es la incorporada en el artículo 5, titulado *Requisito de procedibilidad*. Se establece en este precepto, primer apartado, que en el orden jurisdiccional civil con carácter general:

> "para que sea admisible la demanda se considerará requisito de procedibilidad acudir previamente a algún medio adecuado de solución de controversias de los previstos en el artículo 2".

En coherencia con esta importante modificación se ha reformado el artículo 264 de la Ley de Enjuiciamiento Civil, estableciendo que habrá de acompañarse a la demanda el documento que acredite haberse intentado la actividad negociadora previa a la vía judicial cuando la ley exija dicho intento como requisito[27]; y al mismo fin el artículo 399 en su apartado

---

otro modo de resolución de conflictos", *Revista General de Derecho procesal*, 61, 2023 (on line: RI §426367).

[26] Para una visión general del Derecho colaborativo, ver PARAMIO JUNQUERA, N., "Derecho colaborativo: de la teoría a la práctica ", *Academia Vasca de Derecho-Boletín JADO*, Año XV. 28. Enero-Diciembre 2017-2018, pp. 455-504.

[27] La LO 1/2025 también ha modificado el apartado 2 del artículo 403, que queda redactado como sigue:
"2. No se admitirán las demandas cuando no se acompañen a ella los documentos que la ley expresamente exija para la admisión de

3, sobre el contenido de la demanda, así como el apartado 2 del artículo 403 sobre su inadmisión si faltare el requisito de procedibilidad[28].

El legislador afirma a continuación que para entender cumplido este requisito "habrá de existir una identidad entre el

---

aquellas, cuando no se hagan constar las circunstancias a las que se refiere el segundo párrafo del apartado 3 del artículo 399 en los casos en que se haya acudido a un medio adecuado de solución de controversias por exigirlo la ley como requisito de procedibilidad o cuando no se hayan efectuado los requerimientos, reclamaciones o consignaciones que se exijan en casos especiales".

28 Específicamente, en litigios de consumo, la LO 1/2025 introduce un nuevo apartado 5 en el artículo 439 de la Ley de Enjuiciamiento Civil, en el que se establece como requisito de procedibilidad en las acciones de reclamación de devolución de las cantidades indebidamente satisfechas por el consumidor en aplicación de determinadas cláusulas suelo o de cualesquiera otras cláusulas que se consideren abusivas contenidas en contratos de préstamo o crédito garantizados con hipoteca inmobiliaria, una reclamación extrajudicial previa frente a las personas físicas o jurídicas que realicen la actividad de concesión de préstamos o créditos de manera profesional. La regulación de dicha reclamación extrajudicial previa se contiene en el nuevo artículo 439 bis. Sobre el tema véase: JEREZ DELGADO, C., "Los MASC en el ámbito del derecho de consumo ", *Diario LA LEY*, 10620, 2024.
En litigios en materia de consumo se entenderá también cumplido el requisito de procedibilidad con la resolución de las reclamaciones presentadas por los usuarios de los servicios financieros ante el Banco de España, la Comisión Nacional del Mercado de Valores y la Dirección General de Seguros y Fondos de Pensiones en los términos establecidos por el artículo 30 de la Ley 44/2002, de 22 de noviembre, de Medidas de Reforma del Sistema Financiero, o por haber acudido a alguno de los procedimientos a que se refiere la Ley 7/2017, de 2 de noviembre, por la que se incorpora al ordenamiento jurídico español la Directiva 2013/11/UE, del Parlamento Europeo y del Consejo, de 21 de mayo de 2013, relativa a la resolución alternativa de litigios en materia de consumo, o los que pudieran haber sido establecidos en normativa sectorial en desarrollo de la misma.

objeto de la negociación y el objeto del litigio, aun cuando las pretensiones que pudieran ejercitarse, en su caso, en vía judicial sobre dicho objeto pudieran variar". Se añade además que:

> "Se considerará cumplido este requisito si se acude previamente a la mediación, a la conciliación o a la opinión neutral de una persona experta independiente, si se formula una oferta vinculante confidencial o si se emplea cualquier otro tipo de actividad negociadora, reconocida en esta u otras leyes, estatales o autonómicas, pero que cumpla lo previsto en las secciones 1.ª y 2 ª, de este capítulo o en una ley sectorial. Singularmente, se considerará cumplido el requisito cuando la actividad negociadora se desarrolle directamente por las partes, o entre sus abogados o abogadas bajo sus directrices y con su conformidad, así como en los supuestos en que las partes hayan recurrido a un proceso de Derecho colaborativo".

En el apartado segundo del artículo 5, se explicitan los procedimientos judiciales del orden civil en los que se aplicará ese requisito de procedibilidad, con las excepciones que señala[29] y

---

[29] Dicho apartado 2 dice así:
"Se exigirá actividad negociadora previa a la vía jurisdiccional como requisito de procedibilidad en todos los procesos declarativos del libro II y en los procesos especiales del libro IV de la Ley 1/2000, de 7 de enero, de Enjuiciamiento Civil, con excepción de los que tengan por objeto las siguientes materias:
a) la tutela judicial civil de derechos fundamentales;
b) la adopción de las medidas previstas en el artículo 158 del Código Civil;
c) la adopción de medidas judiciales de apoyo a las personas con discapacidad;
d) la filiación, paternidad y maternidad;
e) la tutela sumaria de la tenencia o de la posesión de una cosa o derecho por quien haya sido despojado de ellas o perturbado en su disfrute;
f) la pretensión de que el tribunal resuelva, con carácter sumario, la demolición o derribo de obra, edificio, árbol, columna o cualquier

en el apartado tercero de dicho precepto, cuándo no se aplicará este requisito[30].

El planteamiento de este requisito abre varias cuestiones interpretativas que se pueden analizar del modo siguiente, distinguiendo varios momentos en los que pueden surgir discrepancias respecto a si se ha cumplido o no este requisito de procedibilidad:

En primer lugar, la inicial determinación del conflicto acerca de si el objeto es el mismo tanto en la negociación como en el litigio que se presenta en la demanda. Dice el artículo 5 que "[P]ara entender cumplido este requisito habrá de existir una

---

otro objeto análogo en estado de ruina y que amenace causar daños a quien demande;

g) el ingreso de menores con problemas de conducta en centros de protección específicos, la entrada en domicilios y restantes lugares para la ejecución forzosa de medidas de protección de menores o la restitución o retorno de menores en los supuestos de sustracción internacional;

h) el juicio cambiario".

30 El apartado 3 dice así:

"No será preciso acudir a un medio adecuado de solución de controversias para la interposición de una demanda ejecutiva, la solicitud de medidas cautelares previas a la demanda, la solicitud de diligencias preliminares ni para la iniciación de expedientes de jurisdicción voluntaria, con excepción de los expedientes de intervención judicial en los casos de desacuerdo conyugal y en la administración de bienes gananciales, así como de los de intervención judicial en caso de desacuerdo en el ejercicio de la patria potestad. Tampoco será preciso acudir a un medio adecuado de solución de controversias para presentar la petición de requerimiento europeo de pago conforme al Reglamento (CE) n.º 1896/2006 del Parlamento Europeo y del Consejo, de 12 de diciembre de 2006, por el que se establece un proceso monitorio europeo, o solicitar el inicio de un proceso europeo de escasa cuantía, conforme al Reglamento (CE) n.º 861/2007 del Parlamento Europeo y del Consejo, de 11 de julio de 2007, por el que se establece un proceso europeo de escasa cuantía".

identidad entre el objeto de la negociación y el objeto del litigio, aun cuando las pretensiones que pudieran ejercitarse, en su caso, en vía judicial sobre dicho objeto pudieran variar". La divergencia puede generar problemas en la admisibilidad de la demanda. Resulta sorprendente que la norma citada, en su apartado *in fine*, admita que las pretensiones que se incorporen a la demanda sobre ese mismo objeto sean diferentes, lo que podría generar contradicciones interpretativas y también esto se presta a prácticas fraudulentas si no hay buena fe o bien, maniobras dilatorias usando torticeramente un medio de solución de controversias que retrase el planteamiento del pleito.

Por otro lado, la divergencia puede estar en los sujetos protagonistas del MASC elegido y entre quienes se entable el procedimiento judicial, viene del apartado primero del artículo 5 al afirmar que:

> "Singularmente, se considerará cumplido el requisito cuando la actividad negociadora se desarrolle directamente por las partes o entre sus abogados o abogadas bajo sus directrices y con su conformidad, así como en los supuestos en que las partes hayan recurrido a un proceso de Derecho colaborativo".

También puede haber discrepancia entre las partes en cuanto a cuál es el MASC más adecuado para dilucidar su conflicto legal, el apartado cuarto del artículo 5 apuesta por "se empleará aquel que se haya propuesto antes temporalmente". Hubiera sido deseable añadir que la propuesta para ser determinante debía ser comunicada a la otra parte fehacientemente y de modo recepticio.

Hay un segundo momento de ambigüedad que resulta del apartado 4 del artículo 7, para el caso de que la negociación acabe sin acuerdo. Dice este precepto que:

> "los tribunales deberán tener en consideración la colaboración de las partes respecto a la solución consensuada y el eventual abuso del servicio público de Justicia al pronunciarse sobre las costas o en su tasación, y asimismo para la imposición de mul-

> tas o sanciones previstas, todo ello en los términos establecidos en la Ley 1/2000, de 7 de enero, de Enjuiciamiento Civil".

El entendimiento de qué es "colaborar" para lograr una solución consensuada se convierte en crucial porque entraña serias consecuencias económicas y punitivas, y dará lugar a ampliar jurisprudencia para delimitar esta expresión de difícil apreciación fáctica. El artículo 10, apartado primero, establece que a los efectos de acreditar que se ha intentado una actividad negociadora previa y cumplir así con el requisito de procedibilidad, dicha actividad negociadora o el intento de la misma deberá ser recogida documentalmente.

Si no hubiera intervenido una persona neutral, la acreditación se cumplirá mediante cualquier documento firmado por ambas partes en el que se deje constancia de la identidad de las mismas y, en su caso, de las personas profesionales o expertas que hayan participado asesorándolas, la fecha, el objeto de la controversia, la fecha de la reunión o reuniones mantenidas, en su caso, y la declaración responsable de que las dos partes han intervenido de buena fe en el proceso. En su defecto, podrá acreditarse el intento de negociación mediante cualquier documento que pruebe que la otra parte ha recibido la solicitud o invitación para negociar o, en su caso, la propuesta, en qué fecha, y que ha podido acceder a su contenido íntegro. Pero en el caso, dice el apartado tercero, de que haya intervenido una tercera persona neutral gestionando la actividad negociadora, esta deberá expedir, a petición de cualquiera de las partes, un documento en el que deberá hacer constar:

a) La identidad del tercero, su cualificación, colegio profesional, institución a la que pertenece o registro en el que esté inscrito.

b) La identidad de las partes.

c) El objeto de la controversia.

d) La fecha de la reunión o reuniones mantenidas.

e) La declaración solemne de que las dos partes han intervenido de buena fe en el proceso, para que surta efectos ante la autoridad judicial correspondiente.

Por lo tanto, una negociación puede acabar sin efecto cuando alguna de las partes no hubiese comparecido; o cuando ha comparecido pero se ha rehusado la invitación a participar en la actividad negociadora. En ambos casos, de conformidad con el artículo 10, apartado 3, se consignará dicha circunstancia y, en su caso, la forma en la que se ha realizado la citación efectiva, la justificación de haber sido realizada, y la fecha de recepción de la misma.

También es posible que haya habido negociación pero que termine sin acuerdo. En esta última hipótesis, el citado artículo 10 trata de establecer plazos para ordenar temporalmente el proceso de negociación y que no se dilate indefinidamente, en los términos siguientes:

a) Si transcurrieran treinta días naturales a contar desde la fecha de recepción de la solicitud inicial de negociación por la otra parte y no se mantuviera la primera reunión o contacto dirigido a alcanzar un acuerdo o no se obtenga respuesta por escrito.

b) Si, una vez iniciada la actividad negociadora, transcurrieran treinta días desde que una de las partes haga una propuesta concreta de acuerdo con la otra, sin que se alcance acuerdo ni se obtenga respuesta por escrito. El plazo de treinta días comenzará a contar desde la fecha de recepción de la propuesta concreta de acuerdo.

c) Si transcurrieran tres meses desde la fecha de celebración de la primera reunión sin que se hubiera alcanzado un acuerdo. No obstante lo anterior, las partes tienen derecho a continuar de mutuo acuerdo con la actividad negociadora más allá de dicho plazo. Si cualquiera de las partes se dirige por escrito a la otra dando por terminadas las negociaciones, quedando constancia del intento de comunicación de ser esa su voluntad.

Hay una última posibilidad es la contemplada por la LO 1/2025 de "derivación intrajudicial" a un medio adecuado de solución de controversias en cualquier procedimiento y en cualquier momento del mismo, sea primera instancia, apelación o ejecución, con la introducción de un nuevo apartado 5 al artículo 19 de la Ley de Enjuiciamiento Civil, sin perjuicio de la regulación específica prevista para los casos en que la derivación se efectúe en la fase de audiencia previa en el juicio ordinario y de vista en el juicio verbal[31].

Todo lo anterior configura un panorama muy amplio de novedades con escaso tiempo de adaptación (entra en vigor a los tres meses de su publicación oficial) y con lógica incertidumbre respecto a las posibilidades de acceso al sistema público de Justicia, que hasta ahora no tenía limitación. En suma, se ciernen ciertas sombras sobre el acceso a la tutela judicial efectiva contemplada en el artículo 24 de la Constitución.

Para empezar, el desconocimiento general de la ciudadanía acerca de los MASC como modelos alternativos al sistema público de justicia, por los que ahora deben empezar cualquier reclamación privada, salvo las excepcionadas por la ley. Añáda-

---

[31] Se modifican también los artículos 727 y 730 de la Ley de Enjuiciamiento Civil sobre las medidas cautelares en el caso de intento de medios adecuados de solución de controversias, arbitrajes y litigios extranjeros. Veáse MAGRO SERVET, V., "Praxis de las medidas cautelares, sobre todo «inaudita parte», sin necesidad de recurrir a los MASC tras la Ley Orgánica 1/2025, de 2 de enero", *Diario LA LEY*, 10647, Sección Doctrina, 20 de Enero de 2025.

se que se ha de comenzar por elegir el medio que resulte más adecuado a cada caso, lo que no será fácil. La falta de experiencia de la ciudadanía y de muchos profesionales anuncian un periodo de adaptación compleja. Sin duda, los operadores jugarán un papel esencial a partir de ahora para canalizar el nuevo modelo. Saber si concurre o no el requisito de procedibilidad será el *leit motiv* prejudicial a partir de ahora. Hay actos prejudiciales sobre los que habrá dudas que deberán disiparse a la mayor rapidez posible. Por ejemplo, se ha planteado si la reclamación previa en los accidentes de tráfico se puede o no considerar un MASC[32].

Por otro lado, la conducta de las partes en el periodo de negociación cobra una importancia singular, aun mayor que la que tiene en la actualidad y pone en jaque el derecho a la tutela judicial efectiva protegido constitucionalmente (artículo 24 CE).

Finalmente, el impacto económico en el estadio previo para lograr (o intentar) una solución extrajudicial, deberá ser medido algún día en sus justos términos para determinar si realmente esta LO 1/2025 logra una contribución a la sostenibilidad del sistema público de Justicia, evita la congestión judicial y desjudicializa el sistema. Por último, no han de descartarse

---

32 Según SALAS, A.J., "La reclamación previa en los accidentes de tráfico: ¿se puede considerar un MASC?", *Revista Economist & Jurist*, 6 de febrero de 2025, el artículo 7 de la Ley 35/2015 establece un mecanismo que, a primera vista, podría considerarse como una vía de resolución no jurisdiccional de controversias. No obstante, un análisis detallado de este precepto a la luz de la LO 1/2025 revela que no cumple con los requisitos esenciales de la actividad negociadora, ni constituye una negociación directa conforme a los criterios establecidos en su artículo 10 en relación con el artículo 2 de dicha ley. Su falta de estructura negociadora y la ausencia de un documento formal que acredite el intento de negociación lo descalificaría como mecanismo válido dentro del esquema legal de negociación directa.

prácticas fraudulentas por quienes utilicen la vía de negociación como una maniobra dilatoria.

5. EL NUEVO RÉGIMEN DE COSTAS PROCESALES Y EL ABUSO DEL SERVICIO PÚBLICO DE JUSTICIA

El impacto de los MASC en la resolución de conflictos se proyecta asimismo en la imposición de las costas procesales. La LO 1/2025 introduce un cambio profundo en el sistema tradicional de regulación de costas procesales previsto fundamentalmente en los artículos 394-396 de la Ley de Enjuiciamiento Civil. Básicamente las tres innovaciones fundamentales son las siguientes:

En primer lugar, el apartado primero del artículo 394 sobre modulación de costas queda redactado en estos términos:

> "Cuando la participación en un medio de solución de conflictos sea legalmente preceptiva, o se hubiere acordado, previa conformidad de las partes, por el juez, la jueza o el tribunal o el letrado o la letrada de la Administración de Justicia durante el curso del proceso, no habrá pronunciamiento de costas a favor de aquella parte que hubiere rehusado expresamente o por actos concluyentes, y sin justa causa, participar en un medio adecuado de solución de controversias al que hubiese sido efectivamente convocado".

En segundo lugar, el apartado cuarto del mismo precepto establece la exención de costas para la parte requirente:

> "Si la parte requerida para iniciar una actividad negociadora previa tendente a evitar el proceso judicial hubiese rehusado intervenir en la misma, la parte requirente quedará exenta de la condena en costas, salvo que se aprecie un abuso del servicio público de Justicia".

En tercer lugar, se introducen nuevos criterios para la imposición de costas en caso de allanamiento en el artículo 395 LEC, que queda redactado en su tercer apartado de esta forma:

> "Si la parte demandada no hubiere acudido, sin causa que lo justifique, a un medio adecuado de solución de controversias, cuando fuera legalmente preceptivo o así lo hubiera acordado el juez, la jueza o el tribunal o el letrado o la letrada de la Administración de Justicia durante el proceso y luego se allanare a la demanda, se le condenará en costas, salvo que el tribunal, en decisión debidamente motivada, aprecie circunstancias excepcionales para no imponérselas".

Esta nueva regulación de las costas procesales supone una transformación profunda del sistema tradicional de imposición de costas al introducir elementos de valoración de la conducta preprocesal de las partes, convirtiendo el intento de negociación como criterio determinante de la imposición de costas.

Se establece una relación directa entre la iniciativa y desarrollo de los MASC y la imposición de costas procesales de suerte que el legislador considera la buena fe en la utilización de los MASC y pondera el grado de colaboración en la exploración de soluciones consensuadas que hubieran podido evitar el procedimiento judicial, todo ello en aras a esa buscada sostenibilidad del servicio público de Justicia.

Estamos ante un nuevo concepto jurídico indeterminado, el de "abuso del servicio público de Justicia", que se utiliza como criterio para la imposición de costas y se erije en excepción al principio de vencimiento objetivo. El abuso del servicio público de Justicia pasa a ser informador de los criterios para su imposición al sancionar a aquellas partes que hubieran rehusado injustificadamente acudir a un medio adecuado de solución de controversias, cuando este fuera preceptivo. La alusión a actos concluyentes para interpretar la negativa a participar o intervenir en un MASC pueden dar lugar a una divergencia interpretativa práctica considerable con serias consecuencias jurídico-económicas. El Preámbulo mismo de la LO 1/2025 se refiere precisamente a este nuevo concepto de abuso del servicio público de Justicia y reconoce su alcance:

> "Surge así la noción del abuso del servicio público de Justicia, actitud incompatible de todo punto con su sostenibilidad. El abuso del servicio público de justicia se erige como excepción al principio general del principio de vencimiento objetivo en costas, e informador de los criterios para su imposición, al sancionar a aquellas partes que hubieran rehusado injustificadamente acudir a un medio adecuado de solución de controversias, cuando este fuera preceptivo. Del mismo modo, el abuso del servicio público de justicia se une a la conculcación de las reglas de la buena fe procesal como concepto acreedor de la imposición motivada de las sanciones previstas en la mencionada Ley 1/2000, de 7 de enero.
>
> Este abuso puede ejemplificarse, por tanto, en la utilización irresponsable del derecho fundamental de acceso a los tribunales recurriendo injustificadamente a la jurisdicción cuando hubiera sido factible y evidente una solución consensuada de la controversia, como son los litigios de cláusulas abusivas ya resueltos en vía judicial con carácter firme y con idéntico supuesto de hecho y fundamento jurídico, o en los casos en que las pretensiones carezcan notoriamente de toda justificación impactando en la sostenibilidad del sistema, del cual quiere hacerse partícipe a la ciudadanía.
>
> Así, si bien este nuevo concepto puede presentar elementos concomitantes con otros existentes como temeridad, el abuso del derecho o la mala fe procesal, los complementa, ofreciendo una dimensión de la Justicia como servicio público al exigir una valoración, por parte de los Tribunales, de la conducta de las partes previa al procedimiento, en la consecución de una solución negociada.
>
> Todo ello sin perjuicio de que será indudablemente la jurisprudencia la que irá delimitando los contornos de este nuevo concepto, y sus aspectos diferenciales con respecto a los ya

> indicados, como ya lo ha hecho a lo largo de muchos años en el análisis de la temeridad o la mala fe procesal"[33].

Estas últimas palabras ponen de manifiesto la consciencia del legislador al introducir este nuevo concepto jurídico indeterminado que tendrá que ser perfilado por la jurisprudencia, anunciando un futuro inmediato incierto en el que los jueces deberán concretar qué niveles de compromiso son aceptables, cuándo es legítimo rehusar una negociación en un entorno en el que hay escasa experiencia práctica. Se favorece en esta nueva regulación un margen amplio de discrecionalidad judicial a la hora de valorar la conducta de las partes, sus actos concluyentes y en suma, su actitud efectiva ante los MASC sin criterios objetivos de valoración de la conducta de las partes que pudieran ayudar al juez para enjuiciar sus actos concluyentes.

El nuevo sistema de costas representa una transformación radical del modelo tradicional de imposición de costas procesales e introduce un marco de incertidumbre importante que afectará de modo distinto a las sentencias estimatorias y desestimatorias, con atención diferenciada a los supuestos de allanamiento. Así, en caso de sentencia desestimatoria, en el escenario vigente hasta la LO 1/20025, regía el principio de vencimiento objetivo con algunas circunstancias modificativas que se contemplaban en una jurisprudencia sólidamente consolidada.

A partir de ahora, de acuerdo con el principio de abuso del servicio público de Justicia, el derecho a costas se pierde si se rehusó la negociación, el actor podrá eximirse si acredita que hubo intento de acuerdo, lo que exigirá valoración de la conducta preprocesal. Si la sentencia es estimatoria, se tendrán en cuenta la conducta en la fase preprocesal, la razonabilidad de las posiciones mantenidas, la proporcionalidad de la solución

---

33 Apdo. IV del Preámbulo de la LO 1/2025.

propuesta y la justificación, en su caso, del rechazo a acuerdos. También en caso de allanamiento se introducen elementos a tener en cuenta como el momento en el que este se produce, la existencia de reclamación previa, la razonabilidad de la oposición inicial y la justificación del cambio de posición.

Sin duda alguna, el legislador ha pensado que la mejor manera de fomentar soluciones extrajudiciales es atribuir consecuencias económicas. En vez del estímulo activo y positivo, opta por el punitivo derivado de la no actuación conforme a lo que se persigue.

6. REFLEXIÓN SOBRE EL IMPACTO DE LA REGULACIÓN LEGAL DE LOS MASC EN RELACIÓN CON LA SEGURIDAD JURÍDICA

El análisis de la LO 1/2025 respecto al modo en el que se han introducido los MASC en el sistema de resolución de controversias, plantea en nuestro sistema judicial de defensa de los derechos de los ciudadanos un desafío en términos de seguridad jurídica, que es una garantía en cuanto expresión máxima de estabilidad, confianza y predictibilidad del sistema jurídico[34].

---

[34] No solo en relación con los MASC, sino que otros aspectos regulados por la LO 1/2025 también pueden afectar al principio de seguridad jurídica, como la nueva configuración de la audiencia preliminar que adolece de cierta discrecionalidad (Artículo 414 Ley de Enjuiciamiento civil), la nueva posibilidad de resoluciones orales previstas en los artículos 201 y 447 de la misma norma procesal. Ver los comentarios críticos a la LO 1/2025 en: GÓMEZ LINACERO, A., "Los MASC y su impacto procesal tras la LO 1/2025, de 2 de enero: preguntas y respuestas en clave práctica", *Diario LA LEY*, 10651, Sección Tribuna, 24 de enero de 2025. Asimismo, los riesgos que entrañan los MASC respecto al funcionamiento del sistema de justicia y la conversión de

El artículo 9.3 de la Constitución Española consagra la seguridad jurídica y la vincula a la legalidad, a la prohibición de la arbitrariedad y al derecho fundamental a la tutela judicial efectiva (artículo 24 CE). La fuerza de este principio de seguridad jurídica se ha venido fundando en la garantía de estabilidad y en la previsibilidad de la actuación de los poderes públicos, que el Tribunal Constitucional ha protegido desde sus primeras resoluciones[35] y una faceta fundamental que este órgano destaca es la confianza legítima que debe generar el sistema para que la seguridad jurídica se mantenga como un principio fundamental de nuestro ordenamiento.

La seguridad jurídica exige que las normas no generen incertidumbre ni confusión. Si no hay suficiente claridad en las actuaciones concretas que satisfacen el requisito de procedibilidad y puede dar lugar a interpretaciones divergentes por parte de los diferentes órganos judiciales, se estaría infringiendo el derecho a la confianza legítima y la previsibilidad de la

---

los jueces en gestores de conflictos puede verse en: ALISTE SANTOS, T.J., "ADR y digitalización como premisas para la transformación eficiente de nuestro sistema de justicia civil", *Actualidad civil,* 11, 2023.

35 Ver, entre otras, STC 27/1981, de 20 de julio, en la que el tribunal considera que la seguridad jurídica debe entenderse como la "suma de certeza y legalidad, jerarquía y publicidad normativa, irretroactividad de lo no favorable e interdicción de la arbitrariedad"; STC 34/1983, que modela el principio de seguridad jurídica como elemento esencial del Estado de Derecho y la STC 27/1987, de 27 de febrero, una de las primeras sentencias donde el Tribunal Constitucional realiza una interpretación más amplia del principio de seguridad jurídica, sobre la idea de la necesaria previsibilidad y claridad de las normas, relacionándolo con la eficacia de los derechos fundamentales (claridad de las normas, no solo claridad formal sino procurando dotar al ordenamiento de estabilidad y coherencia del ordenamiento).

acción de los poderes públicos, elementos nucleares de la seguridad jurídica[36].

En cuanto a la nueva regulación de las costas procesales que hace la ley hubiera precisado de criterios o parámetros objetivos claros de valoración para determinar el "abuso del servicio público de Justicia", que aparece en la ley como un nuevo concepto jurídico indeterminado relacionado con la temeridad y la mala fe procesal. El legislador descansa en esa labor ulterior de interpretación que hagan los tribunales para que ese nuevo concepto se vaya concretando, pero es evidente que el nuevo régimen de costas plantea importantes desafíos que afectan a la seguridad jurídica, con el riesgo de interpretaciones divergentes que abre un escenario de incertidumbre en el que está en cuestión el derecho de defensa y el mismo servicio público de Justicia.

No es tanto cuestionar la promoción de la cultura de la convivencia, de la paz, algo siempre loable, sino la regulación llevada a cabo con margen amplio para la ambigüedad en la interpretación de conceptos, la ausencia de parámetros objetivos para su determinación, y la introducción de conceptos jurídicos indeterminados con áreas de incertidumbre que pueden afectar significativamente al derecho fundamental de acceso a la jurisdicción y a la seguridad jurídica.

---

36 Ver la STC 46/1990, de 15 de marzo, vincula la seguridad jurídica a la confianza legítima; STC 206/1992, de 27 de noviembre y STC 149/1991, de 4 de julio, sobre un aspecto fundamental de la seguridad jurídica, cual es la de garantizar por parte de los poderes públicos, como es la confianza legítima. Otras sentencias del Tribunal Constitucional a través de las cuales se ha ido perfilando el principio de seguridad jurídica son: la STC 44/2015, de 5 de marzo; la STC 140/2016, de 21 de julio; la STC 59/2017, de 11 de mayo; STC 72/2017, de 5 de junio; STC 126/2019, de 31 de octubre; la STC 182/2020, de 15 de diciembre.

7. IDEAS FINALES

La LO 1/2025 introduce los MASC como vías de resolución de controversias como condición previa a iniciar un procedimiento judicial, no es necesario llegar a un acuerdo, pero sí es un paso obligatorio previo. Intenta de esta manera descongestionar la actividad jurisdiccional de modo que lo que se solucione fuera de los tribunales alivie su situación actual de demoras y el riesgo de colapso en algunos juzgados, buscando lo que llama literalmente sostenibilidad del servicio público de Justicia. Tras la reflexión realizada nos surgen algunas ideas finales que a modo de conclusión cierran este capítulo redactado cuando aún la ley no ha entrado en vigor:

Primera.–A partir del 3 de abril de 2025, fecha de entrada en vigor de la LO 1/2025, se abre un escenario procesal desconocido en España, teniendo en cuenta el escaso conocimiento de los MASC, con excepción de la mediación, que a pesar de llevar regulada más de una década no está generalizado su uso.

Segunda.–La LO 1/2025 sostiene que la norma busca sustituir la cultura de la confrontación por la cultura de la paz, pero no es exacto asociar a los MASC el calificativo de solución "pacífica" de conflictos porque el nivel de enfrentamiento puede ser el mismo en un MASC, solo que se dirime la controversia en sede no jurisdiccional. Lo que cambia no es la confrontación por la concordia, sino el entorno de resolución del conflicto, judicial o extrajudicial. Más aún, en la mayor parte de los MASC es imprescindible la intervención de profesionales como la abogacía, notarías, registros, mediadores con formación profesional *ad hoc* y que recibirán honorarios por su labor, que la propia ley reconoce y contempla a los efectos de justicia gratuita. Esta nueva carga procesal, puede traducirse en un incremento de costes y una cierta dilación en el acceso a la administración pública de justicia cuando realmente la negociación es imposible. Que se busque la concordia, no significa que se encuentre.

Tercera.–Los MASC dejan de ser mecanismos voluntarios, su naturaleza originaria, para pasar a ser instrumentos obligatorios que, con independencia del resultado obtenido, cumplen una doble incidencia procesal reglada: de una parte, a través del requisito de procedibilidad y de otra, mediante su impacto en la atribución de las costas procesales, modificando el tradicional principio de vencimiento, amén de posibles multas y sanciones. Sin duda, estamos ante una profunda modificación procesal mediante la imposición *ex lege* del deber de negociación para resolver controversias. Se fuerza su inclusión para condicionar la entrada en el sistema público de justicia y también condiciona la salida, cuando después del procedimiento judicial, al no haber sido exitoso el MASC en cuestión, se proceda a decidir sobre la imposición de costas.

Cuarta.–La búsqueda de la eficiencia en la administración de justicia no debe estar reñida con alterar la seguridad jurídica protegida en el art. 9.3 de la Carta magna cuestionando la tutela judicial efectiva protegida constitucionalmente en el art. 24 de la misma.

Quinta.- La falta de experiencia práctica en este ámbito dado que el uso de los MASC no está generalizado en masa, ni entre los operadores jurídicos ni entre la ciudadanía, abre un panorama de incertidumbre en los próximos tiempos que va a dificultar las decisiones de interpretación judicial y la evaluación de la buena fe "preprocesal" en este ámbito extrajudicial en el que el tribunal por definición no ha intervenido, comprometiendo la seguridad jurídica que merece el sistema público de justicia. Tal y como la doctrina se está haciendo eco, hay en la ley orgánica un uso abusivo de conceptos indeterminados como "colaborar en el proceso de negociación", "rehusar el mismo" y "abuso del servicio público de justicia" que deberán concretarse al efecto de imponer y modular las costas procesales. Podemos estar ante una discrecionalidad judicial interpretativa excesivamente amplia hasta que se vaya generando una jurisprudencia en torno a esos patrones de comportamiento.

Sexta.–Puede concluirse que si bien la LO 1/2025 está inspirada en la promoción de la negociación y en la sostenibilidad del servicio público de justicia, ello no debería ser a costa la confianza legítima del justiciable en el servicio público de justicia, y hay cierto riesgo de erosión de la tutela judicial efectiva ante nuevos escenarios de acceso a los tribunales en términos jurídicos y con consecuencias económicas. La persecución de la cultura de la paz no debe estar reñida con la de la justicia, más bien al contrario: la igualdad en el acceso a la ley y su aplicación está protegida constitucionalmente y el templo de la concordia del que se hace eco la LO 1/2025 debe construirse desde el rigor sin que haya merma en la seguridad jurídica.

8. REFERENCIAS BIBLIOGRÁFICAS

ALISTE SANTOS, T.J., "ADR y digitalización como premisas para la transformación eficiente de nuestro sistema de justicia civil", *Actualidad civil, 11, 2023.*

BARONA VILAR, S., *Masc, to be or not to be? medios adecuados de solución de conflictos en la justicia,* Tirant lo Blanch, Valencia, 2024.

BLÁZQUEZ MARTÍN, R., "El impacto de los medios adecuados de solución de controversias en el proceso civil tras la Ley Orgánica 1/2025, de 2 de enero, de medidas en materia de eficiencia del Servicio Público de Justicia ", *Diario LA LEY,* 10643, Sección Tribuna, 14 de Enero de 2025.

CALAZA LÓPEZ, S., "Decálogo procesal de urgencia: claves de la reforma de la ley orgánica de medidas en materia de eficiencia del servicio público de justicia", *Diario LA LEY,* 10637, Sección Tribuna, 3 de Enero de 2025.

CALAZA, S., ORDEÑANA, I. y SIGÜENZA, J, (dirs.), *De los ADR (Alternative Dispute Resolution) a los CDR (Complementary Dispute Resolution) en la Jurisdicción civil,* Tirant lo Blanch, Valencia, 2023.

CARRETERO MORALES, E., "El modelo de «obligatoriedad mitigada» de los MASC", *Diario LA LEY,* 10256, 2023.

GARCÍA ROQUETA, C., "El sistema multi-puertas: un nuevo paradigma para Resolver conflictos", *Economist&Jurist,* 11 de Enero de 2024.

GÓMEZ LINACERO, A., "Los MASC y su impacto procesal tras la LO 1/2025, de 2 de enero: preguntas y respuestas en clave práctica", *Diario LA LEY,* 10651, Sección Tribuna, 24 de Enero de 2025.

JEREZ DELGADO, C., "Los MASC en el ámbito del derecho de consumo", *Diario LA LEY,* 10620, 2024.

MARTÍNEZ DE SANTOS, A., "Las novedades en materia de costas en Ley Orgánica 1/2025, de 2 de enero, de medidas en materia de eficiencia del Servicio Público de Justicia", *Diario LA LEY,* 10649, Sección Tribuna, 22 de Enero de 2025.

MAGRO SERVET, V., "Praxis de las medidas cautelares, sobre todo «inaudita parte», sin necesidad de recurrir a los MASC tras la Ley Orgánica 1/2025, de 2 de enero", *Diario LA LEY,* Nº 10647, Sección Doctrina, 20 de Enero de 2025.

PARAMIO JUNQUERA, N., "Derecho colaborativo: de la teoría a la práctica", *Academia Vasca de Derecho-Boletín JADO,* Año XV, 28, Enero-Diciembre 2017-2018, pp. 455-504.

PÉREZ DAUDI, V., "Los MASC y el proceso civil. Propuestas de reforma del Proyecto de Ley de Eficiencia Procesal", *Diario LALEY,* 10121, 27 de Julio de 2022.

RUIZ, E., "¿Qué son los MASC? Anteproyecto de Ley de Medidas de Eficiencia Procesal del Servicio Público de Justicia", Blog: Mediando conflictos.es [Consulta: 15/03/2021.]

SALAS, A.J., "La reclamación previa en los accidentes de tráfico: ¿se puede considerar un MASC?", *Revista Economist & Jurist,* 6 de febrero de 2025.

SÁNCHEZ, J., "La oferta vinculante del artículo 17 de la LO 1/2025 y el contenido de la misma para cumplir con el requisito de procedibilidad", *Revista VLex,* 248, 2025.

SOLETO MUÑOZ, H., "La conferencia Pound y la adecuación del método de resolución de conflictos", *Revista de Mediación,* 10, 2027.

VÁZQUEZ DE CASTRO, E. y GARCÍA VILLALUENGA, L., *Habilidades y procedimientos en la mediación. De la teoría a la práctica de los MASC,* 2ª ed., Aranzadi, Cizur Menor, 2024.

Capítulo 6.

La seguridad jurídica y el Registro de la Propiedad como garantes del derecho de propiedad: una reflexión actual

IGNACIO NATES ALONSO[1]

Profesor Licenciado Encargado

Universidad de Deusto

SUMARIO: 1. Introducción. 2. Una aproximación histórica al concepto de seguridad jurídica. 3. Seguridad jurídica: su actual concepto. 4. El Registro de la Propiedad: la importancia de sus asientos a propósito de la seguridad jurídica preventiva de los intereses privados. 5. Una reflexión a modo de conclusión. 6. Referencias bibliográficas.

1. INTRODUCCIÓN

Conocido el título de la obra colectiva, este es *El principio de seguridad jurídica y sus manifestaciones en el Derecho actual*, en la que se inserta el capítulo que a continuación se viene a exponer, decir que uno de mis primeros pensamientos al iniciar la obligada investigación, al objeto de vertebrar mi escrito, de

---

1 Doctorando del Programa de Doctorado (Interuniversitario) en Derecho Económico y de la Empresa por la Universidad de Deusto, la Universidad Pontificia Comillas y la Universidad Ramón Llul.

la materia a tratar, fue el recuerdo de las primeras líneas del artículo que bajo el nombre de *Constitución, seguridad jurídica y Registro de la Propiedad* publicó el profesor BASTIDA FREIJEDO. En el anterior se manifestaba que:

"El derecho de propiedad ha sido una pieza básica del constitucionalismo. La Declaración de Derechos del Hombre y del Ciudadano de 1789 lo concibe como un derecho natural, inviolable, imprescriptible e incluso sagrado. Situado en el mismo plano que la libertad, la seguridad y la resistencia a la opresión, es indudable que este derecho individual sobrepasa el ámbito privado y de mera garantía frente a la intervención estatal. Es el fulcro sobre el que se construye la organización y el funcionamiento del Estado liberal de Derecho"[2].

Para sentenciar más adelante:

"La necesidad de seguridad jurídica en el comercio inmobiliario hacía imprescindible un sistema que diese certeza a los títulos de propiedad y sus derivados, como pone de manifiesto la exposición de motivos de la Ley Hipotecaria de 1861, de la que surgen los actuales Registros de la Propiedad"[3].

Pronto tuve la idea de la necesaria relación simbiótica existente entre el Registro de la Propiedad y la seguridad jurídica, ambos garantes del derecho de propiedad y, también, en un momento temprano me propuse el no sencillo cometido de tratar de mostrar la importancia de los dos primeros a la comúnmente conocida, por el público en general, tutela del citado derecho.

---

2 BASTIDA FREIJEDO, F.J., "Constitución, seguridad jurídica y Registro de la Propiedad" [en línea], (2018), <https://revistaregistradores.es/constitucion-seguridad-juridica-y-registro-de-la-propiedad/>. [Consulta: 13/07/2024.]

3 *Ibidem.*

Puesto de manifiesto el propósito de mi análisis creo prudente enunciar los distintos apartados de los que consta el mismo. A este respecto, observamos, al comienzo, el empleo de una sección que se ocupa en ofrecernos una sucinta síntesis histórica que sirve, a su vez, de aproximación al concepto de seguridad jurídica. Examinado lo anterior, a continuación, nos detenemos en la conceptualización actual de la mencionada seguridad jurídica. En este mismo apartado, nos resultaría imposible dejar de apreciar, a lo largo de la redacción del mismo, ciertas alusiones, que se encuentran en nuestro texto constitucional, al principio de seguridad jurídica, pues es público y notorio que, en el anterior, la primera aparece enunciada como tal. Así, para arribar a buen puerto hemos fijado nuestra atención, en el particular del artículo 9.3 de la Constitución Española[4] (en adelante, CE), pues como señalaba con acierto el profesor DÍEZ-PICAZO: "El principio debe ser en esta, como en tantas otras cosas, un texto de la Constitución"[5].

Por último, dedicaremos un apartado a la necesaria explicación de la importancia de los asientos del Registro de la Propiedad y su evidente contribución, a través de la seguridad jurídica preventiva, a la protección de los intereses privados, intereses estos, entre los que cabe destacar el derecho de propiedad.

Con todo, procuraremos extraer el conjunto de conclusiones a considerar de la investigación practicada.

Para la elaboración de este trabajo, se han utilizado diversas fuentes, empleando la metodología siguiente. Por un lado, se ha enfatizado en abordar la cuestión desde un punto de vista doctrinal, haciendo una distinción y contraposición de las ideas

---

4 Constitución Española. Boletín Oficial del Estado, 29 de diciembre de 1978, 311, p. 29313.

5 DÍEZ-PICAZO, L., *La seguridad jurídica y otros ensayos*, Civitas, Navarra, 2014, p. 9.

de aquellos autores que han tratado el tema objeto de estudio. Por otro lado, se ha recurrido, puntualmente, a los pronunciamientos jurisprudenciales[6], pues fijando nuestra atención en el ejemplo de la antigua Roma creemos imprescindible la remisión al *casus*, hecho realísimo, donde encontrar la denominada *res iusta*, señalando D'ORS que, en la época postclásica, el caso recibía, también, el nombre de *visio*, apuntando el intrínseco vínculo existente de la *res* con lo universal[7].

Finalmente, todo ello se verá acompañado de un cierto análisis crítico surgido del examen efectuado.

2. UNA APROXIMACIÓN HISTÓRICA AL CONCEPTO DE SEGURIDAD JURÍDICA

Creemos pertinente, para un correcto entendimiento del significado que le es atribuido a la seguridad jurídica, una remisión a la formulación en clave histórica pero también social de aquellos cambios que posibilitaron su entrada, más aún cuando nos encontramos en feudo, aunque no en exclusiva, de la Teoría y Filosofía del Derecho.

Sucede con frecuencia, que tanto las categorías como los conceptos jurídicos responden a la llamada de aquella necesidad humana que surge con fuerza y se materializa como un valor tras la lucha, fruto de la reivindicación, de determinados grupos. El alcance de su cometido, como no podía ser de otro modo, depende esencialmente de los conflictos políticos, así como de las sensibilidades culturales y sociales de cada socie-

---

6 Toda aquella Jurisprudencia que aparece reflejada en el presente trabajo ha sido obtenida de una misma base de datos, siendo esta Tirant Prime.

7 D'ORS, A., *Derecho privado romano*, Universidad de Navarra, Pamplona, 1976, p. 59, nota 2.

dad concreta[8]. A este respecto, que duda puede caber en relación con la inexcusable contextualización de la seguridad jurídica, desde una óptica teórica pero advirtiendo como objetivo prioritario el establecimiento de una hoja de ruta que permita comprender, en parte, la problemática de un futuro no tan lejano. Así las cosas, debemos situar la raíz de este concepto en la Edad Media[9], si bien es cierto, que nos resulta imposible olvidar, que su origen es por encima de todo social y religioso.

La urgencia de seguridad será satisfecha por el hombre medieval con su inclusión en un gremio, una corporación, a través de un relación de vasallaje, en definitiva, en una comunidad donde desde que llega a la obra de teatro, que se representa en este mundo, recibe formación, orientación y protección, en principio, hasta su encuentro final con la muerte[10]. Indicamos, no obstante, que en aquella época, el Derecho, lejos de generar seguridad, más bien, la destruye. La preocupante inventiva judicial, en la permanente búsqueda, para el caso concreto, de un *id quod iustum est* sin norma previa, el evidente enredo competencial, la pluralidad de fuentes, pero por encima de todo, la ausencia de un poder con la calidad suficiente para imponer sus normas jurídicas, no hacía posible hablar de certidumbre[11].

---

8 PÉREZ LUÑO, A.E., *La seguridad jurídica,* 2.ª edición, Ariel Derecho, Barcelona, 1994, p. 24.

9 Para una mayor profundización de esta cuestión, puede consultarse entre otros, GARCÍA PELAYO, M., "La idea medieval del Derecho", en *Obras completas,* vol. 2, Centro de Estudios Constitucionales, Madrid, 1991, p. 1089.

10 PECES-BARBA, G., "La seguridad jurídica desde la Filosofía del Derecho", *Anuario de Derechos Humanos,* 6, 1990, p. 216.

11 *Ibidem,* p. 240. Para ARCOS RAMÍREZ, F., *La seguridad jurídica: una teoría formal,* Dykinson, Madrid, 2000, p. 207: "Este pluralismo normativo, así como la ausencia de un sistema de fuentes unitario, coherente y completo, lo convertían en Derecho incierto, fragmentando y lleno de arbitrariedad".

Cierto es que por aquellos tiempos el Derecho se identificaba no tanto por su carácter doctrinal y jurisprudencial, sino más bien por su marcada naturaleza consuetudinaria[12].

Siguiendo a PECES-BARBA, nos encontramos, en consecuencia, en presencia de un Derecho que ni por la manera de su establecimiento, ni por su estructura, ni la forma de compeler a su observancia, generaba, en modo alguno, seguridad jurídica. Así, los únicos antecedentes que encontramos en la Edad Media de aquella idea de seguridad jurídica quedarán en sede de algunos privilegios estamentales, particularmente en las garantías procesales de los vasallos, destacando, en este sentido, las de Alfonso IX a las Cortes de León de 1188 o en la Carta Magna Inglesa de 1215[13].

Llegados a este punto dirá ARCOS RAMÍREZ que aquello que entendemos como concepto de seguridad jurídica, propiamente dicho, lo encontramos en el mundo moderno[14].

---

12 Explica CORSALE, M., *Certezza del diritto e crisi de legittimitàl*, Giuffré, Milán, 1979, pp. 179-180, que no nos encontramos, precisamente, ante una manifestación del poder del Estado sino, por el contrario, una manifestación de las relaciones que diariamente observamos en la sociedad civil. Claro está que existían determinadas fuentes estatutarias destinadas a la regulación de ciertos aspectos o sectores propios de la vida social, pero dirigidas por un evidente pluralismo, tanto a nivel local como personal (Iglesia, estamentos, gremios, municipios, corporaciones, etc.). Será en esta etapa de la historia cuando el cometido fundamental de los monarcas en relación con el Derecho quedará definido por la necesaria garantía a la aplicación de un Derecho vigente, configurado por costumbres, normas de Derecho Natural y, para el conjunto de países del imperio, por normas de Derecho Romano común.

13 PECES-BARBA, G., "La seguridad jurídica desde la Filosofía del Derecho", *op. cit.*, p. 217 y PÉREZ LUÑO, A.E., *La seguridad jurídica, op. cit.*, pp. 25-26.

14 A este respecto, en ARCOS RAMÍREZ, F., *La seguridad jurídica: una teoría formal, op. cit.*, p. 82, se nos indica que la mayor parte de los estudios

Destacamos, para su reconocimiento, el empuje ocasionado por la lucha por la defensa de la propia libertad en contraposición a las injerencias del absolutismo monárquico y frente a las estructuras sociales que provocaban la vulneración de los derechos fundamentales de los ciudadanos. Con el paso a la modernidad[15], asistimos a la reserva, por parte de la sociedad, de un Derecho al que se le asigna un papel protagonista en la conformación de ciertas de sus relaciones básicas, donde se acaba con el monismo ideológico, dando paso al individualismo de una burguesía que se apresura a la producción de fisuras en el comunitarismo, dando paso al cambio de signo de la seguridad jurídica[16].

---

que versan sobre la historia del concepto de seguridad jurídica tienen su punto de partida en el Estado moderno, porque manifiestan que sólo "puede sostenerse que aquélla (la seguridad) cobre vida cuando concurren las siguientes circunstancias básicas: por un lado, lo que podríamos llamar una crisis en sentido amplio del Derecho, por otro, la existencia de un clima de reconocimiento y valoración de la importancia del Derecho y su seguridad. Una combinación que, salvo contadas excepciones, sólo cabe encontrar en el universo jurídico, social, político y económico del Estado moderno".

15 Recuerda PECES-BARBA, G., "La seguridad jurídica desde la Filosofía del Derecho", *op. cit.*, p. 217, que será fundamental en este periodo histórico la recepción del Derecho Romano que como *"ratio scripta"*, permitió superar el particularismo jurídico medieval. Asimismo, destaca la ansiedad por la certeza y seguridad que causa desasosiego en el espíritu de una burguesía que exigirá al sobreaño el remplazo del Derecho antiguo por otro que, al encontrar su nacimiento en la voluntad de la anterior, ofrezca una respuesta en sus contenidos y formas permitiendo una estructura más racional. Conocido lo que antecede, asistiremos a la protección, por parte del monismo del Derecho estatal de una seguridad que dejará atrás su apoyo en el monismo ideológico y en la rigidez social.

16 ARCOS RAMÍREZ, F., *La seguridad jurídica: una teoría formal, op. cit.*, p. 83.

Nadie olvida que el perfeccionamiento de seguridad jurídica, en términos de su concepto, vino de la mano del impacto de la cultura jurídica existente, por aquel entonces, en el siglo XVIII, una concepción inspirada en el pensamiento jurídico del iusnaturalismo racionalista y, más comúnmente, del iluminismo. La certeza y la seguridad serán enérgicamente solicitadas al Estado por el hombre moderno que no es capaz de hallarlas en la sociedad y sin ellas la convivencia en comunidad se le antoja imposible. A los ilustrados, con su ideal racionalista de un Derecho sistemático y constante, se les debe la conversión en exigencia subjetiva de humanidad de una seguridad jurídica, que sirva, además, de protección de la dignidad y de la libertad del hombre. Nos encontramos, por tanto, como consecuencia de lo citado, en el instante preciso, como ocurrirá, en el que el Derecho dará comienzo a su proyección como norma escrita. En este contexto la filosofía política contractualista va a comenzar su particular construcción a favor del origen y legitimidad del Estado. En esta línea, el pensamiento de Hobbes se presentará como una declaración de intenciones por los requerimientos elementales del Derecho, esto es, el principio de legalidad penal, la demanda de parquedad de número y una mayor claridad en las leyes, la irretroactividad penal, etc. Sin embargo, la legalidad proporcionada por el absolutismo no consiguió, a pesar de los progresos, colmar las aspiraciones básicas de seguridad jurídica del momento. Llamar la atención, en este punto, a lo ocurrido en materia de Derecho público, pues este, gobernado por la voluntad no reglada, quedaba a la suerte del arbitrio de un hombre que sometía al resto[17].

Las consecuencias traídas por este desarrollo que tuvieron afección directa en el concepto de seguridad jurídica provocarán que estas evoluciones pasen a convertirse en una exigencia

---

17 *Ibidem*, p. 216.

del Derecho en sí mismo[18]. El vínculo que aparece de la idea de sistema con la seguridad supone respaldar su salida del ámbito del pensamiento jurídico a la sede del Derecho positivo, en el campo del Derecho público al Constitucionalismo[19] y en el privado a la Codificación[20]. No suscita duda alguna que la denominada sistematización del Derecho sirvió de inspiración para los conocidos movimientos de codificación que se sucedieron en los siglos XVIII y XIX.

Podemos decir, por tanto, que hasta el siglo XVIII el Derecho era principalmente privado, garantizando funcionalmente la autonomía y libertad para obligarse y contratar, encontrándose protegido, además, por un Derecho penal con una función esencialmente represora de aquellas vulneraciones de los ámbitos que permanecían bajo la salvaguarda del Derecho privado, y, consecuentemente, la seguridad jurídica quedaba

---

18 Enuncia DÍAZ, E., *Sociología y Filosofía del Derecho,* Taurus, Madrid, 1988, p. 44, que cuando se produce por parte de un determinado ordenamiento jurídico la imposición de un conjunto de restricciones desmedidas de la libertad, o cuando se atenta contra la justicia, es preciso expresar, en relación con las personas que se encuentran sometidas por el anterior, que existe una seguridad cierta de peligro y de seguridad. Nos encontramos, pues, ante una legalidad ilegítima.

19 Aun cuando somos conscientes de que podemos encontrarnos ante un avance significativo en el objetivo de lograr una cierta seguridad jurídica en línea con el avance del Estado Moderno, sólo con la Revolución Francesa asistimos a la victoria política de un novedoso Derecho Público que garantizará la seguridad en las relaciones existentes entre los ciudadanos y el Estado. Recordamos, no obstante, que en esta época todavía el secreto y no la publicidad continuaba siendo la situación propia del Antiguo Régimen. A este respecto, para más información, DE LUCAS, J., "Sobre la ley como instrumento de certeza en la Revolución de 1789. El modelo del Code de Napoleón", *Anuario de Filosofía del Derecho,* IV, 1989, p. 131.

20 PECES-BARBA, G., "La seguridad jurídica desde la Filosofía del Derecho", *op. cit.,* p. 220.

conformada, en sus inicios, en esa área. A este respecto, la seguridad, que se encontraba directamente influenciada por la filosofía contractualista e iluminista de aquel período, pasará a desempeñar un papel imprescindible en los ordenamientos jurídicos de cada uno de los Estados de Derecho.

En la actualidad, sin embargo, la seguridad se desplaza ya sin la carga extra de las connotaciones, en exclusiva, conservadoras y burguesas de aquellos años[21] y se nos presenta una sociedad, en un momento histórico concreto, que reclama para sí seguridad en muchas áreas, como punto de partida, en un intento por observar una cierta previsibilidad en el buen desarrollo de las relaciones jurídicas que garantice una convivencia pacífica del conjunto del grupo social. En otras palabras, de ningún modo puede hablarse de un auténtico Estado de Derecho en aquel lugar donde la seguridad jurídica no existe, porque común es la superficie compartida por ambos conceptos: la aseveración de un ámbito que se sitúa más allá de su presente histórico, que se mantiene no sometido a la voluntad de los hombres, lugar de refugio para encontrar amparo y protección, no sólo oponible a los demás sino, también, oponible al propio poder del Estado y frente a su Derecho.

3. SEGURIDAD JURÍDICA: SU ACTUAL CONCEPTO

Comenzamos enunciando que para la mayor parte de la doctrina la seguridad jurídica ha de ser identificada necesariamente con la denominada certeza del Derecho. En esta posición coincidimos y seguimos la Sentencia del Tribunal

---

21 Manifiesta PÉREZ LUÑO, A.E., *La seguridad jurídica, op. cit.*, p. 21, nota 6, que en esta línea ya había sido calificada por Marx, en uno de sus trabajos de juventud, la seguridad como el concepto social superior de la sociedad burguesa: "la seguridad implica el 'aseguramiento' del propio egoísmo".

Constitucional (en adelante, STC) de 20 de julio de 1981, al expresar con meridiana claridad que la seguridad jurídica es "suma de certeza y legalidad, jerarquía y publicidad normativa, irretroactividad de lo no favorable, interdicción de la arbitrariedad, pero que tampoco se agota con ello la regla, porque si se agotara con la adición de estos principios, no hubiera necesitado ser formulada expresamente". Consecuencia de lo que antecede pudo considerar la referida sentencia que: "la seguridad jurídica es la suma de estos principios, equilibrada de tal suerte que permita promover, en el orden jurídico, la justicia y la igualdad, en libertad"[22]. Parece que el ambiente propicio para la realización de los valores de justicia y de igualdad no es otro que el proporcionado por la seguridad jurídica.

Cabe mencionar, en un sentido muy similar, lo indicado por la STC de 27 de septiembre de 1999, cuando se refería a que la seguridad jurídica, aun cuando no aparece estructurada en nuestra Carta Magna como un derecho subjetivo, ni tampoco goza de una calificación de derecho natural que revista un carácter de fundamental, al objeto de dotarlo de una tutela jurisdiccional más enérgica, sirviéndose de la figura del recurso de amparo, debe apreciarse, no obstante, su función de elemento común presente en no pocas categorías jurídicas que contribuyen al entendimiento y delimitación de la primera[23].

Ha de considerarse que la seguridad jurídica, por tanto, no puede tener otro propósito que el desencuentro con la incertidumbre, que permita a la ciudadanía el pleno conocimiento del conjunto del derecho positivo que debe indicar aquello que se permite y lo diferencia de lo que, por el contrario, se encuentra prohibido, determinando, para este último supuesto, las sanciones previstas de producirse su incumplimiento. Ha de observarse y compartir la postura de las sentencias del

---

22 STC de 20 de julio de 1981, nº. 27/1981, FJ 10 (*Tol110.830*).

23 STC de 27 de septiembre de 1999, n.º 165/1999, FJ. 2 (*Tol81.211*).

Tribunal Constitucional de 11 de junio de 1987, de 29 de noviembre de 1988 y de 4 de octubre de 1990, en el sentido de la conexión existente entre la seguridad jurídica y el principio de publicidad de las normas, así como con el principio de legalidad, recogidos estos en el artículo 9.3 CE, provocando y contribuyendo, además, a la inestimable ayuda, no solo de la primera, sino también de la legalidad, publicidad, irretroactividad o interdicción de la arbitrariedad de los poderes públicos[24].

Nos dice BALAGUER CALLEJÓN, que la seguridad jurídica ha de identificarse con la "certeza respecto del Derecho aplicable" y claro está que la misma efectividad del Derecho debe pasar, necesariamente, por la virtualidad, para el conjunto de la ciudadanía, de que las reglas jurídicas, así como las implicaciones que pueden tener en ciertos momentos determinados actos eventuales, se asientan en el conocimiento de la repercusión de dichas acciones, haciendo necesaria una certeza que actúe como premisa de todo orden jurídico.

Esto hace que la seguridad jurídica sea "la seguridad que el individuo tiene en el Derecho, en cuanto a la valoración que el ordenamiento realice de su actividad social"[25]. Ciertamente aspirar a esa certeza en el campo del Derecho exige el presupuesto de la presunción de legitimidad por parte del conjunto del ordenamiento jurídico, sin embargo, la seguridad jurídica

---

[24] STC de 11 de junio de 1987, n.º 99/1987, F. j. 6 (*Tol338.841*); STC de 29 de noviembre de 1988, n.º 227/1988, F. j. 10 (*Tol80.074*) y STC de 4 de octubre de 1990, n.º 150/1990, F. j. 8 (*Tol80.402*).

[25] BALAGUER CALLEJÓN, F., *Fuentes del Derecho,* Vol. I, Tecnos, Madrid, 1991, pp. 88-89. Cabe reseñar, además, que para LÓPEZ DE OÑATE, F., *La certezza del diritto,* Milano, 1968, p. 47, la certeza resultaría una exigencia de la convivencia social. En este sentido, para este autor "L´esigenza della certeza della norma, cioè della legge, e conseguentemente, attraverso di essa, della certeza del diritto, è stata sempre sentita come ineliminabile per la convivenza sociale oridinata".

demanda un necesario control sobre la citada legitimidad[26]. Sin embargo, ha de mantenerse la postura, habida cuenta de la compleja realidad de nuestro ordenamiento, de que "la seguridad jurídica no puede circunscribirse únicamente a la aplicación de la norma de forma aislada, sino, por el contrario, al conjunto del ordenamiento jurídico, convirtiéndose la Constitución, en este, en la expresión máxima de la seguridad jurídica"[27].

Para LÓPEZ GUERRA se hace imprescindible la identificación del principio de seguridad jurídica con la urgencia de certidumbre o seguridad que exige la sociedad. Esta relación es debida, en parte, a las acertadas palabras de nuestro Tribunal Constitucional (en adelante, TC) al referirse a la denominada "multivocidad" del concepto de seguridad jurídica, pues consecuencia de su carácter multicomprensivo, engloba todos los principios jurídicos recogidos en el art. 9.3 CE. Este autor manifiesta que la seguridad jurídica vendría a ser "la confianza o certeza en la existencia de unas pautas de conducta jurídicamente vinculantes; en que esas pautas se encuentren enunciadas en forma cognoscible por los ciudadanos; y en que las anteriores, traducidas a normas jurídicas, regularán establemente las posiciones jurídicas de los ciudadanos y su relación con los

---

26 Así para BALAGUER CALLEJÓN, F., *Fuentes del derecho, op. cit.*, p. 89, dicho control debería ser llevado a cabo por los órganos judiciales, considerando, además, que la seguridad jurídica ha de ser desarrollada en el preciso instante de la producción normativa secundaria. En este sentido, ha de entenderse como producción normativa primaria "aquella que emana de los órganos públicos cuya función esencial es la creación de derecho: Parlamento y Administración básicamente". Dicho lo que antecede la producción secundaria sería "aquella que emana generalmente de los órganos públicos cuya función esencial es la de la aplicación del Derecho ya generado por los órganos de producción primaria".

27 *Ibídem*, pp. 92-93.

demás"[28]. Se hace necesario, por tanto, vincular la seguridad jurídica con la certeza, y en esta cuestión nos hemos de mostrar de acuerdo con lo expresado, pero se advierte una distinción que realiza el autor en atención a la seguridad jurídica *del* Derecho, y *en* el Derecho. La primera vendría determinada por "la confianza en la existencia de normas, en que esas normas son conocidas, y en que van a ser adecuadamente aplicadas por la Administración y jueces", esto quedaría enlazado directamente con la publicidad y claridad de las normas, y la segunda, la certeza *en* el Derecho sería "la confianza en la permanencia y estabilidad de las normas, y de las situaciones creadas al amparo del ordenamiento jurídico", que nos llevaría al análisis de la irretroactividad y la unidad de interpretación del Derecho. Entiende LÓPEZ GUERRA, en este sentido, que los dos citados conceptos circulan en un pensamiento formal de la seguridad jurídica, al que tendríamos que añadir una concepción material que ha de conectarse con la justicia, que ha recibido el nombre de "seguridad existencial" y que se definiría como "la confianza en que el ordenamiento jurídico hará posible, material y no sólo formalmente, una convivencia que integre a todos los ciudadanos (y no sólo a unos pocos) en un conjunto social efectivamente ordenado)"[29].

Por su parte, LUCAS MURILLO DE LA CUEVA observa que la seguridad jurídica es realizada por el ordenamiento jurídico debido al establecimiento por el primero de una serie de criterios generales que permiten la solución de conflictos de intere-

---

28 LÓPEZ GUERRA, L., "Notas sobre el principio de seguridad jurídica", en MORODO LEONCIO, R. y DE VEGA GARCÍA. P. (Dirs.), *Estudios de teoría del estado y derecho constitucional en honor de Pablo Lucas Verdú*, Tomo II, Universidad Complutense de Madrid (Facultad de Derecho), Madrid, 2001, pp. 1151-1152.

29 *Ibidem*, p. 1153.

ses, favoreciendo "la armonía y estabilidad de la convivencia"[30]. Así este autor considera que la Constitución sería la máxima expresión de la seguridad jurídica y el conjunto de sus garantías contribuyen a ella[31].

Somos conscientes del papel protagonista que desempeña la Constitución para proporcionar seguridad jurídica a la totalidad del sistema, a nuestro ordenamiento jurídico completo, resultándonos imposible olvidar el carácter normativo de la primera con lo que esto supone. En primer término, su estructura de norma suprema del conjunto del ordenamiento jurídico, como reza el art. 5 de la Ley Orgánica 6/1985, de 1 de julio, del Poder Judicial[32] (en adelante, LOPJ), permite vertebrar la complejidad de un sistema, como resulta el nuestro, donde encontramos la articulación del ordenamiento estatal y los diferentes ordenamientos autonómicos. Y donde, además, resulta de aplicación el Derecho Internacional y el Derecho de la Unión Europea, obteniendo como respuesta el denominado "constitucionalismo multinivel", que nos permite referir los diferentes estratos de producción normativa que actúan en un ordenamiento, distinguiéndose, de este modo, las normas de producción interna de las normas de producción supranacional[33].

---

30 LUCAS MURILLO DE LA CUEVA, P., "El examen de la constitucionalidad de las leyes y la soberanía parlamentaria", *Revista de Estudios Políticos*, 7, 1979, p. 198.

31 *Ibidem*, p. 207.

32 Ley Orgánica 6/1985, de 1 de julio, del Poder Judicial. Boletín Oficial del Estado, 2 de julio de 1985, n.º 157, p. 20632.

33 BALAGUER CALLEJÓN, F., "Constitucionalismo multinivel y derechos fundamentales en la Unión Europea", en *Estudios en Homenaje al Profesor Gregorio PECES-BARBA*, vol. 2, Dykinson, Madrid, 2008, pp. 133-157. Resulta recomendable, en este sentido, también, una reposada lectura de GÓMEZ SÁNCHEZ, Y., *Constitucionalismo multinivel: Derechos fundamentales*, Sanz y Torres, Madrid, 2020.

Conviene situar la segunda de las características observadas y que se deriva de la normatividad, esta es la vinculación existente entre la Constitución y el conjunto de poderes públicos. Este enlace aparece reflejado en el art. 9.1 CE, considerando como poder público al legislativo en su tarea de elaboración de la ley, que como es público y notorio, debe guardar el debido respeto a la Constitución o de lo contrario asume el riesgo de una declaración de inconstitucionalidad de la ley formulada, el poder ejecutivo que se extiende a toda la actividad desarrollada por la administración pública, y el poder judicial, en su ocupación de interpretar y aplicar el Derecho, cobrando especial relevancia la tercera de las características de la normatividad, esta es la interpretación conforme que expresa el art. 5 de la LOPJ, al indicar que "1. La Constitución es la norma suprema del ordenamiento jurídico, y vincula a todos los Jueces según los preceptos y principios constitucionales, conforme a la interpretación de los mismos que resulte de las resoluciones dictadas por el Tribunal Constitucional en todo tipo de procesos". Doctrina esa, que no debe pasar desapercibida, pues hablamos de interpretación conforme, siguiendo la línea del TC, que permitiría la delimitación del ordenamiento jurídico completo y, en nuestro caso, la determinación del concepto de seguridad jurídica, objeto de estudio del apartado presente.

Las anteriores características propias de la normatividad ha de considerarse, conocida su ubicación sistemática, que pueden predicarse de la seguridad jurídica, pues debemos recordar que aunque la Constitución en su conjunto es normativa, no todos los preceptos constitucionales obligan del mismo modo, pues como nos recuerda el refranero español *ni son todos los que están, ni están todos los que son.* Así, por ejemplo, encontramos aquellos preceptos del Capítulo III del Título I cuya efectividad es mediata, pues su aplicación queda sometida al principio de legalidad en el sentido del art. 53.3 CE. Eficacia directa sería, no obstante, la de la seguridad jurídica, ubicada, esta, en el Título Preliminar al dimanar de la antes indicada normatividad del propio texto constitucional.

Así las cosas, para UGARTEMENDIA ECEIZABARRENA, en relación con el principio de seguridad jurídica, debe distinguirse entre la llamada proyección objetiva que vendría determinada por la certeza y que se encontraría destinada a los poderes públicos, y la denominada proyección subjetiva que sería dirigida a la ciudadanía, no siendo esta asistida por un derecho subjetivo a la seguridad jurídica, sino a una serie de aspiraciones jurídicas vinculadas, entre otros, a la tutela judicial efectiva. Una lectura del pensamiento del anterior dejaría entrever que la seguridad jurídica "viene a consistir en una exigencia o mandato objetivo dirigido a los poderes públicos para que tanto la producción del Derecho como su aplicación estén presididas y caracterizadas por los criterios de certeza y previsibilidad, certeza sobre su identificación y contenido, y previsibilidad de las consecuencias jurídicas anudadas a su aplicación"[34].

Será PÉREZ LUÑO, en un primer momento de su estudio, al acercarse al término "seguridad jurídica" quien lo relacione con un valor o hecho, esto es, un estado de cosas concreto o ideal a conseguir. Como hecho se asocia con la seguridad de la legalidad, mientras que como valor se conecta con la justicia[35]. Además, distingue este autor entre la llamada seguridad jurídica *strictu sensu*, donde la anterior se manifestaría como una exigencia objetiva de regularidad estructural y funcional del propio sistema jurídico por medio de sus normas e instituciones. Y, por otro lado, la subjetiva que se identificaría con la certeza del Derecho, en el razonamiento de que el conjun-

---

34 UGARTEMENDIA ECEIZABARRENA, J.I., "El concepto y alcance de la seguridad jurídica en el Derecho constitucional español y en el Derecho comunitario europeo: un estudio comparado", *Cuadernos de Derecho Público,* 28, mayo-agosto 2006, pp. 22-23.

35 PÉREZ LUÑO, A.E., *La seguridad jurídica, op. cit.,* p.29.

to de la ciudadanía pueda ser conocedora y, en consecuencia, ajustar sus acciones a lo que se le ha mandado, permitido o prohibido[36]. A este respecto, indica CASTILLO BLANCO que no se asocia únicamente con la certeza del Derecho objetivo, sino, además, con la llamada certeza en el "conocimiento de los derechos y las obligaciones, certeza en las consecuencias de los propios actos. Así, la seguridad jurídica entendida como certeza supone, de un lado, la exactitud en la regla de Derecho aplicable y en su contenido. De otro lado, también, en la previsibilidad o predictibilidad de la actuación tanto propia como ajena"[37]. Continuará enunciando este autor, en atención a la seguridad jurídica en sentido objetivo y subjetivo que: "Si el fin de la seguridad es proporcionar certeza mediante la garantía de un marco jurídico dentro del cual el hombre requiere saber a qué atenerse y confiar en el esquema jurídico establecido (es lo que se denomina seguridad jurídica en sentido objetivo y subjetivo)"[38].

En esta misma línea, existen otra serie de autores que contemplan la idea de la seguridad jurídica como "la exigencia de conocer cuáles han de ser las consecuencias jurídicas de una determinada actuación"[39]. Cuestión esta no alejada de complejidad que se vincula con la serenidad, la certidumbre, la firmeza, la confianza y la protección[40]. Mantendrá CASTILLO BLANCO que la seguridad jurídica "supone la necesidad de

---

36 *Ibidem*, p. 30.

37 CASTILLO BLANCO, F.A., "El principio de seguridad jurídica: especial referencia a la certeza en la creación del Derecho", *Documentación Administrativa*, 263-264, mayo-diciembre 2002, p. 34.

38 *Ibidem*, p. 60.

39 PALMA FERNÁNDEZ, J.L., *La seguridad jurídica ante la abundancia de normas*, Centro de Estudios Políticos y Constitucionales, Madrid, 1997, p. 38.

40 CASTILLO BLANCO, F.A., "El principio de seguridad jurídica: especial referencia a la certeza en la creación del Derecho", *op. cit.*, p.25.

que el individuo obtenga del Derecho certeza en sus actuaciones frente a las actuaciones de otros individuos, que le permita conocer las consecuencias de las mismas y simultáneamente confianza en que el Derecho protegerá esas mismas actuaciones, conformadas de acuerdo a la legalidad"[41]. Por su parte la STC de 15 de noviembre de 2000 vendría a identificar una vertiente objetiva y subjetiva de la seguridad jurídica. Respecto de la primera enuncia el TC que "son los aspectos relativos a la certeza de la norma, mientras que la vertiente subjetiva expresa que es "reconducible a la idea de previsibilidad"[42]. Previsibilidad y certeza que UGARTEMENDIA entiende como dos realidades de la seguridad jurídica, estas son objetiva y subjetiva. Este autor considera que la vertiente a la que denomina objetiva supone una obligación para el conjunto de poderes públicos. Así, el mandato a los poderes públicos no se configuraría como un derecho subjetivo de la propia ciudadanía a la seguridad jurídica. En este sentido, por el contrario, debe considerarse como una expectativa o pretensión jurídica dependiente de otros derechos subjetivos como la tutela judicial efectiva[43].

Una previsibilidad, entiende TORRES DEL MORAL, de los efectos de la norma o certidumbre sobre un ordenamiento jurídico que resulta de aplicación y sobre aquellos intereses jurídicos que se encuentran jurídicamente tutelados. Pero considerando que la seguridad jurídica no ha de ser un derecho,

---

41 *Ibidem*, p. 33.

42 STC de 15 de noviembre de 2000, n.º 273/2000, F. j. 9 y F. j. 11 (*Tol2.764*).

43 UGARTEMENDIA ECEIZABARRENA, J.I., "El concepto y alcance de la seguridad jurídica en el Derecho constitucional español y en el Derecho comunitario europeo: un estudio comparado", *op. cit.*, pp. 22-23.

sino, más bien, un principio del ordenamiento jurídico[44]. Recoge, en sentido parecido, esta misma idea de previsibilidad BERRERO RODRÍGUEZ al relacionar la seguridad jurídica con una correcta elaboración de las normas, con la necesaria certeza en el Derecho y, finalmente, con la previsibilidad. Esta autora entiende que la seguridad jurídica "significa que podemos ajustar nuestra conducta a normas determinadas con consecuencias previsibles, que podemos confiar en que frente a la arbitrariedad posible se producirá una respuesta adecuada y que las situaciones jurídicas individuales no van a ser desconocidas o alteradas sin la adopción, en su caso, de las debidas garantías"[45].

No puede olvidarse, que el propio DÍEZ-PICAZO, identifica, también la seguridad jurídica con la confianza y con la certeza. "Es la posibilidad en que cada individuo se puede encontrar de considerar que serán ciertas en el futuro determinadas circunstancias que debemos considerar como de indubitada producción. De este modo, la idea de certeza o certidumbre enlaza inmediatamente con la idea de confianza: puesto que se tiene certeza, se puede y se debe confiar en que en el futuro determinados hechos de los cuales los individuos pueden tener un especial interés, se producirán o no"[46].

Conocido lo que precede, en términos puramente conceptuales, dos serían las acepciones desde las que se estudia la seguridad jurídica, por una parte la formal y, por la otra, la material. A este respecto, desde un punto de vista formal, se debe relacionar con una reclamación, una exigencia objetiva

---

44 TORRES DEL MORAL, A., *Principios de derecho constitucional español*, Servicio de publicaciones de la Universidad Complutense, Madrid, 2004, pp. 60-61.

45 BARRERO RODRÍGUEZ, C., "El respeto a los derechos adquiridos", *Documentación Administrativa*, 263-264, mayo-diciembre 2002, p. 146.

46 DÍEZ-PICAZO, L., *La seguridad jurídica y otros ensayos, op. cit.*, pp.13-14.

de estabilidad del conjunto de normas jurídicas de un determinado sistema jurídico, y desde un prisma material, destaca una apariencia subjetiva, que se asociaría a la certeza del Derecho, conectando, directamente, con la virtualidad del conocimiento, de antemano, de la norma para tener la capacidad de saber a qué atenerse, desde el entendimiento de lo que se ha mandado, está permitido o, por el contrario, se encuentra prohibido, posibilitando una autonomía en la conducta humana que permitiría cierta previsibilidad en relación con las consecuencias de los actos[47].

Conviene tener presente que no debe confundirse en modo alguno la regularidad que presentan las normas de un concreto sistema jurídico, esto es su positividad, con la seguridad jurídica que venimos estudiando, pues como acertadamente nos recuerda PÉREZ LUÑO, podemos encontrar ejemplos de sistemas jurídicos positivos con seguridad "precaria o prácticamente inexistente; pero no han existido ninguno carente de positividad"[48]. En oposición a esta tesis encontramos la postura de RADBRUCH que entiende que "la seguridad jurídica reclama la vigencia del derecho positivo"[49].

Continuando con nuestro estudio, es preciso detenerse en los dos elementos que, en el concepto de seguridad jurídica, han sido detectados por la doctrina, estos son, el llamado elemento estructural, y el denominado elemento funcional. En atención al primero, este debe relacionarse con la enunciación regular de todas aquellas normas que forman parte de un sistema jurídico, mientras que en relación con el segundo, este

---

47 PÉREZ LUÑO, A.E., *La seguridad jurídica, op. cit.*, pp. 29-30.

48 *Ibidem*, p. 31.

49 RADBRUCH, G., *Introducción a la filosofía del derecho*, Fondo de Cultura Económica, México, 1974, p. 41.

debe ser identificado con la garantía de cumplimiento, por parte de todos sus destinatarios, del Derecho[50].

Desde un plano estructural, la seguridad jurídica debe vincularse, directamente, con el principio de legalidad, pero advirtiéndose que esta mencionada legalidad presenta diversas apariencias o aspectos que ayudan a la seguridad jurídica, destacando, el principio de publicidad de las normas, la claridad en la redacción de la norma, la propia plenitud del ordenamiento, la reserva de ley, la irretroactividad y la cosa juzgada. Por tanto, desde una visión funcional, lo que se tiene es la correlación existente entre seguridad jurídica y eficacia del derecho, así como la satisfacción de la tutela judicial efectiva[51].

Asimismo, nos muestra LAUROBA LACASA que todavía puede hablarse de dos grandes manifestaciones, estas serían la seguridad jurídica *ex ante* y *ex post*. La primera que vendría asociada a la idea de una "garantía tendente a asegurar el proceso técnico de búsqueda y hallazgo del derecho", mientras que, la segunda, vendría a ser "la garantía de estabilidad del resultado de dicho proceso"[52].

Se ha presentado, también, por otra parte, el planteamiento de que el concepto de seguridad aparecería incluido en el concepto de legalidad. En esta línea, la seguridad jurídica "comprende cualquier fórmula dirigida a contrarrestar todo tipo de peligro para la confianza de los ciudadanos en el Derecho, sea cual fuere la naturaleza del riesgo y de la incidencia subjetiva inherente a él, bien se trate de certeza estable en el conocimiento de la norma, de fe en el correcto funcionamiento de

---

50 PÉREZ LUÑO, A.E., *La seguridad jurídica, op. cit.*, pp.31-37.

51 *Ibidem*, pp. 32-36.

52 LAUROBA LACASA, E., "El principio de seguridad jurídica y la discontinuidad del derecho", *Louisiana Law Review*, vol. 63, 4, 2003, p. 5.

las instituciones, o de conciencia del propio valor en la comunidad jurídicamente ordenada, etc."[53].

No obstante indicado lo anterior, no debemos identificar la seguridad jurídica con la durabilidad y continuidad de las normas que mientras se encuentran en vigor resultan vinculantes para los poderes públicos, particularmente, al Poder Judicial, pues como nos recuerda BERMEJO VERA "la seguridad jurídica no puede erigirse en una especie de valor absoluto, porque de este modo se produciría una especie de congelación del ordenamiento jurídico, suma de otros principios indispensables en la funcionalidad del Derecho, que actúa, aparte de su significado simbólico, como presupuesto de las normas, de su interpretación y articulación correcta y vertebrada y, por último, de su utilización y aplicación por todos los agentes jurídicos (...)"[54].

No debemos olvidar que será RADBRUCH el autor que viene a definir la seguridad jurídica no como la *seguridad por medio del Derecho*, sino la *seguridad jurídica del Derecho* mismo, requiriéndose que se den para ello cuatro condiciones: 1) la existencia de un derecho positivo; 2) que nos encontremos ante un Derecho que aporte seguridad, basado en hechos y no en meros juicios de valor del juez; 3) que el margen de error en la fijación de estos hechos sea el menor posible; y 4) la ausencia de constantes cambios en un Derecho positivo dirigido a satisfacer la seguridad jurídica[55]. Así, para este autor, la seguridad jurídica vendría a ensamblarse con el Derecho positivo, provo-

---

53 MEZQUITA DEL CACHO, J.L., *Seguridad jurídica y sistema cautelar para su protección preventiva en la esfera privada/Teoría de la seguridad jurídica en su doble proyección, pública y privada*, Tomo I, Bosch, Barcelona, 1989, pp. 77-78.

54 BERMEJO VERA, J., *El declive de la seguridad jurídica en el ordenamiento plural*, Thomson-Civitas, Navarra, 2005, pp. 62-63.

55 RADBRUCH, G., *Introducción a la filosofía del derecho, op. cit.*, p. 40.

cando que los hechos se conviertan en Derecho, destacando, como ejemplo, a este respecto, la prescripción, tanto adquisitiva como extintiva que por el transcurrir del tiempo permite la transformación en Derecho de una situación que en su origen era antijurídica.

Explicará el anterior que, en la institución de la cosa juzgada, sentencias judiciales erróneas finalmente devienen inimpugnables como consecuencia del ánimo de evitar posibles conflictos perennes. Afirmando, también, como la revolución cuando fracasa es tachada de delito, pero que cuando se alza con la victoria conforma un nuevo Derecho. "Es también la seguridad jurídica la que, en estos casos, convierte en nuevo Derecho la conducta antijurídica"[56].

Distingue RADBRUCH, en su Filosofía del Derecho, tres elementos de la idea del derecho, Justicia, adecuación a fin y seguridad jurídica. Recupera, así, de nuevo la sentencia de que la "seguridad jurídica exige positividad del derecho", entendiendo, que el derecho justo debe ser positivo, y declarando que el derecho positivo debe ser justo, pues "La seguridad jurídica exige positividad", sin embargo, la reclamada positividad es un *factum* una fuerza, así "La seguridad jurídica no exige sólo la vigencia de los preceptos jurídicos que la fuerza establece y que se cumplen de hecho, sino que tiene también ciertas exigencias respecto a su contenido, la exigencia de su practicabilidad"[57].

Por su parte, BERMEJO VERA, entiende que la indicada concepción formal de RADBRUCH resulta de una mayor necesidad en aquellos ordenamientos jurídicos complejos que se

---

56 *Ibidem*, p. 41.

57 RADBRUCH, G., *Filosofía del derecho*, Comares, Granda, 1999, pp. 89-92. Resultaría recomendable, sobre la obra de RADBRUCH, detenerse en GARCÍA MANRIQUE, R., "Radbruch y el valor de la seguridad jurídica", *Anuario de Filosofía del Derecho*, 21, 2004, pp. 261-286.

encuentren influenciados por factores que resultarían ajenos a los propios intereses de la ciudadanía. De ahí, que para el primero exista una tercera dimensión de la seguridad jurídica, que pasaría por señalar la existencia de un Derecho que protegería formal y realmente a través de su aplicación por los órganos jurisdiccionales, afirmando que "No solamente el Derecho es garante de la seguridad jurídica, sino también otros factores, como la moral y la economía, resultan decisivos para la protección del interés del sujeto (y para su tranquilidad psicológica)"[58].

Como hemos tenido la oportunidad observar se formulan y presentan por la doctrina diferentes concepciones de seguridad jurídica, no obstante, hemos podido advertir la coincidencia existente en la identificación de la seguridad jurídica con la certeza del Derecho.

Ha de ser nuestra postura, respecto de la seguridad jurídica, entender que esta última ha de relacionarse con la certeza de un ordenamiento jurídico que se caracterice por su comprensibilidad, permitiendo a la ciudadanía conocer a qué debe atenerse, al amparo de una seguridad en la idea de la protección de unos derechos, como ocurriría con el derecho de propiedad, que será procurada por los órganos judiciales en resoluciones no arbitrarias, uniéndose a esa tarea de custodia, desde un punto de vista administrativo, por ejemplo, aquellas instituciones del Estado como el Registro de la Propiedad, que como abordaremos a continuación, a través de sus asientos, participa activamente de la salvaguarda del mentado derecho.

---

58 BERMEJO VERA, J., *El declive de la seguridad jurídica en el ordenamiento plural, op. cit.*, pp. 56-57.

4. EL REGISTRO DE LA PROPIEDAD: LA IMPORTANCIA DE SUS ASIENTOS A PROPÓSITO DE LA SEGURIDAD JURÍDICA PREVENTIVA DE LOS INTERESES PRIVADOS

Merece la pena comenzar este apartado con las palabras de ARRIETA SEVILLA, con mención al articulado del Decreto de 8 de febrero de 1946 por el que se aprueba la nueva redacción oficial de la Ley Hipotecaria[59] (en adelante, LH). En estas el primero retorna a la idea del Registro de la Propiedad como una institución que garantiza la seguridad, así como la calificación registral, ambas como presupuesto de la garantía de seguridad, manifestando que:

"El Registro de la Propiedad, como institución jurídica, desempeña sus funciones básicamente dentro del ámbito del Derecho privado. Muestra de ellos es que a él tienen acceso los actos y contratos a través de los cuales se crean, transmiten, modifican y cancelan derechos reales inmobiliarios (art. 1.I LH). Sin embargo, resulta de igual modo indudable que la propiedad no es únicamente una cuestión privada. Y ello no sólo por la función social de la propiedad, sino también porque sus limitaciones o cualificaciones no vienen únicamente expuestas por los denominados derechos reales limitados.

En la actualidad el Registro no sólo es un medio para dotar de protección y publicidad a los derechos reales sobre bienes inmuebles sino que su utilidad traspasa las fronteras propias del Derecho civil. Esto se debe, en primer lugar, a que en el Derecho público tiene una importancia cada vez mayor en la organización y los usos del territorio, lo que afecta decisivamente a la configuración del derecho de propiedad, y por consiguiente, a las fincas registrales. En segundo lugar, el Registro de la

---

59 Decreto de 8 de febrero de 1946 por el que se aprueba la nueva redacción oficial de la Ley Hipotecaria. Boletín Oficial del Estado, 27 de febrero de 1946, nº 58, p. 1518.

Propiedad influye en decisiones urbanísticas y administrativas en la medida en que garantiza la tutela efectiva de los que constan en el Registro como titulares de una finca. Por este motivo, el Registro de la Propiedad es una herramienta indispensable para la Administración pública porque proporciona *erga omnes* y con una eficacia netamente superior a otras instituciones aparentemente análogas la identidad del propietario de una finca.

Las funciones de seguridad y fomento del tráfico jurídico inmobiliario que se atribuyen al Registro de la Propiedad se satisfacen a través de un sistema de presunciones y ventajas que la Ley Hipotecaria atribuye a quienes ostentan la condición de titular registral. Se presume la posesión, veracidad y exactitud del derecho del titular registral (art. 38 LH), lo que le abre una vía rápida y expedita para la tutela judicial de su derecho inscrito (arts. 41 LH y 250.1.7° LEC). Si el *tradens* del titular registral careciera de poder de disposición sobre la finca se facilita su prescripción *secundum tabulas* (art. 35 LH) o se le protege si es un adquirente de buena fe y a título oneroso de persona legitimada por el Registro (art. 34 LH). Asimismo, se dificulta la usucapión *contra tabulas* (arts. 1949 CC y 36 LH) y se reduce la oponibilidad de los derechos no inscritos (art. 32 LH)"[60].

Comenzamos a vislumbrar, por tanto, cómo el Registro de la Propiedad contribuye a garantizar la protección de la institución de la propiedad privada al ofrecer, por ejemplo, a la persona que adquiere la condición de titular registral de una finca la presunción de la posesión, veracidad y exactitud de su derecho.

Consecuencia de lo anterior, observamos, que en el seno de la actividad administrativa desarrollada por el Estado, encontramos, también, un peculiar interés en beneficiar a los parti-

---

60 ARRIETA SEVILLA, L.J., "La calificación registral en el Registro de la Propiedad digital y gráfico", *Revista Crítica de Derecho Inmobiliario*, 1989, 740, noviembre 2013, pp. 3674-3675.

culares, destacando, a este respecto, la evidente acción social de servicio público propiciada por el Registro de la Propiedad, en el que se favorece la publicidad y constancia de aquellas titularidades o derechos reales sobre los bienes inmuebles, constituyendo, así, una institución centrada en proporcionar seguridad jurídica en el tráfico inmobiliario y, por extensión, garantizando, en cierto modo, la salvaguarda del derecho de propiedad[61]. Indicar, además, en este sentido, la protección de los adquirientes de buena fe fiados en la publicación llevada a cabo por el Registro y de quien, en atención a sus asientos, parece ser el titular del derecho que se encuentra inscrito y consecuentemente puede proceder a su transmisión. Más allá de esta función originaria de constituirse el Registro, como apuntaba GARCÍA MORATILLA, en "pieza básica del sistema de seguridad jurídica preventiva"[62], el registro, como oficina pública se encuentra dirigido por un funcionario que se caracteriza por su alta cualificación habida cuenta de sus conocimientos jurídicos, posee la bondad de proveer, de un lado, a quienes constan como titulares de los derechos reales inscritos[63], de

---

61 Conviene recordar la finalidad del Real Decreto de 8 de agosto de 1855, disponiendo que la comisión encargada para la formación de la Ley orgánica de Tribunales y del Código de procedimientos se dedique con preferencia y brevedad á formar un proyecto de ley de hipotecas. Gaceta de Madrid, 10 de agosto de 1855, nº. 951, p. 1, refiriéndose a la "aseguración de la propiedad territorial" y ordenando al Gobierno la redacción de una ley hipotecaria.

62 GARCÍA MORATILLA, J.I. y SEOANE SPIEGELBERG. J.L., *Seguridad jurídica y registro: una obligada conquista permanente*, Discurso leído el día 4 de mayo de 2012 en la solemne sesión de ingreso del académico de número Ilmo. Sr. don José Ignacio García Moratilla y contestación del Ilmo. Sr. don José Luis Seoane Spiegelberg, académico de número, Real Academia Gallega de Jurisprudencia y Legislación, A Coruña, 2012, p. 31.

63 Debemos apuntar la afirmación del insigne jurista VALLET DE GOYTISOLO, J.B., "Determinación de las relaciones jurídicas relativas

una serie de ventajas que pueden sintetizarse en la concepción de oponibilidad, proporcionándoles, por otra parte, una puerta abierta a la disposición de unos determinados mecanismos que les resultarán favorables en cuanto a la efectividad defensiva se refiere de los que carecen aquellos titulares de derechos reales que deciden no inscribirlos[64]. Debe recordarse, en este sentido, lo expresado por la Sentencia del Tribunal Supremo (en adelante, STS) de 31 de marzo de 2011, "la presunción de exactitud registral se desdobla en dos principios o aspectos de la eficacia registral. Con el principio de legitimación registral, presunción de exactitud *iuris tantum*, eficacia defensiva de la inscripción y el principio de fe pública registral, eficacia ofensiva de la inscripción"[65].

Sendas facetas de la seguridad jurídica, de los derechos o seguridad jurídica estática y del tráfico o seguridad jurídica dinámica, serían las proporcionadas por el registro residiendo su eficacia en que "la esencia de la publicidad (registral) reside en su significado de verdad oficial"[66] o, en el sentido, de que

---

a inmuebles susceptibles de trascendencia respecto a tercero", *Anales de la Academia Matritense del Notariado,* Tomo XIV, 1965, pp. 293-396, indicando que el Registro de la Propiedad es "registro de título no de derechos, porque publica los derechos con su título, unidos a él".

64 Para más información, puede consultarse entre otros, GALLARDO RUEDA, A., "El registro de la propiedad y la doctrina de la seguridad jurídica", *Boletín del Colegio Nacional de Registradores de la Propiedad,* 1951, p. 1.

65 STS, Sala de lo Civil, de 31 de marzo de 2011, n.º 93/2011, F. j. 4 (*Tol2.124.557*).

66 Viene a considerar PAU PEDRÓN, A., *Curso de práctica registral,* Universidad Pontificia de Comillas, Madrid, 1995, pp. 17-19, que "otras explicaciones de la publicidad, como apariencia o como forma, son insuficientes para precisar su esencia. El encuadramiento de la publicidad en una teoría general de la apariencia tiene escaso fundamento en las normas y ninguna utilidad práctica" viniendo a expresar el anterior que "las radicales diferencias entre la posesión y

"el registro contiene la verdad oficial creada por el Estado respecto a las situaciones que publica"[67].

En nuestro ordenamiento jurídico no son pocos los beneficios que pueden extraerse de la inscripción registral en atención a la seguridad jurídica de los derechos, beneficios, estos, que se manifiestan en la denominada eficacia defensiva que ofrece la inscripción.

Desde la indicada perspectiva se emplazan aquellas normas que suponen la exactitud del contenido de los asientos registrales, dando lugar, como parte de la doctrina ha venido a considerar, al llamado principio de legitimación registral, cuya presunción llega a disponer que los derechos inscritos existen y pertenecen a su titular en la forma concreta en el asiento correspondiente y a considerar que quien ha inscrito a su nombre el dominio o los restantes derechos reales sobre los inmuebles "tiene la posesión de los mismos"[68].

---

la publicidad hacen que cualquier elaboración doctrinal que abarque a ambas adolece de excesiva abstracción".

67 Resulta necesaria la consulta de AMORÓS GUARDIOLA, M., "La inscripción como título de legitimación", en *Homenaje al Profesor José Antonio Escudero*, vol. 1, Complutense, Madrid, 2012, pp. 77-97, donde se indica que dicha "verdad oficial" se encuentra encaminada a "conseguir la mayor seguridad en el tráfico de los bienes inmuebles".

68 Nos remitimos al art. 38.1° LH. Establece, además, el art. 35 LH, a los concretos efectos de la prescripción adquisitiva, la llamada validez y la veracidad del título inscrito y la de que la posesión del titular que se encuentra inscrito, que recordamos, por otra parte, presume, también, el art. 38 LH, ha de suponerse como pública, pacífica, ininterrumpida y de buena fe mientras permanezca vigente el asiento y de los de sus antecesores de quienes traiga causa. Puede verse, en este sentido, las aportaciones de MENÉNDEZ HERNÁNDEZ, J., "Consideraciones en torno al art. 38 de la Ley Hipotecaria", *Revista Crítica de Derecho Inmobiliario*, 354-355, noviembre-diciembre 1957, pp. 828-836; ROCA TRIAS, E., "Las relaciones entre la posesión y el Registro de la Propiedad", *Revista Crítica de Derecho Inmobiliario*, 530,

Ha de señalarse la prerrogativa que vienen a suponer tales presunciones, reforzadas estas de forma tenue teniendo en consideración que las mismas se adicionan con la declaración legal de la intangibilidad, a excepción de que se produzca la declaración de su inexactitud, esto es, de los asientos registrales, que, como proclama de manera expresa el art. 1.3 LH, "están bajo la salvaguardia de los Tribunales", de este modo, como ya se ha señalado con anterioridad, su contenido se anuncia como una "verdad oficial", en un primer momento alejada de toda posible perturbación, que viene a legitimar y proteger al titular registral y que sirve *erga omnes* y a todos los efectos. Presunción, que como viene a manifestar LUNA SERRANO, derivaría de la indicada concepción de legitimación registral, que sirve al titular inscrito tanto en el ámbito del proceso, en cuanto que le autoriza directamente para que pueda actuar ante los tribunales en función de la llamada "legitimación procesal activa", proporcionándole una serie de ventajas en atención a la prueba, como en el plano de las relaciones sociales de la vida normal, en tanto que el titular inscrito puede presentarse ante los demás, personarse ante el propio registro y, en general, ante cualquier órgano administrativo, como auténtico titular, aunque puede ocurrir que por cierta eventualidad no lo sea, del derecho que aparece consignado en los denominados libros registrales[69].

Manifestación expresa y no menos significativa de la citada legitimación procesal activa que ornamenta al titular inscrito de un derecho real, como vendrá a indicar el art. 41 LH, es la facultad de ejercer la llamada acción real registral, pues a

---

1979, pp. 9-74 y ÁLVAREZ CAPEROCHIPI, J.A., "La posesión y el registro de la propiedad", *Revista de Derecho Privado*, vol.62, 6, junio de 1978, pp. 465-490.

69 LUNA SERRANO, A., *La seguridad jurídica y las verdades oficiales del derecho*, Dykinson, Madrid, 2015, p. 138.

través de su interposición puede exigirse, mediante un relativo proceso sencillo, como resulta el juicio verbal, la efectividad del derecho que tiene a poseer el inmueble a que se refiere aquella titularidad que aparece reflejada como suya en los correspondientes asientos registrales[70].

El aspecto de la seguridad jurídica dinámica que provee el registro en la relación existente al tráfico se pone de manifiesto, como elemento de carácter principal y en la esfera de la que se ha venido denominando con acierto como eficacia ofensiva de la inscripción, en la concluyente firmeza, recordando la STS de 23 de mayo de 1989, de la adquisición onerosa, que ha sido realizada de buena fe y se inscribe en los concretos asientos registrales de quien, teniendo en consideración aquellos, es proclamado por el propio registro, consta como titular del inmueble al que el contrato hace referencia, aunque pueda ocurrir con ella la pérdida por parte del verdadero titular de su derecho que no tiene inscrito este último y, que, en consecuencia, no puede oponerlo frente al adquirente con arreglo al art. 32 LH o, fundamentalmente, en atención de la aparente titularidad del transmitente vendría a desencadenar, en lo que se refiere a la constitución de su contenido la "verdad formal"[71], la inscripción registral a favor del mentado adquirente[72], con arreglo a lo establecido en el art. 34 LH, conformador del de-

---

70 En atención al citado precepto, debe remitirse a la lectura, entre otros, de MOLINA, E., "Notas al art. 41 de la Ley Hipotecaria", *Revista de Derecho Privado,* 81, 2, 1997, pp. 130-137.

71 STS, Sala de lo Civil, de 23 de mayo de 1989, n.º 406, F.j. 3 (*Tol1.732.503*).

72 Se ha venido considerando, si la llamada constancia registral da lugar a la apariencia trascendente en derecho, o si por no provocar "apariencias naturales y espontáneas" como sostiene MEZQUITA DEL CACHO, J.L., *Seguridad jurídica y sistema cautelar para su protección preventiva en la esfera privada/ Sistema español de Derecho cautelar parte general y apéndice eurocomunitario,* Tomo II, Bosch, Barcelona, 1989, pp. 337-347, únicamente daría lugar a una legitimación o investidura.

nominado principio de fe pública "en su versión estricta"[73] y expresiva en materia inmobiliaria de la llamada adquisición *a non domino*[74], habida cuenta que el anterior precepto, como ha venido a manifestar la jurisprudencia, sirve de cobijo para la totalidad de las adquisiciones "precisamente porque salva

---

73 Es preciso recordar la STS, Sala de lo Civil, de 16 de julio de 2001, n.º 716/2001, F. j. 2 (*Tol4.974.711*), por los apelativos que emplea para llevar a cabo una diferenciación del principio de fe pública registral en sentido amplio, al que se referiría, por su parte, el art. 38 LH. Como ha venido a manifestar numerosa jurisprudencia, particularmente, a partir de la STS, Pleno de la Sala de lo Civil, de 5 de marzo de 2007, n.º de recurso 5299/1999, F. j. 7 (*Tol1.044.159*), "la doctrina sobre el art. 34 de la ley hipotecaria que procede dejar sentada comprende dos extremos: el primero, que este precepto ampara las adquisiciones *a non domino* precisamente porque salva el defecto de titularidad o de poder de disposición del transmitente que, según el Registro, aparezca con facultades para transmitir la finca, tal y como se ha mantenido muy mayoritariamente por esta Sala; y segundo, que el mismo artículo no supone necesariamente una transmisión intermedia que se anule o resuelva por causas que no consten en el Registro, ya que la primera parte de su párrafo primero goza de sustantividad propia para amparar a quien de buena fe adquiera a título oneroso del titular registral y a continuación inscriba su derecho, sin necesidad de que se anule o resuelva el de su propio transmitente", doctrina que ha venido siendo recordada, entre otras, en la STS, Sala de lo Civil, de 16 de marzo de 2007, n.º 322/2007, F. j. 3 (*Tol1.050.550*); la STS, Sala de lo Civil, de 20 de marzo de 2007, n.º 355/2007, F. j. 2 (*Tol1.050.535*); la STS, Sala de lo Civil, de 5 de mayo de 2008, n.º 344/2008, F. j. 2 (*Tol 1.331.061*) y la STS, Sala de lo Civil, de 31 de marzo de 2011, n.º 93/2011, F. j. 4 (*Tol2.124.557*). No conviene olvidarse de la STS, Sala de lo Civil, de 22 de junio de 2001, n.º 625/2001, F. j. 5 (*Tol4.974.498*), pues esta ya había manifestado que la fe pública registral viene a salvar el defecto de titularidad del transmitente, aunque no aquellas del propio título adquisitivo del tercero.

74 MARTÍN BALLESTERO HERNÁNDEZ, L. M., "La legitimación registral en la dinámica de las adquisiciones inmobiliarias a non domino", *Revista Crítica de Derecho Inmobiliario*, 67, 603, 1991, pp. 575-650.

el defecto de titularidad o de poder de disposición del transmitente que, según el registro, aparezca con facultades para transmitir la finca"[75].

Al hilo de la garantía que, ciertamente, ofrece el Registro de la Propiedad sobre el propio derecho de propiedad y siguiendo nuevamente a LUNA SERRANO, debe traerse a colación otro de los ejemplos de eficacia ofensiva relativos a la inscripción, este sería el caso de la doble venta de un inmueble a la que hace referencia el art. 1.463 CC, pues en atención a este precepto, del que se advierte una cierta compatibilidad con el anteriormente citado art. 34 LH, si el comprador que primero inscribe en el registro resulta el segundo de los compradores en el tiempo, a este se transferirá la propiedad de la cosa, que, sin embargo con arreglo a las normas civiles generales, la anterior debería ser, de haberse producido la escritura de la venta, de aquel que primero compró y que, de no tenerse en consideración las implicaciones establecidas en la mencionada norma, sería, a todos los efectos, reconocido como auténtico propietario. Así, el conjunto de ventajas que, para aquellos que resulten favorecidos por los asientos, se suscitan de la inscripción registral pueden hacerse valer a través, con referencia a los arts. 223 y ss. LH, de las certificaciones que serán expedidas por los registradores de la propiedad en atención al contenido que figura recogido en los asientos registrales. Decir, a este respecto, que las mentadas certificaciones son consideradas como documentos públicos y, en su tal condición, vienen a ser prueba plena de aquellos hechos y actos a que hacen referencia[76].

---

75 Ha venido a ser recogida esta doctrina, por ejemplo, nuevamente en la ya citada STS, Pleno de la Sala de lo Civil, de 5 de marzo de 2007, n.º de recurso 5299/1999, F. j. 7 (*Tol1.044.159*) y en la STS, Sala de lo Civil, de 11 de octubre de 2014, n.º 541/2014, F. j. 2 (*Tol4.525.374*).

76 LUNA SERRANO, A., *La seguridad jurídica y las verdades oficiales del derecho, op. cit.*, p.140.

Parece claro, en todo caso, que pudiera resultar, en ciertos momentos, no ser exacto el registro, como vienen a mostrar, de un lado, el foco que legalmente se deposita a la potencial inexactitud de los asientos, así como de su rectificación[77], y de otro, la periodicidad con la que los tribunales atienden el ya citado art. 34 LH, y, a este respecto, advertimos que la seguridad jurídica proporcionada por el registro en atención al derecho que se encuentra inscrito o al propio tráfico jurídico no siempre encuentra su base en un contenido registral exacto, llegando incluso, como ocurre en determinados momentos, la presencia de una discrepancia entre lo que se ha venido citando como "verdad oficial" anunciada por el propio registro y que otorga la certidumbre inmediata derivada de la seguridad y aquella verdad que encontramos en la verdad extrarregistral.

5. UNA REFLEXIÓN A MODO DE CONCLUSIÓN

Sirva, por tanto, este estudio para concluir que la seguridad jurídica, en tanto que concepto, viene a erigirse como aquella posibilidad de prever y conocer las consecuencias derivadas de los actos. Previsibilidad que se muestra protagonista en la aplicación judicial del derecho, donde la ciudadanía puede enarbolar su derecho a obtener soluciones iguales ante situaciones iguales, permitiéndonos conectar, directamente, la seguridad jurídica con el valor de justicia, con el principio de igualdad

[77] Deben revisarse, a este respecto, entre otros, los arts. 39, 40, 211 y 217-220 LH. Sobre esta cuestión, conviene detenerse en SANZ FERNÁNDEZ, A., "El registro y la realidad jurídica", *Anales de la Academia Matritense del Notariado*, Tomo XIV, 1965, pp. 397-480, así como, en atención a la posible inexactitud de lo que vienen a mostrar los asientos registrales, se ha distinguido por la jurisprudencia entre lo que se denomina realidad registral y lo que ha venido a llamarse realidad extrarregistral, debemos remitirnos a la STS, Sala de lo Civil, de 10 de julio de 1984, n.º 448, F. j. 3 (*Tol1.737.689*).

y con el derecho fundamental a la tutela judicial efectiva, y, en este sentido, la relación existente en la protección de los derechos disponibles para el conjunto de la sociedad, y, en particular, del propietario que pueda ver perturbado su derecho de propiedad al impedírsele el goce o disposición de una cosa por parte de un tercero no propietario, más aún, si el primero tiene inscrito su derecho, para el supuesto, por ejemplo, de un bien inmueble.

Establecemos, de este modo, la conexión de la seguridad jurídica con la forma de Estado, siendo inherente al Estado social y democrático de Derecho, en tanto que la democracia y el conjunto de valores en los que ha de sustentarse la legitimidad al Poder y, más concretamente, al poder legislativo que nos provee de la necesaria legalidad, conformando el imprescindible marco de convivencia del Estado de Derecho.

Así como el acreedor, cree y tiene la paciencia en esperar que su interés sea satisfecho, únicamente una sociedad conformada por individuos capaces de albergar una moderada cantidad de confianza, se encontrará en un camino correcto de desarrollo, respetando, entre otras cuestiones, el derecho de propiedad de cada uno de los integrantes de la anterior, sirviendo a la consecuencia de esta tarea una seguridad jurídica que resulta efectiva y una institución de derecho público, como es el Registro de la Propiedad, que permite llevar la primera, a través de la publicidad que proporciona, a su máxima expresión.

6.REFERENCIAS BIBLIOGRÁFICAS

Bibliografía

ÁLVAREZ CAPEROCHIPI, J.A., "La posesión y el registro de la propiedad", *Revista de Derecho Privado*, vol.62, 6, junio de 1978, pp. 465-490.

AMORÓS GUARDIOLA, M., "La inscripción como título de legitimación", en *Homenaje al Profesor José Antonio Escudero*, vol. 1, Complutense, Madrid, 2012, pp. 77-97.

ARCOS RAMÍREZ, F., *La seguridad jurídica: una teoría formal*, Dykinson, Madrid, 2000.

ARRIETA SEVILLA, L.J., "La calificación registral en el Registro de la Propiedad digital y gráfico", *Revista Crítica de Derecho Inmobiliario*, año 1989, 740, noviembre 2013, pp. 3671-3702.

BALAGUER CALLEJÓN, F., "Constitucionalismo multinivel y derechos fundamentales en la Unión Europea", en *Estudios en Homenaje al Profesor Gregorio PECES-BARBA*, vol. 2, Dykinson, Madrid, 2008, pp. 133-157.

BALAGUER CALLEJÓN, F., *Fuentes del Derecho*, Vol. I, Tecnos, Madrid, 1991.

BALLESTERO HERNÁNDEZ, L. M., "La legitimación registral en la dinámica de las adquisiciones inmobiliarias a non domino", *Revista Crítica de Derecho Inmobiliario*, Año 67, 603, 1991, pp. 575-650.

BARRERO RODRÍGUEZ, C., "El respeto a los derechos adquiridos", *Documentación Administrativa*, 263-264, mayo-diciembre 2002, p. 146-ss.

BERMEJO VERA, J., *El declive de la seguridad jurídica en el ordenamiento plural*, Thomson-Civitas, Navarra, 2005.

CASTILLO BLANCO, F.A., "El principio de seguridad jurídica: especial referencia a la certeza en la creación del Derecho", *Documentación Administrativa*, 263-264, mayo-diciembre 2002, p. 34-ss.

CORSALE, M., *Certezza del diritto e crisi de legittimitàl*, Giuffré, Milán, 1979.

D'ORS, A., *Derecho privado romano*, Universidad de Navarra, Pamplona, 1976.

DE LUCAS, J., "Sobre la ley como instrumento de certeza en la Revolución de 1789. El modelo del Code de Napoleón", *Anuario de Filosofía del Derecho*, IV, 1989, pp. 129-134.

DÍAZ, E., *Sociología y Filosofía del Derecho*, Taurus, Madrid, 1988.

DÍEZ-PICAZO, L., *La seguridad jurídica y otros ensayos*, Civitas, Navarra, 2014.

GALLARDO RUEDA, A., "El Registro de la Propiedad y la doctrina de la seguridad jurídica", *Boletín del Colegio Nacional de Registradores de la Propiedad*, 1951, p.1-ss.

GARCÍA MANRIQUE, R., "Radbruch y el valor de la seguridad jurídica", *Anuario de Filosofía del Derecho*, 21, 2004, pp. 261-286.

GARCÍA MORATILLA, J.I. y SEOANE SPIEGELBERG. J.L., *Seguridad jurídica y registro: una obligada conquista permanente*, Discurso leído el día 4 de mayo de 2012 en la solemne sesión de ingreso del académico de número Ilmo. Sr. don José Ignacio García Moratilla y contestación del Ilmo. Sr. don José Luis Seoane Spiegelberg, académico de número, Real Academia Gallega de Jurisprudencia y Legislación, A Coruña, 2012.

GARCÍA PELAYO, M., "La idea medieval del Derecho", en *Obras completas*, vol. 2, Centro de Estudios Constitucionales, Madrid, 1991.

GÓMEZ SÁNCHEZ, Y., *Constitucionalismo multinivel: Derechos fundamentales*, Sanz y Torres, Madrid, 2020.

LAUROBA LACASA, E., "El principio de seguridad jurídica y la discontinuidad del derecho", *Louisiana Law Review*, vol. 63, 4, 2003.

LÓPEZ DE OÑATE, F., *La certezza del diritto*, Milano, 1968.

LÓPEZ GUERRA, L., "Notas sobre el principio de seguridad jurídica", en *Estudios de teoría del estado y derecho constitucional en honor de Pablo Lucas Verdú*, Tomo II, Universidad Complutense de Madrid (Facultad de Derecho), Madrid, 2001.

LUCAS MURILLO DE LA CUEVA, P., "El examen de la constitucionalidad de las leyes y la soberanía parlamentaria", *Revista de Estudios Políticos*, 7, 1979.

LUNA SERRANO, A., *La seguridad jurídica y las verdades oficiales del derecho*, Dykinson, Madrid, 2015.

MENÉNDEZ HERNÁNDEZ, J., "Consideraciones en torno al art. 38 de la Ley Hipotecaria", *Revista Crítica de Derecho Inmobiliario*, 354-355, noviembre-diciembre 1957, pp. 828-836.

MEZQUITA DEL CACHO, J.L., *Seguridad jurídica y sistema cautelar para su protección preventiva en la esfera privada/Teoría de la seguridad jurídica en su doble proyección, pública y privada*, Tomo I, Bosch, Barcelona, 1989.

MEZQUITA DEL CACHO, J.L., *Seguridad jurídica y sistema cautelar para su protección preventiva en la esfera privada/ Sistema español de Derecho cautelar parte general y apéndice eurocomunitario*, Tomo II, Bosch, Barcelona, 1989.

MOLINA, E., "Notas al art. 41 de la Ley Hipotecaria", *Revista de Derecho Privado*, año 1981, 2, 1997, pp. 130-137.

PALMA FERNÁNDEZ, J.L., *La seguridad jurídica ante la abundancia de normas*, Centro de Estudios Políticos y Constitucionales, Madrid, 1997.

PAU PEDRÓN, A., *Curso de práctica registral*, Universidad Pontificia de Comillas, Madrid, 1995.

PECES-BARBA, G., "La seguridad jurídica desde la Filosofía del Derecho", *Anuario de Derechos Humanos*, 6, 1990, pp. 215-229.

PÉREZ LUÑO, A.E., *La seguridad jurídica,* 2.ª edición, Ariel Derecho, Barcelona, 1994.

RADBRUCH, G., *Filosofía del derecho,* Comares, Granda, 1999.

RADBRUCH, G., *Introducción a la filosofía del derecho,* Fondo de Cultura Económica, México, 1974.

ROCA TRIAS, E., "Las relaciones entre la posesión y el registro de la propiedad", *Revista Crítica de Derecho Inmobiliario,* 530, 1979, pp. 9-74.

SANZ FERNÁNDEZ, Á, "El registro y la realidad jurídica", *Anales de la Academia Matritense del Notariado,* Tomo XIV, 1965, pp. 397-480.

TORRES DEL MORAL, A., *Principios de derecho constitucional español,* Servicio de publicaciones de la Universidad Complutense, Madrid, 2004.

UGARTEMENDIA ECEIZABARRENA, J.I., "El concepto y alcance de la seguridad jurídica en el Derecho constitucional español y en el Derecho comunitario europeo: un estudio comparado", *Cuadernos de Derecho Público,* 28, mayo-agosto 2006, pp. 17-54.

VALLET DE GOYTISOLO, J.B., "Determinación de las relaciones jurídicas relativas a inmuebles susceptibles de trascendencia respecto a tercero", *Anales de la Academia Matritense del Notariado,* Tomo XIV, 1965, pp. 293-396.

Documentos difundidos por Internet

BASTIDA FREIJEDO, F.J., «Constitución, seguridad jurídica y Registro de la Propiedad» [en línea], (2018), <https://revistaregistradores.es/constitucion-seguridad-juridica-y-registro-de-la-propiedad/>. [Consulta: 13/07/2024.]

Constitución Española. Boletín Oficial del Estado, 29 de diciembre de 1978, n.º 311.

Ley Orgánica 6/1985, de 1 de julio, del Poder Judicial. Boletín Oficial del Estado, 2 de julio de 1985, n.º 157.

Real Decreto de 8 de agosto de 1855, disponiendo que la comisión encargada para la formación de la ley orgánica de Tribunales y del Código de procedimientos se dedique con preferencia y brevedad á formar un proyecto de ley de hipotecas. Gaceta de Madrid, 10 de agosto de 1855, nº. 951.

Real Decreto de 24 de julio de 1889 por el que se publica el Código Civil. Gaceta de Madrid, 25 de julio de 1889, n.º 206.

Decreto de 8 de febrero de 1946 por el que se aprueba la nueva redacción oficial de la Ley Hipotecaria. Boletín Oficial del Estado, 27 de febrero de 1946, n.º 58.

Ley 1/2000, de 7 de enero, de Enjuiciamiento Civil. Boletín Oficial del Estado, 8 de enero de 2000, n.º 7.

Jurisprudencia

Sentencias del Tribunal Constitucional

- Sentencia del Tribunal Constitucional de 20 de julio de 1981, nº. 27/1981 (*Tol110.830*).
- Sentencia del Tribunal Constitucional de 11 de junio de 1987, n.º 99/1987 (*Tol338.841*)
- Sentencia del Tribunal Constitucional de 29 de noviembre de 1988, n.º 227/1988 (*Tol80.074*)
- Sentencia del Tribunal Constitucional de 4 de octubre de 1990, n.º 150/1990 (*Tol80.402*).
- Sentencia del Tribunal Constitucional de 27 de septiembre de 1999, n.º 165/1999 (*Tol81.211*).
- Sentencia del Tribunal Constitucional de 15 de noviembre de 2000, n.º 273/2000 (*Tol2.764*).

Sentencias del Tribunal Supremo

- Sentencia del Tribunal Supremo, Sala de lo Civil, de 10 de julio de 1984, n.º 448 (*Tol1.737.689*).
- Sentencia del Tribunal Supremo, Sala de lo Civil, de 23 de mayo de 1989, n.º 406 (*Tol1.732.503*).
- Sentencia del Tribunal Supremo, Sala de lo Civil, de 22 de junio de 2001, n.º 625/2001 (*Tol4.974.498*).
- Sentencia del Tribunal Supremo, Sala de lo Civil, de 16 de julio de 2001, n.º 716/2001 (*Tol4.974.711*).
- Sentencia del Tribunal Supremo, Pleno de la Sala de lo Civil, de 5 de marzo de 2007, n.º de recurso 5299/1999 (*Tol1.044.159*).
- Sentencia del Tribunal Supremo, Sala de lo Civil, de 16 de marzo de 2007, n.º 322/2007 (*Tol1.050.550*).
- Sentencia del Tribunal Supremo, Sala de lo Civil, de 20 de marzo de 2007, n.º 355/2007 (*Tol1.050.535*).
- Sentencia del Tribunal Supremo, Sala de lo Civil, de 5 de mayo de 2008, n.º 344/2008 (*Tol 1.331.061*).
- Sentencia del Tribunal Supremo, Sala de lo Civil, de 31 de marzo de 2011, n.º 93/2011 (*Tol2.124.557*).

- Sentencia del Tribunal Supremo, Sala de lo Civil, de 31 de marzo de 2011, n.º 93/2011 (*Tol2.124.557*).
- Sentencia del Tribunal Supremo, Sala de lo Civil, de 11 de octubre de 2014, n.º 541/2014 (*Tol4.525.374*).

Capítulo 7.

El principio de seguridad jurídica en defensa del obligado tributario

MAITANE ECHEVERRÍA URANGA
Universidad de Deusto

SUMARIO: 1. Introducción. 2. La seguridad jurídica. Concepto. 2.1. Relación entre el principio de seguridad jurídica, la buena fe y la confianza legítima en la esfera tributaria. 3. Distribución de la competencia tributaria en España. 4. Ley 3/1989, de 30 de mayo, de armonización, coordinación y colaboración fiscal. 5. Materialización del principio de seguridad jurídica en el ámbito tributario. 5.1. Procedimientos de vinculación administrativa previa; en particular, las consultas tributarias escritas. 5.2. Reclamación frente al Tribunal Económico- Administrativo. 6. Dificultades derivadas de la práctica en la consagración de la seguridad jurídica entre los administrados y la Administración tributaria. 6.1. La problemática de las consultas tributarias escritas: la demora en la respuesta y las consecuencias inciertas de su aplicación. 6.2. La naturaleza y obligatoriedad de la vía económico- administrativa. 7. De las posibles alternativas frente a las cuestiones suscitadas. 7.1. Desde agilizar el procedimiento de respuesta a las consultas tributarias escritas a impulsar los acuerdos previos de tributación. 7.2. Métodos alternativos para la resolución de controversias tributarias. 8. Conclusiones. 9. Referencias bibliográficas.

1. INTRODUCCIÓN

Durante las últimas décadas, impulsado entre otros por el avance tecnológico, los cambios demográficos, la modificación de las estructuras económicas y la globalización, la sociedad se está viendo inmersa en un proceso de cambio continuo que está obligando a los Estados, a medida que la realidad se hace más compleja, a aumentar su intervención en distintas esferas.

El ámbito jurídico, no escapa de dicha actuación o intervención puesto que el Derecho, justamente, constituye un sistema de principios y normas que ordenan la conducta humana. Es por ello por lo que el ordenamiento jurídico debe ir evolucionando para adaptarse a los cambios sociales anteriormente expuestos.

No obstante lo anterior, los cambios normativos no siempre producen los efectos que de los mismos se pretenden. Si bien las modificaciones regulatorias deberían responder a la transformación social y a los problemas y novedades que nacen por el transcurso del tiempo, el desajuste entre ambas puede provenir tanto desde el plano de la elaboración normativa como del de la aplicación de la misma.

La consecuencia de dicha discordancia se traduce en la incapacidad del ordenamiento jurídico de hacer frente y dar respuesta a las nuevas realidades que nacen de la evolución de la propia sociedad como ente dinámico. Lo anterior origina, entre otras consecuencias, que se puedan producir situaciones para cuya resolución no exista regulación específica en la normativa vigente o que sean múltiples las soluciones existentes; incluso contradictorias entre ellas, y, se desconozca cuál de ellas sería de aplicación al supuesto de hecho concreto.

Dicha ausencia de regulación o desconocimiento en su aplicación puede traer consigo la imposibilidad de conocer las consecuencias que pueden derivar de la realización de distintas actuaciones o negocios jurídicos en distintos ámbitos. Todo ello, la incertidumbre de la normativa junto con la ausencia de predictibilidad de los resultados que puedan originar las actuaciones y/o negocios llevados a cabo por los operadores del mercado disminuyen la seguridad jurídica.

Además, la citada inseguridad jurídica puede verse intensificada por la ausencia de criterios unificados, tanto administrativos como judiciales, para la resolución de los conflictos que surgen de la realización de los actos jurídicos anteriormente mencionados. Finalmente, se considera oportuno señalar que si bien parece evidente que la falta de seguridad jurídica, desde un plano económico-tributario, opera únicamente en detrimento de aquellos que realizan con habitualidad operaciones en el mercado, las consecuencias negativas de dicha ausencia afectan a la generalidad de la ciudadanía.

2. LA SEGURIDAD JURÍDICA. CONCEPTO

En nuestro sistema de fuentes, los principios generales del Derecho han estado tradicionalmente subordinados a la Ley y a la costumbre. No obstante, en las últimas décadas, gracias a la importante labor doctrinal y jurisprudencial realizada se viene reconociendo el papel fundamental de los citados principios dentro de nuestro sistema jurídico. La seguridad jurídica, cuyas bases se asientan sobre el artículo 9.3 de la Constitución, se presenta como uno de los principios generales del Derecho por excelencia.

Tanto es así que a la definición de este principio se ha referido el Tribunal Constitucional (TC, en adelante) en numerosas sentencias (STC 136/2011, de 13 de septiembre y STC 234/2012, de 13 de diciembre, entre otras) distinguiendo en ellas las dos vertientes que integran el repetido principio: la primera, la objetiva, relativa a la certeza de la norma, y, la segunda, la subjetiva, referida a la predecibilidad de los efectos derivados de la aplicación de la misma. Así, la doctrina dimanada por el TC, entre otras, en la STC 173/1996, de 31 de octubre, defiende que "el principio de seguridad jurídica protege la confianza de los ciudadanos que ajustan su conducta económica a la legislación vigente frente a cambios normativos que no sean razonablemente previsibles".

Son numerosas las aportaciones que de este principio se han venido realizando desde un plano teórico. En atención a las anteriores, pero desde una perspectiva práctica, el valor jurídico de este principio se centra principalmente en la introducción de criterios de interpretación de otras normas, cobrando el mismo valor en función de los demás principios generales del Derecho (STC 270/2015, de 17 de diciembre).

Estos principios constitucionales, entre los que se integra el principio de seguridad jurídica, son de aplicación general a todos los ámbitos del ordenamiento jurídico entre los que cabe destacar, en lo que aquí interesa, a la delicada y controvertida esfera tributaria.

Ya en el año 2016, en vista de un escenario donde parecía que predominaba cada vez más la inseguridad jurídica, la Organización para la Cooperación y el Desarrollo Económico (OCDE, en adelante), realizó un estudio donde participaron expertos tributarios de distintas entidades y nacionalidades. Los citados expertos concluyeron que era necesaria una mayor seguridad jurídica: en primer lugar, en el desarrollo o elaboración de la normativa tributaria; en segundo lugar, en la aplicación del Derecho tributario; y, en tercer y último lugar, en la resolución de las cada vez más habituales controversias jurídico-tributarias.

Sin perjuicio de lo anterior, la propia OCDE en otro informe realizado en el año 2017 señaló que la seguridad jurídica no se debe entender como un principio autónomo y estanco, sino que el mismo debe mantener la debida consonancia con el resto del ordenamiento jurídico y con los cambios de la propia sociedad. Lo anterior, no es sino una reflexión lógica, puesto que atender en exclusiva al principio de seguridad jurídica imposibilitaría adaptar la normativa tributaria a la realidad social.

En definitiva, el principio de seguridad jurídica debe posibilitar que el Derecho, en general, y el ordenamiento jurídico-tributario, en particular, se adapten a los cambios sociales. Lo anterior, siempre y cuando dicha acomodación no traiga consigo incertidumbre en la elaboración y aplicación de las normas tributarias ni arbitrariedad en la resolución de los conflictos que puedan nacer de dichas disposiciones.

2.1. Relación entre el principio de seguridad jurídica, la buena fe y la confianza legítima en la esfera tributaria

Tal y como se ha expuesto, si bien el principio de seguridad jurídica es uno de los principios generales del Derecho por antonomasia, no es el único. Estrechamente vinculado a este, y centrando la cuestión desde la óptica jurídico-tributaria, los tribunales y los distintos órganos administrativos han acuñado los principios de buena fe y confianza legítima como criterios básicos a tener en cuenta a la hora de resolver los conflictos planteados ante los mismos.

Prueba de ello es la propia jurisprudencia del Tribunal de Justicia de la Unión Europea (TJUE, en adelante), que, en numerosas sentencias, (entre otras, de 16 de mayo de 1979, asunto 84/78; 5 de mayo de 1981, asunto 112/80 y 12 de diciembre de 1985, asunto 133/84), acepta la vulneración del principio de confianza legítima cuando concurren determinadas condiciones. Dichos requisitos son igualmente acogidos por la doctrina a la vista de la monografía de DÍAZ RUBIO[1].

Los anteriores requisitos se resumen, en primer lugar, en que debe existir un acto o un comportamiento de la Administración que pueda haber generado la confianza. Derivado de esto, en segundo lugar, es necesario que la persona afectada no pueda prever el cambio de la línea de conducta adoptada anteriormente. Junto con los anteriores, en último lugar, es necesario que en la ponderación del interés de la persona que reclama la protección de su confianza en contraposición con el

---

1 DÍAZ RUBIO, P., *El principio de confianza legítima en materia tributaria*, Tirant lo Blanch, Valencia, 2014, pp. 93-103.

interés público en la modificación del acto o comportamiento de la Administración, prevalezca la confianza de la interesada sobre el interés general.

La doctrina anterior viene reforzada entre otros por los pronunciamientos tanto del Tribunal Supremo (TS, en adelante) en las sentencias, de 4 de noviembre de 2013 (rec. 3262/2012), y, de 13 de junio de 2018 (rec. 2800/2017) como del Tribunal Económico Administrativo Central (TEAC, en adelante).

En las citadas resoluciones se pone de manifiesto que todas las Administraciones públicas deben ajustar su forma de actuar a los principios de buena fe y protección de la confianza legítima, principios ambos que operan al servicio de la seguridad jurídica. Asimismo, se resuelve señalando que los cambios de criterio adoptados por los distintos tribunales y órganos administrativos únicamente son de aplicación a las situaciones acaecidas con posterioridad a dichos cambios, pudiendo, de lo contrario, atentar contra el principio de confianza legítima y, por ende, contra la seguridad jurídica.

3. DISTRIBUCIÓN DE LA COMPETENCIA TRIBUTARIA EN ESPAÑA

Aunque pueda resultar superfluo, por ser de todos conocido, en lo que a fiscalidad respecta, existe en nuestro país el denominado régimen foral. Dicho régimen tiene su origen, principalmente, en los antiguos Fueros de procedencia consuetudinaria, en el modelo de Estado autonómico y en la Disposición Adicional Primera de la Constitución. Dicho régimen foral es de aplicación a las Comunidades Autónomas del País Vasco y Navarra y tiene importantes implicaciones político-económicas.

Una de las características de dicho régimen foral consiste en que el mismo supone la instauración de un sistema de autofinanciación de los citados territorios, que destaca porque los mismos tienen capacidad para mantener, establecer y regular su propio régimen tributario con las limitaciones, especialidades y características reguladas para ello.

Lo anterior implica que la exacción, gestión, liquidación, recaudación e inspección de todos los impuestos con excepción de los derechos de importación y los gravámenes a la importación en los Impuestos Especiales y en el Impuesto sobre el Valor Añadido, corresponde a cada uno de los anteriores territorios. Por su parte, estas Comunidades Autónomas contribuyen a la financiación de las cargas generales del Estado no asumidas a través del cupo en el supuesto vasco o la aportación en el navarro.

El anterior sistema de financiación, fijando los puntos de conexión aplicables a efectos de conocer, entre otras cuestiones, la normativa aplicable, viene especialmente regulado en la Ley 12/2002, de 23 de mayo, por la que se aprueba el Concierto Económico con la Comunidad Autónoma del País Vasco y, actualmente, la Ley 14/2015, de 24 de junio, por la que se modifica la Ley 28/1990, de 26 de diciembre, por la que se aprueba el Convenio Económico entre el Estado y la Comunidad Foral de Navarra, junto con sus respectivas normas de desarrollo.

La existencia de múltiples fuentes de producción y de aplicación normativa que coexisten en el ámbito tributario español, puede conllevar que la seguridad jurídica no se encuentre, en todo caso, garantizada. Sin perjuicio de las salvedades existentes, la competencia normativa y exaccionadora se distribuye entre las distintas Administraciones tributarias lo que puede suponer que existan diferencias tanto a nivel normativo como a nivel interpretativo.

Lo primero no debería generar, a priori, problemas desde la óptica de la protección del principio de la seguridad jurídica puesto que la normativa se encuentra publicada y accesible para su estudio y aplicación. No obstante, las dificultades y el posible menoscabo de la seguridad jurídica podrían venir de interpretar de manera diferente o dar respuestas aparentemente contradictorias ante un mismo supuesto de hecho por parte de las distintas Administraciones consultadas.

El traslado de incentivos fiscales generados por un sujeto cuando se produce un cambio normativo entre normativa común y foral en situaciones de reestructuraciones empresariales constituye únicamente un ejemplo de las discrepancias de criterio e interpretación existentes entre las distintas Administraciones tributarias.

En esos supuestos, si bien la Dirección General de Tributos (en adelante, DGTr), entre otras, en su Consulta Vinculante 1997-23, de 11 de julio de 2023, aboga por la comunicación entre los ordenamientos foral y estatal y respalda que la legislación común y foral deben seguir una visión de continuación con el objetivo de salvaguardar un derecho adquirido por el sujeto en cuestión.

En contra del criterio mantenido por la DGTr, parece que las instituciones de los Territorios Históricos (entre otras consultas de las Haciendas Forales de Bizkaia, de 27 de octubre 2020, y, 2 de mayo 2021, y de Gipuzkoa, de 6 de octubre de 2022) aplican un criterio más restrictivo y que, posiblemente, pueda generar mayor inseguridad jurídica en relación a la subrogación de derechos y obligaciones en supuestos de reestructuraciones.

Así, una modificación de la normativa aplicable a un determinado sujeto inmerso en un proceso de reestructuración puede hacer que nazca en la relación, entre el administrado y la Administración competente una controversia jurídica respecto a los incentivos fiscales pendientes de aplicar; una situación de inseguridad que, evidentemente, dificulta la toma de decisiones estratégicas como lo es una operación de esta magnitud.

En definitiva, y haciendo hincapié en que la expuesta es simplemente una de las cuestiones en las que existen diferencias de criterio entre las Administraciones tributarias, se debe señalar que en situaciones como la planteada se puede ver vulnerado el principio de seguridad jurídica. Y ello, puesto que quien realiza o pretende realizar una operación con implicaciones tributarias concretas, desconoce todos y cada uno de los extremos y consecuencias que pueden derivar del negocio en cuestión.

En el lado opuesto, los avances en el ámbito de la tecnología, las comunicaciones, el transporte, la forma de consumo, y, en general, los cambios sociales han puesto de relieve un proceso de globalización incesante en las últimas décadas. Esa descentralización de la capacidad normativa y de aplicación de la misma junto con las divergencias interpretativas entre las Administraciones tributarias que de ello derivan, parece enfrentarse con una sociedad cada vez más globalizada.

En conclusión, en un mundo cada vez más global donde se suceden constantemente movimientos tanto de personas jurídicas como físicas y capitales, parece cuando menos alarmante que dentro de un mismo Estado existan entre los distintos territorios integrantes del mismo diferencias de tal calado que generen inseguridad jurídica en contra de los intereses tanto privados como públicos.

A nivel comunitario, las instituciones de la Unión Europea trabajan e inciden cada vez en mayor grado en la armonización de la normativa tributaria en el ámbito intracomunitario aprobando Reglamentos y Directivas aplicables en los Estados miembros. A nivel estatal, con el objetivo de superar y poner solución a estas desavenencias entre las distintas Administraciones tributarias, se han creado y se regulan en el caso del País Vasco, dentro del Concierto Económico anteriormente citado, órganos como la Comisión de Coordinación y Evaluación Normativa o la Junta Arbitral.

Más allá de la creación de los citados órganos, el hecho de que existan distintas Administraciones tributarias enfrentadas por sus propios intereses ajenos en muchas ocasiones a los intereses de los operadores del mercado no debería suponer una traba y perjuicio de los intereses privados de los administrados.

Por ello, se considera que las instituciones públicas deberían poner en valor la importancia de otro principio general como es el de buena administración definido por el TS, entre otras, en las sentencias, de 18 de diciembre de 2019 (rec. 4442/2018); de 14 de abril de 2021 (rec. 28/2020) y, de 20 de diciembre de 2022 (rec. 3175/2021). De esta manera, cumpliendo con el deber de buena administración, es labor de los poderes públicos diseñar mecanismos que garanticen su aplicación real en defensa de los obligados tributarios.

4. LEY 3/1989, DE 30 DE MAYO, DE ARMONIZACIÓN, COORDINACIÓN Y COLABORACIÓN FISCAL

En el apartado anterior se ha hecho referencia a la distribución competencial tributaria a nivel estatal poniendo de relieve las diferencias existentes entre la Administración tributaria central y las instituciones forales tanto en el plano normativo como en el de la aplicación de las normas jurídico- tributarias.

No obstante, no se debe obviar que existen en la actualidad cinco Administraciones tributarias. En el caso particular del País Vasco, sin perjuicio de las desigualdades existentes con la regulación y aplicación de la normativa tributaria en territorio común, se estima oportuno señalar que cada uno de los Territorios Históricos (Álava, Bizkaia y Gipuzkoa) que conforman la Comunidad Autónoma de Euskadi goza de sus propias competencias en el ámbito tributario.

Lo anterior significa que dentro de una misma Comunidad Autónoma conviven tres centros de producción y aplicación normativa. Pero, ¿significa esto que cada Territorio Histórico tenga libertad absoluta de aprobar las normas y criterios de interpretación tributaria dentro de su ámbito de aplicación territorial? Ciertamente, no.

El propio Estatuto de Autonomía y el Concierto Económico del País Vasco establecen como principios del sistema tributario vasco la coordinación, armonización fiscal y colaboración, por un lado, entre las instituciones de los Territorios Históricos con el Estado, de acuerdo con las normas del propio Concierto Económico y, por otro lado, entre las instituciones de los Territorios Históricos según las normas que, a tal efecto, dicte el Parlamento Vasco.

En realidad, estos principios y las normas armonizadoras que de los mismos derivan constituyen verdaderas limitaciones a las potestades de carácter tributario del País Vasco. Exige, además, no solo la colaboración entre Administración del Estado y Administraciones tributarias forales sino también esa misma cooperación dentro de los territorios que integran la Comunidad Autónoma de Euskadi.

Dicha coordinación entre los distintos Territorios Históricos parece básica a fin de garantizar la consagración efectiva del principio de seguridad jurídica. Para posibilitar su aplicación real, el Órgano de Coordinación Tributaria de Euskadi (OCTE, en adelante) nace en el marco de la Ley 3/1989, de 30 de mayo, de Armonización, Coordinación y Colaboración Fiscal, como órgano central competente para la realización de las acciones a desarrollar en este ámbito.

Así, las funciones del OCTE consisten principalmente en impulsar la armonización, coordinación y colaboración entre las instituciones de los Territorios Históricos en el ejercicio de sus competencias tributarias en aras a lograr una mayor eficacia y seguridad jurídica en la gestión tributaria y en emitir informes sobre proyectos de disposiciones forales de índole tributaria, sobre las consultas vinculantes, con carácter previo a su evacuación y sobre cualquier otra cuestión de naturaleza tributaria que le sea requerida por las instituciones forales o autonómicas.

En conclusión, cabe señalar, tal y como se ha expuesto en el presente apartado y en el anterior, que se han creado en el ámbito tributario varios órganos para coordinar y armonizar la labor normativa e interpretativa tanto entre la Administración tributaria central y las instituciones forales como entre las propias Administraciones tributarias pertenecientes a los distintos Territorios Históricos.

Ello, con el propósito de proteger la seguridad jurídica, y, más allá de la dimensión de la misma ligada a la claridad del mandato normativo y a la certeza en la aplicación de la norma, promover la creación de un ordenamiento competitivo, atractivo para la inversión exterior y amistoso para los negocios (business friendly)[2].

5. MATERIALIZACIÓN DEL PRINCIPIO DE SEGURIDAD JURÍDICA EN EL ÁMBITO TRIBUTARIO

Tal y como se ha analizado en los apartados anteriores, el principio de seguridad jurídica junto con otros principios generales como el principio de buena administración, el principio de confianza legítima y el de buena fe, han adquirido en las últimas décadas gran relevancia tanto en el ámbito de la elabo-

---

[2] ARRATIBEL ARRONDO, J.A., "La coordinación de la actividad tributaria y financiera de la Hacienda Vasca y la Hacienda del Estado en la nueva Ley 12/2002 del Concierto Economico", *Crónica Tributaria*, 112, 15 de septiembre de 2004, pp. 9-55.

ración como en la aplicación de la normativa y como criterio para la resolución de los conflictos que surgen de la misma.

De esta manera, y dada su importancia en el plano actual se han ido creando, además de los órganos específicos en el ámbito tributario anteriormente citados, distintos procedimientos, herramientas y mecanismos para garantizar los derechos de los obligados tributarios frente a la Administración tributaria.

En el presente estudio no se pretende plasmar una relación *numerus clausus* de las vías de las que disponen los administrados frente a la Administración tributaria para garantizar la efectiva consagración del principio de seguridad jurídica, poder defender sus derechos y, en definitiva, operar en el mercado con la predictibilidad necesaria.

No obstante, se procede a analizar únicamente alguno de los instrumentos de los que disponen los administrados al objeto de intervenir con la seguridad jurídica necesaria en su operativa. Previamente, se debe advertir que las referencias realizadas de este apartado en adelante parten de una visión general de los mecanismos regulados en las distintas Administraciones tributarias, sin perjuicio de las especialidades que existan en cada una de las mismas.

Igualmente, y debido a la extensión de la materia que nos ocupa, se debe señalar que, a efectos de poner de manifiesto la distinta problemática observada en detrimento del principio de seguridad jurídica y las posibles alternativas estudiadas para contrarrestar las cuestiones anteriormente suscitadas, se procede a obviar el estudio relativo a la Junta Arbitral sin perjuicio de la importancia del mismo como vía para garantizar la defensa de los interesados.

5.1. Procedimientos de vinculación administrativa previa: en particular, las consultas tributarias escritas

El principio de seguridad jurídica objeto del presente estudio exige dentro de la esfera jurídico- tributaria que los obligados tributarios puedan conocer la normativa tributaria y, por ende, prever de manera razonable las consecuencias fiscales de los negocios jurídicos que pretendan llevar a cabo, antes de realizarlos.

No obstante, la convivencia en el paradigma actual de cinco Administraciones tributarias con sus correspondientes normativas y criterios de interpretación, dificulta la labor anterior hasta tal extremo de existir, en ocasiones, la necesidad de contratar asesoramiento externo para la realización de determinadas operaciones económicas.

Sin perjuicio de la publicación de las normas tributarias en los Boletines Oficiales correspondientes, no parece razonable exigir a todos los administrados que sean capaces de aplicar dicha regulación en supuestos de celebración de actos jurídicos con trascendencia tributaria. Lo anterior dado que la normativa se ha complejizado al mismo ritmo que lo ha hecho la sociedad actual.

En virtud de lo expuesto, parece lógico que le sea exigible a la Administración tributaria competente, que promueva y facilite a los obligados tributarios el cumplimiento de sus obligaciones y el ejercicio de sus derechos, poniendo a su disposición servicios de información y asistencia tributaria para ello necesarios.

A este respecto, entre los procedimientos de vinculación administrativa previa regulados en el ámbito tributario cabe resaltar, en lo que aquí interesa, el de las consultas tributarias escritas. Las consultas tributarias escritas se configuran como "una de las herramientas fundamentales para proporcionar a los administrados un más alto grado de seguridad jurídica en la interpretación y aplicación de la complicada normativa tributaria"[3].

Por regla general, la contestación emitida por la Administración tributaria competente vincula a dicha institución, estando obligada a aplicar a la persona consultante los criterios recogidos en la contestación, siempre y cuando no se hubieran alterado las circunstancias, antecedentes y demás datos recogidos en el escrito de presentación de la consulta. Todo ello, sin perjuicio de que, en caso de modificación de la norma o la jurisprudencia aplicable al supuesto de hecho planteado, no se vayan a aplicar al consultante los criterios emanados en la contestación.

Además, los distintos órganos integrantes de la Administración tributaria consultada tienen el deber de aplicar los criterios contenidos en las consultas tributarias escritas a cualquier obligado tributario, con independencia de que sea el consultante o no, siempre y cuando, exista identidad en los hechos y circunstancias de ambos supuestos, y la doctrina administrativa aplicable no haya sido modificada por la citada Administración.

No obstante, la normativa tributaria no regula las consecuencias de un cambio de criterio del órgano que resuelve las citadas consultas. Por ello, se suscita la duda de si el nuevo criterio se aplica únicamente a situaciones posteriores a la adopción del mismo o, por el contrario, puede tener efectos retroactivos.

A este respecto, si bien el TEAC aboga por su proyección exclusivamente prospectiva, no parece que el TS aplique dicha interpretación en todos los supuestos de hecho, tal y como se desprende de la STS 1143/2024, de 26 de junio, que concluye

---

[3] FERREIRO LAPATZA, J.J., *Curso de Derecho Financiero Español. Derecho Tributario: parte general*, Marcial Pons, Madrid, 2004, p. 144.

que: "Un cambio de criterio adoptado por la Dirección General de Tributos en cumplimiento de la jurisprudencia emitida por el Tribunal de Justicia de la Unión Europea respeto de la aplicación de una exención en el impuesto sobre el valor añadido a una determinada prestación de servicios, permite a la Administración regularizar la situación tributaria de los contribuyentes que se hubieran acogido al criterio consolidado anterior respecto de ejercicios no prescritos previos a tal cambio de doctrina"[4].

Finalmente, se debe recordar que, en el ámbito de los Territorios Históricos del País Vasco, el Concierto Económico y el Estatuto de Autonomía exigen el cumplimiento del principio de coordinación, armonización fiscal y colaboración mutua entre las instituciones de Álava, Bizkaia y Gipuzkoa a la hora de establecer su propio sistema tributario.

En aplicación del citado principio, y con carácter previo a emitir una contestación por la Administración consultada, el OCTE tiene el deber de emitir un informe sobre dicha consulta implicando dicho trámite la aceptación por los tres Territorios Históricos del criterio adoptado en la resolución de la consulta a excepción de que alguna salve su propio criterio. Ello posibilita al resto de los obligados tributarios residentes en alguno de los otros territorios aplicar los términos recogidos en la respuesta aprobada en el seno del OCTE, siempre y cuando en ambos casos exista identidad de hechos y circunstancias[5].

Igualmente, el cumplimiento de dicho principio de coordinación, armonización y colaboración se debe garantizar entre

---

4 GARCÍA NOVOA, C., Una vuelta de tuerca sobre el régimen de las consultas tributarias [en línea], (2024), <https://www.politicafiscal.es/equipo/cesar-garcia-novoa/una-vuelta-de-tuerca-sobre-el-regimende-las-consultas-tributarias> [Consulta: 17/10/2024.].

5 ARMENTIA BASTERRA, J., "La información de la Administración Tributaria a través de las consultas escritas", *Revista Forum Fiscal*, 254, junio de 2019.

las instituciones de los Territorios Históricos y las del Estado. Para ello, en el seno del Concierto Económico se crea la Comisión de Coordinación y Evaluación Normativa (CCEN, en adelante), que tiene atribuida entre otras la función de resolver las consultas que se planteen sobre la aplicación de los puntos de conexión regulados en dicha norma, pudiendo dar traslado, en caso de desacuerdo, a la Junta Arbitral.

5.2. Reclamación frente al Tribunal Económico- Administrativo

Las reclamaciones económico-administrativas constituyen un recurso especial que se regula en la esfera jurídico- tributaria cuya resolución corresponde a órganos *sui generis* denominados Tribunales Económico- Administrativos (TEA, en adelante).

La Ley 39/2015, de 1 de octubre, del Procedimiento Administrativo Común de las Administraciones Públicas (LPAC, en adelante) regula que contra las resoluciones administrativas y los actos de trámite que determinen la imposibilidad de continuar un procedimiento o produzcan indefensión o perjuicio irreparable a derechos e intereses legítimos podrá interponerse por los interesados, previo a la vía judicial, recurso de alzada ante el órgano superior jerárquico de quien los ha dictado, o recurso de reposición, con carácter potestativo, ante el mismo órgano.

No obstante, el régimen de revisión tiene su propia especialidad en materia tributaria, pues en este ámbito, la reclamación económico-administrativa sustituye en el ordenamiento jurídico al recurso ordinario de alzada anteriormente mencionado. Se debe señalar igualmente que con carácter previo a la interposición de la citada reclamación económico-administrativa puede interponerse de forma potestativa un recurso de reposición con las especialidades que para el mismo se regulan en la normativa tributaria.

Dicho lo anterior, cabría resumir en tres notas los factores distintivos de la vía económico- administrativa. En primer lugar, se configura como una vía exclusiva de revisión puesto que corresponde únicamente a los TEAs su conocimiento. En segundo lugar, esta reclamación constituye un recurso administrativo especial, en parte, por la materia sobre la que versa, lo que podría incrementar la seguridad jurídica. En tercer lugar, tanto el recurso de alzada regulado en Derecho administrativo común como la reclamación económico- administrativa constituyen un presupuesto procesal poniendo fin a la vía administrativa y abriendo la posibilidad de acudir a la vía jurisdiccional (STS 1336/2021, de 16 de noviembre)[6].

La implantación de un sistema de recursos administrativos no constituye una exigencia constitucional sino una opción que corresponde al legislador. Dicha elección, en todo caso, debe impedir que de manera desproporcionada e injustificable se demore el control jurisdiccional dificultando la consagración del derecho constitucional a la tutela judicial efectiva.

Por lo tanto, si para el ejercicio de la acción frente al órgano jurisdiccional se obligará a los obligados tributarios a interponer un recurso administrativo evidentemente ineficaz para el éxito de su pretensión, cabría concluir, que dicho recurso constituye una carga procesal para el recurrente como presupuesto previo del ejercicio de la acción jurisdiccional. Esa "carga, en cuanto inútil, negaría la razón que justifica su imposición, deviniendo desproporcionada y vulneradora del derecho a obtener la tutela judicial efectiva, al tiempo que desconocería el mandato del artículo 106.1 de la CE, que impone un efectivo control jurisdiccional de la actuación administrativa" (STC

---

6 CHECA GONZALEZ, C., "La injustificable obligatoriedad de la vía económico- administrativa previa a la contenciosa en la nueva Ley General Tributaria", *Anuario de la Facultad de Derecho. Universidad de Extremadura,* 22, 2004, pp. 15-28.

108/2000, de 5 de mayo, y STC 275/2005, de 7 de noviembre, entre otras)[7].

En definitiva, el sistema de recursos administrativos en materia tributaria se configura, principalmente, en torno a la reclamación económico- administrativa y el recurso potestativo de reposición. Tal y como se ha expuesto, la reclamación económico- administrativa constituye un presupuesto previo necesario para el acceso a la vía judicial y, a modo de ejemplo, señalar que en el ejercicio 2022, de las reclamaciones resueltas por el TEAC, (y no terminadas por desistimiento, archivo de actuaciones, incompetencias y otras terminaciones del procedimiento), únicamente, el 29% han sido estimadas y, el 71% restante, desestimadas[8].

6. DIFICULTADES DERIVADAS DE LA PRÁCTICA EN LA CONSAGRACIÓN DE LA SEGURIDAD JURÍDICA ENTRE LOS ADMINISTRADOS Y LA ADMINISTRACIÓN TRIBUTARIA

Son numerosos los mecanismos y procedimientos existentes en la normativa tributaria al objeto de que los obligados tributarios puedan ejercitar sus derechos y cumplir con sus deberes y obligaciones con la seguridad jurídica necesaria. Sin embar-

---

7 MARTÍN VALERO, A.I., "Algunos matices en relación con el agotamiento de la vía administrativa previa en materia tributaria", *Actualidad Administrativa,* 9, septiembre de 2018.

8 TRIBUNAL ECONÓMICO-ADMINISTRATIVO CENTRAL, «Memoria 2022» [en línea], (2023), <https://www.google.com/url?sa=t&source=web&rct=j&opi=89978449&url=https://www.poderjudicial.es/stfls/ESTADISTICA/FICHEROS/17001E%2520Actividad%2520Tribunal%2520Economico%2520Administrativo/Memoria-TEA-2022.pdf&ved=2ahUKEwjD_ZfF3diIAxURS_EDHTdfH6wQFnoECCkQAQ&usg=AOvVaw2RgpPbGsEWuLwEaHy1SC9R>. [Consulta: 11/06/2024.].

go, es evidente que la efectiva aplicación de dichos instrumentos genera dificultades prácticas en numerosas ocasiones.

En consecuencia, el presente apartado tiene por objeto desarrollar las cuestiones controvertidas existentes en relación con las consultas tributarias escritas, por un lado, y las reclamaciones frente a los TEA, por otro. Asimismo, se pretende evidenciar que el cumplimiento del principio de seguridad jurídica para la defensa del obligado tributario no queda garantizado por la mera vigencia de vías como las que aquí se analizan.

6.1. La problemática de las consultas tributarias escritas: la demora en la respuesta y las consecuencias inciertas de su aplicación

Son numerosas las cuestiones problemáticas en relación a las consultas tributarias escritas. Sin embargo, el presente estudio pretende abordar dos de los problemas existentes. El primero, el relativo a la demora en la respuesta a la consulta por parte de la Administración que tiene como consecuencia la privación al consultante de la necesaria seguridad jurídica. El segundo, el concerniente a la incertidumbre en relación a las consecuencias de la aplicación de los criterios contenidos en las respuestas a las consultas realizadas.

En lo que respecta a la primera de las cuestiones, las Administraciones tributarias, con carácter general, disponen de un plazo de seis meses para contestar las consultas tributarias escritas planteadas por los consultantes. No obstante, sin perjuicio de la obligación de responder aun fuera de plazo, el mismo no siempre se cumple por parte de la Administración.

La falta de cumplimiento puede derivar en la expiración del plazo máximo antes citado por la falta de atención necesaria al procedimiento por parte de la Administración competente para su resolución. Además de esta circunstancia, puede ocurrir que la contestación se demore incluso durante años sin que eso suponga el vencimiento del plazo para ello establecido por la interrupción del mismo.

Esta última casuística se produce, entre otras, cuando se plantean consultas tributarias escritas sobre la aplicación de los puntos de conexión contenidos en el Concierto Económico. En dichos supuestos, en el seno de la CCEN, se traslada la consulta en cuestión a las Administraciones concernidas (en el caso del País Vasco, la OCTE y la Administración tributaria del Estado) a fin de que las mismas realicen las observaciones oportunas. De no existir acuerdo en la CCEN, se traslada el desacuerdo a la Junta Arbitral para su resolución[9].

Dichas actuaciones producen la suspensión del procedimiento durante la tramitación de los mismos y el citado periodo de suspensión no se computa a efectos del plazo máximo de contestación de seis meses, tratándose de períodos de interrupción justificada. Todo lo anterior tiene importantes repercusiones en la práctica.

Como ejemplo de lo anterior cabe traer a colación, por ser recientes en el tiempo, la Resolución de la Junta Arbitral del País Vasco 12/2024, de 26 de febrero de 2024 y la Resolución de esa misma Junta Arbitral del País Vasco 25/2024, de 19 de marzo de 2024. Ambas resoluciones, si bien no son las únicas que se pronuncian en ese sentido, concluyen con el archivo del procedimiento por pérdida sobrevenida de su objeto.

Brevemente, el primero de los conflictos se refiere a la tributación en el Impuesto sobre el Valor Añadido del arrendamiento de locales a distintas empresas en Bilbao por un residente en

---

9 ARMENTIA BASTERRA, J., "Capítulo I. Concepto, estructura, naturaleza y características generales del Concierto Económico", *Forum Fiscal,* 236, 1 de noviembre de 2017.

Canarias y, el segundo, a la localización de las operaciones que realiza una empresa vizcaína en distintos territorios tributando en volumen de operaciones.

Con independencia del objeto de la consulta, lo que aquí se pretende poner de manifiesto es que, en ambos supuestos, entre la presentación del escrito de consulta y la resolución de la Junta Arbitral transcurren más de cuatro años. Por esa razón, ese órgano archiva los procedimientos por pérdida sobrevenida de su objeto argumentando que, transcurrido un plazo razonable, no es posible ofrecer una contestación que reúna la necesaria seguridad jurídica.

En la práctica, la consecuencia es evidente. El consultante puede verse forzado a llevar a cabo la operación o negocio jurídico en cuestión sin la certeza necesaria acerca de las consecuencias, incluso sancionadoras, que puedan derivar de los actos realizados.

En vista de lo anterior, se considera oportuno advertir que la regulación actual de herramientas como las consultas tributarias escritas no garantiza a los interesados poder actuar con la seguridad jurídica necesaria; menos aún en una sociedad cada vez más globalizada e interconectada, pudiendo esta nueva realidad generar incertidumbre a la hora de aplicar los diferentes puntos de conexión.

En cuanto al segundo de los problemas planteados, cabe poner de relieve la aplicabilidad limitada de las respuestas a las consultas tributarias escritas. Tal y como se ha expuesto, los principios inspiradores del régimen de las consultas tributarias son, entre otros, la seguridad jurídica y la confianza legítima. En virtud de dichos principios, las contestaciones a las consultas escritas tienen efectos vinculantes para la Administración tributaria consultada sin perjuicio de su carácter informativo para el consultante.

Así, los criterios recogidos en las contestaciones son aplicables al consultante en tanto en cuanto no se hayan modificado ni las circunstancias reflejadas en el escrito ni la legislación o jurisprudencia aplicables al supuesto de hecho. Igualmente, dichos criterios son aplicables al resto de los obligados tributarios siempre y cuando exista identidad en los hechos y datos de ambos según interpretación recogida, en particular, en la sentencia del TS, de 9 de mayo de 2016 (rec. 933/2015).

Además de las limitaciones arriba expuestas, indicar que el efecto vinculante de las contestaciones exige la acreditación por la parte actora, el consultante y el resto de los obligados tributarios, de que "no se han alterado las circunstancias, antecedentes y demás datos recogidos en el escrito de consulta, y la identidad de hechos y circunstancias entre los contemplados en la consulta y aquellos otros a los que se pretende aplicar"[10].

6.2. La naturaleza y obligatoriedad de la vía económico- administrativa

Sin perjuicio de su paralelismo con el recurso ordinario de alzada regulado para el procedimiento administrativo común, el sistema de revisión en la vía económico- administrativa presenta una difícil disyuntiva en relación con los aspectos que se exponen a continuación. Las cuestiones conflictivas que se pretenden poner de relieve en el presente apartado son dos: el primero de ellos, el relacionado con la naturaleza de los TEAs y, el segundo, el referente a la obligatoriedad en el planteamiento de la reclamación económico- administrativa con carácter previo al planteamiento del recurso pertinente ante los órganos judiciales.

---

10 MARTÍN VALERO, A.I., "Efecto vinculante de las consultas tributarias y control judicial", *Actualidad Administrativa,* 5, mayo de 2024.

Analizando el primero de los aspectos citados, el Sr. Antonio Saggio, Abogado General, en las conclusiones presentadas en el asunto Gabalfrisa y otros[11], ya puso de relieve la inexistencia de la nota de independencia de los TEAs. De entre las citadas conclusiones, cabe resaltar que según el Sr. Saggio, los TEAs no forman parte de la Administración de Justicia al estar orgánicamente integrados en la Administración y al no estar presente en ellos la característica de separación e independencia de la que gozan los órganos jurisdiccionales con respecto a las partes de la controversia.

Lo anterior viene reforzado entre otras por la sentencia del TJUE, de 21 de enero de 2020, asunto 274/14 por la que se inadmite una cuestión prejudicial planteada por el TEAC justamente por poner en tela de juicio la concurrencia de la nota de independencia que caracteriza a los órganos jurisdiccionales. El TJUE considera que el término "independencia" integra dos vertientes: la primera implica que el órgano en cuestión debe ejercer sus funciones con autonomía total, libre de cualquier tipo de injerencia externa, y, la segunda, que este tiene que mantenerse imparcial en relación a las partes del litigio.

En la citada sentencia, el TJUE asumiendo las conclusiones del Sr. Saggio, concluye que, en el caso de los TEAs, no se cumple ninguna de las vertientes arriba expuestas. Lo anterior puesto que los TEAs se encuentran, desde un punto de vista orgánico, adscritos al Ministerio de Economía y Hacienda y, a sus homólogos, Departamentos Forales de Hacienda y Finanzas.

---

11 CONCLUSIONES DEL ABOGADO GENERAL SR. ANTONIO SAGGIO presentadas el 7 de octubre de 1999, DO L 145, p. 1; EE 09/01 [en línea], (2000), <https://www.google.com/url?sa=t&source=web&rct=j&opi=89978449&url=https://eur-lex.europa.eu/legal-content/ES/TXT/PDF/%3Furi%3DCELEX:61998CC0110%26from%3DES&ved=2ahUKEwj0yMHB49iIAxXzRvEDHdcOIAwQFnoECBMQAQ&usg=AOvVaw05lFsWKNWzVzhSSrtMPYCh>. [Consulta: 02/08/2024.].

Además, resuelve que las resoluciones de los citados tribunales son recurribles ante la jurisdicción contencioso- administrativa. Finalmente, con todo lo anterior también se cuestiona la imparcialidad de los TEAs en relación a las partes del litigio.

Esta doctrina sentada por el TJUE que niega la naturaleza jurisdiccional de los TEAs y, cuestiona la independencia de los mismos respecto de la Administración negando así la posibilidad de presentar cuestiones prejudiciales ante el citado órgano europeo, ya ha sido acogida por los distintos TEAs, en concreto, por el Tribunal Económico- Administrativo Foral de Navarra. Así, en la resolución del expediente 174/2019, de 23 de junio de 2020, establece que "resulta razonable pensar que la misma doctrina resulta aplicable a este Tribunal Económico- Administrativo Foral de Navarra, aunque la posibilidad de tal presentación se encuentre regulada en el Reglamento de desarrollo de la LFGT antes mencionado, que a este respecto puede entenderse inaplicable (...)".

En vista de lo anterior cabe señalar, por tanto, que del pronunciamiento del TJUE del año 2020 se desprende un importante efecto en relación a la naturaleza de los TEAs. El Tribunal europeo niega la naturaleza jurisdiccional de los TEAs, habiendo sido ya reproducido este criterio por órganos internos, concluyendo sobre la falta de legitimación de estos últimos para interponer cuestiones prejudiciales a efectos de aclarar los preceptos de la normativa interna que puedan afectar a las disposiciones de Derecho de la Unión Europea.

El segundo de los aspectos controvertidos a tratar es el referente a la obligatoriedad en el planteamiento de la reclamación económico- administrativa con carácter previo al planteamiento del recurso pertinente ante los órganos judiciales. Sin perjuicio de las ventajas que pueda generar el mecanismo preceptivo de las reclamaciones económico- administrativas, el mismo también genera inconvenientes, tal y como se expone a continuación, lo que ha llevado a parte de la doctrina a replantear su obligatoriedad.

Entre los beneficios que aporta el hecho de que sea obligatorio agotar la vía económico- administrativa para poder acudir a la vía judicial cabe hacer especial mención a su función de filtrado. Lo anterior puesto que la exigencia de esta vía de recurso previa a la jurisdiccional puede implicar la reducción de aquellas controversias que son objeto de traslado a los órganos judiciales. Igualmente, permite a los interesados poder defender sus derechos sin la necesidad, a priori, de tener que contratar asistencia letrada.

No obstante, parece que existen en el lado opuesto notas que cuestionan la obligatoriedad de la reclamación económico- administrativa. Entre otros, son tres los elementos que generan cierto recelo en relación con la regulación actual de las reclamaciones frente a los TEAs. En primer lugar, como se ha expuesto en párrafos anteriores, el TJUE, en pronunciamientos recientes, ha negado la naturaleza jurisdiccional de los TEAs.

Lo anterior junto con el hecho de que los TEAs, orgánicamente, se encuentran adscritos al Ministerio de Economía y Hacienda, así como a sus homólogos, Departamentos Forales de Hacienda y Finanzas, y, que las resoluciones de los citados tribunales son recurribles ante la jurisdicción contencioso- administrativa han puesto en entredicho la independencia de los citados órganos.

En segundo lugar, y habiendo analizado el paralelismo de la reclamación económico- administrativa con el recurso ordinario de alzada regulado para el procedimiento administrativo común, con independencia de la especialidad que supone la materia jurídico- tributaria, el plazo máximo para la resolución se aleja considerablemente en ambos supuestos. Así, el plazo máximo para la resolución de los recursos de alzada regulado por la LPAC en su artículo 122 apartado segundo se prolonga hasta los tres meses, y, en el caso de las reclamaciones planteadas frente a los distintos TEAs, este plazo se extiende hasta un año.

En consecuencia, en caso de disconformidad con la respuesta obtenida en la vía económico- administrativa, se produce la demora extraordinaria, en comparación con el recurso de alzada ordinario, en la posibilidad de acudir a la vía contencioso- administrativa. Lo dicho, en última instancia, puede atentar contra el principio de tutela judicial efectiva y demás derechos que amparan a los administrados frente a la actuación de las distintas Administraciones públicas.

En tercer y último lugar, se considera interesante hacer remisión al principio de gratuidad. Si bien la LPAC no contiene una disposición concreta en la que fundar ese principio informador que rige en los procedimientos administrativos, el mismo se extrae del carácter inquisitivo u oficialidad que impregna la tramitación de aquellos. Cuando la doctrina alude al principio de gratuidad del procedimiento administrativo se refiere, en esencia, a la ventaja que supone para el interesado, en contraste con el proceso judicial, el no tener que sufragar los costosos gastos de una representación y defensa técnica a través de procurador y abogado[12].

No obstante, si bien es cierto que la actuación en vía administrativa frente a la Administración tributaria no requiere de la asistencia de abogado ni procurador, no es menos cierto que un alto número de obligados tributarios que acude frente a los TEAs lo hace asistido por asesores y/o abogados. Lo anterior

---

12 CIERCO SEIRA, C., "De la gratuidad del procedimiento administrativo" [en línea], (2009), <https://www.google.com/url?sa=t&source=web&rct=j&opi=89978449&url=https://dialnet.unirioja.es/descarga/articulo/3215858.pdf&ved=2ahUKEwjxoJbu5diIAxXDVfEDHXa3O_oQFnoECBkQAQ&usg=AOvVaw3WPe7ULYVUCVPEpr46RJ9b>. [Consulta: 18/08/2024.].

resulta una consecuencia lógica que se desprende de la misma razón de ser de los TEAs y es que se fundamenta, entre otras cuestiones, en la especialidad y complejidad de la materia tributaria.

En virtud de lo anteriormente precisado, se aprecia que la instauración obligatoria de la vía económico- administrativa como fase previa a la vía judicial, sin perjuicio de las ventajas ya citadas, puede suponer la demora en el acceso a los órganos jurisdiccionales. Eso, además de poder vulnerar el principio de la tutela judicial efectiva puede, aunque sea de forma indirecta, atentar contra el principio de gratuidad que debe regir el procedimiento administrativo, perjudicando así los intereses y derechos económicos de los interesados.

En conclusión, cabe decir que la reclamación frente a los TEAs será una garantía para la defensa del obligado tributario siempre y cuando implique menor coste que beneficio para el mismo tanto desde la óptica económica como desde el punto de vista de la eficiencia, suponiendo así una alternativa válida frente al proceso judicial. De no ser así, la vía económico- administrativa podría ser una traba a efectos de acudir frente al órgano jurisdiccional, pudiendo, tal y como señalan los autores, ser un privilegio para la Administración tributaria[13].

7. DE LAS POSIBLES ALTERNATIVAS FRENTE A LAS CUESTIONES SUSCITADAS

En el apartado anterior se ha tratado de poner en evidencia la problemática existente en torno a la aplicación en la práctica del régimen de las consultas tributarias escritas y de la revisión en la vía económico- administrativa de los actos jurídico- tribu-

---

[13] CHECA GONZÁLEZ, C., *op. cit.*, pp. 15-28.

tarios. En contraposición, lo que se pretende en esta sección es analizar distintas alternativas a fin de ofrecer una respuesta a las cuestiones anteriormente suscitadas y, consecuentemente, una mayor garantía del principio de seguridad jurídica.

Al igual que en el punto anterior, no se trata aquí de ser taxativo en relación a las distintas posibilidades existentes para intentar salvaguardar la efectiva aplicación del principio de seguridad jurídica y del resto de los principios generales del Derecho, sino que se aspira únicamente a presentar y estudiar alguna de ellas.

Por consiguiente, este inciso tiene como propósito desarrollar las posibles alternativas frente a los inconvenientes y las dificultades observadas en relación a las consultas tributarias escritas, por un lado; y las reclamaciones frente a los TEAs, por otro.

7.1. Desde agilizar el procedimiento de respuesta a las consultas tributarias escritas a impulsar los acuerdos previos de tributación

Tal y como se ha descrito anteriormente, la demora en la respuesta, o incluso su ausencia, por el archivo por parte de la Junta Arbitral del procedimiento priva al obligado tributario de conocer el criterio de la Administración tributaria acerca de la aplicación de la normativa y las consecuencias jurídicas de sus actos. Ello implica obligar a los consultantes a actuar sin la seguridad jurídica necesaria y, por ende, llegar incluso a derivar en un hipotético procedimiento sancionador.

Una de las posibles soluciones frente a esta situación podría pivotar en torno a agilizar el régimen de las consultas tributarias escritas. Agilizar entendiendo dicho concepto no de manera restrictiva sino de forma amplia, incluyendo a este respecto tres medidas: la inclusión de distintos regímenes dentro de las consultas tributarias escritas; la reducción de determinados plazos; y, la conversión en instrucciones de ciertos criterios recogidos en las distintas contestaciones.

Abordando la primera de las medidas, desde una perspectiva de Derecho comparado, entre otros, la legislación italiana a diferencia de las normas aplicables en los diferentes territorios de España, reconoce una tipología variada de consultas (ordinario, probatorio, anti-abuso, *disapplicativo* y sobre nuevas inversiones) lo que permite tener un régimen diferente para cada una de ellas, con sus respectivos, requisitos, plazos y efectos. Igualmente, Suecia y Estados Unidos reconocen la posibilidad de aplicar un procedimiento de tramitación de urgencia en determinadas consultas[14].

Descomponer el actual sistema único de consultas tributarias escritas en un conjunto más variado podría contribuir a establecer distintas estructuras regulatorias para los distintos tipos de consultas; disminuyendo o incrementando los plazos, distinguiendo los efectos que derivan de las respuestas y exigiendo diferentes requisitos. De esta manera, se trataría de implementar un esquema más flexible, eficaz y ágil, orientado a dotar al interesado de la necesaria seguridad jurídica que por mandato constitucional le corresponde.

Continuando con la segunda, señalar que, por regla general, en las distintas Administraciones tributarias que integran el sistema nacional el plazo para resolver las consultas tributarias escritas es como máximo de seis meses. No obstante, en aquellos supuestos en los que por afectar a los puntos de conexión regulados en el Concierto Económico la consulta debiera ser

---

14 CONSEJO PARA LA DEFENSA DEL CONTRIBUYENTE, "Informe sobre el régimen de las consultas tributarias en Derecho comparado" [en línea], (2024), <https://www.hacienda.gob.es/SGT/GabSEHacienda/CDC/Propuestas%20e%20informes/Informe-consultas-tributarias-Derecho-comparado.pdf>. [Consulta: 22/08/2024.].

tramitada en el seno de la CCEN, este plazo puede llegar a prolongarse durante años sin obtener finalmente una contestación a la consulta por archivo de la Junta Arbitral.

Vinculado con la medida anterior, en aquellos supuestos que plantean la exigencia legal de llegar a un acuerdo entre las distintas Administraciones tributarias sobre el contenido de la contestación a la consulta, una de las posibilidades para acelerar el tiempo de respuesta podría resultar de disminuir los plazos legalmente regulados en el Concierto Económico. No obstante, dada la naturaleza paccionada del mismo, su modificación puede no resultar tarea sencilla. Por ello, como se detalla posteriormente, en estos casos podría constituir una alternativa optar por presentar una propuesta previa de tributación ante la Administración competente.

La tercera de las medidas de cara a optimizar el régimen de las consultas tributarias escritas podría consistir en convertir ciertos criterios recogidos en las contestaciones en instrucciones generales. Tomando como ejemplo el sistema de consultas de Estados Unidos, es la propia Administración tributaria estadounidense la que tiene opción de convertir las contestaciones a las consultas tributarias escritas en las conocidas como *Revenue ruling*[15]. Estas últimas son resoluciones que contienen un criterio acerca de cómo aplicar la normativa tributaria en supuestos de hecho concretos.

La publicación de instrucciones generales dotadas de carácter vinculante podría constituir una vía para fomentar la aplicación adecuada y estandarizada de la regulación tributaria tanto para la Administración tributaria como para los obligados tributarios. De esta manera, parece que se favorecería la consagración del principio de seguridad jurídica; y, dada la publicidad de dichas interpretaciones, podría disminuir tanto

15 *Ibidem.*

el volumen de consultas tributarias escritas planteadas como la litigiosidad en materia jurídico- tributaria dada la existencia de una respuesta general para las mismas.

Tal y como se ha adelantado, además de agilizar el régimen de consultas cabría promover el planteamiento de las propuestas previas de tributación simultáneamente con las anteriores. Dicho instrumento no se encuentra regulado ni en la Ley Foral General Tributaria de Navarra ni tampoco en la Ley General Tributaria de normativa común. No obstante, la normativa de los tres Territorios Históricos del País Vasco regula esta figura.

Las propuestas previas de tributación contempladas en el País Vasco tienen su razón de ser, entre otros, en la prevención de situaciones de riesgo, el aumento de la seguridad jurídica y la reducción de la conflictividad. Dado que la seguridad jurídica y la certeza en la aplicación de los tributos es esencial para los obligados tributarios, se regula esta herramienta que permite someter al conocimiento de la Administración tributaria propuestas previas de tributación correspondientes a determinadas operaciones de especial complejidad o trascendencia.

En el caso de las normativas vascas, se trata de una resolución por parte de la Administración competente que tiene carácter vinculante pero no constituye un acuerdo de voluntades como tal. A diferencia de las consultas tributarias escritas, estas resoluciones además de poner de manifiesto el criterio administrativo aplicable a un negocio jurídico, recogen la forma de aplicar dicho criterio a efectos de cuantificar la deuda tributaria, con lo que a priori, incrementa la seguridad jurídica en la actuación de los obligados.

No obstante, para concluir se debe señalar que optar por este instrumento cuando pueden existir posibles controversias en relación a los puntos de conexión aplicables puede generar conflictividad entre las distintas Administraciones tributarias; pudiendo derivar, igualmente, en un conflicto frente a la Junta Arbitral en virtud del artículo 66 del Concierto Económico.

7.2. Métodos alternativos para la resolución de las controversias tributarias

Según lo expuesto, el propio TJUE se ha pronunciado recientemente acerca de la naturaleza de los TEAs, negando la legitimación de los mismos para la interposición de cuestiones prejudiciales ante el órgano europeo. Dicha circunstancia, entre otras, ha suscitado el debate acerca de la obligatoriedad en el planteamiento de la reclamación económico- administrativa con carácter previo al planteamiento del recurso pertinente ante los órganos judiciales.

A fin de solventar la problemática descrita en el apartado anterior, se podrían plantear distintas alternativas que, en ningún caso, pretenden suprimir los TEAs. Siendo plenamente conscientes de la especialidad que supone la materia tributaria y la conflictividad actualmente existente en la misma, se considera más interesante abogar aquí por otros planteamientos como puede ser la modificación del régimen jurídico aplicable a los TEAs y la introducción de otras formas de resolución de las controversias en el marco jurídico- tributario.

Haciendo referencia a la primera de las posibilidades señaladas, cabría proponer una modificación normativa en relación al régimen jurídico aplicable a los TEAs. Dicho cambio podría abordar los puntos tratados en la sentencia del TJUE, de 21 de enero de 2020, asunto 274/14 actuando sobre los mismos al objeto de que les sea aplicable a los TEAs la nota de independencia que el TJUE exige a los órganos jurisdiccionales para poder acudir frente a ese órgano europeo.

Ahora bien, lo cierto es que un cambio normativo de ese calado donde se alteraría desde la adscripción orgánica de los TEAs que actualmente se encuentran, desde un punto de vista orgánico, adscritos al Ministerio de Economía y Hacienda y, a sus homólogos, Departamentos Forales de Hacienda y Finanzas hasta la recurribilidad de las resoluciones de los citados tribunales ante la jurisdicción contencioso- administrativa, podría llevar a desvirtuar la figura de los citados órganos.

Una vía más sencilla, aun siendo más incompleta por no implicar un examen profundo del régimen de revisión frente a la Administración tributaria, sería la de confluir hacía un modelo de carácter potestativo de la reclamación en vía económico-administrativa. De esta manera, serían los propios interesados los que haciendo una valoración del coste- beneficio que les supondría acudir a esta vía convertirían la misma en una garantía real de sus derechos.

Si bien lo anterior supondría separar el régimen de revisión del ámbito tributario del regulado para el procedimiento administrativo común, por no incorporar al primero un recurso administrativo obligatorio previo a la vía judicial, parece que eso no vulneraría normativa alguna. Y ello, puesto que, si bien es cierto que debe existir un régimen de revisión de los actos administrativos, el mismo lo configura el propio legislador. Así, contando la esfera jurídico- tributaria con las especialidades que tiene, parece que el régimen de revisión de los actos tributarios podría configurarse en el aspecto que ahora se propone.

Igualmente, se podría plantear introducir en el actual sistema tributario otras formas de resolución de los conflictos en materia jurídico- tributaria existentes entre la Administración tributaria y los interesados. De esa manera, el procedimiento terminaría de forma distinta a la resolución unilateral por parte de la Administración citada, sin necesidad de tener que transitar obligatoriamente por la revisión en vía económico-administrativa hasta ahora conocida.

Podríamos empezar introduciendo aquí modalidades de terminación del procedimiento conocidas como formas de terminación convencional del procedimiento, entre las que cabe señalar la mediación y la conciliación. No obstante, en lo que ahora concierne, parece más interesante hacer referencia a la posibilidad de incorporar fórmulas arbitrales y a su posible licitud dentro del ordenamiento jurídico.

La licitud de la fórmula del arbitraje en materia tributaria ha sido generadora de distintas corrientes dentro de la doctrina. El argumento principal empleado por parte de dicha doctrina para descartar la licitud de las fórmulas convencionales, incluyendo entre las mismas, si bien no con el rigor que se le debería de exigir, las arbitrales, ha sido el principio de indisponibilidad del tributo y de la obligación tributaria.

La indisponibilidad del crédito tributario se configura como una exigencia de la reserva de ley y del principio de legalidad, a fin de evitar la inseguridad que produciría otorgar a la Administración tributaria cierto nivel de arbitrariedad para determinar el contenido de las concretas obligaciones de los obligados tributarios[16]. Sin perjuicio de lo anterior, se debe señalar que la propia normativa general tributaria tanto común como foral recoge la posibilidad mediante ley o norma foral de regular la indisponibilidad del crédito tributario en otro sentido.

En virtud de lo anterior, de la sujeción a la reserva de ley y al principio de legalidad y del artículo 112.2 de la LPAC, parece que, en materia tributaria, el arbitraje podría tener cabida en nuestro ordenamiento jurídico. Lo ya dicho, siempre y cuando exista una ley que regule los convenios arbitrales en la esfera tributaria, quedando así el arbitraje sujeto a las disposiciones normativas y a la voluntariedad en la sumisión al mismo. Así, desde la perspectiva de una parte de la doctrina, el arbitraje podría configurarse como una alternativa frente a la reclama-

---

16 GARCÍA NOVOA, C., "Mecanismos alternativos para la resolución de controversias tributarias. Su introducción en el derecho español", *Revista técnica tributaria*, 59, 9 de septiembre de 2002.

ción económico- administrativa articulándose como una vía previa a la judicial[17].

Ahora bien, es fundamental precisar que no debería tratarse de un sistema de arbitraje que opere como sustitutivo de los recursos ordinarios como es el recurso de reposición; sino que el mismo se presentaría como régimen alternativo frente al citado recurso especial económico- administrativo y se desarrollaría frente a órganos terceros independientes e imparciales en relación a las partes de la controversia.

Además, dicha postura doctrinal parece tener su fundamento en distintos pronunciamientos del propio TC (entre otros, en su STC 217/1991, de 14 de diciembre, 355/1993, de 29 de noviembre y 174/1995, de 23 de noviembre), quien confirmó la constitucionalidad de las vías previas a la judicial siempre y cuando las mismas no impidan el acceso posterior frente a los tribunales contencioso- administrativos y respondan al interés común.

El empleo de formas de terminación convencionales en el ámbito jurídico- tributario no es, sin embargo, una invención propia sino más bien una reproducción de las fórmulas existentes en países vecinos. Ejemplo de ello es Francia, donde si bien no se hace especial referencia al arbitraje tributario, disponen de las conocidas "comisiones mixtas francesas" en las cuales un tercero trata de acercar las posturas entre los interesados y la Administración tributaria, con el fin último de resolver los conflictos que surgen entre ellos sin necesidad de acudir frente a la jurisdicción contencioso- administrativa.

La principal peculiaridad de las comisiones mixtas mencionadas es que se integran por un tercero que juega un papel fundamental a la hora de aproximar los intereses divergentes

---

17 CRUZ PADIAL, I., "Doctrina. ¿Es posible el arbitraje tributario", *Impuestos,* 62, 1999, pp. 8-9.

de la Administración y el interesado al objeto de llegar a una solución que evite el recurso en vía judicial. Así, en el Derecho francés se ha regulado el régimen jurídico y, en definitiva, el funcionamiento de determinados entes con potestad de resolución previa a la vía judicial y cuya naturaleza se asemeja prácticamente a la de un órgano jurisdiccional. Se trata pues de una especie de procedimiento contradictorio donde las partes acuerdan los extremos del mismo.

Del pronunciamiento del TJUE, de 21 de enero de 2020, (asunto 274/14) expuesto en apartados anteriores, del gran volumen de conflictividad que existe frente a los TEAs y de la saturación de litigios tributarios planteados ante los tribunales contencioso- administrativos, se deriva la necesidad de regular nuevas vías para hacer frente a la realidad actualmente existente en el plano jurídico- tributario[18].

En virtud de todo lo anterior, y siguiendo el ejemplo galo, podría plantearse la introducción en nuestro ordenamiento jurídico de un sistema como el de las comisiones mixtas francesas. Lo ya dicho se podría materializar regulando una vía para solventar los conflictos de cuya resolución se ocuparían órganos de naturaleza básicamente arbitral que podrían sustituir el régimen de revisión en la vía económico- administrativa existente.

Parece que no resultaría del todo insólita dicha alternativa, puesto que se podría configurar tomando como ejemplo el procedimiento de tasación pericial contradictoria ya regulado tanto en normativas forales como en la de Territorio común. Dicho procedimiento se emplea cuando los interesados

---

[18] SUBERBIOLA GARBIZU, I., "Asterix, el caldero y el consejo de la aldea, o sobre el ejemplo galo de las comisiones mixtas como fórmula arbitral de resolución de conflictos tributarios", *Revista LA LEY Mediación y Arbitraje,* 5, 2021.

no están conformes con la valoración de los bienes y derechos resultantes de la comprobación de valores realizada por la Administración.

Así, tanto la Administración como la parte interesada designan a sus propios peritos para realizar las valoraciones en cuestión y en el caso de que la diferencia entre los valores determinados por el perito de parte y el perito de la Administración sea superior a un determinado importe se designa un perito tercero. Finalmente, es la tasación del perito tercero la que determina el valor de los bienes.

En definitiva, se trataría de diseñar un sistema de resolución de conflictos tributarios previo a la vía judicial, donde se cumplan las exigencias derivadas del principio de seguridad jurídica pudiendo tener la misma con los requisitos legales para ello exigidos, forma de arbitraje tributario. Con ello, parece que a los interesados se les podría conferir una mayor percepción de justicia e imparcialidad, incrementando su aceptación de las resoluciones emanadas por dichos órganos realmente independientes de las partes, disminuyendo así la conflictividad.

8. CONCLUSIONES

El principio de seguridad jurídica se ha consagrado en las últimas décadas como uno de los principios generales del Derecho por antonomasia. No obstante, la OCDE ha concluido en distintos estudios que se requiere de un mayor grado de seguridad jurídica tanto en la elaboración como en la aplicación de la normativa tributaria, así como en la resolución de los conflictos surgidos en materia jurídico- tributaria.

Dar respuesta al requerimiento anterior, dada la coexistencia en el ámbito tributario de múltiples fuentes de producción y de aplicación normativa, podría provocar el deterioro de este principio. Y ello, puesto que de dicha distribución competencial derivan diferencias tanto normativas como interpretativas. Ejemplo de ello es el supuesto del traslado de incentivos fiscales generados por un sujeto cuando se produce un cambio normativo entre normativa común y foral en los supuestos de reestructuraciones empresariales.

Con el objetivo de proteger la seguridad jurídica y salvar las divergencias como la arriba señalada, se han regulado en el ámbito tributario varios órganos (entre otros, la OCTE, la CCEN y la Junta Arbitral) para coordinar y armonizar la labor normativa e interpretativa entre las distintas Administraciones tributarias que coexisten en el Estado.

Además de los órganos indicados, se han introducido en el sistema tributario distintos procedimientos, herramientas y mecanismos para garantizar la efectiva consagración del principio de seguridad jurídica y que los obligados tributarios puedan defender sus derechos para operar en el mercado con la predecibilidad que para ello se requiere. Entre los mecanismos regulados se encuentran los procedimientos de vinculación administrativa previa y las reclamaciones frente a los TEAs pero, ¿su existencia es sinónimo de efectividad real del principio de seguridad jurídica?

La respuesta parece ser negativa. Evidentemente, la aplicación de los mecanismos expuestos presenta su propia problemática que hace que los interesados en contra de sus intereses privados como en consecuencia del interés general, deban soportar situaciones de indefensión e inseguridad jurídica frente a la Administración tributaria. Dicha problemática deriva, principalmente, en la demora injustificada tanto en el acceso a la jurisdicción contencioso- administrativa como en el conocimiento del criterio administrativo de aplicación en un supuesto de hecho concreto.

En virtud de lo anterior, se han planteado alternativas a fin de hacer frente a los retos y las dificultades suscitadas en la implementación de los regímenes mencionados. Por un lado, se propone agilizar el régimen de las consultas tributarias escritas y promover el planteamiento de las propuestas previas de tributación. Por otro lado, se plantea transitar hacía un modelo de carácter potestativo de la reclamación en vía económico- administrativa, y, alternativamente, diseñar un sistema de resolución de conflictos tributarios previo a la vía judicial pudiendo tener la misma forma de arbitraje tributario.

En definitiva, si bien se están realizando avances en la regulación de instrumentos para asegurar la aplicación efectiva del principio de seguridad jurídica en la esfera tributaria, podemos afirmar que en ese sentido aún queda camino por recorrer. En un mundo cada vez más globalizado y con la peculiaridad de la idiosincrasia de nuestro territorio, el esfuerzo de los poderes públicos se debería dirigir al cumplimiento del mandato constitucional y al respeto del sistema de fuentes, donde se encuentran los principios generales del Derecho, y, entre ellos, el de la seguridad jurídica.

9. REFERENCIAS BIBLIOGRÁFICAS

ARMENTIA BASTERRA, J., "Capítulo I. Concepto, estructura, naturaleza y características generales del Concierto Económico", *Forum Fiscal*, 236, 1 de noviembre de 2017.

ARMENTIA BASTERRA, J., "La información de la Administración Tributaria a través de las consultas escritas", *Revista Forum Fiscal*, 254, junio de 2019.

ARRATIBEL ARRONDO, J.A., "La coordinación de la actividad tributaria y financiera de la Hacienda Vasca y la Hacienda del Estado en la nueva Ley 12/2002 del Concierto Económico", *Crónica Tributaria*, 112, 15 de septiembre de 2004, pp. 9-55.

CHECA GONZÁLEZ, C., "La injustificable obligatoriedad de la vía económico- administrativa previa a la contenciosa en la nueva Ley General Tributaria", *Anuario de la Facultad de Derecho. Universidad de Extremadura*, 22, 2004, pp. 15-28.

CIERCO SEIRA, C., "De la gratuidad del procedimiento administrativo" [en línea], (2009), <https://www.google.com/url?sa=t&source=we

b&rct=j&opi=89978449&url=https://dialnet.unirioja.es/descarga/articulo/3215858.pdf&ved=2ahUKEwjxoJbu5diIAxXDVfEDHXa3O_oQFnoECBkQAQ&usg=AOvVaw3WPe7ULYVUCVPEpr46RJ9b>. [Consulta: 18/08/2024.].

CONCLUSIONES DEL ABOGADO GENERAL SR. ANTONIO SAGGIO, “Presentadas el 7 de octubre de 1999, DO L 145, p. 1; EE 09/01” [en línea], (2000), <https://www.google.com/url?sa=t&source=web&rct=j&opi=89978449&url=https://eur-lex.europa.eu/legal-content/ES/TXT/PDF/%3Furi%3DCELEX:61998CC0110%26from%3DES&ved=2ahUKEwj0yMHB49iIAxXzRvEDHdcOIAwQFnoECBMQAQ&usg=AOvVaw05lFsWKNWzVzhSSrtMPYCh>. [Consulta: 02/08/2024.].

CONSEJO PARA LA DEFENSA DEL CONTRIBUYENTE, “Informe sobre el régimen de las consultas tributarias en Derecho comparado” [en línea], (2024), <https://www.hacienda.gob.es/SGT/GabSEHacienda/CDC/Propuestas%20e%20informes/Informe-consultas-tributarias-Derecho-comparado.pdf>. [Consulta: 22/08/2024.].

CRUZ PADIAL, I., “Doctrina. ¿Es posible el arbitraje tributario”, *Impuestos*, 62, 1999, pp. 8-9.

DÍAZ RUBIO, P., *El principio de confianza legítima en materia tributaria*, Tirant lo Blanch, Valencia, 2014, pp. 93-103.

FERREIRO LAPATZA, J.J., *Curso de Derecho Financiero Español. Derecho Tributario: parte general*, Marcial Pons, Madrid, 2004.

GARCÍA NOVOA, C., “Mecanismos alternativos para la resolución de controversias tributarias. Su introducción en el derecho español”, *Revista técnica tributaria*, 59, 9 de septiembre de 2002.

GARCÍA NOVOA, C. “Una vuelta de tuerca sobre el régimen de las consultas tributarias” [en línea], (2024), <https://www.politicafiscal.es/equipo/cesar-garcia-novoa/una-vuelta-de-tuerca-sobre-el-regimen-de-las-consultas-tributarias>. [Consulta: 17/10/2024.].

MARTÍN VALERO, A.I., “Algunos matices en relación con el agotamiento de la vía administrativa previa en materia tributaria”, *Actualidad Administrativa*, 9, septiembre de 2018.

MARTÍN VALERO, A.I., “Efecto vinculante de las consultas tributarias y control judicial”, *Actualidad Administrativa*, 5, mayo de 2024.

SUBERBIOLA GARBIZU, I., “Asterix, el caldero y el consejo de la aldea, o sobre el ejemplo galo de las comisiones mixtas como fórmula arbitral de resolución de conflictos tributarios”, *Revista LA LEY Mediación y Arbitraje*, 5, 2021.

TRIBUNAL ECONÓMICO-ADMINISTRATIVO CENTRAL, «Memoria 2022» [en línea], (2023), <https://www.google.com/url?sa=t&source=web&rct=j&opi=89978449&url=https://www.poderjudicial.es/stfls/ESTADISTICA/FICHEROS/17001E%2520Actividad%2520Tribunal%2520Economico%2520Administrativo/Memoria-TEA-2022.pdf&ved=2ahUKEwjD_ZfF3diIAxURS_EDHTdfH6wQFnoECCkQAQ&usg=AOvVaw2RgpPbGsEWuLwEaHy1SC9R>. [Consulta: 11/06/2024.].

Capítulo 8.

Una aproximación al uso de la inteligencia artificial en el sector público desde la perspectiva del principio constitucional de seguridad jurídica y su afección a la privacidad y la no discriminación

RAQUEL ARIAS BENÉITEZ
Profesora de Derecho Constitucional
Universidad de Deusto

1. ALGORITMOS Y SECTOR PÚBLICO: PINCELADAS INTRODUCTORIAS SOBRE LA RELEVANCIA DE LA CUESTIÓN

El presente trabajo pretende ser una aproximación a las implicaciones que podría acarrear para el principio constitucional de seguridad jurídica[1] el uso de algoritmos de inteligencia artificial por las administraciones públicas españolas. En concreto, se contextualiza en un entorno de creciente interés e inquietud por el impacto de los algoritmos en los derechos de la ciudadanía y, más en concreto, en los derechos fundamentales[2].

---

1 Constitución Española de 27 de diciembre de 1978, Boletín Oficial del Estado, de 29 de diciembre de 1978, núm. 311 (en adelante, CE), art. 9.3: "La Constitución garantiza el principio de legalidad, la jerarquía normativa, la publicidad de las normas, la irretroactividad de las disposiciones sancionadoras no favorables o restrictivas de derechos individuales, la seguridad jurídica, la responsabilidad y la interdicción de la arbitrariedad de los poderes públicos".

2 La afección de la inteligencia artificial en los derechos fundamentales consagrados en la CE es una cuestión cada vez más analizada por diversos autores. En concreto, y sin ánimo de exhaustividad, cabe mencionar a este respecto los siguientes trabajos a los que se hará referencia a lo largo del presente capítulo: PRESNO LINERA, M.A., *Derechos fundamentales e Inteligencia Artificial*, Marcial Pons, Madrid, Fundación Manuel Giménez Abad, 2022; COTINO HUESO, L., "Nuevo paradigma en la garantía de los derechos fundamentales y nueva protección de datos frente al impacto social y colectivo de la inteligencia artificial", en *Derechos y garantías ante la inteligencia artificial y las decisiones automatizadas*, Aranzadi, Cizur Menor, 2022, pp. 69-105 o BALAGUER CALLEJÓN, F., "La constitución del algoritmo", en *Introducción al Derecho Constitucional*, Edición 12ª, Madrid, Tecnos, 2023, pp. 27-60.

1.1. Relevancia del tema y justificación

Hace no tanto tiempo se hablaba de los avances tecnológicos y de las consecuencias que acarreó la irrupción de Internet y de las Tecnologías de la Información y la Comunicación (en adelante, TIC) y su influencia en prácticamente todos los aspectos de la vida cotidiana. De hecho, desde finales del pasado siglo las TIC se han ido implementando en las organizaciones de nuestro entorno, en un primer momento con la informatización y, posteriormente, con la conocida como transformación digital que dio pie a reinventar su funcionamiento[3].

En el marco de esta transformación digital, cabe destacar un grupo concreto de tecnologías dada su capacidad de generar un cambio significativo: se trata de las tecnologías disruptivas[4], entre las que se encuentra la inteligencia artificial[5] (en adelan-

---

3 TORRECILLA SALINAS. C. *et al.*, "¿Para qué sirve la Inteligencia Artificial en el sector público? Casos de uso y perspectivas de aplicación", en *Inteligencia artificial y sector público: Retos, límites y medios*, Tirant lo Blanch, Valencia, 2023, p. 74.

4 De acuerdo con el diccionario de la Real Academia Española de la Lengua (en adelante, RAE) una "disrupción" es una "rotura o interrupción brusca". Recuperado de: https://dle.rae.es/disrupci%C3%B3n [Consulta: 12/09/2024]. Por su parte, "tecnología" se define como "conjunto de teorías y de técnicas que permiten el aprovechamiento práctico del conocimiento científico". Recuperado de: https://dle.rae.es/tecnolog%C3%ADa?m=form [Consulta: 12/09/2024]. Partiendo de estas dos definiciones, la referencia a tecnologías disruptivas se entiende hecha a una serie de técnicas que rompen de forma brusca con las preestablecidas, modificándolas y suponiendo un avance y, por ende, implicando un aprovechamiento más eficaz del conocimiento.

5 Tal y como se explica en TORRECILLA SALINAS. C *et al.*, *op. cit.*, p. 74, la IA tiene una "capacidad disruptiva" por su habilidad para manejar ingentes cantidades de datos y hacer predicciones que pueden suponer cambios transcendentales para las organizaciones.

te, IA). Este fenómeno, como se verá en el presente trabajo, no es una cuestión tan novedosa como parece[6].

A pesar de no ser algo completamente nuevo, es indiscutible que los recientes avances de la IA han transformado profundamente el panorama económico y social de los últimos años[7], con aplicaciones que van desde la traducción automática de textos y la conducción de vehículos autónomos hasta la manufactura robotizada y el reconocimiento inteligente de imágenes[8]. En ocasiones también los sistemas basados en IA han planteado el interrogante de si podrán llegar a sustituir la necesidad de intervención humana en ciertas circunstancias o procedimientos[9], si bien es cierto que en muchos casos se reclama que haya una "reserva de humanidad", es decir, que se confíe únicamente a las personas la facultad de tomar ciertas decisiones[10].

---

6 De acuerdo, entre otros, con PRESNO LINERA, M.A., *op. cit.*, p.16, el surgimiento de la denominación de IA se ubica en 1956.

7 BERNING PRIETO, A.D., "El uso de sistemas basados en inteligencia artificial por las Administraciones públicas: estado actual de la cuestión y algunas propuestas ad futurum para un uso responsable", *Revista de Estudios de la Administración Local y Autonómica,* 20, octubre de 2023, p. 166.

8 CERRILLO I MARTÍNEZ, A., "Retos y oportunidades del uso de la inteligencia artificial en las administraciones públicas", *Oikonomics. Revista de economía, empresa y sociedad,* 12, noviembre 2019, p.2.

9 PONCE SOLÉ explica que, en algunos ejemplos de uso de algoritmos de IA, los mismos se limitan a sustituir la decisión humana y adoptan decisiones sin su intervención. En PONCE SOLÉ, L., "Inteligencia artificial, derecho administrativo y reserva de humanidad: algoritmos y procedimiento administrativo debido tecnológico", *Revista General de Derecho Administrativo,* 50, 2019, p. 28.

10 CERRILLO I MARTÍNEZ, A., *op. cit.*, p. 4.

Partiendo de lo anterior, resulta interesante centrar el foco en el uso de algoritmos de IA por parte de la Administración pública, ya que el mismo ha experimentado un auge significativo en los últimos tiempos[11]. Como se verá en las siguientes líneas, a pesar de que, indudablemente, la utilización de estos sistemas acarrea ventajas para el sector público en términos de eficiencia y eficacia, también lleva de la mano diversas amenazas[12] tanto para los derechos fundamentales de la ciudadanía, como, en líneas generales, para la seguridad jurídica. En definitiva, el análisis de esta cuestión resulta pertinente y apropiado en un momento en el que acaba de ver la luz la primera norma del mundo en materia de inteligencia artificial[13].

---

11 Como corrobora RODRÍGUEZ PEÑA, se está generalizando cada vez más el uso de algoritmos de IA por parte del sector público, lo que implica la urgencia de considerar cuáles son los peligros que esta práctica conlleva. En RODRÍGUEZ PEÑA, N.L., "Big data e inteligencia artificial: una aproximación a los desafíos éticos y jurídicos de su implementación en las administraciones tributarias", *Ius et scientia,* Vol.7, 1, 2021, p. 65.

12 BERNING PRIETO, A.D, *op. cit.,* p. 165.

13 La Unión Europea (en adelante, UE) llegó a un acuerdo el pasado mes de diciembre de 2023 para adoptar un Reglamento de Inteligencia Artificial que entró en vigor el 1 de agosto de 2024 de acuerdo con el art. 113 del propio Reglamento (UE) 2024/1689 del Parlamento Europeo y del Consejo, de 13 de junio de 2024, por el que se establecen normas armonizadas en materia de inteligencia artificial y por el que se modifican los Reglamentos (CE) 300/2008, (UE) 167/2013, (UE) 168/2013, (UE) 2018/858, (UE) 2018/1139 y (UE) 2019/2144 y las Directivas 2014/90/UE, (UE) 2016/797 y (UE) 2020/1828 (Reglamento de Inteligencia Artificial), Diario Oficial de la Unión Europea, núm. 1689, de 12 de julio de 2024 (en adelante, RIA).

1.2. Objetivos de la aportación

El principal reto de este capítulo es analizar las amenazas y oportunidades que podría acarrear el uso de algoritmos de inteligencia artificial por parte de las administraciones públicas poniendo el foco en el principio constitucional de seguridad jurídica. Asimismo, interesa estudiar cómo la utilización de estos sistemas podría generar inseguridad jurídica en lo que a los derechos fundamentales de la ciudadanía se refiere y, en concreto, en relación con la discriminación y la protección de datos. Para poder alcanzar dichos objetivos, se tratarán de encauzar también los siguientes:

(1) Determinar qué se entiende por inteligencia artificial y definir cuáles son algunos de los ejemplos de uso de sistemas de IA que podrían llevar a cabo las administraciones públicas en los procedimientos administrativos que se sustancien en su seno.

(2) Detectar posibles ventajas de la utilización de sistemas de IA por parte de las administraciones públicas, así como potenciales riesgos para los derechos fundamentales de la ciudadanía, tales como la protección de datos y la no discriminación. Asimismo, estudiar cuáles son las garantías existentes para esos derechos y si son suficientes.

(3) Concretar qué implica el principio constitucional de seguridad jurídica y cómo debe interpretarse y aplicarse en el contexto de las administraciones públicas en general, para extrapolar dicha aplicación al nuevo escenario ocasionado por la inteligencia artificial por parte de estas instituciones.

(4) Revisar la normativa sobre procedimiento administrativo en vigor en España, así como analizar la normativa sobre inteligencia artificial de la Unión Europea (en adelante, UE), para determinar si existen en las mismas menciones relativas al uso de sistemas de IA por parte de las administraciones públicas.

(5) Determinar sugerencias y pautas de uso de algoritmos de IA por parte de las administraciones públicas que garanticen la seguridad jurídica.

1.3. Punto de partida: inseguridad jurídica y sesgos algorítmicos

En el presente capítulo se parte de la premisa de que el uso de la IA por parte del sector público puede influir de forma negativa en los derechos fundamentales de la ciudadanía. En concreto, como se ha adelantado, resulta de especial interés centrar el análisis en los derechos fundamentales a la protección de datos[14] y a la no discriminación[15], dado que son los

---

14 De acuerdo con PRESNO LINERA, la IA es capaz de manejar y tratar grandes cantidades de datos y extraer las vinculaciones que puede haber entre los mismos, cuestión que la convierte en un instrumento tan potente. En PRESNO LINERA, M.A., *Derechos fundamentales e Inteligencia Artificial...*, *op. cit.*, p.37.

15 Tal y como señala BELLOSO MARTÍN, el auge de las nuevas tecnologías ha hecho que crezcan exponencialmente los riesgos para los derechos fundamentales, destacando los que afectan al derecho a la no discriminación. En concreto, como bien afirma la autora, los actos y las elecciones humanas, que en la mayoría de los casos, ya cuentan con un sesgo de partida, se proyectan y aumentan cuando entra en juego la inteligencia artificial. En BELLOSO MARTÍN, N., "La problemática de los sesgos algorítmicos (con especial referencia a

más afectados como consecuencia de la utilización de inteligencia artificial[16]. Esta afección tiene una incidencia directa en el principio constitucional de seguridad jurídica que, previsiblemente, no está lo suficientemente protegido ante los usos que el sector público hace de las tecnologías disruptivas. En virtud del citado principio, como explica ESPÍN TEMPLADO[17], los poderes públicos deben actuar de forma previsible, lo que conlleva que no pueden desviarse de lo que contempla el ordenamiento jurídico. Por lo tanto, las administraciones públicas sólo podrán hacer uso de sistemas de IA en los casos y con las cautelas previstas en la normativa que les resulte de aplicación, que posiblemente no sean suficientes dado el elevado impacto que las tecnologías disruptivas pueden tener en los derechos.

En cualquier caso, para comprobar si lo anterior se cumple y poder concluir si los derechos a la protección de datos y la no discriminación están lo suficientemente garantizados normativamente frente al uso de la IA por parte de la administración pública, será imprescindible entrar a analizar la normativa de

---

los de género). ¿Hacia un derecho a la protección contra los sesgos?", en *Inteligencia Artificial y Filosofía del Derecho,* Laborum, 2022, p. 45. En esta misma línea, PRESNO LINERA destaca algunos ejemplos, como los programas de IA con reconocimiento facial que obtienen diferentes niveles de error en función del color de la piel de las personas cuya imagen están analizando. En PRESNO LINERA, M.A., *op. cit.,* p. 64.

16 PRESNO LINERA, M.A., *op. cit.,* pp.37 y 64.

17 ESPÍN TEMPLADO, E., "El sistema de fuentes en la Constitución (I)", en *Manual de Derecho Constitucional. La Constitución y las fuentes del Derecho. Derechos fundamentales y garantías,* Volumen I, Tirant lo Blanch, Valencia, 2022, p. 61.

protección de datos[18] e igualdad[19]. Sin embargo, para completar el análisis también será necesario, en la medida que se hable de inteligencia artificial, estudiar las previsiones sobre usos

---

18 En la actualidad en la UE, en materia de protección de datos, resulta de aplicación el Reglamento (UE) 2016/679 del Parlamento Europeo y del Consejo, aprobado el 27 de abril de 2016, relativo a la protección de las personas físicas en lo que respecta al tratamiento de datos personales y a la libre circulación de estos datos y por el que se deroga la Directiva 95/46/CE. Diario Oficial de la Unión Europea, L 119/1, de 4 de mayo de 2016 (en adelante, "RGPD"), así como la Directiva (UE) 2016/680 del Parlamento Europeo y del Consejo, de 27 de abril de 2016, relativa a la protección de las personas físicas en lo que respecta al tratamiento de datos personales por parte de las autoridades competentes para fines de prevención, investigación, detección o enjuiciamiento de infracciones penales o de ejecución de sanciones penales, y a la libre circulación de dichos datos y por la que se deroga la Decisión Marco 2008/977/JAI del Consejo. Diario Oficial de la Unión Europea, L 119/89, de 4 de mayo de 2016 (en adelante, Directiva (UE) 2016/680), en lo que a datos de personas investigadas se refiere. Por otro lado, en España está vigente la Ley Orgánica 3/2018, de 5 de diciembre, de Protección de Datos Personales y garantía de los derechos digitales. Boletín Oficial del Estado, de 6 de diciembre de 2018, núm. 294 (en adelante, LOPDGDD). Asimismo, existe una norma interna de transposición de la mencionada Directiva (UE) 2016/680: la Ley Orgánica 7/2021, de 26 de mayo, de protección de datos personales tratados para fines de prevención, detección, investigación y enjuiciamiento de infracciones penales y de ejecución de sanciones penales. Boletín Oficial del Estado, de 27 de mayo de 2021, núm. 126 (en adelante, LO 7/2021).

19 Actualmente están en vigor en España en materia de igualdad la Ley Orgánica 3/2007, de 22 de marzo, para la igualdad efectiva de mujeres y hombres. Boletín Oficial del Estado, de 23 de marzo de 2007, núm. 71 (en adelante, "LO 3/2007") y la Ley 15/2022, de 12 de julio, integral para la igualdad de trato y la no discriminación, Boletín Oficial del Estado, de 13 de julio de 2022, núm. 167 (en adelante, Ley 15/2022 o Ley de Igualdad).

de la IA en el sector público que incorpore el Reglamento de Inteligencia Artificial de la UE (en adelante, RIA) y la aplicabilidad práctica de las mismas[20]. Esto último se debe a que los Reglamentos de la UE forman parte del derecho interno de sus Estados miembros desde el día de su entrada en vigor[21].

Por otro lado, debido a que se está centrando el estudio en la Administración pública, y en relación también a alguna de las obligaciones en materia de protección de datos[22], se mencionará la normativa sobre transparencia[23], que exige a los poderes públicos una actuación transparente en lo que al ofrecimiento de servicios públicos se refiere, otorgando en todo momento información a la ciudadanía. En este sentido, se parte de la premisa de que esta normativa, dado que tiene ya unos cuantos años, no incluirá expresamente indicaciones acerca de la transparencia de los algoritmos. No obstante, como se estudiará, podría ser parte de una de las soluciones que ayuden a garantizar en mayor medida los derechos fundamentales afectados por el empleo de estas tecnologías.

---

20 Además del RIA, en lo que a la protección de datos y la no discriminación se refiere, deberán contemplarse las especificidades que las normativas de desarrollo de esos derechos fundamentales recogen para la administración pública y en relación a las nuevas tecnologías.

21 Tal y como establece el artículo 113 del RIA sobre su entrada en vigor, el citado reglamento "será obligatorio en todos sus elementos y directamente aplicable en cada Estado miembro".

22 El artículo 5.1, a) del RGPD recoge el principio de licitud, transparencia y lealtad, lo que implica que los datos personales deben tratarse de forma transparente y siempre otorgando a las personas interesadas, de forma previa al tratamiento, información completa sobre el mismo (arts. 13 y 14 RGPD y 11 LOPDGDD).

23 Ley 19/2013, de 9 de diciembre, de transparencia, acceso a la información pública y buen gobierno, Boletín Oficial del Estado, de 10 de diciembre de 2013, núm. 295 (en adelante, Ley 19/2013 o Ley de Transparencia).

La última premisa reside en que, dado que la normativa sobre procedimiento administrativo común vigente en España es del año 2015[24] y los avances más significativos de la inteligencia artificial se ubican a partir del año 2022, el uso de esta tecnología disruptiva por parte de las Administraciones públicas españolas no estará expresamente regulado en la citada normativa. En consecuencia, dado que, como se verá, es una realidad que la Administración pública utiliza algoritmos de IA en ciertas ocasiones, no habría, al menos en España, normativa apropiada que aporte seguridad jurídica y que sirva como garantía normativa para los derechos de la ciudadanía frente al uso de la IA en la toma de decisiones que les conciernen[25].

2. INTELIGENCIA ARTIFICIAL Y ADMINISTRACIÓN PÚBLICA: ¿DÓNDE ESTÁ LA INTERSECCIÓN?

Como se ha indicado en el apartado introductorio, la inteligencia artificial es una cuestión novedosa que está afectando ya a todos los sectores y que es necesario tratar de atajar también desde el prisma jurídico, es decir, es necesario que "el Derecho siga bien de cerca el despliegue de estas tecnologías disruptivas"[26]. En consecuencia, en este epígrafe interesa

---

[24] La referencia a la normativa sobre procedimiento administrativo común ha de entenderse hecha especialmente a la Ley 39/2015, de 1 de octubre, del Procedimiento Administrativo Común de las Administraciones Públicas, Boletín Oficial del Estado, de 2 de octubre de 2015, núm. 236 (en adelante, Ley 39/2015). No obstante, no se deben dejar de lado otras normas aplicables al sector público como la Ley 40/2015, de 1 de octubre, de Régimen Jurídico del Sector Público, Boletín Oficial del Estado, de 2 de octubre de 2015, núm. 236 (en adelante, Ley 40/2015).

[25] BERNING PRIETO, A.D., *op. cit.*, p. 165.

[26] GIL MEMBRADO, C., *Riesgos del uso de algoritmos en el diagnóstico y la investigación biomédica,* Reus, Madrid, 2023, p. 17.

definir lo que se entiende por inteligencia artificial y algunos ejemplos de usos que podría tener esta tecnología en la administración pública, para poder extraer ventajas e inconvenientes de dichas utilidades.

2.1. La relación entre big data, inteligencia artificial y derecho

El término inteligencia artificial, si bien parece algo novedoso, en realidad no lo es tanto, dado que realmente se acuñó a finales de los años 50 del siglo XX en el *Dartmouth College* por los científicos JOHN MCCARTHY, MARVIN L. MINSKY, NATHANIEL ROCHSTER y CALUDE E. SHANNON a raíz de la propuesta que formularon el verano de 1955 para llevar a cabo un proyecto de investigación sobre lo que denominaron de esa manera[27]. En la propuesta que presentaron, explicaban que basarían su estudio en la idea de que todos los aspectos del aprendizaje y la inteligencia se pueden describir con tanta precisión que una máquina podría llegar a simularlos y, partiendo de esa base, buscarían cómo hacer que las máquinas usen el lenguaje, creen conceptos, resuelvan problemas que solo los humanos pueden resolver y se mejoren a sí mismas. En definitiva, asentaron las bases de esa tecnología disruptiva que hoy en día no cesa de evolucionar a una velocidad estratosférica.

La inteligencia artificial constituye un término difícil de definir[28], por lo que "en la corta historia de esta disciplina se han

---

27 Se puede consultar el original de la propuesta en la web de *Stanford University*: McCARTHY, J., MINSKY, M.L., ROCHESTER, N. y SHANNON, C.E., "A proposal for the Dartmouth Summer Research Project on Artificial Inteligence" [en línea], (1955), <http://jmc.stanford.edu/articles/dartmouth/dartmouth.pdf>. [Consulta: 21/09/2024.].

28 HERRERA DE LAS HERAS, R., *Aspectos legales de la inteligencia artificial: personalidad jurídica de los robots, protección de datos y responsabilidad civil*, Dykinson, Madrid, 2022, p. 18.

proporcionado distintas definiciones"[29]. A pesar de que han sido varias las instituciones y los autores que han tratado de definir el concepto de IA, dado que ya es aplicable el RIA, se mencionará a continuación únicamente la definición de "sistema de IA" que incorpora en su articulado, cuyo tenor literal dice así:

> "Un sistema basado en una máquina que está diseñado para funcionar con distintos niveles de autonomía y que puede mostrar capacidad de adaptación tras el despliegue, y que, para objetivos explícitos o implícitos, infiere de la información de entrada que recibe la manera de generar resultados de salida, como predicciones, contenidos, recomendaciones o decisiones, que pueden influir en entornos físicos o virtuales"[30].

En concreto, se trata de un *software* que utiliza algoritmos[31] y que se fundamentan en un código fuente, que no es más que el conjunto de instrucciones internas que utilizan para llevar a cabo su tarea[32]. Sin embargo, los sistemas de IA únicamente utilizan los algoritmos que son capaces de aprender a través de un procesamiento de datos[33]. Por lo tanto, se podría afirmar que, en muchas ocasiones, la IA se alimenta de *big data*[34].

---

29 PRESNO LINERA, M.A., *op. cit.*, p.15.

30 Art. 3.1 RIA.

31 De acuerdo con la RAE, un algoritmo es un "conjunto ordenado y finito de operaciones que permite hallar la solución de un problema" o un "método y notación en las distintas formas del cálculo", recuperado de: https://dle.rae.es/algoritmo. [Consulta: 21/09/2024.].

32 BERNING PRIETO, A.D., *op. cit.*, p. 168.

33 PRESNO LINERA, M.A., *op. cit.*, p.15.

34 De acuerdo con COTINO HUESO, *big data* son "cantidades de datos ingentes, de magnitud casi tan inabarcable a la mente humana como la grandeza del espacio" y que son generados por los humanos. En COTINO HUESO, L., "Big data e inteligencia artificial. Una aproximación a su tratamiento jurídico desde los derechos fundamentales", *Dilemata,* 24, 2017, pp. 131 y 133.

Dado que la IA se nutre de datos que generan los humanos, que pueden ser de carácter personal en algunas ocasiones y estar sesgados o ser erróneos en otras[35], el aumento del uso de esta tecnología disruptiva por parte de operadores públicos y privados ha generado la necesidad de que el Derecho entre a regularla, en la medida que, como se verá en las siguientes páginas, puede generar riesgos para los derechos fundamentales de la ciudadanía. Estos peligros se podrían agravar más en los casos en los que sean las administraciones públicas las que hagan uso de algoritmos de IA, ya que estas tienen acceso a ingentes cantidades de datos sensibles de la ciudadanía.

2.2. *Algunos casos de uso de algoritmos de inteligencia artificial por parte de las Administraciones públicas españolas*

En España, el uso de la inteligencia artificial en el sector público ha incrementado su relevancia en los últimos años, aplicándose en diferentes ámbitos para mejorar la eficiencia, reducir los tiempos de tramitación y proporcionar servicios más personalizados a la ciudadanía[36]. Son varios los usos que las Administraciones públicas españolas han venido otorgando a la IA, entre otros, la utilización de *chatbots*[37] para atender a las

---

35 Esta cuestión se desarrolla de forma más detallada en el apartado III.1 del presente capítulo.

36 En este sentido, tal y como afirma de forma acertada BUENO DE MATA, "la evolución de la IA avanza a pasos agigantados, y su permeabilidad en distintos servicios públicos está creciendo de manera paulatina". En BUENO DE MATA, F., "La necesidad de regular la Inteligencia Artificial y su impacto como tecnología disruptiva en el proceso: de desafío utópico a cuestión de urgente necesidad", en *El impacto de las tecnologías disruptivas en el derecho procesal*, Thomson Reuters Aranzadi, Cizur Menor, 2022, p. 15.

37 Tal y como explica BERNING PRIETO, A.D., "El uso de sistemas basados en inteligencia artificial... *op. cit.*, pp. 170, los *chatbots* son asistentes

personas usuarias de forma autónoma y ayudar a la posterior toma de decisiones automatizada[38], el uso de la IA para completar formularios de forma automática o para la comprobación

---

virtuales que son capaces de brindar una atención automática a la ciudadanía, de tal forma que no se hace necesaria la intervención de personas físicas para ello. Si bien es cierto que la RAE no recoge entre las definiciones de su diccionario el término *chatbot,* este sí que ha sido definido por empresas tales como IBERDROLA o IBM. La primera explica en su página web que se trata de una aplicación o programa sustentado en IA "capaz de mantener una conversación en tiempo real por texto o por voz". Recuperado de: https://www.iberdrola.com/innovacion/que-es-un-chatbot [consulta: 13/09/2024]. Por su parte, la segunda indica en su sitio web que se trata de "un programa informático que simula la conversación humana con un usuario final". Recuperado de: https://www.ibm.com/es-es/topics/chatbots [consulta: 13/09/2024]. En concreto, de acuerdo con la explicación de CERRILLO I MARTÍNEZ, A., "Retos y oportunidades del uso de la inteligencia artificial en las administraciones públicas", *Oikonomics. Revista de economía, empresa y sociedad,* 12, noviembre 2019, p.3, para desarrollar este tipo de asistentes, las administraciones públicas emplean técnicas de comprensión del lenguaje y algoritmos de aprendizaje automático para interactuar con la ciudadanía.

38 Son varias las Administraciones públicas españolas que han venido implementando los *chatbots* como forma autónoma de atender a la ciudadanía. Sin pretender ser exhaustivos, se podrían traer a colación ejemplos como el del Ayuntamiento de Madrid, la Diputación Foral de Gipuzkoa o la Agencia Estatal de la Administración Tributaria (en adelante, Agencia Tributaria o AEAT). El primero, tiene a disposición de la ciudadanía en su portal web un chat que emerge y ofrece información automatizada sobre aspectos tales como el padrón municipal, cuestiones relativas al distrito centro, etc. Recuperado de: https://www.madrid.es/portal/site/munimadrid [consulta: 13/09/2024]. Por su parte, la Diputación Foral de Gipuzkoa dispone de un canal web para la resolución de dudas o problemas de índole informático. Recuperado de: https://egoitza.gipuzkoa.eus/es/asistencia-online [consulta: 13/09/2024]. Como último ejemplo, en la página web de la AEAT también emerge a disposición de la ciudadanía un asistente virtual para la resolución de preguntas

de que los datos incluidos en los mismos son correctos, etc.[39]. En definitiva, no son pocos los ejemplos que ilustran cómo la IA está transformando la Administración pública española, incluso hasta el punto de ser una herramienta clave para la toma de decisiones en diversos procedimientos administrativos, tal y como se verá a continuación.

Entre los casos de uso de sistemas de IA más relevantes, conviene señalar el uso de la IA por parte del Ministerio de Justicia de España, que lleva ya varios años valiéndose de tecnología basada en inteligencia artificial en algunas de las aplicaciones que utiliza, con la finalidad de mejorar sus servicios[40]. Algunas de las utilidades son la anonimización de documentos, la clasificación automática de la información, o el resumen automatizado de documentos en un lenguaje sencillo[41].

---

acerca de información tributaria básica. Recuperado de: https://sede.agenciatributaria.gob.es/ [Consulta: 13/09/2024].

39 BERNING PRIETO, A.D., *op. cit.*, pp. 169-172.

40 El Consejo General del Poder Judicial (en adelante, CGPJ) puso en 2021 a disposición de las personas que forman la carrera judicial el *software* basado en IA denominado "KENDOJ", que se corresponde con las sigas *Knowledge Extractor for CENDOJ* y que se alimenta de la base de datos de resoluciones judiciales gestionada por el Centro de Documentación Judicial (en adelante, CENDOJ). Por ejemplo, uno de los citados programas permite seudonimizar de forma automática documentos. Para más información sobre este extremo consultar: LEFEBRE, "Aplicaciones de la inteligencia artificial y el 'machine learning' para la carrera judicial" [en línea], (2021), <https://elderecho.com/aplicaciones-de-la-inteligencia-artificial-y-el-machine-learning-para-la-carrera-judicial>. [Consulta: 18/09/2024.].

41 MINISTERIO DE LA PRESIDENCIA, JUSTICIA Y RELACIONES CON LAS CORTES, "El Ministerio de Justicia ofrece tecnología basada en inteligencia artificial para mejorar sus servicios" [en línea], (2023), <https://www.mjusticia.gob.es/es/institucional/gabinete-comunicacion/noticias-ministerio/ia>. [Consulta: 18/09/2024.].

Siguiendo con ejemplos de uso de la IA en el sector público, cabe destacar el de la Dirección General de Tráfico (en adelante, DGT), que hace uso de algoritmos de IA para la toma de decisiones a nivel nacional[42]. En concreto, emplea algoritmos de *machine learning* con el fin de analizar en tiempo real los datos captados por las cámaras de tráfico, sensores de carretera y datos meteorológicos[43]. El uso de estos algoritmos proporciona a la DGT información útil sobre el estado de las carreteras que puede facilitar la toma de decisiones rápidas sobre desvíos, señalización, despliegue de recursos de emergencia, etc., mejorando, en definitiva, la seguridad vial[44].

Otra de las utilidades que la DGT le da a la IA, también relacionada con la seguridad vial, es la de vigilar el tráfico y ayudar a los agentes a sancionar a las personas infractoras a través de las cámaras equipadas con IA[45]. En concreto, la DGT cuenta con más de 200 cámaras que funcionan con inteligencia artifi-

---

42 ORTEGA, P., "Carreteras auditadas por IA". *Revista de Tráfico y Seguridad Vial,* 267, octubre de 2023, p. 26.

43 En la página web de la empresa encargada de elaborar los algoritmos que emplea la DGT *Advanced Services in Mobility S.L* o *ASIMOB* por sus siglas en inglés, se puede consultar información acerca de las diferentes soluciones que ofrecen a través de lo que denominan "Inspector Autónomo de Carreteras". Entre ellas, es destacable la capacidad de este *software* para realizar una inspección automática de las señales del tráfico, la detección de irregularidades en la superficie de las carreteras o el control de la señalización de las zonas de obras. ASIMOB, "Inspector Autónomo de Carreteras. Carreteras Inteligentes para Carreteras más Seguras" [en línea], <https://asimob.es/>. [Consulta: 04/09/2024.].

44 ORTEGA, P., *op. cit.*, p. 28.

45 Esta información se ha recuperado de una noticia de la versión digital del diario LA VANGUARDIA, «Dónde están las 232 cámaras con inteligencia artificial de la DGT y qué infracciones persiguen» [en línea], (2024), <https://www.lavanguardia.com/motor/actualidad/20240430/9604058/donde-estan-232-camaras-inteligencia-

cial en las vías que son de su competencia y que se utilizan para comprobar el uso del cinturón de seguridad por parte de los conductores[46].

En la misma línea, ayuntamientos como el de Madrid también hacen uso de cámaras con IA para realizar una gestión del tráfico en tiempo real[47], en este caso con el fin de extraer datos sobre los patrones de movilidad de la ciudadanía que ayuden a optimizar y organizar las múltiples modalidades de transporte[48].

---

artificial-dgt-que-infracciones-persiguen-tsc.html>. [Consulta: 16/09/2024.].

46 En la página web de Automovilistas Europeos Asociados, entidad encargada de proteger y reclamar los derechos de las personas automovilistas, se publicó el pasado mes de abril de 2024 un informe en el que se localizan las ubicaciones de todas estas cámaras. Recuperado de: https://aeaclub.org/camaras-vision-artificial/ [Consulta: 16/09/2024].

47 Entre otras fuentes, conviene citar en este sentido las siguientes, DIARIO DE MADRID: "Madrid gestiona el tráfico en tiempo real a través de 56 cámaras con Inteligencia Artificial" [en línea], (2024),<https://diario.madrid.es/blog/notas-de-prensa/madrid-gestiona-el-trafico-en-tiempo-real-a-traves-de-56-camaras-con-inteligencia-artificial/> [Consulta: 16/09/2024] y AYUNTAMIENTO DE MADRID, «El Ayuntamiento destinará 1,2 millones de euros al desarrollo de proyectos que incorporen la inteligencia artificial en beneficio de la sociedad" [en línea], (2024), <https://www.madrid.es/portales/munimadrid/es/Inicio/Actualidad/Noticias/El-Ayuntamiento-destinara-1-2-millones-de-euros-al-desarrollo-de-proyectos-que-incorporen-la-inteligencia-artificial-en-beneficio-de-la-sociedad/?vgnextfmt=default&vgnextoid=df9f98c36ac5f810VgnVCM2000001f4a900aRCRD&vgnextchannel=a12149fa40ec9410VgnVCM100000171f5a0aRCRD>.[Consulta: 16/09/2024.].

48 SERVIMEDIA, "Madrid usa la inteligencia artificial para gestionar el tráfico con los datos de 56 cámaras" [en línea], (2024), <https://www.lavanguardia.com/autonomias/20240429/9605783/madrid-inteligencia-artificial-gestionar-trafico-datos-56-camaras-agenciaslv20240429.html>. [Consulta: 16/09/2024.]. Tal y como se

Como último ejemplo, es destacable que la Agencia Estatal de la Administración Tributaria (en adelante, AEAT o Agencia Tributaria) también hace uso de herramientas basadas en inteligencia artificial y *big data* con la finalidad de gestionar el Suministro Inmediato de Información del Impuesto del Valor Añadido[49]. En concreto, pone a disposición de los usuarios un *chatbot* que resuelve sus dudas de forma rápida y autónoma[50]. En este mismo sentido, la Hacienda de la Diputación Foral de Gipuzkoa ha anunciado el uso de IA y *big data* también para monitorizar su sistema de *Ticket BAI*[51], que permite detectar el fraude fiscal[52].

---

explica en la citada noticia, las cámaras de las 56 estaciones usan la tecnología de la compañía *Data From Sky* para identificar a los distintos usuarios de la vía pública y generar datos sobre sus patrones de movilidad. En concreto, en la web de la citada empresa, que facilita soluciones innovadoras para las ciudades inteligentes, puede verse una imagen dinámica de cómo funciona la tecnología basada en IA que instalan en las cámaras. Recuperado de: https://datafromsky.com/ [Consulta: 16/09/2024].

49 WOLTERS KLUWER TAA España, "Cómo utiliza la AEAT la Inteligencia Artificial" [en línea], (2022),<https://www.wolterskluwer.com/es-es/expert-insights/como-utiliza-la-aeat-la-inteligencia-artificial>. [Consulta: 18/09/2024].

50 Se puede consultar en la web de la AEAT, recuperado de: https://sede.agenciatributaria.gob.es/Sede/iva/suministro-inmediato-informacion.html [Consulta: 18/09/2024].

51 Ticket Bai es un proyecto de las Diputaciones Forales de Gipuzkoa, Bizkaia y Araba que obliga a todas las entidades que emiten facturas en los tres territorios a utilizarla para garantizar la autenticidad de dichas facturas y prevenir, en definitiva, el fraude fiscal. Recuperado de: https://www.wolterskluwer.com/es-es/solutions/a3/novedades-legales/ticket-bai [Consulta: 18/09/2024].

52 LIZASOAIN, I., "Hacienda usará inteligencia artificial para monitorizar el sistema TicketBai" [en línea], (2024), <https://www.diariovasco.com/economia/fiscalidad/hacienda-inteligencia-artificial-ticketbai-20240412194715-nt.html>. [Consulta: 18/09/2024].

3. LA (IN)SEGURIDAD JURÍDICA EN EL USO DE SISTEMAS DE INTELIGENCIA ARTIFICIAL POR LA ADMINISTRACIÓN PÚBLICA

Una vez analizado el concepto de IA, sus posibles aplicaciones en el sector público, en el presente epígrafe interesa estudiar, por un lado, cuáles son los mayores riesgos que pueden existir para los derechos fundamentales de la ciudadanía como consecuencia de que el sector público haga uso frecuente de sistemas de inteligencia artificial. Asimismo, conviene analizar si existen garantías suficientes para los citados derechos fundamentales en el nuevo paradigma ocasionado por las tecnologías disruptivas y, en definitiva, si resulta garantizado el principio de seguridad jurídica en dicho contexto o si, por el contrario, se está caminando hacia una situación de mayor inseguridad jurídica.

3.1. Inconvenientes del uso de la IA en el sector público para ciertos derechos fundamentales

No se puede negar que los usos de algoritmos de inteligencia artificial que están implantando las administraciones públicas suponen mejoras en términos de eficiencia a la hora de prestar servicios a la ciudadanía y que, sin duda, aportan nuevas potencialidades para ellas en la medida que sirven para transformarlas[53]. Entre las oportunidades que la IA brinda al sector público cabe destacar la simplificación de los procedimientos administrativos, la lucha contra las infracciones administrativas y penales y la reducción de costes[54].

---

53 CERRILLO I MARTÍNEZ, A., *op. cit.*, p. 5.

54 RODRÍGUEZ PEÑA, N.L., *op. cit.*, p. 66.

Sin embargo, no es menos cierto que la utilización de la IA por parte de la administración pública tiene también inconvenientes. La realidad es que no son pocos los momentos en los que no somos conscientes de los avances que existen en materia tecnológica y, por ello, la llegamos a tener integrada en nuestro día a día sin darnos cuenta[55]. Como consecuencia de lo anterior, resulta evidente que la creciente implementación de tecnologías basadas en inteligencia artificial por parte de las administraciones públicas genera una urgencia por considerar los posibles impactos que esta interacción podría tener en los derechos fundamentales de la ciudadanía[56] y, en consecuencia, en la seguridad jurídica. Principalmente, como se ha adelantado *ut supra* y se detallará en las siguientes líneas, los derechos fundamentales más afectados por el uso de la IA por parte del sector público son la protección de datos personales y la no discriminación[57]. Y es que, como apunta BALAGUER CALLEJÓN, aunque las personas nativas digitales no sean conscientes realmente de las intromisiones ilegítimas que el uso de las tecnologías puede acarrear en los derechos de la ciudadanía,

---

55 BUENO DE MATA, F., *op. cit.*, p. 15.

56 RODRÍGUEZ PEÑA, N.L., *op. cit.*, p.65

57 Según explica PRESNO LINERA, M.A., *op. cit.*, pp.37 y 64, los derechos fundamentales que protegen la esfera privada de las personas, entre los que destacarían en lo que a la presente aportación se refiere, la intimidad (art. 18.1 CE) y la protección de datos personales (art. 18.4 CE), así como el derecho a no ser discriminado (arts. 1.1, 9.2 y 14 CE), son los que pueden tener un mayor impacto como consecuencia de la implementación de sistemas de IA. Estos derechos tienen reconocimiento en instrumentos normativos internacionales, como el Convenio Europeo de Derechos Humanos (en adelante, CEDH), cuyo artículo 8 reconoce el derecho al respeto a la vida privada y el 14 el derecho a la no discriminación. Asimismo, la Carta de los Derechos Fundamentales de la UE (en adelante, CDFUE), ampara en sus artículos 7 y 8 los derechos a la intimidad y protección de datos y dedica su Título III a la igualdad.

lo cierto es que "estos derechos siguen existiendo en el texto de las constituciones y son lesionados cada día, cada hora y cada minuto"[58].

En primer lugar, el derecho fundamental a la intimidad[59] y, más concretamente, el de la protección de datos personales[60], son algunos de los que se pueden ver más afectados por el uso de la IA por parte del sector público. Esto se debe a que los sis-

---

58 BALAGUER CALLEJÓN, F., "La constitución del algoritmo", *op. cit.,* p. 49.

59 El artículo 18.1 CE establece que "Se garantiza el derecho al honor, a la intimidad personal y familiar y a la propia imagen". Estos derechos, encuentran su desarrollo en la Ley Orgánica 1/1982, de 5 de mayo, de protección civil del derecho al honor, a la intimidad personal y familiar y a la propia imagen (en adelante, LO 1/1982). No obstante, dado que, como se ha visto, la IA se alimenta de *big data,* este trabajo se centrará más en el derecho a la protección de datos personales, por ser también este más concreto que el de la intimidad.

60 En interpretación del artículo 18.4 CE "La ley limitará el uso de la informática para garantizar el honor y la intimidad personal y familiar de los ciudadanos y el pleno ejercicio de sus derechos", el TC dictó dos resoluciones en el 2000 en las que concluyó que del citado precepto emanaba la existencia de un derecho fundamental independiente y más concreto que el derecho a la intimidad (art. 18.1 CE). Hablamos de la STC 290/2000, de 30 de noviembre *[Tol 2.770]* y la STC 292/2000, de 30 de noviembre, *[Tol 2.772].* En concreto, tal y como se indica en el FJ 6 de la primera de las dos sentencias citadas: "El derecho a la protección de datos garantiza a los individuos un poder de disposición sobre esos datos. Esta garantía impone a los poderes públicos la prohibición de que se conviertan en fuentes de esa información sin las debidas garantías; y también el deber de prevenir los riesgos que puedan derivarse del acceso o divulgación indebidas de dicha información. Pero ese poder de disposición sobre los propios datos personales nada vale si el afectado desconoce qué datos son los que se poseen por terceros, quiénes los poseen, y con qué fin".

temas de inteligencia artificial se entrenan con datos[61], algunos de los cuales deben ser de carácter personal[62], lo que implica que su tratamiento deba ajustarse a la normativa sobre protección de datos. Por ejemplo, entre los casos de uso citados en el apartado anterior, cabe traer a colación el del empleo de cámaras con inteligencia artificial para controlar el tráfico, ya que, a través de estas, pueden llegar a captar de forma masiva imágenes de los rostros de las personas o de las matrículas de

---

61 Tal y como afirma BALAGUER CALLEJÓN, los datos suponen "el petróleo del siglo XXI". BALAGUER CALLEJÓN, F., "La constitución del algoritmo", *op. cit.,* p. 49. Como consecuencia de ello, como acertadamente señala COTINO HUESO, "la IA atrae casi por defecto la aplicación del régimen de la protección de datos". COTINO HUESO, L. "Nuevo paradigma en la garantía de los derechos fundamentales... *op. cit.,* p.85.

62 Cuando estamos ante un tratamiento de datos personales, resulta de aplicación la normativa sobre protección de datos. En aplicación de lo anterior, resulta necesario traer a colación dos de las definiciones que establece el artículo 4 RGPD. Por un lado, el apartado 1° del citado precepto establece que los datos personales son "toda información sobre una persona física identificada o identificable («el interesado»); "se considerará persona física identificable toda persona cuya identidad pueda determinarse, directa o indirectamente, en particular mediante un identificador, como por ejemplo un nombre, un número de identificación, datos de localización, un identificador en línea o uno o varios elementos propios de la identidad física, fisiológica, genética, psíquica, económica, cultural o social de dicha persona". Por otro lado, el apartado 2° del citado artículo 4 RGPD indica que un tratamiento de datos es "cualquier operación o conjunto de operaciones realizadas sobre datos personales o conjuntos de datos personales, ya sea por procedimientos automatizados o no, como la recogida, registro, organización, estructuración, conservación, adaptación o modificación, extracción, consulta, utilización, comunicación por transmisión, difusión o cualquier otra forma de habilitación de acceso, cotejo o interconexión, limitación, supresión o destrucción".

sus coches[63], que pueden llegar a permitir la identificación de las mismas. Asimismo, los tratamientos llevados a cabo por la AEAT o las Haciendas de otros territorios también implican un tratamiento de datos de las personas usuarias, entre los que se manejan datos personales como son los fiscales.

No obstante, tal y como señala la Agencia Española de Protección de Datos (en adelante, AEPD)[64], cuando sean las administraciones públicas las que traten datos personales, y más aún haciendo uso de la IA, las amenazas pueden resultar distintas a las generadas por tratamientos realizados por otros responsables, debido al volumen de personas afectadas, la cantidad de datos recopilados, la dificultad para rechazar el tratamiento y las desigualdades de poder entre la administración pública y quienes son titulares de los datos. Esta necesaria distinción entre administración pública o empresas privadas como entes responsables del tratamiento de datos personales también la destaca COTINO HUESO[65], en tanto en cuanto el marco jurídico puede divergir y los riesgos también pueden ser mayores en el primer caso frente al segundo. Esto último se debe a que pueden darse casos de abuso por parte de las autoridades públicas[66].

---

63 De acuerdo con la AEPD, las matrículas de los vehículos pueden tener el carácter de dato personal. AGENCIA ESPAÑOLA DE PROTECCIÓN DE DATOS: "Informe 0019/2013" [en línea], (2013), <https://www.aepd.es/documento/2013-0019.pdf>. [Consulta: 20/09/2024.].

64 AGENCIA ESPAÑOLA DE PROTECCIÓN DE DATOS: "Tecnologías y Protección de Datos en las AA.PP." [en línea], (2020), <https://www.aepd.es/sites/default/files/2020-11/guia-tecnologias-admin-digital.pdf>. [Consulta: 19/09/2024.].

65 COTINO HUESO, L., *op. cit.*, p. 136.

66 RODRÍGUEZ PEÑA, N.L., *op. cit.*, p. 66.

En segundo lugar, debido a que los algoritmos de IA son entrenados y alimentados por personas[67] y beben de datos para dar respuestas basándose en probabilidades que calculan a partir de los datos que éstas les introducen durante el entrenamiento, los resultados pueden estar sesgados y atentar en contra del principio de igualdad y no discriminación[68], lo que amenazaría a la normativa que desarrolla el citado principio[69]. Este es un riesgo tangible que debe ser evitado[70], debido a que también puede llevar aparejados fallos de las decisiones que se tomen de forma automatizada[71].

Siguiendo con los sesgos algorítmicos, si traemos a colación los ejemplos de uso de la IA en el sector público descritos en el epígrafe precedente, las mismas cámaras de tráfico que em-

---

67 Por ello, como detalla COTINO HUESO, "el big data y los algoritmos pueden heredar o reflejar perjuicios y patrones o ser resultado de quienes han tomado decisiones anteriores". COTINO HUESO, L., *op. cit.*, p. 138.

68 De acuerdo con RODRÍGUEZ PEÑA, los datos que se utilicen para entrenar el modelo predictivo pueden incluir sesgos que causen discriminación. Esto puede suceder si se fundamentan en decisiones sesgadas de funcionarios o si la muestra de datos no es representativa. RODRÍGUEZ PEÑA, N.L., *op. cit.*, p. 76. Otro ejemplo destacable es la investigación de FERNÁNDEZ ÁLVAREZ, L., "Facial recognition: analysing gender and intersectionality in machine learning", en COMISIÓN EUROPEA. Gendered Innovations 2: how inclusive análisis contributes to research and innovation. Policy Review. Luxemburgo, Oficina de Publicaciones de la Unión Europea, 2020, pp. 142-149.

69 La igualdad está prevista como principio y como derecho en varios preceptos constitucionales, a saber: arts. 1.1, 9.2 y 14 CE. En relación con el principio de igualdad ante el uso de la IA, es destacable la relevancia del artículo 23 de la Ley 15/2022, ya que menciona de forma expresa la IA y en relación con los mecanismos de toma de decisiones automatizados.

70 COTINO HUESO, L., *op. cit.*, p. 138.

71 RODRÍGUEZ PEÑA, N.L., *op. cit.*, p. 74.

pleen algoritmos de inteligencia artificial para detectar infracciones y que, en consecuencia, pueden identificar a personas a partir de las imágenes de sus caras o las matrículas de sus vehículos, podrían también adoptar decisiones discriminatorias en base al color de la piel u otras características de las personas que conducen los vehículos detectados, en función de los datos de entrenamiento previo que hayan recibido. Asimismo, los sistemas para ayudar a la AEAT a detectar el fraude fiscal también podrían generar decisiones que atentaran contra el derecho a recibir un trato igual.

En definitiva, es evidente que los sesgos pueden encontrarse en los algoritmos o pueden generarse a partir de datos con poca calidad o erróneos[72]. Por ello, una vez detectada la existencia de ese riesgo, surge la necesidad de indagar en nuevas formas para garantizar la igualdad y la no discriminación frente a unos mecanismos cada vez más complejos de rectificar[73], cuestión que corresponde en parte también a la administración, dado que debe responsabilizarse para tratar de paliar las discriminaciones que pueda haber en sus decisiones[74]. En este sentido, la clave puede residir en invertir en perfeccionar la calidad de los algoritmos, es decir, modificar la estructura interna del algoritmo y los sesgos que puedan existir dada su configuración, que influirían en los resultados y podrían generar discriminaciones entre la ciudadanía[75].

En conclusión, con el fin de establecer garantías sólidas para los derechos fundamentales estudiados y en aras de proteger también la seguridad jurídica de la ciudadanía, como acertadamente indica COTINO HUESO, "cabe establecer directrices y regulaciones legales y técnicas para limitar usos poco éticos,

---

72 CERRILLO I MARTÍNEZ, A., *op. cit.*, p. 4.

73 COTINO HUESO, L., *op. cit.*, p. 138.

74 CERRILLO I MARTÍNEZ, A., *op. cit.*, p. 4.

75 RODRÍGUEZ PEÑA, N.L., *op. cit.*, p. 76.

contrarios a derechos fundamentales y principios, en especial vinculados con la no discriminación y la privacidad, así como fortalecer el control y garantías del individuo”[76].

3.2. Garantías para los derechos fundamentales frente al uso de la IA en el sector público: la protección del principio constitucional de seguridad jurídica

Tras analizar los motivos por los que el uso de algoritmos de IA por las administraciones públicas afecta significativamente a los derechos fundamentales a la protección de datos y a la no discriminación, interesa destacar cuáles son las garantías previstas en la Constitución Española para proteger los mismos y respaldar la seguridad jurídica. Para ello, como paso previo a analizar las citadas garantías, conviene hacer una sucinta referencia a lo que se entiende por seguridad jurídica y las consecuencias prácticas que este principio constitucional tiene para los poderes públicos.

3.2.1. La configuración del principio constitucional de seguridad jurídica y su relación con las garantías normativas

El constituyente español incluyó entre los preceptos del Título Preliminar de nuestra Carta Magna una serie de valores superiores[77] y principios constitucionales[78] que tienen enco-

---

76 COTINO HUESO, L., *op. cit.*, p. 136.

77 Art. 1.1 CE: “España se constituye en un Estado social y democrático de Derecho, que propugna como valores superiores de su ordenamiento jurídico la libertad, la justicia, la igualdad y el pluralismo político”.

78 El artículo 9.3 CE, recoge, entre otros, el principio de seguridad jurídica que, de acuerdo con el TC, es “suma de certeza y legalidad, jerarquía y publicidad normativa, irretroactividad de lo no favorable, interdicción de la arbitrariedad (...) equilibrada de tal suerte que

mendado regir todo el ordenamiento jurídico. En este sentido, tal y como explica ESPÍN TEMPLADO, la seguridad jurídica es "la expectativa, jurídicamente protegida, de que los poderes públicos y los demás sujetos de derecho actúen de forma jurídicamente previsible y conforme a lo dispuesto en el ordenamiento jurídico, muy especialmente en lo que respecta a la interpretación y aplicación del Derecho por parte de las administraciones públicas y de los jueces y tribunales" [79]. Por lo tanto, la seguridad jurídica obliga de forma más concreta y exigente a los poderes públicos, no siendo posible que estos actúen de forma no prevista en la normativa que se les aplique. En definitiva, para que el tráfico jurídico, y más en lo que respecta al sector público, sea lo más previsible posible, hay un expreso sometimiento de los poderes públicos a la ley en virtud del principio de legalidad, que emana del de seguridad jurídica[80].

En base a lo anterior, de la mano del principio de seguridad jurídica, destacan las garantías normativas de los derechos fundamentales[81]. En aplicación de las citadas garantías a los

---

permita promover, en el orden jurídico, la justicia, la igualdad y la libertad". *Cfr.* STC 27/1981, de 20 de julio, *[Tol 110.830]*, FJ 10. En definitiva, el Alto Tribunal de garantías constitucionales entiende el principio de seguridad jurídica como una agrupación del resto de los principios enumerados en el citado artículo de la CE.

79 ESPÍN TEMPLADO, E., "El sistema de fuentes en la Constitución (I)", en *Manual de Derecho Constitucional. La Constitución y las fuentes del Derecho. Derechos fundamentales y garantías*, Volumen I, Tirant lo Blanch, Valencia, 2022, p. 61.

80 *Ibidem*, p. 68.

81 El Capítulo IV del Título I de la CE (arts. 53 y 54) recoge una serie de garantías para los derechos fundamentales enumerados en el mismo Título de la CE. En concreto, las garantías para los derechos que emanan de dichos preceptos, podrían clasificarse, de acuerdo con RIDAURA MARTÍNEZ, en tres grupos: las normativas (art. 53.1 CE, en relación con el 81.1 CE), las jurisdiccionales (art. 53.2 CE en relación con el art. 161 CE) y las no jurisdiccionales (art. 54

poderes públicos, conviene realizar algunas puntualizaciones. Por un lado, que todos los poderes públicos "están sujetos a la Constitución y al resto del ordenamiento jurídico"[82] y, en concreto, los derechos fundamentales "vinculan a todos los poderes públicos"[83]. Por otro lado, existe en la CE una reserva de ley orgánica para el desarrollo de derechos fundamentales[84], lo que supone una mayor garantía para los mismos dada la necesidad de seguir los procedimientos legislativos previstos en el ordenamiento jurídico para poder regularlos[85].

CE). *Cfr.* RIDAURA MARTÍNEZ, M. J., "Las garantías normativas e institucionales", en *Manual de Derecho Constitucional. La Constitución y las fuentes del Derecho. Derechos fundamentales y garantías,* Volumen I, Tirant lo Blanch, Valencia, 2022, pp. 435-450 y RIDAURA MARTÍNEZ, M. J., "Las garantías jurisdiccionales de los derechos", en *Manual de Derecho Constitucional. La Constitución y las fuentes del Derecho. Derechos fundamentales y garantías,* Volumen I, Tirant lo Blanch, Valencia, 2022, pp. 451-465.

82 Art. 9.1 CE.

83 Art. 53.1 CE, que se refiere a los derechos y libertades del Capítulo II del Título I de la CE (arts. 15 a 29 CE), entre los que están la protección de datos (art. 18.4 CE), y que se aplica también al principio de igualdad y no discriminación (art. 14 CE).

84 Es el artículo 53.1 CE el que establece la citada reserva de ley en los siguientes términos: "(...) Solo por ley, que en todo caso deberá respetar su contenido esencial, podrá regularse el ejercicio de tales derechos y libertades (...)". Por su parte, el artículo 81.1 CE agrava esa reserva estableciendo que los derechos fundamentales deben desarrollarse por ley orgánica, lo que exige una mayoría absoluta en el Congreso para su aprobación (art. 81.2 CE).

85 Además de la necesidad de desarrollar los derechos fundamentales a través de una ley orgánica, la misma debe respetar el contenido esencial del derecho en sí, que de acuerdo con el TC se compone de dos elementos: la recognoscibilidad del derecho y los intereses jurídicos protegidos por el mismo. Véase STC 11/1981, de 8 de abril, *[Tol109.335],* FJ 8.

En aplicación de las garantías anteriores al uso de la IA por parte del sector público, resulta necesario estudiar cuáles son las previsiones que la normativa española sobre protección de datos e igualdad incorpora para proteger los citados derechos fundamentales ante el uso de esta tecnología disruptiva. Asimismo, de forma sucinta convendrá mencionar también la normativa administrativa vigente en el ordenamiento jurídico español, así como la normativa sobre IA de la UE, con el fin de poder concluir si se garantiza o no la seguridad jurídica ante la utilización de este tipo de tecnologías por parte de las administraciones públicas.

3.2.2. La normativa sobre protección de datos e inteligencia artificial

En primer lugar, en lo que a la normativa de protección de datos personales se refiere en líneas generales, esta establece una serie de obligaciones para las personas físicas o jurídicas que tratan datos personales, que buscan garantizar el derecho fundamental a la protección de datos de la ciudadanía, también frente al uso de la IA[86]. Entre otros deberes, cabe destacar el deber de información[87], la necesidad de realizar un tratamiento que cuente con una base de licitud[88] así como que

---

86 El ámbito de aplicación del RGPD (art. 2.1) contempla los tratamientos automatizados de datos personales.

87 Los artículos 13 y 14 del RGPD, así como el 11 de la LOPDGDD establecen cuál es la información que debe aportarse a la persona interesada cuyos datos personales se recaban antes de comenzar con el tratamiento.

88 Para poder tratar datos personales, debe concurrir, al menos, una de las seis bases de licitud del tratamiento previstas en el artículo 6 RGPD, a saber: consentimiento del interesado, ejecución de un contrato, cumplimiento de obligaciones legales, protección de intereses vitales, cumplimiento de una misión de interés público o

cumpla con los principios relativos al tratamiento[89] o la exigencia de aplicar las medidas de seguridad adecuadas para el tratamiento[90].

Asimismo, dado que el hecho de que sea una autoridad pública la que trate datos personales podría aumentar los riesgos, la propia normativa de protección de datos incluye mayores exigencias para los tratamientos realizados por administraciones públicas. En este sentido, uno de los considerandos del RGPD[91] explica que el consentimiento no se considera una base de legitimación válida para los tratamientos de datos efectuados por autoridades, dado que existe un claro desequilibrio entre las partes y puede resultar complicado garantizar que se haya otorgado de forma libre. Asimismo, se establece la obli-

---

protección de intereses legítimos. En el caso de los tratamientos de datos realizados por las administraciones públicas, el interés legítimo no sería una base de legitimación válida, y las más frecuentes serían el interés público o la obligación legal, para lo que debe haber una norma con rango de ley que habilite expresamente el tratamiento.

89 Siempre que se cuente con una base que nos habilite al tratamiento de datos, podremos tratarlos cumpliendo en todo caso con los principios del artículo 5 del RGPD, entre los que destaca el de responsabilidad proactiva, que implica no solo la necesidad de cumplir con la normativa, sino la exigencia de tener la carga probatoria de que se ha cumplido correctamente.

90 El art. 32 del RGPD enumera una serie de medidas de seguridad, mientras que el art. 33 RGPD establece la obligación de notificar las brechas o violaciones de seguridad que se produzcan a las autoridades de protección de datos. Por su parte, el artículo 35 RGPD incluye la obligatoriedad de realizar una evaluación del impacto que un tratamiento de datos puede tener en los derechos fundamentales de las personas interesadas en ciertos supuestos, entre los que cabe destacar, por su vinculación con los poderes públicos, el contemplado en el apartado 3 letra c: "observación sistemática a gran escala de una zona de acceso público".

91 Ver Considerando 43 RGPD.

gación para las administraciones públicas de contar con una persona delegada de protección de datos[92] o la de tener su registro de las actividades de tratamiento accesible por medios electrónicos[93].

Esto último, junto con el deber de información que asiste a cualquier responsable del tratamiento, va de la mano con las exigencias de la normativa sobre transparencia vigente hoy en España. Si bien es cierto que la Ley 19/2013[94] no incluye ninguna mención expresa a la inteligencia artificial[95], sí que establece unos principios generales de publicidad activa[96] que

---

92 Art. 37.1, a) RGPD: "1. El responsable y el encargado del tratamiento designarán un delegado de protección de datos siempre que: a) el tratamiento lo lleve a cabo una autoridad u organismo público, excepto los tribunales que actúen en ejercicio de su función judicial".

93 El art. 30 RGPD establece la obligación para algunos responsables del tratamiento de contar con un registro de todas las actividades de tratamiento de datos personales que se lleven a cabo en su seno. Para completarlo, la LOPDGDD (art. 31.2 en relación con el 77.1) añade la exigencia para las entidades del sector público de poner a disposición del público, por medios electrónicos, este registro. Esta directriz se incluye también en el artículo 6 bis de la Ley 19/2013.

94 Cita las nuevas tecnologías en el Apartado II de su Exposición de Motivos, haciendo referencia a su capacidad para crear instrumentos que facilitan algunas cuestiones que exige la ley, como el acceso a la información pública que, por medios digitales, resulta más eficaz.

95 PONCE SOLÉ, J., *op. cit.*, p. 17.

96 El artículo 5 de la Ley 19/2013 obliga a publicar periódicamente la información que sea importante en relación con el "funcionamiento y el control de la actuación pública". En este sentido, el hecho de que una administración pública utilice inteligencia artificial en alguno de sus procedimientos resulta un dato relevante para el funcionamiento de dicho servicio público, más aún en el caso en el que se requiera la realización de un tratamiento de datos personales en el seno de dicho proceso. En consecuencia, se considera una información susceptible de ser trasladada en detalle a la ciudadanía.

se considera interesante tener presentes y aplicar también al uso de la IA[97].

Para finalizar con el derecho fundamental a la protección de datos y con el fin de completar las disposiciones normativas vigentes sobre el mismo, cabe señalar que el RIA deja claro que "no pretende afectar a la aplicación del Derecho de la Unión vigente que regula el tratamiento de datos personales"[98]. Además, refuerza dicho derecho indicando que "debe garantizarse a lo largo de todo el ciclo de vida del sistema de IA"[99]. En consecuencia, todas las obligaciones vistas en las líneas precedentes aplicarían también a los sistemas de IA, además de las previsiones específicas que el nuevo Reglamento europeo incorpore para los diferentes tipos de sistemas de IA[100].

---

97 En la línea de las exigencias de la normativa de transparencia, de acuerdo con RODRÍGUEZ PEÑA, y tal y como se verá en el siguiente apartado también, es necesario "incrementar la transparencia de los algoritmos en manos de la administración". RODRÍGUEZ PEÑA, N.L., "Big data e inteligencia artificial: una aproximación..., *op. cit.*, p. 78.

98 Ver Considerando 10 RIA.

99 Ver Considerando 69 RIA.

100 El RIA hace una clasificación de sistema de IA en función del riesgo que los mismos entrañen para la seguridad o los derechos de la ciudadanía. En lo que se refiere a las administraciones públicas, entre los roles que podrían llegar a obtener en base a la nueva normativa sobre IA, destaca el de "responsable del despliegue", ya que, según define el artículo 3.4 del RIA, se trata de la "persona física o jurídica, o autoridad pública, órgano u organismo que utilice un sistema de IA bajo su propia autoridad, salvo cuando su uso se enmarque en una actividad personal de carácter no profesional". En consecuencia, ante el empleo de un sistema de IA por parte de una administración pública habrá que estar a las obligaciones que el RIA imponga para los responsables del despliegue, entre las que destacan las del art. 26 RIA.

3.2.3. La prevención normativa de los sesgos algorítmicos

En segundo lugar, en lo relativo al derecho a la igualdad y la no discriminación y el uso de la IA[101], resulta interesante traer a colación el artículo 23 de la Ley 15/2022, ya que incluye una mención a la "inteligencia artificial y mecanismos de toma de decisiones automatizados"[102]. En concreto, el citado artículo establece dos obligaciones concretas para las administraciones públicas que interesan en el presente estudio. Por un lado, "la puesta en marcha de mecanismos para que los algoritmos involucrados en la toma de decisiones que se utilicen en las administraciones públicas tengan en cuenta criterios de minimización de sesgos, transparencia y rendición de cuentas"[103], para lo que se deberá apoyar la realización de evaluaciones de impacto que ayuden a determinar una posible tendencia discriminatoria. Por otro lado, la necesidad de priorizar la transparencia "en el diseño y la implementación"[104] de los algoritmos. Asimismo, el mencionado precepto añade dos exigencias más generales. Primero, la promoción de una IA que se adecúe

---

101 Si bien es cierto que en materia de igualdad resulta de aplicación la LO 3/2007, no es menos cierto que, la misma, al ser del año 2007, no incluye ninguna referencia al uso de la IA. Lo único que se le puede asimilar son las previsiones acerca de la necesidad de fomentar la igualdad de condiciones en el acceso a las TIC en el ámbito rural (art. 30 LO 3/2007) y, en concreto, la obligación de garantizar la plena inclusión de las mujeres en las formaciones tecnológicas (art. 28 LO 3/2007). Sin embargo, no menciona en ningún precepto las posibles discriminaciones que puede generar el uso de las TIC por parte de los poderes públicos.

102 El artículo 23 de la Ley 15/2022 resulta especialmente interesante en lo que a la presente aportación se refiere debido a que incluye obligaciones específicas en materia de minimización de sesgos para las administraciones públicas en concreto.

103 El art. 23.1 Ley 15/2022 establece esta obligación "siempre que sea factible técnicamente".

104 Art. 23.2 Ley 15/2022.

a la ética y que respete los derechos fundamentales[105] y segundo, el fomento de "un sello de calidad de los algoritmos"[106]. En cualquier caso, a pesar de que la norma parece tener en cuenta los riesgos que puede ocasionar la inteligencia artificial, como señala VICENTE PALACIO[107], "su contenido normativo es nulo" y, en definitiva, es una simple "declaración de intenciones" que sugiere métodos para evitar la discriminación y controlarla.

En la línea de lo anterior, cabe mencionar que los sesgos de los sistemas de inteligencia artificial también están previstos en el RIA[108], donde se recuerda la existencia de las Directrices éticas para la IA fiable de la Comisión Europea[109]. En concre-

---

105 El art. 23.3 de la Ley 15/2022 establece la citada obligación tanto para administraciones públicas como para empresas.

106 Art. 23.4 Ley 15/2022.

107 VICENTE PALACIO, A., "La inteligencia artificial en la ley integral para la igualdad y la no discriminación", *Revista General de Derecho del Trabajo y de la Seguridad Social,* 64, febrero de 2023, pp.127.

108 Se mencionan en varios Considerandos como, por ejemplo, en el Considerando 67 del RIA, que explica que en ocasiones los sesgos pueden ser inherentes a los datos de los que se alimenta el sistema de IA y, en consecuencia, estos tienen una tendencia al alza de forma gradual.

109 En 2019, el Grupo de expertos de alto nivel sobre inteligencia artificial creado por la Comisión Europea en el año 2018 elaboró unas Directrices éticas para el uso de la IA en las que se establecían siete principios éticos cuyo objetivo era garantizar la fiabilidad de la IA. Ver: COMISIÓN EUROPEA. "Directrices éticas para una IA fiable" [en línea], (2019), <https://op.europa.eu/es/publication-detail/-/publication/d3988569-0434-11ea-8c1f-01aa75ed71a1>. [Consulta: 20/09/2024.]. Entre los citados principios, destaca el de "diversidad, no discriminación y equidad" que, según recuerda el Considerando 27 del RIA, implica que "los sistemas de IA se desarrollan y utilizan de un modo que incluya a diversos agentes y promueve la igualdad de acceso, la igualdad de género y la diversidad cultural, al tiempo que se evitan los efectos discriminatorios y los sesgos injustos prohibidos por el Derecho nacional o de la Unión".

to, son varios los artículos del Reglamento de IA los que se refieren a los sesgos que pueden generar los algoritmos, con el fin de prevenirlos. En este sentido, un mecanismo clave para asegurar que no se generen estas discriminaciones son las evaluaciones de impacto relativas a derechos fundamentales[110], previstas para los sistemas de IA de alto riesgo[111]. Asimismo, en lo que a los sesgos algorítmicos se refiere, si bien el RIA tiene un enfoque preventivo, asegurando que los sistemas sean éticos y fiables desde la fase de diseño, es responsabilidad de las autoridades públicas garantizar que existe una protección adecuada en este sentido[112]. En esta línea, por poner un ejemplo, el RIA establece la obligación de realizar un examen sobre los posibles sesgos que afecten a derechos fundamentales que puedan tener los datos de entrenamiento de un sistema de IA de alto riesgo[113].

3.2.4. Normativa administrativa e inteligencia artificial: ¿existen previsiones?

Por último, conviene hacer una sucinta mención a la normativa administrativa, dado que, como se ha mencionado en el apartado introductorio, esta es anterior a los últimos avances

---

110 CAMPOS ACUÑA, C., "Reglamento (UE) 2024/1689: Las claves del Reglamento Europeo de Inteligencia Artificial" [en línea], (2024), <https://noticias.juridicas.com/actualidad/noticias/19399-reglamento-ue-2024-1689:-las-claves-del-reglamento-europeo-de-inteligencia-artificial-/>. [Consulta: 20/09/2024.].

111 El art. 27 RIA regula las citadas evaluaciones de impacto, mientras que el Capítulo III del RIA clasifica y regula los sistemas de IA de alto riesgo.

112 CAMPOS ACUÑA, C., "Reglamento (UE) 2024/1689: Las claves del Reglamento Europeo..., *op. cit.*, p. 24.

113 Art. 10.2, f) RIA.

en materia de inteligencia artificial y, previsiblemente, no habla expresamente de estas tecnologías disruptivas.

En efecto, la Ley 39/2015 ya prevé que "el desarrollo de las tecnologías de la información y comunicación también ha venido afectando profundamente a la forma y al contenido de las relaciones de la Administración con los ciudadanos y las empresas"[114]. Por ello, afirma que las relaciones con las administraciones públicas deben ser, como regla general, a través de medios electrónicos[115]. Sin embargo, no contempla en ninguno de sus preceptos la posibilidad del uso de algoritmos de inteligencia artificial ni cómo ello podría influir de forma negativa en los derechos fundamentales de la ciudadanía.

Por su parte, la Ley 40/2015 también completa las previsiones de la Ley 39/2015 acerca del derecho-obligación a relacionarse con la administración por medios electrónicos[116]. Asimismo, incluye menciones acerca de la identificación electrónica[117]. Por ende, también menciona la transferencia de tecnología entre las diferentes administraciones[118] y la obligación

---

114 Ley 39/2015, Exposición de Motivos, Apartado III.

115 Como consecuencia de lo anterior, la Disposición derogatoria única de la Ley 39/2015 deroga, entre otras, la Ley 11/2007, de 22 de junio, de acceso electrónico de los ciudadanos a los Servicios Públicos (en adelante, Ley 11/2007), ya que pretende unificar toda la normativa sobre este respecto en un único texto legal. Así las cosas, lo hace en su propio seno, estableciendo en su artículo 14, que las personas físicas podrán elegir cómo relacionarse con la administración, pudiendo hacerlo por medios electrónicos (art. 14.1 Ley 39/2015), pero imponiendo la obligación de relacionarse por estos medios con la administración a una serie de sujetos, entre los que destacan las personas jurídicas (art. 14.2 Ley 39/2015).

116 Ver, por ejemplo, art. 3.2 o art. 17 de la Ley 40/2015.

117 Ver art. 40 Ley 40/2015 sobre sistemas de identificación electrónica y art. 43 Ley 40/2015 sobre firma electrónica.

118 Art. 158 Ley 40/2015.

de que estas cumplan con las exigencias del Esquema Nacional de Seguridad (en adelante, ENS) y el Esquema Nacional de Interoperabilidad (en adelante, ENI) cuando hacen uso de medios electrónicos[119]. A pesar de lo anterior, esta norma tampoco contempla el empleo de sistemas de inteligencia artificial por parte de las administraciones públicas.

En definitiva, "la regulación de la actividad administrativa automatizada en España es débil"[120]. En consecuencia, la urgencia de incorporar previsiones acerca de esta tecnología en la normativa es inmediata[121].

4. A MODO DE CONCLUSIÓN: HACIA LA TRANSPARENCIA ALGORÍTMICA Y LA RESERVA DE HUMANIDAD

Tras el análisis efectuado, cabría concluir que cada vez es más frecuente el uso de algoritmos de inteligencia artificial por parte de diversos operadores, entre los que se ha subido también al tren la administración pública. Si bien es cierto que estos avances, como se ha visto, pueden ser muy positivos y generar grandes ventajas, no es menos cierto que pueden suponer también riesgos para los derechos fundamentales y, en consecuencia, generar inseguridad jurídica. Por ello, con la finalidad de aumentar la seguridad jurídica frente al uso de tecnologías disruptivas por parte de los poderes públicos, han de atenderse las garantías previstas en la CE y, en concreto, las garantías normativas, que van de la mano del principio de lega-

119 El artículo 156 de la Ley 40/2015 se refiere a estos dos esquemas, pero es destacable que cada uno de ellos tiene su propio Real Decreto que lo desarrolla.

120 PONCE SOLÉ, J., *op. cit.*, p. 26.

121 BUENO DE MATA, F., *op. cit.*, p. 15.

lidad. Así, en caso de que los usos que puedan hacer las administraciones públicas de la IA estén previstos de forma concreta en la normativa, la actuación administrativa será previsible y se reducirá la inseguridad jurídica.

En este sentido, a modo de recapitulación, conviene recordar que, de los dos derechos fundamentales estudiados, el que parece que mejor garantizado se encuentra en la normativa es el de protección de datos personales. Y es que, el RGPD lleva ya varios años aplicándose en la práctica[122] e imponiendo su régimen sancionador a las empresas y administraciones públicas que no cumplen con sus obligaciones en esta materia[123]. Sin embargo, habrá que ver si ahora que ha entrado en vigor el RIA, ambas normas son capaces de confluir de forma armónica en el tráfico jurídico y complementarse mutuamente con el objetivo de garantizar en mayor medida el derecho fundamental a la protección de datos.

Siguiendo con la síntesis, cabe evocar que, como se ha podido comprobar también, la previsión que incluye la normativa sobre igualdad acerca del uso de algoritmos por parte de las administraciones públicas[124], no es más que una declaración de intenciones vacía de contenido en la práctica. En esta misma línea, los deberes que tienen las administraciones públicas en virtud de la Ley de Transparencia tampoco se están llevando a la práctica en materia algorítmica y, la normativa administrativa estudiada, si bien menciona el uso de medios electrónicos por parte del sector público, no contempla en ningún precepto la posibilidad del empleo de IA y la obligación de reducir los sesgos. En consecuencia, habrá que ir analizando si el RIA es suficiente para completar esta omisión normativa, desde una dimensión práctica.

---

122 De acuerdo con el artículo 99.2 del RGPD, este es aplicable a partir del 25 de mayo de 2018.

123 Ver Capítulo VIII RGPD.

124 Art. 23 Ley 15/2022.

En base a lo anterior, es evidente que uno de los principales inconvenientes a la hora de hacer frente al empleo de la IA es la falta de transparencia, por lo que, como bien indica COTINO HUESO[125], ahora se aboga por la "responsabilidad" y la "transparencia algorítmica". En esta misma línea se posiciona RODRÍGUEZ PEÑA[126], que hace hincapié en que un desafío pendiente es la "necesidad de incrementar la transparencia de los algoritmos en manos de la administración". Siguiendo con esta cuestión, la misma autora explica que la falta de transparencia algorítmica es una consecuencia de la conocida como "opacidad algorítmica o *black box*" que no es más que la complejidad que existe para poder conocer cómo funcionan los propios algoritmos[127]. Por su parte, CERRILLO I MARTÍNEZ se pronuncia en el mismo sentido indicando que, como consecuencia del aumento de la complejidad técnica de la IA, puede resultar incluso imposible comprender el funcionamiento de los algoritmos o los datos que emplean para alimentarse[128].

En esencia, parece que parte de la solución que ayudaría a proteger en mayor medida a la ciudadanía frente al uso de tecnologías disruptivas por parte del sector público reside en que las administraciones que hagan uso de la IA sean lo más transparentes posible. Para fomentar esto último, podrían hacer pública toda la información acerca de los algoritmos que utilizan y cómo funcionan, así como argumentar de forma motivada las ventajas que dicha utilización conllevan para el buen funcionamiento de los servicios públicos[129].

Por último, además de garantizar la transparencia del *software* que utilizan y la calidad de los datos con los que se alimen-

---

125 COTINO HUESO, L., *op. cit.*, p. 142.

126 RODRÍGUEZ PEÑA, N.L., *op. cit.*, p. 78.

127 *Ibidem.*

128 CERRILLO I MARTÍNEZ, A., *op. cit.*, p. 4.

129 *Ibidem.*

ta[130], otra posible solución es la que propone PONCE SOLÉ[131], cuando defiende que, en algunos procedimientos administrativos, es necesaria la intervención humana. En concreto, explica que la empatía es una característica necesaria para poder apreciar "conceptos jurídicos valorativos como la buena conducta, la buena fe"[132]. En consecuencia, propone que se realice, en determinadas circunstancias, una reserva de humanidad que la IA no podría llegar a imitar[133].

En definitiva, pese a que el Derecho está dando ya pasos hacia la garantía de los derechos fundamentales frente al uso de la IA por parte del sector público, todavía queda mucho camino por recorrer, sobre todo, para que esos avales que se van recogiendo en las normas sean eficaces en la práctica. A fin de cuentas, como acertadamente afirma COTINO HUESO, "la ética ha de estar en la base de las propuestas y soluciones, si bien éstas habrán de articularse a través del Derecho"[134].

5. REFERENCIAS BIBLIOGRÁFICAS

AGENCIA ESPAÑOLA DE PROTECCIÓN DE DATOS: "Informe 0019/2013" [en línea], (2013), <https://www.aepd.es/documento/2013-0019.pdf>. [Consulta: 20/09/2024.].

---

130 El artículo 5.1, d) del RGPD exige que se cumpla con el "principio de exactitud" que implica que los responsables del tratamiento corroboren que los datos que utilizan no contengan errores, es decir, sean datos de calidad y correctos. Resulta interesante recordar esto aquí, dado que, como se ha visto, si un sistema de IA se alimenta con datos erróneos o sesgados, reproducirá e incrementará esos errores y sesgos.

131 PONCE SOLÉ, J., *op. cit.*, pp. 28-34.

132 *Ibidem*, p. 29.

133 *Ibidem*, p. 30.

134 COTINO HUESO, L., *op. cit.*, p. 136.

AGENCIA ESPAÑOLA DE PROTECCIÓN DE DATOS, "Tecnologías y Protección de Datos en las AA.PP" [en línea], (2020), <https://www.aepd.es/sites/default/files/2020-11/guia-tecnologias-admin-digital.pdf>. [Consulta: 19/09/2024].

ASIMOB, "Inspector Autónomo de Carreteras. Carreteras Inteligentes para Carreteras más Seguras" [en línea], (2024), <https://asimob.es>. [Consulta: 04/09/2024.].

AYUNTAMIENTO DE MADRID, "El Ayuntamiento destinará 1,2 millones de euros al desarrollo de proyectos que incorporen la inteligencia artificial en beneficio de la sociedad" [en línea], (2024), https://www.madrid.es/portales/munimadrid/es/Inicio/Actualidad/Noticias/El-Ayuntamiento-destinara-1-2-millones-de-euros-al-desarrollo-de-proyectos-que-incorporen-la-inteligencia-artificial-en-beneficio-de-la-sociedad/?vgnextfmt=default&vgnextoid=df9f98c36ac5f810VgnVCM2000001f4a900aRCRD&vgnextchannel=a12149fa40ec9410VgnVCM100000171f5a0aRCRD. [Consulta: 16/09/2024.].

BALAGUER CALLEJÓN, F., "La constitución del algoritmo", en *Introducción al Derecho Constitucional*, Edición 12ª, Tecnos, Madrid, 2023, pp. 27-60.

BELLOSO MATÍN, N., "La problemática de los sesgos algorítmicos (con especial referencia a los de género). ¿Hacia un derecho a la protección contra los sesgos?", en *Inteligencia Artificial y Filosofía del Derecho*, Laborum, Murcia, 2022.

BERNING PRIETO, A.D., "El uso de sistemas basados en inteligencia artificial por las Administraciones públicas: estado actual de la cuestión y algunas propuestas ad futurum para un uso responsable", *Revista de Estudios de la Administración Local y Autonómica*, 20, octubre de 2023, pp. 165-185.

BUENO DE LA MATA, F., "La necesidad de regular la Inteligencia Artificial y su impacto como tecnología disruptiva en el proceso: de desafío utópico a cuestión de urgente necesidad", en *El impacto de las tecnologías disruptivas en el derecho procesal*, Thomson Reuters Aranzadi, Cizur Menor, 2022, pp. 15-41.

CAMPOS ACUÑA, C., "Reglamento (UE) 2024/1689: Las claves del Reglamento Europeo de Inteligencia Artificial" [en línea], (2024), <https://noticias.juridicas.com/actualidad/noticias/19399-reglamento-ue-2024-1689:-las-claves-del-reglamento-europeo-de-inteligencia-artificial-/>. [Consulta: 20/09/2024.].

CERRILLO I MARTÍNEZ, A., “Retos y oportunidades del uso de la inteligencia artificial en las administraciones públicas”, *Oikonomics. Revista de economía, empresa y sociedad*, 12, noviembre 2019, pp. 1-7.

COMISIÓN EUROPEA, “Directrices éticas para una IA fiable” [en línea], (2019), <https://op.europa.eu/es/publication-detail/-/publication/d3988569-0434-11ea-8c1f-01aa75ed71a1.>. [Consulta: 20/09/2024.].

COTINO HUESO, L., “Big data e inteligencia artificial. Una aproximación a su tratamiento jurídico desde los derechos fundamentales”, *Dilemata*, 24, 2017, pp. 131-150.

COTINO HUESO, L., “Nuevo paradigma en la garantía de los derechos fundamentales y nueva protección de datos frente al impacto social y colectivo de la inteligencia artificial”, en *Derechos y garantías ante la inteligencia artificial y las decisiones automatizadas*, Thomson Reuters Aranzadi, Cizur Menor, 2022.

ESPÍN TEMPLADO, E., “El sistema de fuentes en la Constitución (I)”, en *Manual de Derecho Constitucional. La Constitución y las fuentes del Derecho. Derechos fundamentales y garantías*, Volumen I, Tirant lo Blanch, Valencia, 2022.

FERNÁNDEZ ÁLVAREZ, L., “Facial recognition: analysing gender and intersectionality in machine learning”, en *Comisión Europea. Gendered innovations 2: how inclusive análisis contributes to research and innovation.* Policy Review, Luxemburgo, 2020, pp. 142-149.

GIL MEMBRADO, C., *Riesgos del uso de algoritmos en el diagnóstico y la investigación biomédica*, Reus, Madrid, 2023.

HERRERA DE LAS HERAS, R., *Aspectos legales de la inteligencia artificial: personalidad jurídica de los robots, protección de datos y responsabilidad civil*, Dykinson, Madrid, 2022.

LEFEBRE, “Aplicaciones de la inteligencia artificial y el ‘machine lerning’ para la carrera judicial”, [en línea], <https://elderecho.com/aplicaciones-de-la-inteligencia-artificial-y-el-machine-learning-para-la-carrera-judicial.>. [Consulta: 18/09/2024.].

LIZASOAIN, I., “Hacienda usará inteligencia artificial para monitorizar el sistema TicketBai” [en línea], (2024), <https://www.diariovasco.com/economia/fiscalidad/hacienda-inteligencia-artificial-ticketbai-20240412194715-nt.html.>. [Consulta: 18/09/2024.].

McCARTHY, J. *et al.*, "A proposal for the Dartmouth Summer Research Project on Artificial Inteligence" [en línea], (1955), <http://jmc.stanford.edu/articles/dartmouth/dartmouth.pdf.> [Consulta: 21/09/2024.].

MINISTERIO DE LA PRESIDENCIA, JUSTICIA Y RELACIONES CON LAS CORTES, "El Ministerio de Justicia ofrece tecnología basada en inteligencia artificial para mejorar sus servicios" [en línea], (2023), <https://www.mjusticia.gob.es/es/institucional/gabinete-comunicacion/noticias-ministerio/ia.>. [Consulta: 18/09/2024.].

ORTEGA, P., "Carreteras auditadas por IA", *Revista de Tráfico y Seguridad Vial*, 267, octubre de 2023, 26-28.

PONCE SOLÉ, J., "Inteligencia artificial, derecho administrativo y reserva de humanidad: algoritmos y procedimiento administrativo debido tecnológico", *Revista General de Derecho Administrativo*, 50, 2019, pp. 1-52.

PRESNO LINERA, M.A., *Derechos fundamentales e Inteligencia Artificial*, Marcial Pons, Madrid, 2022.

RIDAURA MARTÍNEZ, M.J., "Las garantías jurisdiccionales de los derechos", en *Manual de Derecho Constitucional. La Constitución y las fuentes del Derecho. Derechos fundamentales y garantías*, Volumen I, Tirant lo Blanch, Valencia, 2022.

RODRÍGUEZ PEÑA, N.L., "Big data e inteligencia artificial: una aproximación a los desafíos éticos y jurídicos de su implementación en las administraciones tributarias", *Ius et scientia*, Vol.7, 1, 2021, pp. 62-84.

TORRECILLA SALINAS, C., *et al.*, "¿Para qué sirve la Inteligencia Artificial en el sector público? Casos de uso y perspectivas de aplicación", en *Inteligencia artificial y sector público: Retos, límites y medios*, Tirant lo Blanch, Valencia, 2023.

VICENTE PALACIO, A., "La inteligencia artificial en la ley integral para la igualdad y la no discriminación", *Revista General de Derecho del Trabajo y de la Seguridad Social*, 64, febrero de 2023.

WOLTERS KLUWER TAA ESPAÑA, "Cómo utiliza la AEAT la Inteligencia Artificial" [en línea], (2022), <https://www.wolterskluwer.com/es-es/expert-insights/como-utiliza-la-aeat-la-inteligencia-artificial>. [Consulta: 18/09/2024.].

Capítulo 9.

Bajo la sombra de la No Implementación: la resistencia a cumplir con las decisiones de los Órganos de Tratados de la Organización de las Naciones Unidas y sus implicaciones en la seguridad jurídica

NATALE SERÓN ARIZMENDI
Profesora de Derecho Internacional Público y Derecho de la Unión Europea
Universidad de Deusto

1. DE OBJETO A SUJETO: IMPLICACIONES DE LA NUEVA DIMENSIÓN LEGAL DEL INDIVIDUO EN LA SEGURIDAD JURÍDICA

La adopción de los tratados de paz de Westfalia en el siglo XVII instauró un orden internacional basado en la adyacencia de Estados soberanos y la exclusión del individuo como sujeto de derecho internacional. Dicho orden legal confería a los Estados el monopolio de los derechos de sus nacionales, poniendo la protección de los individuos a merced de los intereses y la voluntad nacional. Los conflictos que sucedieron a dichos acuerdos de paz, culminados con dos guerras mundiales ampliamente conocidas en el siglo XX, dejaron entrever que este sistema internacional mostraba claras deficiencias en lo que a la salvaguarda de derechos y libertades de los individuos se refería. Ante la contundente evidencia de las atrocidades cometidas por algunos Estados, la comunidad internacional, movida por una emergente conciencia universal, se vio obligada a reconceptualizar la aproximación Estado-centrista que caracterizaba al sistema westfaliano del momento. Se procedió así, progresivamente, a restituir al ser humano su posición predominante y se le reconoció la inherencia de sus derechos, más allá de la jurisdicción doméstica de los Estados[1].

El individuo comenzó, bajo este cambio de paradigma, a reclamar su posición como sujeto y a proteger sus derechos, en virtud del mismo derecho internacional que le imponía obligaciones[2]. Dicho esto, es importante tener presente que capa-

---

1 CANÇADO TRINDADE, A. A., "El Acceso Directo de los Individuos a los Tribunales Internacionales de Derechos Humanos", XXVII Curso de Derecho Internacional, organizado por Comité Jurídico Interamericano y Secretaría General de la OEA, 2000, p. 255.

2 ORAKHELASHVILI, A., "The Position of the Individual in International Law", *California Western International Law Journal*, vol. 31, 2, 2001, p. 244.

cidad procesal no es un elemento *sine qua non* de la subjetividad. En otras palabras, el reconocimiento del individuo como titular de derechos no se traduce en una capacidad automática y efectiva para ejercerlos[3]. Esta dicotomía entre la teoría y la práctica socava la legitimidad del sistema legal internacional y pone en tela de juicio el fundamento de conferir al individuo derechos que carecen de una aplicación práctica. Todo ello con motivo de un sistema todavía predominantemente orientado hacia el Estado que permite que tratados internacionales, voluntariamente ratificados, queden en promesas efímeras cuando su implementación contraría los intereses particulares de los Estados. Así las cosas, ¿cómo podemos hablar de seguridad jurídica cuando permitimos que principios fundamentales como el *pacta sunt servanda*[4] o normas *ius cogens* como la protección de derechos humanos[5] queden inoperativos, eclipsados por la renuencia de los Estados a su ejecución?

A pesar de existir un amplio consenso en el ámbito legal en lo que a la naturaleza cardinal de la seguridad jurídica se refiere, no son pocas las discrepancias en la definición del principio fundamental y las desavenencias en la aplicación e interpretación de esta garantía del Estado de Derecho. En la conceptualización de la seguridad jurídica, el autor Jorge Millas Jiménez aproxima esta máxima como "la situación peculiar del individuo como sujeto activo y pasivo de relaciones sociales cuando estas relaciones se hallan previstas por un estatuto objetivo,

---

3 CORTE PERMANENTE DE JUSTICIA INTERNACIONAL, Recurso contra una sentencia del Tribunal Arbitral Mixto Húngaro-Checoslovaco (Czechoslov. v. Hung.), ser. A/B, núm. 61, 15 de diciembre de 1933.

4 NACIONES UNIDAS, Convención de Viena sobre el derecho de los tratados, U.N.T.S. vol. 1155, p. 331, 23 de mayo de 1969.

5 ALSTON, P., y GOODMAN, R., *International Human Rights the Successor to International Human Rights in Context: Law, Politics And Morals,* Oxford University Press, Oxford, 2013, p.163.

conocido y generalmente observado"[6]. Complementando esta definición, el profesor UGARTEMENDIA ECEIZABARRENA añade que "la seguridad jurídica implica también la protección de la confianza legítima, manifestándose en el ámbito de la mencionada retroactividad impropia protegiendo las "expectativas legítimas" (...) que la confianza en una actuación normativa del poder público haya podido generar"[7].

A este tenor, el profesor VARGAS MORALES advierte la especial contribución e importante papel que juega este principio en el desarrollo adecuado de las dinámicas intra-sujetos en un contexto de equidad[8]. Así, el autor sostiene que esta garantía ha adquirido "el carácter de un valor adjetivo ya que sirve de medio para un fin y permite la realización de la justicia en tanto valor absoluto del derecho,"[9] a la vez que aboga por la prosecución del bien común dotando al sistema jurídico de coherencia y certeza[10].

Por razón de todo lo anterior, este capítulo parte de la idea de que la seguridad jurídica tiene el objetivo último de brindar certidumbre, a través de un marco legal, a los actores sujetos al mismo. Estos agentes deben poder confiar en el sistema que regula su actividad, y deben saber a qué atenerse en sus

---

6 MILLAS JIMÉNEZ, J., *Filosofía del Derecho,* Universidad Diego Portales, Chile, 2012, p. 222.

7 UGARTEMENDIA ECEIZABARRENA, J. I., "El concepto y alcance de la seguridad jurídica en el Derecho constitucional español y en el Derecho comunitario europeo: un estudio comparado", *Cuadernos de Derecho Público,* 28, 2006, p. 27.

8 VARGAS MORALES, R. A., "Seguridad jurídica como fin del derecho", *Revista de Derecho,* 27, 2023, p. 2.

9 *Ibidem,* p.13.

10 *Ibidem,* pp.13-14.

sinergias con otros actores[11]. La vertiente objetiva, que engloba los aspectos estructurales y funcionales, debe, por ende, verse complementada por la vertiente subjetiva, la cual hace referencia a la condición de certeza[12]. A las garantías de regulación que incluyen los requisitos de *lege promulgata, lege manifesta, lege plena, lege stricta, lege previa y lege perpetua,* se le unen las garantías de cumplimiento, a la luz del principio de la eficacia del derecho[13].

No podemos hablar, por lo tanto, de seguridad jurídica sin la consolidación material de la teoría prevista en los tratados y obligaciones internacionales. Algo que parece lógico y evidente, pero que con motivo de la reticencia de los Estados resulta complicado. Es con vistas a superar dicha resistencia que la comunidad internacional ha comenzado a conferir, en congruencia con la subjetividad, capacidad jurídica al individuo. Solo a través de la capacidad procesal pueden los destinatarios últimos del derecho internacional garantizar la reparación de las violaciones de los derechos humanos[14].

Los primeros intentos de atribuir capacidad procesal a los particulares se remontan al siglo XIX, época en la que tratados internacionales como la Comisión mixta angloamericana y el Protocolo Franco Haitiano, facultaban al individuo acceso directo a mecanismos internacionales por medio de reclamacio-

---

11 CASTILLO BLANCO, F. A., "El principio de seguridad jurídica: especial referencia a la certeza en la creación del Derecho", *Documentación Administrativa,* 263-264, 2002, p. 60.

12 ZAVALA EGAS, J., "Teoría de la seguridad jurídica", *Iuris Dictio,* vol. 12, 14, 2011, p. 225.

13 CASTILLO BLANCO, F. A., "El principio de seguridad jurídica...", *op. cit.,* pp. 60-61.

14 FENRICH, K., *The Evolving International Procedural Capacity of Individuals,* Springer, Bochum, 2019, p. 3.

nes[15]. Estos acuerdos sentaron las bases para la constitución de órganos como la Corte Centroamericana de Justicia en 1907, tribunal que preveía la presentación de quejas individuales, previo agotamiento de las vías internas[16]. A pesar de estos esfuerzos iniciales, lo cierto es que estos órganos judiciales fueron, en la práctica, poco efectivos[17].

Hubo que esperar hasta la época que sucedió a la segunda guerra mundial para poder hablar de avances significativos. La guerra fue escenario de un número de atrocidades que conmocionaron a la humanidad y obligaron a la comunidad internacional a actuar. La Corte Penal Internacional se erigió así en los años 40 como un baluarte contra la impunidad y un faro de esperanza para aquellos que buscaban la reparación de las violaciones sufridas por los más vulnerables. En esta búsqueda por restaurar la dignidad humana, las dimensiones de la responsabilidad penal, que tradicionalmente habían estado reservadas a los Estados, fueron transferidas al individuo[18].

Este traspaso de obligaciones trajo consigo, eventualmente, un traspaso de derechos, facultando a actores no tradicionales a permitir la invocación de dichas garantías ante tribunales internacionales. Nuevos sujetos y compromisos en el contexto universal, entre los que se incluyen el Convenio para el arreglo

---

15 BROWNLIE, I., "The Individual before Tribunals Exercising International Jurisdiction", *The International and Comparative Law Quarterly*, vol. 11, 3, 1962, p. 710.

16 Artículo 2 del Convenio para el Establecimiento de una Corte Centroamericana de Justicia, celebrado por Costa Rica, El Salvador, Guatemala, Honduras y Nicaragua en la Conferencia Centroamericana de Paz, 2 A.J.I.L. 231, Supp. 1908, 20 de diciembre de 1907.

17 CASSESE, A., *International Law*, Oxford University Press, Oxford, 2005, p. 147.

18 SIKKINK, K. y WALLING, C. B., "The Impact of Human Rights Trials in Latin America", *Journal of Peace Research*, vol. 44, 4, 2007, pp. 427-428.

de cuestiones derivadas de la guerra y la ocupación (1952)[19], el Tribunal de Justicia de las Comunidades Europeas (1952)[20], así como su sucesor, el Tribunal de Justicia de las Comunidades Europeas (1958)[21], contribuyeron activamente a un cambio de paradigma que trasladaba el foco de atención, de los individuos como colectivo, a la persona como particular[22].

De esta forma, el derecho a reclamar del individuo se proyectó desde lo nacional hacia lo internacional, catalizando un cambio epistemológico que trasladó su mirada del derecho privado individual (*pétition plainte*) a los intereses generales de los distintos colectivos (*pétition voeu*). En desarrollo de la segunda de las doctrinas, la comunidad internacional comenzó a conferir una capacidad procesal directa a los individuos que culminó, finalmente, a finales del siglo XX con mecanismos de queja individual a nivel regional e internacional[23].

Atendiendo a la importancia que revisten estos mecanismos de queja para la efectiva protección de los derechos del individuo, y la sintonía entre teoría y práctica requerida por la seguridad jurídica, este capítulo busca responder a la siguiente pregunta de investigación: ¿En qué grado compromete la reticencia de los Estados a ejecutar las resoluciones internacionales judiciales o cuasi-judiciales el principio de seguridad jurídica?

---

19 Artículo 3.1 del Convenio para el arreglo de cuestiones derivadas de la guerra y la ocupación, 332 U.N.T.S. 219, firmado por Reino Unido de Gran Bretaña e Irlanda del Norte, la República Federal de Alemania, Francia y Estados Unidos de América el 26 de mayo de 1952.

20 Artículo 33 del Tratado constitutivo de la Comunidad Europea del Carbón y del Acero, 18 de abril de 1951, Doc. 11951K/TXT.

21 Artículo 173 del Tratado constitutivo de la Comunidad Económica Europea, 25 de marzo de 1957, Doc. 11957E/TXT.

22 CASSESE, *International Law, op. cit.*, p.147.

23 CANÇADO TRINDADE, A. A., "El Acceso Directo de los Individuos a los Tribunales Internacionales", *op. cit.*, pp. 260-261.

Para dar respuesta a esta pregunta, este capítulo comienza indagando en las distintas vías de denuncia globales y regionales consagradas por la legislación internacional de los derechos humanos. A continuación, se analiza la implementación de las decisiones que emanan de estos mecanismos y se examinan los desafíos en su aplicación práctica a instancias nacionales. Finalmente, este capítulo presenta las conclusiones que resultan de la evaluación de la reticencia estatal ante las decisiones internacionales y su impacto en la seguridad jurídica.

2. EMPODERANDO A LOS INDIVIDUOS CON MECANISMOS INTERNACIONALES Y REGIONALES DE PROTECCIÓN DE DERECHOS HUMANOS

Según lo articulado en la introducción, la comunidad internacional reconoce al individuo como sujeto de derechos fundamentales, mas la realidad es que la efectiva garantía y aplicación de estos derechos a menudo se ve obstaculizada por la falta de mecanismos efectivos para su reclamación. Frente a esta brecha teórico-práctica, han surgido mecanismos internacionales que otorgan a los individuos la capacidad de hacer cumplir sus derechos, en circunstancias donde los Estados fallen en su deber. Estos mecanismos representan un avance significativo hacia una mayor protección de los derechos humanos, más allá de las fronteras nacionales, desafiando la impunidad estatal y fortaleciendo la voz de los individuos en la búsqueda de justicia.

Existen dos mecanismos de denuncia individuales no convencionales en el sistema de las Naciones Unidas: el Procedimiento Confidencial de Denuncia y los Procedimientos Especiales. En primer lugar, el Procedimiento Confidencial de Denuncia del Consejo de Derechos Humanos es un mecanismo no convencional basado en su predecesor, el "procedimiento 1503", que ha sido concebido para perseguir cuadros persistentes de violaciones manifiestas e inequívocamente probadas de los derechos humanos. Este mecanismo de denuncia puede iniciarse de oficio o a petición de la sociedad civil, a la luz de las circunstancias de la infracción de la que se trate. Por lo tanto, todo individuo, grupo de individuos, así como las organizaciones no gubernamentales, que aleguen ser víctimas o que afirmen tener conocimiento directo de violaciones de derechos humanos están legitimados para presentar una comunicación ante el Consejo[24].

En segundo lugar, los Procedimientos Especiales son mecanismos puestos en marcha por el Consejo de Derechos Humanos, previa denuncia de un particular o de un grupo de particulares. Ante una denuncia de violación de los derechos humanos, se despliegan expertos independientes para que colaboren con el gobierno y la sociedad civil, en un esfuerzo por investigar las alegaciones y prevenir nuevas infracciones[25]. Los procedimientos especiales pueden ser mandatos específicos para un país o temáticos, dependiendo de la naturaleza de la violación que se esté abordando[26].

En lo relativo a los mecanismos convencionales, el conjunto de Órganos de Tratados de las Naciones Unidas comprende una serie de comités encargados de vigilar el respeto de los derechos humanos consagrados en las convenciones que supervisan. En la consecución de este objetivo, estos comités exa-

---

24 CONSEJO DE DERECHOS HUMANOS, "Resolución 5/1 de 18 de junio de 2007", A/HRC/RES/5/1, párrafos 85-87.

25 LIMON, M., "Policy Report: Reform of the UN Human Rights Petitions System", *Universal Rights Group*, 2018, p. 6.

26 OFICINA DEL ALTO COMISIONADO DE LAS NACIONES UNIDAS PARA LOS DERECHOS HUMANOS, *Working with the United Nations Human Rights Programme. A Handbook for Civil Society*, Oficina del Alto Comisionado para los Derechos Humanos, Nueva York y Ginebra, 2008, p. 83.

minan comunicaciones individuales, previa ratificación estatal de los mecanismos de denuncia[27]. A día de hoy existen nueve Órganos de Tratados de las Naciones Unidas que prevén la presentación de denuncias individuales: Comité de Derechos Económicos, Sociales y Culturales[28]; Comité de Derechos Humanos[29]; Comité para la Eliminación de la Discriminación Racial[30]; Comité para la Eliminación de la Discriminación contra la Mujer[31]; Comité contra la Tortura[32]; Comité de los Derechos del Niño[33]; Comité contra las Desapariciones Forzadas[34]; Co-

---

27 PILLAY, N., "Strengthening the United Nations human rights treaty body system. A report by the United Nations High Commissioner for Human Rights", *Oficina del Alto Comisionado de las Naciones Unidas para los Derechos Humanos,* junio 2012, p. 8.

28 Artículo 2 del Protocolo Facultativo del Pacto Internacional de Derechos Económicos, Sociales y Culturales, Resolución 63/117 de la Asamblea General, 10 de diciembre de 2008, A/Res/63/117.

29 Artículo 1 del Protocolo Facultativo del Pacto Internacional de Derechos Civiles y Políticos, Resolución 2200A(XXI) de la Asamblea General, 16 de diciembre de 1966, A/Res/2200A(XXI).

30 Artículo 14 de la Convención sobre la Eliminación de todas las Formas de Discriminación Racial, Resolución 2106A(XX) de la Asamblea General, 21 de diciembre de 1965, A/Res/2106A(XX).

31 Artículo 2 del Protocolo Facultativo de la Convención sobre la eliminación de todas las formas de discriminación contra la mujer, Resolución 54/4 de la Asamblea General, 15 de octubre de 1999, A/Res/54/4.

32 Artículo 22 de la Convención contra la Tortura y Otros Tratos o Penas Crueles, Inhumanos o Degradantes, Resolución 39/46 de la Asamblea General, 10 de diciembre de 1984, A/Res/39/46.

33 Artículo 5 del Protocolo facultativo de la Convención sobre los Derechos del Niño relativo a un procedimiento de comunicaciones, Resolución 66/138 de la Asamblea General, 19 de diciembre de 2011, A/Res/66/138.

34 Artículo 31 de la Convención Internacional para la Protección de Todas las Personas contra las Desapariciones Forzadas, Resolución 61/177 de la Asamblea General, 20 de diciembre de 2006, A/Res/61/177.

mité sobre los Derechos de las Personas con Discapacidad[35]; y Comité sobre los Trabajadores Migratorios[36].

Junto con los mecanismos universales, el régimen jurídico contemporáneo de los derechos humanos ha desarrollado sistemas de reclamaciones regionales: el sistema europeo, el sistema africano y el sistema interamericano[37]. El especial énfasis que la región europea ha puesto en los derechos humanos se ha materializado en el establecimiento de dos tribunales diferentes con competencias en la materia: el Tribunal de Justicia de la Unión Europea (TJUE), al amparo del Tratado de Funcionamiento de la Unión Europea (TFUE)[38] y la Carta de los Derechos Fundamentales de la Unión Europea (CDFUE)[39], y el Tribunal Europeo de Derechos Humanos (TEDH), en supervisión del Convenio Europeo de Derechos Humanos (CEDH)[40].

Ambos tribunales, TJUE y TEDH, prevén la posibilidad de presentar demandas individuales, aunque los criterios de admisión son más estrictos en el primero. El CEDH faculta a cual-

---

35 Artículo 1 del Protocolo Facultativo de la Convención sobre los derechos de las personas con discapacidad, Resolución 61/106 de la Asamblea General, 24 de enero de 2007, A/Res/ 61/106.

36 Artículo 77 de la Convención internacional sobre la protección de los derechos de todos los trabajadores migratorios y de sus familiares, Resolución 45/158 de la Asamblea General, 18 de diciembre de 1990, A/Res/45/158.

37 HANSUNGULE, M., "Protection of Human Rights under the Inter-American System: An Outsider's Reflection", en *International Human Rights Monitoring Mechanisms Martinus: Essays in Honour of Jakob Th. Möller*, Nijhoff Publishers, Leiden, 2009, p. 684.

38 UNIÓN EUROPEA, Tratado de Funcionamiento de la Unión Europea Unión Europea, 13 de diciembre de 2007, 2008/C 115/01.

39 Artículo 47 de la Carta de los Derechos Fundamentales de la Unión Europea, 18 de diciembre del 2000, 2000/C 364/01.

40 CONSEJO DE EUROPA, Convenio Europeo de Derechos Humanos, 4 de noviembre de 1950.

quier persona, organización no gubernamental o grupo de individuos a enfrentarse a un Estado parte ante el TEDH, por violación de los derechos garantizados en el Convenio, siempre que se demuestre la afectación directa sobre la materia objeto de petición[41]. La Unión Europea, sin embargo, no prevé la posibilidad de que el TJUE examine directamente quejas individuales contra un Estado miembro[42]. A pesar de que los ciudadanos de la UE disponen de mecanismos de denuncia ante el Tribunal de la Unión, la violación que motiva una petición individual ante el TJUE debe proceder directamente de un órgano de la UE. Así, sólo en el caso de que se adopte o no una medida de la UE que infrinja el Derecho de la Unión, podrá el particular interponer un recurso de anulación, un recurso por omisión o un recurso de indemnización contra el órgano de la UE que se considere responsable de la infracción[43].

Frente al carácter estricto de las disposiciones de la UE en materia de admisibilidad, tanto el sistema africano como el interamericano de derechos humanos se caracterizan por un *locus standi* amplio. Sin perjuicio de otras delimitaciones de la legitimación desarrolladas por la jurisprudencia, la Convención Americana sobre Derechos Humanos[44] establece en su artículo 44 que todo individuo, grupo de individuos o entidad no gubernamental "podrá presentar peticiones a la Comisión que contengan denuncias o quejas de violación de esta Convención

---

41 Artículos 34 y 35 del CEDH.

42 Los particulares pueden indirectamente, a través de los tribunales nacionales, plantear un asunto ante el TJUE mediante una cuestión prejudicial. Este procedimiento está previsto en el artículo 267 del TFUE.

43 Artículos 263, 265 y 268 del TFUE.

44 ORGANIZACIÓN DE LOS ESTADOS AMERICANOS, Convención Americana sobre Derechos Humanos: "Pacto de San José de Costa Rica", 22 de noviembre de 1969, U.N.T.S. vol. 1144, núm. 17955, p.143.

por un Estado Parte". En sentido análogo, el artículo 55 de la Carta Africana de Derechos Humanos y de los Pueblos[45] prevé el examen por la Comisión Africana de Derechos Humanos y de los Pueblos de "comunicaciones distintas de las de los Estados Partes", siempre y cuando concurran los criterios enumerados en el artículo 56 de la misma Carta.

Estos mecanismos de denuncia universales y regionales que se encuentran en el corazón del sistema contemporáneo de derechos humanos son el resultado de una larga lucha a la que aún le queda mucho camino por recorrer. A pesar de los importantes avances en la materia, estos mecanismos de control adolecen de deficiencias que dificultan su eficacia y cuestionan su razón de ser. El loable objetivo que persiguen estos medios legales se ve afectado negativamente debido a las desigualdades tanto geográficas como socioeconómicas[46]. Por si fuera poco, el acceso a estos comités y tribunales internacionales se traduce en una decisión susceptible de ser invocada en el poder judicial interno, en lugar de en una resolución que se ejecute directamente a nivel nacional. En otras palabras, la aplicación de una resolución internacional sigue dependiendo en gran medida de la voluntad de los Estados de cumplirla[47]. Los Estados-nación invocan su soberanía cuando un organismo internacional al que se han adherido voluntariamente adopta una decisión que desafía sus intereses nacionales. Los bajos ín-

---

45 ORGANIZACIÓN PARA LA UNIDAD AFRICANA, Carta Africana de Derechos Humanos y de los Pueblos "Carta de Banjul", 27 de junio de 1981, U.N.T.S. vol. 1520, núm. 26363, p.217, CAB/LEG/67/3.

46 CALLEJÓN, C.; KEMILEVA, K., y KIRCHMEIER, F., "Treaty Bodies' Individual Communication Procedures: Providing Redress and Reparation to Victims of Human Rights Violations", *The Geneva Academy of International Humanitarian Law and Human Rights,* 2019, p. 31.

47 ULFSTEIN, G., "The Human Rights Treaty Bodies and Legitimacy Challenges", *PluriCourts Research Paper,* 16-10, 2016, p. 12.

dices de aplicación de las resoluciones internacionales ponen en cuestión la naturaleza de estos mecanismos de denuncia y evidencian la necesidad de un mayor compromiso con el sistema internacional de protección de los derechos humanos[48].

Comprometida a sortear la reticencia estatal, la sociedad civil se ha organizado en defensa de sus derechos. La creciente capacidad de influencia de los actores no estatales ha creado una presión añadida para que los Estados cumplan las normas y ha llevado al desarrollo de instrumentos jurídicos alternativos, además de herramientas interdisciplinares, para instar a su aplicación, con miras a provocar cambios estructurales mediante el establecimiento de precedentes legales ante los tri-

---

48 A nivel universal, la cantidad de denuncias individuales registradas por los comités operativos hizo un total de 4.608 comunicaciones a finales de 2018 (Consultar CALLEJÓN, KEMILEVA y KIRCHMEIER, "Treaty Bodies' Individual Communication...", *op. cit.*, p.10). En comparación con los datos disponibles del año anterior, este número ha aumentado significativamente; sin embargo, sigue estando muy por debajo de las 43.075 solicitudes que el TEDH asignó a una formación judicial ese mismo año (Consultar TRIBUNAL EUROPEO DE DERECHOS HUMANOS, "The European Court of Human Rights in Facts and Figures 2018", 2019, p.4). A nivel regional, las tasas de cumplimiento parecen diferir: El TEDH ocupa el primer lugar, con un 56% de sus sentencias plenamente implementadas; le sigue la Corte Interamericana de Derechos Humanos, con solo un 20% de sus resoluciones plenamente implementadas; y, por último, el sistema africano de derechos humanos tiene la tasa de implementación más baja, con un 14% de sus decisiones plenamente implementadas (Consultar SHIKHELMAN, V., "Implementing Decisions of International Human Rights Institutions – Evidence from the United nations Human Rights Committee", *The European Journal of International Law*, vol. 30, 3, 2019, p. 758).

bunales[49]. En la organización de la sociedad civil, las organizaciones no gubernamentales desempeñan un papel clave, por cuanto a menudo representan la única vía posible para que las personas busquen reparación[50]. Estas organizaciones prestan asistencia especializada a cualquier persona necesitada, ayudando a salvar la brecha financiera entre los diferentes estratos sociales y garantizando que se protejan y respeten los derechos fundamentales de todos los ciudadanos, independientemente de su nivel socioeconómico o grado de conocimiento de la materia[51].

Conscientes de la complejidad y del elevado conocimiento que exige el sistema internacional de reclamaciones, las organizaciones no gubernamentales se comprometen, también, con la sociedad civil sensibilizando sobre cuestiones relacionadas con los derechos humanos y promoviendo una mayor visibilidad de la labor de los distintos tribunales y comités internacionales y regionales[52]. En resumen, las organizaciones no gubernamentales contribuyen en gran medida al régimen jurídico de los derechos humanos acercando a los tribunales y comités internacionales al sujeto final del *corpus juris* internacional contemporáneo: el individuo.

---

49 GUERRERO, M., *Strategic litigation in EU gender equality law*, Publications Office of the European Commission, Luxembourg, 2020, p. 44.

50 VAN AAKEN, A., "Making international human rights protection more effective: rational-choice approach to the effectiveness of ius standi provisions", *Preprints of the Max Planck Institute for Research on Collective Goods,* 2005/16, 2005, p.14.

51 OFICINA DE LAS NACIONES UNIDAS CONTRA LA DROGA Y EL DELITO Y PROGRAMA DE LAS NACIONES UNIDAS PARA EL DESARROLLO, *Global Study on Legal Aid Global Report,* Naciones Unidas, Nueva York, 2016, p. 49.

52 CALLEJÓN, KEMILEVA Y KIRCHMEIER F., "Treaty Bodies' Individual Communication...", *op.cit.,* p. 27.

3. RETRATO COMPARATIVO DE LAS DECISIONES INTERNACIONALES DE LOS ÓRGANOS JUDICIALES O CUASI-JUDICIALES

Desde su constitución, los Órganos de Tratados de las Naciones Unidas y los sistemas regionales han contribuido decisivamente en la definición y protección de los derechos humanos, impulsando con ello mejoras significativas en el Estado de Derecho[53]. Se ha reconocido el impacto jurisprudencial y la concurrencia de similitudes considerables entre los órganos judiciales y cuasi-judiciales internacionales[54], sigue abierta, sin embargo, la cuestión de si la consideración de estas características compartidas conduce a decisiones con impactos análogos y, en caso afirmativo, en qué medida y por qué. Dadas las limitaciones de extensión del artículo, no he podido analizar todos y cada uno de los mecanismos que existen a instancias internacionales y regionales. Habida cuenta de la necesidad de acotar el ámbito de estudio, he optado por centrarme en Europa, por tener la región a su disposición el TEDH, considerado como el órgano internacional más eficaz en materia de protección de derechos humanos[55]. Además del Tribunal del Consejo de Europa, resultan competentes en la región el TJUE y los Órganos de Tratados de las Naciones Unidas, no obstante, en virtud del ya mencionado acceso limitado que proporciona el Tribunal de la UE al individuo, nos centraremos únicamente en el TEDH y los Órganos de Tratados de las Naciones Unidas.

---

53 BALUART, D. C., y DE VOS, C. M., "From Judgment to Justice: Implementing International and Regional Human Rights Decisions", *Open Society Justice Initiative*, 2010, p.11.

54 *Ibidem*, p.12.

55 HELFER, L. R., "Redesigning the European Court of Human Rights: Embeddedness as a Deep Structural Principle of the European Human Rights Regime", *The European Journal of International Law*, vol. 19, 1, 2018, p. 159.

3.1. Tribunal Europeo de Derechos Humanos: los auspicios de la protección de derechos humanos en Europa

Fundado en 1950, el TEDH se constituyó como autoridad judicial europea de los derechos humanos y garante del CEDH[56]. Ratificado por 46 Estados miembros, entre ellos España[57], el Tribunal tiene atribuida la competencia de examinar comunicaciones individuales, siempre y cuando se cumplan las condiciones de admisibilidad enumeradas en el artículo 35 del CEDH. Así las cosas, el Tribunal tiene la capacidad de considerar las demandas individuales que hayan sido presentadas en el plazo de cuatro meses desde la adopción de la decisión interna definitiva[58], a condición de que se agoten los recursos internos y el demandante haya sufrido un perjuicio significativo.

Previo a la reforma de restructuración de 1998, el TEDH, al igual que la Corte Interamericana de Derechos Humanos en la actualidad[59], recurría a una Comisión para un examen preliminar de las demandas individuales presentadas. Tras un intento de alcanzar un acuerdo amistoso entre las partes, correspondía a la Comisión exponer los hechos del caso en un informe que se remitía, primero, al Comité de Ministros del Consejo de Eu-

---

56 SANZ PÉREZ, A. L., "La jurisprudencia del Tribunal Europeo de Derechos Humanos en la jurisprudencia del Tribunal Constitucional español: algunos casos recientes", *Revista de la Facultad de Derecho de México,* vol. 69, 275, 2019, p.185.

57 CONSEJO DE EUROPA, "46 Member States" [en línea], (2022), <https://www.coe.int/en/web/portal/46-members-states>. [Consulta: 8/11/2022.].

58 El plazo de seis meses para presentar una solicitud individual se redujo a cuatro meses con la adopción del Protocolo núm. 15 por el que se modifica el Convenio para la Protección de los Derechos Humanos y de las Libertades Fundamentales, C.E.T.S. núm. 213, 24 de mayo de 2013.

59 Artículos 48, 50 y 61 de la Convención Americana de Derechos Humanos.

ropa, y, después, al TEDH[60]. La Comisión actuaba, así, como un filtro previo al TEDH, un filtro que no se caracterizaba por unas formalidades muy estrictas en la admisión de las demandas individuales, centrándose en deficiencias evidentes y ofreciendo la oportunidad de dar mayores explicaciones cuando se entendía que la información inicial de la demanda resultaba insuficiente[61]. En este contexto, un incremento significativo en las solicitudes a lo largo de las décadas llevó a la incorporación de formalidades que se materializaron, a su vez, en un aumento significativo de las inadmisiones de demandas individuales[62].

La afluencia del número de denuncias, formalidades e inadmisiones, sin embargo, no se ha correspondido, en perjuicio de los derechos del individuo, con el número de sentencias implementadas. A fecha de diciembre de 2021, el volumen de casos en los que el proceso de ejecución estaba en curso ascendía a 5.533[63]. En el caso particular de España, el porcentaje de sentencias dictadas por este Tribunal, y aún pendientes en implementación en el Estado miembro, asciende al 61%[64]. Esta escasa adherencia a las decisiones del Tribunal se debe a una reticencia de las autoridades estatales con las instancias internacionales. Dicha renuencia se justificó durante mucho

---

60 MYJER, E. *et al.*, *The Conscience of Europe: 50 Years of the European Court of Human Rights*, Consejo de Europa, Londres, 2010, pp. 34-35.

61 *Ibidem*, p. 39.

62 A día de hoy, el TEDH rechaza por inadmisibles cerca del 89% de las solicitudes recibidas. Consultar TRIBUNAL EUROPEO DE DERECHOS HUMANOS, "Analysis of statistics 2022", *Consejo de Europa*, 2023, p. 5.

63 CONSEJO DE EUROPA, "Supervision of the Execution of Judgments and Decisions of the European Court of Human Rights 2021", *15th Annual Report of the Committee of Ministers*, 2022, p. 49.

64 UNIÓN EUROPEA, "Documento de Trabajo de los Servicios de la Comisión: Informe sobre el Estado de Derecho en 2022. Capítulo sobre la situación del Estado de Derecho en España", 13 de julio de 2022, SWD (2022) 509 final, p. 23.

tiempo en la inexistencia de legislación que considerara a las sentencias del TEDH como motivo legal de revisión de sentencias domésticas firmes[65]. Esta línea jurisprudencial fue, no obstante, cuestionada por sentencias domésticas posteriores en las que se señalaba que los poderes públicos "tienen la obligación de tutelar los derechos fundamentales (...) por lo que no pueden quedarse indiferentes ante la declaración que realice el Tribunal Europeo acerca de la violación de un derecho, ni puede reputarse conforme a nuestro sistema constitucional el mantenimiento de una situación que, aún amparada por la cosa juzgada, puede implicar la lesión actual de un derecho fundamental"[66].

Fueron así las autoridades judiciales quienes, en una actuación criticada bajo el principio jurídico *ultra vires*, requirieron a las autoridades legislativas a actuar en aras de una efectiva implementación de las sentencias del TEDH[67]. Los requerimientos para abordar las injusticias materiales en las que resultaba la inaplicación de las sentencias del TEDH se tradujeron, finalmente, en el artículo 5 bis de la Ley Orgánica 6/1985, de 1 de julio, del Poder Judicial, el cual dispone, tras las reformas introducidas por Ley Orgánica 7/2015, de 21 de julio, que cabe recurso de revisión ante el Tribunal Supremo contra sentencia firme, cuando el TEDH haya declarado que la resolución firme en cuestión ha sido dictada en violación de los derechos consagrados en el CEDH y sus protocolos, siempre y cuando,

---

65 TRIBUNAL SUPREMO, Sentencia 1200/1990, 4 de abril de 1990, Roj: STS 14876/1990, Fundamento de Derecho 3°.

66 AUDIENCIA NACIONAL, Auto núm. 61/2013, 22 de octubre de 2013, Roj: AAN 170/2013, Fundamento de derecho 3°.

67 En el Fundamento Jurídico sexto de la Sentencia núm. 5/1981, de 13 de febrero de 1981 (BOE-T-1981-4525), el Tribunal Constitucional español dictaminó que los tribunales son intérpretes de la ley, no legisladores. En consecuencia, solo se les puede pedir que se pronuncien sobre la adecuación o inadecuación de las disposiciones de la ley.

atendiendo a su naturaleza y gravedad, se estime que los efectos que resultan de la violación no pueden ser subsanados por otros medios que no sea esta revisión[68]. Complementando este precepto, el artículo 954.3 de la Ley de Enjuiciamiento Criminal añade, tras las reformas introducidas por la Ley 41/2015, de 5 de octubre[69], que dicha acción podrá ser ejercida en el plazo de un año desde que la sentencia del citado Tribunal haya adquirido firmeza y deberá ser interpuesta por quien hubiera sido demandante ante el TEDH.

3.2. Órganos de Tratados: Comités de la Organización de las Naciones Unidas para la protección de los derechos humanos

Los Órganos de Tratados de derechos humanos de las Naciones Unidas son entidades independientes de expertos encargados de supervisar que los Estados que han ratificado los Convenios de Derechos Humanos los implementan de manera efectiva. Así las cosas, estos órganos garantizan la correcta aplicación de los derechos civiles y políticos, sociales, económicos y culturales, así como los derechos específicos de grupos vulnerables, tales como mujeres, niños, personas con discapacidad, trabajadores migrantes, víctimas de tortura y discriminación racial, y personas desaparecidas, que los Estados parte se han comprometido a cumplir en el ejercicio de su soberanía. Esta supervisión se realiza, entre otros mecanismos, mediante el procedimiento de quejas individuales, el cual consiste en la

---

68 Ley Orgánica 7/2015, de 21 de julio, por la que se modifica la Ley Orgánica 6/1985, de 1 de julio, del Poder Judicial, BOE núm. 174, de 22 de julio de 2015, BOE-A-2015-8167.

69 Ley 41/2015, de 5 de octubre, de modificación de la Ley de Enjuiciamiento Criminal para la agilización de la justicia penal y el fortalecimiento de las garantías procesales, BOE núm. 239, de 6 de octubre de 2015, BOE-A-2015-10726.

presentación de una denuncia individual que es examinada por entre 10 y 25 expertos independientes[70].

Cuando un individuo estima que uno o varios de los derechos consagrados en alguno de los tratados internacionales que vigilan estos comités han sido violados, puede interponer una denuncia individual ante los Órganos de Tratados para exigir responsabilidades o reparación por la infracción en cuestión. Partiendo de lo anterior, esta instancia internacional debe entenderse como una red de seguridad que interviene cuando los tribunales nacionales se muestran incapaces, o reacios, a la implementación de los derechos que la normativa internacional confiere al individuo como sujeto de derecho[71]. Es por ello que, antes de presentar una comunicación ante uno de los Órganos de Tratados de las Naciones Unidas, los particulares o las organizaciones denunciantes deben procurar primero remediar la situación recurriendo a procedimientos nacionales[72].

De la necesidad de previo agotamiento de vías internas pudiera erróneamente inferirse que los Órganos de Tratados son una cuarta instancia, es, sin embargo, relevante señalar y aclarar que los tribunales y comités internacionales no son competentes para reevaluar las pruebas o reinterpretar el derecho nacional aplicado por los tribunales domésticos. Estos órganos judiciales o cuasi-judiciales tienen su jurisdicción limitada a resolver si las resoluciones domésticas impugnadas infringen los

---

70 PRINCIPI, K. F., "Implementation of UN Treaty Body Decisions: A Brief Insight for Practitioners", *Journal of Human Rights Practice,* vol. 12, 2020, p.186.

71 KUIJER, M., "Effective Remedies as a Fundamental Right", Seminario sobre derechos humanos y acceso a la justicia en la UE, Escuela Judicial Española & European Judicial Training Network, Barcelona, 28-29 de abril de 2014, p.1.

72 INTERNATIONAL JUSTICE RESOURCE CENTER, "Exhaustion of Domestic Remedies in the United Nations System", 2017, p.1.

derechos enunciados en los convenios o instrumentos jurídicos de los cuales son responsables[73].

Destacar que, no obstante este carácter subsidiario, reconocido por el requisito de agotamiento previo de vías internas, y la exigencia de que los Estados ratifiquen los convenios y protocolos que permiten el escrutinio de sus decisiones nacionales, persiste una reticencia generalizada entre los Estados en cuanto a la ejecución de las decisiones adoptadas por los comités. La falta de una mención expresa al carácter vinculante de los dictámenes emitidos por los órganos de las Naciones Unidas ha suscitado interrogantes y ha llevado, incluso, a algunos autores a plantear que la aplicación efectiva de los dictámenes de los comités a escala nacional puede conducir a la sobreestimación de su valor jurídico[74]. Así, esta corriente incide en el carácter hermenéutico, y no vinculante, de las decisiones de los órganos cuasi-judiciales, haciendo prevalecer la soberanía nacional en detrimento del principio *pacta sunt servanda*[75].

Invocando la ausencia de alusión clara al carácter obligatorio de las resoluciones de los Órganos de Tratados, del derecho comparado se evidencia que la mayoría de Estados de nuestro entorno no han conferido fuerza vinculante a las decisiones de estos comités cuasi-judiciales, a excepción de algunos Estados como Noruega o la República Checa que adoptan una posición algo más flexible[76]. Esta negativa a otorgar eficacia obliga-

---

73 HARUTYUNYAN, A. "The Future of the European Court of Human Rights in the Era of Radical Democracy", *European Convention on Human Rights Law Review,* vol. 2, 2021, p.24.

74 *Ibidem,* p.133.

75 JIMÉNEZ SÁNCHEZ, C., "Human Rights Committees: Their nature and legal relevance in Spain", *The Spanish Yearbook of International Law,* vol. 23, 2019, p.108.

76 DE ASÍS SANZ GANDASEGUI, F., "La Recepción de los Dictámenes de los Comités en el Derecho Español y Comparado", en *Litigación*

toria a los dictámenes de estos órganos se fundamenta, por un lado, en que, a diferencia de otros tribunales internacionales como el TEDH, sus integrantes no están obligados a cumplir con requisitos específicos de cualificación jurídica y tampoco están sujetos a principios éticos judiciales; y, por otro lado, en que las regulaciones procesales a aplicar no tienen el grado de rigidez que concurre en otros tribunales internacionales[77]. Esta mirada escéptica, omite, sin embargo, reconocer varios aspectos positivos inherentes a la composición multidisciplinar y funcionamiento o aproximación menos estricta de los Órganos de Tratados.

En lo relativo a la formación, los Comités de las Naciones Unidas están integrados por expertos que poseen un conocimiento especializado en las materias sobre las que se pronuncian, lo que les confiere una mejor capacidad para contextualizar la realidad y comprender la interdependencia de los diversos factores jurídicos y no jurídicos que inciden en la violación en cuestión[78]. Es también relevante señalar que, distintivamente a las sentencias del TEDH, las resoluciones de los Órganos de Tratados no solo se limitan a declarar la existencia de una violación, sino que también incluyen recomendaciones detalladas sobre las medidas correctivas a implementar para subsanar la violación[79].

Internacional para la Defensa de los Derechos Humanos, Colex, A Coruña, 2022, pp.169-173.

77 BREZMES MARTÍNEZ DE VILLAREAL, A., "El Doble Engranaje para la Protección Internacional de los Derechos Fundamentales", en *Litigación Internacional para la Defensa de los Derechos Humanos,* Colex, A Coruña, 2022, p. 29.

78 CARRARO, V., "Electing the experts: Expertise and independence in the UN human rights treaty bodies", *European Journal of International Relations,* vol. 25, 3, 2019, p. 832.

79 CALLEJÓN, KEMILEVA y KIRCHMEIER F., "Treaty Bodies' Individual Communication...", *op.cit.,* p. 18.

Abordando la crítica referente a la economía procesal y opacidad, es cierto que, habida cuenta de su procedimiento totalmente escrito, los Órganos de Tratados de las Naciones Unidas no celebran audiencias públicas y realizan sus evaluaciones en reuniones a puerta cerrada, imposibilitando así su reconstrucción[80]. Sin restar importancia a estas objeciones, esta forma de proceder facilita también criterios de admisibilidad más permisivos y propicia una actuación más ágil y asequible, evitando las dilaciones y gastos propios de la burocracia[81]. Estos elementos resultan cruciales, dado que muchos de los casos tratados por estos comités involucran a personas en situaciones de alta vulnerabilidad[82]. Y es que la flexibilidad en términos de procedimiento y admisibilidad nada tiene que ver con el rigor jurídico, sino con la capacidad de proporcionar una respuesta rápida y eficaz en determinados contextos para garantizar la protección efectiva de los derechos y el acceso oportuno a la justicia.

De igual modo, otro factor a considerar en el análisis de la permisibilidad de los criterios de admisibilidad es la evolución que han tenido otros tribunales internacionales en estos términos. Tal y como se ha mencionado en el apartado relativo al TEDH, en un inicio, las formalidades requeridas para la admisión de la demanda individual ante el Tribunal del Consejo de Europa eran mucho menores a las exigidas en la actualidad. Recordar que ese aumento de formalidades se ha correspondido con un aumento considerable del número de demandas individuales, y no con una intención de reforzar el rigor legal del procedimiento. Ante una falta de correlación directa en-

---

80 JIMÉNEZ SÁNCHEZ, C., "Human Rights Committees: Their nature...", *op. cit.*, p.120.

81 CALLEJÓN, KEMILEVA Y KIRCHMEIER, "Treaty Bodies' Individual Communication...", *op.cit.*, p.13.

82 LHOTSKY, J., *Human Rights Treaty Body Review 2020 Towards an Integrated Treaty Body System*, European Inter-University Centre for Human Rights and Democratisation, Venecia, 2017, p. 9.

tre el aumento de quejas individuales y un incremento de los recursos disponibles, es razonable prever la incorporación de formalidades adicionales por parte de los Órganos de Tratados en la admisión de comunicaciones individuales, dada la ya denunciada falta de personal y financiación que están experimentando los órganos cuasi-judiciales[83].

En resumen, los Órganos de Tratados de las Naciones Unidas son, al igual que el TEDH, sistemas internacionales de protección de derechos humanos, con capacidad de resolver quejas individuales a través de procedimientos contradictorios, una vez agotadas las vías internas[84]. Lo único que distingue a estos órganos cuasi-judiciales de tribunales internacionales como el TEDH, es, por una parte, una distinta composición del órgano encargado al estar, en vez de por jueces, conformado por expertos con la capacidad de trascender de la limitada perspectiva del bien y el mal, para abordar la complejidad y sinergias que caracterizan a las problemáticas que abordan; y, por otra parte, la rigidez del procedimiento y los criterios en materia de admisibilidad, los cuales responden, no tanto, a una cuestión de rigor jurídico sino a un aumento en la carga de trabajo.

---

83 ASAMBLEA GENERAL DE LAS NACIONES UNIDAS, "Estado del sistema de órganos creados en virtud de tratados de derechos humanos", A/77/279, 8 de agosto de 2022, párrafo 20.

84 BREZMES MARTÍNEZ DE VILLAREAL, A., "El Doble Engranaje para la Protección ...", *op. cit.*, p. 22.

4. LA FUERZA VINCULANTE DE LOS DICTÁMENES DE LOS ÓRGANOS DE TRATADO DE LAS NACIONES UNIDAS EN EL DERECHO ESPAÑOL

Tal y como se ha analizado previamente, España ha ratificado diversos tratados internacionales que otorgan a los Órganos de Tratados de las Naciones Unidas la facultad de supervisar su actuación, conforme a las obligaciones consagradas en dichos tratados. Estos derechos, al ser considerados derechos fundamentales y no meramente derechos legales, imponen a España una obligación jurídica de mayor rigor. En consecuencia, es crucial considerar que cuando España decide no acatar las decisiones de estos comités, está incumpliendo su deber de reparar la vulneración de derechos fundamentales, lo cual implica una falta de observancia de sus compromisos internacionales y una transgresión a la normativa de protección de derechos humanos a la que se ha comprometido libremente. Esta actitud no solo menoscaba la integridad del sistema de supervisión internacional, sino que también pone en entredicho la efectividad y el respeto a los mecanismos de protección de derechos fundamentales establecidos en el marco jurídico internacional[85].

En el estudio pormenorizado de la eficacia vinculante de las decisiones de los Órganos de Tratados de las Naciones Unidas, es importante señalar que estas resoluciones constan de dos partes: recomendaciones y dictámenes[86]. Si bien del nombre de la primera pudiera considerarse una acción no obligatoria,

---

85 IZQUIERDO SANS, C., "Los Efectos de las Decisiones de los Comités de Derechos Humanos Resolviendo Comunicaciones Individuales. El Caso de España", en *Litigación Internacional para la Defensa de los Derechos Humanos,* Colex, A Coruña, 2022, p.206.

86 CARDONA LLORENS, J., "The Legal Value of the Views and Interim Measures Adopted by United Nations Treaty Bodies", *Spanish Yearbook of International Law,* vol. 23, 2019, pp.151-153.

destinada a trascender del mero carácter declarativo que caracteriza las sentencias del TEDH, la segunda es una decisión vinculante que resuelve sobre la responsabilidad del Estado, debiendo España, como Estado miembro, "utilizar todos los medios a su alcance para dar efecto a los dictámenes emitidos por el Comité" [87].

4.1. Análisis de la obligación jurídica de los dictámenes de las Naciones Unidas en el marco legislativo español

La Convención de Viena sobre el Derecho de los Tratados dispone en su artículo 26 que "todo tratado en vigor obliga a las partes y debe ser cumplido por ellas de buena fe" de conformidad con el *principio pacta sunt servanda*[88]. Cuando un Estado ratifica, por lo tanto, de forma voluntaria un tratado por el que se regula un mecanismo de denuncia individual debe cumplir con las resoluciones que resultan de la misma. Y es que las declaraciones de los Órganos de Tratados de las Naciones Unidas deben entenderse especialmente vinculantes, pues resultan del consenso y libre elección de los Estados en ejercicio de su soberanía[89]. Lo esencial radica, por ende, en la "naturaleza del

87 COMISIÓN DE DERECHOS HUMANOS, "Obligations of States parties under the Optional Protocol to the International Covenant on Civil and Political Rights ", *Naciones Unidas,* 25 de junio de 2009, CCPR/C/GC/33, párrafo 20.

88 NACIONES UNIDAS, Convención de Viena sobre el derecho de los tratados, U.N.T.S. vol. 1155, p. 331, 23 de mayo de 1969.

89 SCHABAS, W. A., "On the Binding Nature of the Findings of the Treaty Bodies", en *New Challenges for the UN Human Rights Machinery,* ed. por BASSIOUNI, M. C., y SCHABAS W. A., Intersentia, Cambridge, 2011, pp.105-106.

acto" y el propósito del Estado contratante al instaurar un mecanismo de fiscalización con poder decisorio[90].

En este marco internacional de actuación, la Ley 25/2014, de 27 de noviembre, de Tratados y otros Acuerdos Internacionales[91], prevé en su artículo 29 que todo poder público, órgano y organismo del Estado debe observar toda obligación que emane de los tratados internacionales en vigor celebrados por escrito por España y velar por su efectivo cumplimiento a nivel doméstico. En estos términos, este artículo 29 guarda consonancia con el artículo 96 de la Constitución Española (en adelante, CE), el cual dispone que "los tratados internacionales válidamente celebrados, una vez publicados oficialmente en España, formarán parte del ordenamiento interno". En otras palabras, las convenciones ratificadas y publicadas oficialmente por España pasan a formar parte de la legislación doméstica y son susceptibles, por ende, de invocación directa al constituir las mismas parte del derecho nacional.

Este carácter vinculante se consolida adicionalmente mediante el artículo 31 de la ya citada Ley 25/2014, de 27 de noviembre, de Tratados y otros Acuerdos Internacionales, el cual establece, haciéndose eco del principio de jerarquía del artículo 9.3 de la CE, que "las normas jurídicas contenidas en los tratados internacionales válidamente celebrados y publicados oficialmente prevalecerán sobre cualquier otra norma del ordenamiento interno en caso de conflicto con ellas, salvo las normas de rango constitucional".

Profundizando en los principios del artículo 9 de la CE, son también de destacar los principios de legalidad y seguridad ju-

---

90 CARDONA LLORENS, J., "The Legal Value of the Views...", *op. cit.*, p.153.

91 Ley 25/2014, de 27 de noviembre, de Tratados y otros Acuerdos Internacionales, BOE núm. 288, de 28 de noviembre de 2014, BOE-A-2014-12326.

rídica. Ya en su preámbulo, la Constitución dispone entre sus finalidades "consolidar un Estado de Derecho que asegure el imperio de la ley como expresión de la voluntad popular". En virtud de esta premisa, todo poder público se encuentra sujeto a la ley, entendiéndose, según se infiere de los ya analizados artículos 96 y 10.2 de la CE, a los tratados internacionales como legislación interna que vincula a estos poderes. Y es que, tal y como dispone el artículo 103.1 de la CE, la Administración pública debe actuar "con sometimiento pleno a la ley y al Derecho". Añade en este contexto la Sentencia 46/1990, de 15 de marzo, que las autoridades en dicha actuación deben perseguir la claridad, evitando la confusión normativa, "hay que promover y buscar la certeza respecto a qué es Derecho y no (...) provocar juegos y relaciones entre normas como consecuencia de las cuales se introducen perplejidades difícilmente salvables respecto a la previsibilidad de cuál sea el Derecho aplicable, cuáles las consecuencias derivadas de las normas vigentes, incluso cuáles sean éstas"[92].

De lo anterior se desprende que el principio de legalidad y la máxima de seguridad jurídica están interrelacionados de tal manera que uno sustenta y refuerza al otro. El respeto al principio de legalidad es fundamental para la existencia de una verdadera seguridad jurídica, y la seguridad jurídica es una manifestación tangible del respeto al principio de legalidad. A la luz de esta correlación de principios, ¿puede España afirmar que cumple con los principios y valores consagrados en el artículo 9 de la CE, cuando desatiende resoluciones relativas a violaciones de derechos fundamentales emitidas por un organismo internacional cuya jurisdicción ha aceptado de manera libre y voluntaria? ¿Puede España sostener que, al conferir al

---

92 TRIBUNAL CONSTITUCIONAL, Sentencia núm. 46/1990, 15 de marzo de 1990, BOE núm. 85, de 9 de abril de 1990, BOE-T-1990-8781, Fundamento de Derecho 4.

individuo derechos, con fundamento en las Convenciones de las Naciones Unidas, para después negar su implementación, está contribuyendo a la certidumbre jurídica y a la claridad normativa?

4.2. Desarrollo jurisprudencial del marco legislativo en materia de eficacia vinculante de los dictámenes de los Órganos de Tratados

A pesar de un régimen jurídico vigente que respalda la obligatoriedad de las decisiones que resultan de los órganos cuasijudiciales, la línea jurisprudencial doméstica ha mantenido una posición reticente a la efectiva implementación de éstas, abordando los actos de los Órganos de Tratados de las Naciones Unidas desde una perspectiva hermenéutica. Así el Tribunal Constitucional dispuso en su Sentencia núm. 116/2006, de 24 de abril, que "las 'observaciones' que en forma de Dictamen emite el Comité no son resoluciones judiciales, puesto que el Comité no tiene facultades jurisdiccionales"[93]. Dicho esto, jurisprudencia posterior del Tribunal Supremo, concretamente la Sentencia núm. 720/2017, de 6 de noviembre, matiza que "el que los Dictámenes del Comité no sean resoluciones judiciales, no tengan fuerza ejecutoria directa y no resulte posible su equiparación con las sentencias del TEDH, no implica que carezcan de todo efecto interno". Pues añade la citada sentencia que estos tratados internacionales forman parte del derecho interno español, de acuerdo con el artículo 96.1 de la CE, y deben, en consecuencia, ser comprendidos de conformidad con el artículo 10.2 de la CE. Interpretaciones, continua "que no pueden prescindir de la que, a su vez, llevan a cabo los órga-

---

93 TRIBUNAL CONSTITUCIONAL, Sentencia núm. 116/2006, 24 de abril de 2006, BOE núm. 125, de 26 de mayo de 2006, BOE-T-2006-9157, Fundamento de Derecho 4.

nos de garantías establecidos por esos mismos tratados y acuerdos internacionales"[94].

En el año 2018, sin embargo, el Tribunal Supremo se apartó, en su Sentencia núm. 1263/2018, de 17 de julio, de esta línea jurisprudencial, y dispuso que aunque ni la Convención ni el Protocolo relevante regulan el carácter ejecutivo de las decisiones que emanan de los Órganos de Tratados de las Naciones Unidas, "no puede dudarse que tendrán carácter vinculante/obligatorio para el Estado parte que reconoció La Convención y El Protocolo" al concurrir un compromiso por parte del Estado "a adoptar todas las medidas necesarias en el ámbito nacional para conseguir la plena realización de los derechos reconocidos" en los mismos[95]. En estos términos, esta sentencia del Tribunal Supremo español sostuvo, en ejercicio de su *ratio decidendi*, que, a falta de un cauce procedimental específico y autónomo para instar la implementación efectiva de los dictámenes de los Órganos de Tratados de las Naciones Unidas, estas resoluciones servían como fundamento válido para presentar una solicitud de responsabilidad patrimonial del Estado[96].

En la citada Sentencia núm. 1263/2018, de 17 de julio, el Tribunal Supremo se pronunció sobre el caso de una mujer que llevaba más de 15 años de lucha judicial después de que su hija fuera asesinada a manos de su expareja en una visita sin su-

---

94 TRIBUNAL SUPREMO, Sentencia núm. 871/2023, 23 de noviembre de 2023, Roj: STS 5305/2023, Fundamento de Derecho 1.

95 TRIBUNAL SUPREMO, Sentencia núm. 1263/2018, 17 de julio de 2018, Roj: STS 2747/2018, Fundamento de Derecho 7.3.

96 JIMÉNEZ PINEDA, E., "A commentary on the Supreme Court's Judgment of 17 July 2018 (STS 1263/2018) and its supposed impact for a legally binding value of the decisions adopted by the Committee on the Elimination of Discrimination Against Women (CEDAW)", *Spanish Yearbook of International Law,* vol. 23, 2019, p.143.

pervisión, visita que había sido ordenada por un juzgado[97]. La demandante, Ángela González Carreño, reclamaba que las autoridades reconocieran la responsabilidad de una tragedia que se podía haber prevenido si la Administración pública no hubiera hecho caso omiso a las más de 30 denuncias interpuestas por la demandante para proteger a su hija entre 1999 y 2001[98]. Las súplicas de la madre para que se restringieran las visitas al padre, los informes de los servicios sociales[99] y las pruebas periciales psicológicas no parecieron suficientes a las autoridades para tomar cartas en el asunto y evitar que la expareja cumpliera con la última de las amenazas vertidas a la demandante horas antes del asesinato, amenaza en la que advertía a la Sra. González que le quitaría lo que más quería. En 2004 la demandante presentó al Ministerio de Justicia una reclamación de responsabilidad patrimonial del Estado por anormal funcionamiento de la Administración de Justicia, aduciendo negligencia por parte de las autoridades administrativas y judiciales[100]. Después de que el Ministerio de Justicia rechazara la reclamación y de que la Audiencia Nacional y el Tribunal Constitucional le cerraran las puertas[101], la Sra. González presentó en el año 2012 una Comunicación individual ante el Comité para la Eliminación de la Discriminación contra la Mujer (CEDAW por sus siglas en inglés), dando comienzo a un proceso cuasi-judicial que concluyó con un dictamen que declaraba la vulneración de los artículos 2 y 16 de la Convención sobre la

---

97 TRIBUNAL SUPREMO, Sentencia núm. 1263/2018, Fundamento de Derecho 2.17.

98 *Ibidem,* fundamento de derecho 2.5.

99 *Ibidem,* fundamentos de derecho 2.13-2.15.

100 *Ibidem,* antecedente de hecho 2.19.

101 *Ibidem,* antecedentes de hecho 2.20-2.21.

eliminación de todas las formas de discriminación contra la mujer[102] por parte de España[103].

Con una decisión internacional que respaldaba sus alegaciones[104], la demandante volvió a litigar el caso ante instancias nacionales y, finalmente, el 17 de julio de 2018, el Tribunal Supremo obligó a la Administración a indemnizar a Ángela González Carreño con 600.000 euros[105]. En la Sentencia núm. 1263/2018, de 17 de julio, el Tribunal Supremo reconoció que el daño que la Justicia española infligió a la demandante se produjo por la desprotección que había "soportado durante años ante una clara situación de discriminación, antes y después del fallecimiento de su hija"[106].

Más allá de su relevancia en cuanto a la admisión de la responsabilidad estatal, este fallo es significativo debido a que el Tribunal Supremo reconoció, a través del veredicto, que las disposiciones de los tratados internacionales suscritos por España son ley y que las recomendaciones de los Órganos de Tratados de las Naciones Unidas tienen carácter vinculante, por previsión expresa de los artículos 96 y 10.2 de la CE. Concretamente, la sentencia recoge que la declaración del organismo internacional se produjo "en el seno de un procedimiento expresamente regulado, con garantías y con plena participación

---

[102] NACIONES UNIDAS, Convención sobre la eliminación de todas las formas de discriminación contra la mujer, Resolución 34/180 de la Asamblea General, 18 de diciembre de 1979.

[103] TRIBUNAL SUPREMO, Sentencia núm. 1263/2018, Fundamento de Derecho 10.

[104] COMITÉ PARA LA ELIMINACIÓN DE LA DISCRIMINACIÓN CONTRA LA MUJER, Ángela González Carreño c. España, Comunicación núm. 47/2012, 16 de julio de 2014, CEDAW/C/58/D/47/2012.

[105] TRIBUNAL SUPREMO, Sentencia núm. 1263/2018, Fundamento de Derecho 7.4.

[106] *Ibidem*, Fundamento de Derecho 7.3.

de España". Asimismo, invocando el artículo 9.3 de la CE, el Tribunal afirmó que la Carta Magna garantiza "el principio de legalidad y la jerarquía normativa, de manera que las obligaciones internacionales relativas a la ejecución de las decisiones de los órganos internacionales de control cuya competencia ha aceptado España forman parte de nuestro ordenamiento interno"[107].

Esta sentencia marcó un hito en el derecho internacional[108], sin embargo, pronto surgieron voces disidentes a la Sentencia núm. 1263/2018, de 17 de julio. Entre las decisiones que discrepan de la previa destaca el Auto del Tribunal Supremo núm. rec. 20907/2017, de 21 de junio. En el mismo, el Tribunal Supremo dispone que la "vinculación de los dictámenes emitidos por un Comité de Naciones Unidas no puede argumentarse a partir de una voluntarista selección de los fundamentos jurídicos de una sentencia, por cierto, dictada para dar respuesta a una demanda de responsabilidad patrimonial del Estado"[109]. En esta línea, el Tribunal reniega del carácter vinculante de los dictámenes del Comité y solo le atribuye la capacidad de constituir base para una reclamación jurisdiccional ulterior que, insiste, no estaría, de forma alguna vinculada en su desenlace por el fallo del Comité de las Naciones Unidas[110].

Este Auto refuerza la idea sostenida por algunos autores de que la sentencia dictada por el Tribunal Supremo en el caso de Angela González Carreño es un caso aislado, un intento de las

---

107 *Ibidem.*

108 KANETAKE, M., "María de los Ángeles González Carreño v. Ministry of Justice, Judgment núm. 1263/2018, ROJ: STS 2747/2018, ECLI: ES:TS:2018:2747", *American Journal of International Law,* vol. 113, núm. 3, 2019, p.590.

109 TRIBUNAL SUPREMO, Auto núm. rec. 20907/2017, 21 de junio de 2019, Roj: ATS 7009/2019, fundamento de derecho 2.2.5.

110 *Ibidem.*

autoridades judiciales de satisfacer una justicia material concreta[111]. Esta premisa que parte de una aproximación muy excepcional a la fundamentación esgrimida por el Tribunal en la Sentencia núm. 1263/2018, de 17 de julio, puede, no obstante, ser fácilmente cuestionada con un análisis jurisprudencial de casos posteriores en los que se vuelve a reconocer, en instancias judiciales, la obligatoriedad de estos dictámenes cuasi-judiciales. Dos ejemplos a destacar son la Sentencia de la Audiencia Nacional núm. rec. 2/2021, de 27 de abril[112], y la Sentencia del Tribunal Supremo, núm. 218/2022, de 21 de marzo[113].

La primera de las sentencias resuelve una reclamación por responsabilidad patrimonial presentada al Ministerio del Interior con fundamento en unas lesiones sufridas por una mujer durante una detención policial. En enero del 2013, la demandante caminaba por la estación de trenes de su localidad cuando fue abordada por cuatro oficiales vestidos de civil, tres hombres y una mujer, quienes alegando ser policías la golpearon y la interrogaron sobre supuestos objetos robados en una discoteca. Tras su arresto, en el trayecto a comisaría, los policías frenaban bruscamente el coche buscando que la demandante golpeara su cabeza contra la mampara del vehículo y haciendo burla de ello. Una vez en comisaría, las humillaciones continuaron con una oficial mujer que ordenó a la demandante que se desnudara y le confiscó su dinero. Una vez la dejaron marchar, la demandante llamó a una ambulancia en la puerta de la comisaría, después de que los oficiales ignoraran sus solicitudes de atención médica. En el hospital, los médicos de-

---

111 DE ASÍS SANZ GANDASEGUI, F., "La Recepción de los Dictámenes...", *op. cit.*, p.167.

112 AUDIENCIA NACIONAL, Sentencia núm. rec. 2/2021, 27 de abril de 2022, Roj: SAN 1804/2022.

113 TRIBUNAL SUPREMO, Sentencia núm. 218/2022, 21 de marzo de 2022, Roj: STS 1115/2022.

terminaron que presentaba hematomas en las muñecas y que requeriría de cirugía por una nariz rota[114].

Estas lesiones habían sido previamente objeto de denuncia ante instancias internacionales, concretamente ante el Comité contra la Tortura de las Naciones Unidas (en adelante CAT). El Comité se pronunció a favor de la demandante el 26 de noviembre de 2019 y concluyó que los hechos denunciados constituían una violación de los artículos 2, 11 y 16 de la Convención contra la Tortura y otros Tratos o Penas Crueles, Inhumanos y Degradantes[115]. Tras obtener el dictamen del CAT, la demandante presentó una reclamación por responsabilidad patrimonial ante el Ministerio del Interior. Al no recibir una resolución dentro del plazo legal, impugnó la desestimación presunta de su reclamación mediante un recurso contencioso administrativo[116]. La Audiencia estimó, finalmente, la pretensión indemnizatoria de la demandante tomando como fundamento para su fallo la decisión del Comité de las Naciones Unidas. Así, la Sentencia de la Audiencia Nacional núm. rec. 2/2021, de 27 de abril de 2022 recoge que "mientras no se proceda a la reparación plena y adecuada de los daños causados en ejecución de la Decisión del CAT, se mantiene, persiste y se perpetúa la vulneración de derechos humanos que aquélla declara"[117].

Bajo un contexto legal afín, la Sentencia del Tribunal Supremo núm. 218/2022, de 21 de marzo, se alinea con el precedente anterior y estima las pretensiones de R.Y.S., una menor a la que le fue denegada la protección internacional y nacional

---

114 COMITÉ CONTRA LA TORTURA, E.L.G. c. España, Comunicación núm. 818/2017, 15 de enero de 2020, CAT/C/68/D/818/2017, antecedentes de hecho 2.1-2.2

115 *Ibidem,* Fundamento de Derecho 9.

116 AUDIENCIA NACIONAL, Sentencia núm. rec. 2/2021, antecedente de hecho 1.

117 *Ibidem,* Fundamento de Derecho 4.

que le correspondía, en virtud de un decreto de la Fiscalía en el que se le atribuía la mayoría de edad. En agosto de 2017, la demandante llegó a Madrid como solicitante de asilo y fue registrada como menor de edad por la Policía Nacional. Tras su registro, la adolescente fue llevada a un centro de acogida donde se elaboró un informe médico en el que se reflejaba, por un lado, que el aspecto físico de la demandante se correspondía, efectivamente, con los 16 años declarados por la misma; y, por otro lado, que existían secuelas físicas que respondían a la violencia infringida por su padre en Camerún. A pesar de los informes y de la evidente vulnerabilidad de la demandante, las autoridades no informaron a la menor de sus derechos como solicitante y, tomando como fundamento la negativa de la demandante a ponerse en contacto con la misma familia que había abusado de ella para recabar documentos que acreditaran su minoría, la Fiscalía de Menores inició un proceso para determinar su edad. A lo largo de este proceso, la demandante no pudo contar con la asistencia de un intérprete y se le realizó un examen físico invasivo, del cual tampoco fue informada y al que no pudo oponerse. Finalmente, en virtud de unos resultados contradictorios, la Fiscalía emitió un decreto de mayoría de edad, ignorando la presunción que aboga por la minoría de edad en caso de indicio mínimo de duda[118].

Consciente de que para cuando se resolviera la vía interna la demandante ya habría cumplido los 18 años, y que, en consecuencia, la decisión última no tendría efectos prácticos, la menor presentó, asistida por la entidad de asistencia social Fundación Raíces, una comunicación individual *per saltum* ante el Comité de los Derechos del Niño[119]. En fecha de 4 de febre-

---

[118] COMITÉ DE LOS DERECHOS DEL NIÑO, R.Y.S. c. España, Comunicación núm. 76/2019, de 4 de febrero de 2021, CRC/C/86/D/76/2019, antecedentes de hecho 2.1-2.15.

[119] *Ibidem*, antecedente de hecho 2.16.

ro de 2021, el Comité dictaminó que los hechos presentados ponían de manifiesto una violación de los artículos 3, 8, 12, 16, 20, párrafo 1, 22, 27 y 39 de la Convención de los Derechos del Niño[120]. Con el dictamen internacional a su favor, las abogadas de R.Y.S. recurrieron, una vez más, ante instancias domésticas interponiendo un recurso extraordinario por infracción procesal y un recurso de casación que fueron estimados el 21 de marzo de 2022. En sintonía con la previamente mencionada Sentencia de la Audiencia Nacional núm. rec. 2/2021, de 27 de abril, el Tribunal Supremo dispuso en su examen del caso R.Y.S. de 2022 que los textos legales nacionales debían interpretarse de conformidad con la Convención de los Derechos del Niño, instrumento internacional vinculante para España, conforme a los artículos 96 y 10.2 de la CE[121].

Pudiera decirse tras la primera de las sentencias de 2018 que los tribunales domésticos solo buscaban con la implementación de la decisión de la CEDAW satisfacer, de forma aislada, la justicia material sufrida por Ángela González Carreño. Los dos pronunciamientos posteriores parecen, sin embargo, indicar que la Sentencia núm. 1263/2018, de 17 de julio, no es excepcional, sino que marca el comienzo de una nueva corriente jurisdiccional que se posiciona a favor del carácter vinculante de los dictámenes de los Órganos de Tratados de las Naciones Unidas.

5. CONCLUSIONES

El presente capítulo tenía como objetivo analizar en qué medida puede la reticencia de los Estados a cumplir con las

---

120 *Ibidem*, Fundamento de derecho 8.16.

121 TRIBUNAL SUPREMO, Sentencia núm. 218/2022, Fundamento de derecho 3.

decisiones internacionales judiciales y cuasi-judiciales repercutir negativamente a la seguridad jurídica. La respuesta a esta pregunta de investigación puede sintetizarse en las siguientes conclusiones.

Para que la subjetividad legal otorgada por la comunidad internacional al individuo trascienda de una idea *de iure* y sea una realidad *de facto*, es necesario garantizar el correcto funcionamiento de las distintas vías de reclamación universales y regionales que pone el sistema internacional a disposición del individuo como destinatario último de derecho.

Aunque el desarrollo de estos mecanismos de queja ha constituido un paso importante en la garantía de los derechos humanos y la responsabilidad internacional de los Estados, no puede obviarse que la operatividad de dichos mecanismos continúa estando supeditada, primero, a la previa ratificación por parte de los Estados miembros de los instrumentos legales relevantes y, segundo, a la posterior voluntad de estos mismos Estados a implementar las decisiones que resultan de dichos instrumentos internacionales.

Si bien existe una reticencia general por parte de las autoridades nacionales a la aplicación de las decisiones internacionales, esta negativa es más acentuada en lo relativo a los Órganos de Tratados de las Naciones Unidas. Estas objeciones a la implementación de los dictámenes de los Comités de las Naciones Unidas responden, por un lado, a una composición diferente del órgano encargado, integrado por expertos en vez de jueces; y, por otro lado, a un procedimiento y requisitos de admisibilidad más flexibles que, lejos de tener relación con una cuestión de rigor jurídico, responden a una carga de trabajo menor y a la necesidad de dar una respuesta más rápida y eficaz a colectivos especialmente vulnerables.

A pesar de estas diferencias, predominan las similitudes entre los tribunales internacionales y los comités de expertos. Tanto el TEDH como los Órganos de Tratados prevén procedimientos de queja individuales contra Estados miembros, requieren el agotamiento de las vías internas a la luz del principio de subsidiariedad y siguen un procedimiento contradictorio que ofrece, a ambas partes, la oportunidad de exponer su posición y argumentos.

La legislación interna dispone, en virtud de los artículos 10.2 y 96 de la CE y 29 y 31 de la Ley de Tratados, fundamentos que invocar a favor de la obligatoriedad de los dictámenes que emanan de los Órganos de Tratados que España, en ejercicio de su soberanía, ha decidido voluntariamente ratificar. Así, cuando las autoridades domésticas desatienden las decisiones de los comités cuasi-judiciales, contribuyen a una incertidumbre jurídica que atenta contra los principios de legalidad, jerarquía y claridad, máximas consagradas en el artículo 9 de la CE.

Pese a la vigencia de un cuerpo normativo favorable a reconocer la obligatoriedad de los dictámenes de los Órganos de Tratados, la línea jurisprudencial tradicional doméstica ha sido reticente a reconocer la eficacia vinculante de las decisiones de unos órganos cuasi-judiciales que, en cierta medida, cuestionan las decisiones de las instancias nacionales. Desde la decisión del Tribunal Supremo en el caso de Ángela González Carreño c. España, sin embargo, esta corriente jurisprudencial ha experimentado una transformación significativa al reconocer esta sentencia la obligatoriedad de los dictámenes de los Órganos de Tratados. Pese a las críticas que consideran esta resolución como una respuesta *ad hoc* a una injusticia particular, las posteriores Sentencias núm. rec. 2/2021, de 27 de abril, de la Audiencia Nacional, y núm. 218/2022, de 21 de marzo, del Tribunal Supremo, han demostrado que la Sentencia 1263/2018, de 17 de julio, no es un caso aislado, sino un precedente que configura un patrón por el que se consolida la supremacía de la seguridad jurídica y el principio *pacta sunt servanda*, por encima de la voluntad arbitraria del Estado.

6. REFERENCIAS BIBLIOGRÁFICAS

ALSTON, P., y GOODMAN, R., *International Human Rights the Successor to International Human Rights in Context: Law, Politics and Morals,* Oxford University Press, Oxford, 2013.

BREZMES MARTÍNEZ DE VILLAREAL, A., "El Doble Engranaje para la Protección Internacional de los Derechos Fundamentales", en *Litigación Internacional para la Defensa de los Derechos Humanos,* Colex, A Coruña, 2022.

CASSESE, A., *International Law,* Oxford University Press, Oxford, 2005.

DE ASÍS SANZ GANDASEGUI, F., "La Recepción de los Dictámenes de los Comités en el Derecho Español y Comparado", en *Litigación Internacional para la Defensa de los Derechos Humanos,* Colex, A Coruña, 2022.

FENRICH, K., *The Evolving International Procedural Capacity of Individuals,* Springer, Bochum, 2019.

GUERRERO, M., *Strategic litigation in EU gender equality law,* Publications Office of the European Commission, Luxemburgo, 2020.

HANSUNGULE, M., "Protection of Human Rights under the Inter-American System: An Outsider's Reflection", en *International Human Rights Monitoring Mechanisms Martinus: Essays in Honour of Jakob Th. Möller,* Nijhoff Publishers, Leiden, 2009.

IZQUIERDO SANS, C., "Los Efectos de las Decisiones de los Comités de Derechos Humanos Resolviendo Comunicaciones Individuales. El Caso de España", en *Litigación Internacional para la Defensa de los Derechos Humanos,* Colex, A Coruña, 2022.

LHOTSKY, J., *Human Rights Treaty Body Review 2020 Towards an Integrated Treaty Body System,* European Inter-University Centre for Human Rights and Democratisation, Venecia, 2017.

MILLAS JIMÉNEZ, J., *Filosofía del Derecho,* Universidad Diego Portales, Chile, 2012.

MYJER, E. *et al.*, *The Conscience of Europe: 50 Years of the European Court of Human Rights,* Consejo de Europa, Londres, 2010.

OFICINA DE LAS NACIONES UNIDAS CONTRA LA DROGA Y EL DELITO Y PROGRAMA DE LAS NACIONES UNIDAS PARA EL DESARROLLO, *Global Study on Legal Aid Global Report,* Naciones Unidas, Nueva York, 2016.

OFICINA DEL ALTO COMISIONADO DE LAS NACIONES UNIDAS PARA LOS DERECHOS HUMANOS, *Working with the United Nations*

Human Rights Programme. A Handbook for Civil Society, Oficina del Alto Comisionado para los Derechos Humanos, Nueva York y Ginebra, 2008.

SCHABAS, W. A., "On the Binding Nature of the Findings of the Treaty Bodies", en *New Challenges for the UN Human Rights Machinery,* Intersentia, Cambridge, 2011.

Artículos de revista e informes académicos

BALUART, D. C., y DE VOS, C. M., "From Judgment to Justice: Implementing International and Regional Human Rights Decisions", *Open Society Justice Initiative,* 2010.

BROWNLIE, I., "The Individual before Tribunals Exercising International Jurisdiction", *The International and Comparative Law Quarterly,* vol. 11, 3, 1962, 701-720.

CALLEJÓN, C., KEMILEVA, K., y KIRCHMEIER, F., "Treaty Bodies' Individual Communication Procedures: Providing Redress and Reparation to Victims of Human Rights Violations", *The Geneva Academy of International Humanitarian Law and Human Rights,* 2019.

CARDONA LLORENS, J., "The Legal Value of the Views and Interim Measures Adopted by United Nations Treaty Bodies", *Spanish Yearbook of International Law,* vol. 23, 2019, 146-163.

CARRARO, V., "Electing the experts: Expertise and independence in the UN human rights treaty bodies", *European Journal of International Relations,* vol. 25, 3, 2019, 826-851.

CASTILLO BLANCO, F. A., "El principio de seguridad jurídica: especial referencia a la certeza en la creación del Derecho", *Documentación Administrativa,* 263-264, 2002, 21-72.

HARUTYUNYAN, A. "The Future of the European Court of Human Rights in the Era of Radical Democracy", *European Convention on Human Rights Law Review,* vol. 2, 2021, 20-26.

HELFER, L. R., "Redesigning the European Court of Human Rights: Embeddedness as a Deep Structural Principle of the European Human Rights Regime", *The European Journal of International Law,* vol. 19, 1, 2018, 125-159.

INTERNATIONAL JUSTICE RESOURCE CENTER, "Exhaustion of Domestic Remedies in the United Nations System", 2017.

JIMÉNEZ PINEDA, E., "A commentary on the Supreme Court's Judgment of 17 July 2018 (STS 1263/2018) and its supposed impact for a legally binding value of the decisions adopted by the Committee on the

Elimination of Discrimination Against Women (CEDAW)", *Spanish Yearbook of International Law,* vol. 23, 2019,129-145.

JIMÉNEZ SÁNCHEZ, C., "Human Rights Committees: Their nature and legal relevance in Spain", *The Spanish Yearbook of International Law,* vol. 23, 2019, 104-125.

KANETAKE, M., "María de los Ángeles González Carreño v. Ministry of Justice, Judgment núm. 1263/2018, ROJ: STS 2747/2018, ECLI: ES:TS:2018:2747", *American Journal of International Law,* vol. 113, 3, 2019, 586-592.

LIMON, M., "Policy Report: Reform of the UN Human Rights Petitions System", *Universal Rights Group,* 2018.

ORAKHELASHVILI, A., "The Position of the Individual in International Law", *California Western International Law Journal,* 31, 2, 2001, 241-276.

PRINCIPI, K. F., "Implementation of UN Treaty Body Decisions: A Brief Insight for Practitioners", *Journal of Human Rights Practice,* vol. 12, 2020, 185-192.

SANZ PÉREZ, A. L., "La jurisprudencia del tribunal europeo de derechos humanos en la jurisprudencia del tribunal constitucional español: algunos casos recientes", *Revista de la Facultad de Derecho de México,* vol. 69, 275, 2019, 183-207.

SHIKHELMAN, V., "Implementing Decisions of International Human Rights Institutions – Evidence from the United Nations Human Rights Committee", *The European Journal of International Law,* vol. 30, 3, 2019, 753-777.

SIKKINK, K. y WALLING, C. B., "The Impact of Human Rights Trials in Latin America", *Journal of Peace Research,* vol. 44, 2007, 427-445.

UGARTEMENDIA ECEIZABARRENA, J. I., "El concepto y alcance de la seguridad jurídica en el Derecho constitucional español y en el Derecho comunitario europeo: un estudio comparado", *Cuadernos de Derecho Público,* 28, 2006, 17-54.

ULFSTEIN, G., "The Human Rights Treaty Bodies and Legitimacy Challenges", *PluriCourts Research Paper,* 16-10, 2016.

VAN AAKEN, A., "Making international human rights protection more effective: rational-choice approach to the effectiveness of ius standi provisions", *Preprints of the Max Planck Institute for Research on Collective Goods,* 2005/16, 2005.

VARGAS MORALES, R. A., "Seguridad jurídica como fin del derecho", *Revista de Derecho,* 27, 2023, 1-16.

ZAVALA EGAS, J., "Teoría de la seguridad jurídica", *Iuris Dictio,* vol. 12, 14, 2011, 217-229.

Seminarios y conferencias

CANÇADO TRINDADE, A.A., "El Acceso Directo de los Individuos a los Tribunales Internacionales de Derechos Humanos ", XXVII curso de Derecho Internacional, organizado por Comité Jurídico Interamericano y Secretaría General de la OEA, 2000.

KUIJER, M., "Effective Remedies as a Fundamental Right", Seminario sobre derechos humanos y acceso a la justicia en la UE, Escuela Judicial Española & European Judicial Training Network, Barcelona, 28-29 de abril de 2014.

Referencias de organizaciones internacionales

ASAMBLEA GENERAL DE LAS NACIONES UNIDAS, "Estado del sistema de órganos creados en virtud de tratados de derechos humanos", 8 de agosto de 2022, A/77/279.

CONSEJO DE EUROPA, "Supervision of the Execution of Judgments and Decisions of the European Court of Human Rights 2021", *15th Annual Report of the Committee of Ministers,* 2022.

CONSEJO DE EUROPA, "46 Member States" [en línea], (2022), <https://www.coe.int/en/web/portal/46-members-states>. [Consulta: 8/11/2022.].

COMISIÓN DE DERECHOS HUMANOS, "Obligations of States parties under the Optional Protocol to the International Covenant on Civil and Political Rights ", *Naciones Unidas,* 25 de junio de 2009, CCPR/C/GC/33.

CONSEJO DE DERECHOS HUMANOS, "Resolución 5/1", de 18 de junio de 2007, A/HRC/RES/5/1.

PILLAY, N., "Strengthening the United Nations human rights treaty body system. A report by the United Nations High Commissioner for Human Rights", *Oficina del Alto Comisionado de las Naciones Unidas para los Derechos Humanos,* junio 2012.

TRIBUNAL EUROPEO DE DERECHOS HUMANOS, "Analysis of statistics 2022", *Consejo de Europa,* enero 2023.

TRIBUNAL EUROPEO DE DERECHOS HUMANOS, "The European Court of Human Rights in Facts and Figures 2018", 2019.

UNIÓN EUROPEA, "Documento de Trabajo de los Servicios de la Comisión: Informe sobre el Estado de Derecho en 2022. Capítulo sobre la situación del Estado de Derecho en España", 13 de julio de 2022, SWD (2022) 509 final.

Legislación internacional

COMUNIDAD ECONÓMICA EUROPEA, Tratado constitutivo de la Comunidad Económica Europea, 25 de marzo de 1957, Doc. 11957E/TXT.

COMUNIDAD EUROPEA DEL CARBÓN Y DEL ACERO, Tratado constitutivo de la Comunidad Europea del Carbón y del Acero, 18 de abril de 1951, Doc. 11951K/TXT.

CONSEJO DE EUROPA, Convenio Europeo de Derechos Humanos, 4 de noviembre de 1950.

CONSEJO DE EUROPA, Protocolo núm. 15 por el que se modifica el Convenio para la Protección de los Derechos Humanos y de las Libertades Fundamentales, C.E.T.S. núm. 213, 24 de mayo de 2013.

COSTA RICA, EL SALVADOR, GUATEMALA, HONDURAS Y NICARAGUA, Convenio para el Establecimiento de una Corte Centroamericana de Justicia, celebrado en la Conferencia Centroamericana de Paz, 2 A.J.I.L. 231, Supp. 1908, 20 de diciembre de 1907.

NACIONES UNIDAS, Convención sobre la Eliminación de todas las Formas de Discriminación Racial, Resolución 2106A(XX) de la Asamblea General, de 21 de diciembre de 1965, A/RES/2106A(XX).

NACIONES UNIDAS, Protocolo Facultativo del Pacto Internacional de Derechos Civiles y Políticos, Resolución 2200A(XXI) de la Asamblea General, de 16 de diciembre de 1966, A/RES/2200A(XXI).

NACIONES UNIDAS, Convención de Viena sobre el derecho de los tratados, U.N.T.S. vol. 1155, p. 331, 23 de mayo de 1969.

NACIONES UNIDAS, Convención sobre la eliminación de todas las formas de discriminación contra la mujer, Resolución 34/180 de la Asamblea General, de 18 de diciembre de 1979, A/Res/34/180.

NACIONES UNIDAS, Convención contra la Tortura y Otros Tratos o Penas Crueles, Inhumanos o Degradantes, Resolución 39/46 de la Asamblea General, de 10 de diciembre de 1984, A/Res/39/46.

NACIONES UNIDAS, Convención internacional sobre la protección de los derechos de todos los trabajadores migratorios y de sus familiares, Resolución 45/158 de la Asamblea General, de 18 de diciembre de 1990, A/Res/45/158.

NACIONES UNIDAS, Protocolo Facultativo de la Convención sobre la eliminación de todas las formas de discriminación contra la mujer,

Resolución 54/4 de la Asamblea General, de 15 de octubre de 1999, A/Res/54/4.

NACIONES UNIDAS, Convención Internacional para la Protección de Todas las Personas contra las Desapariciones Forzadas, Resolución 61/177 de la Asamblea General, de 20 de diciembre de 2006, A/Res/61/177.

NACIONES UNIDAS, Protocolo Facultativo de la Convención sobre los derechos de las personas con discapacidad, Resolución 61/106 de la Asamblea General, de 24 de enero de 2007, A/Res/61/106.

NACIONES UNIDAS, Protocolo Facultativo del Pacto Internacional de Derechos Económicos, Sociales y Culturales, Resolución 63/117 de la Asamblea General, de 10 de diciembre de 2008, A/Res/63/117.

NACIONES UNIDAS, Protocolo facultativo de la Convención sobre los Derechos del Niño relativo a un procedimiento de comunicaciones, Resolución 66/138 de la Asamblea General, de 19 de diciembre de 2011, A/RES/66/138.

ORGANIZACIÓN DE LOS ESTADOS AMERICANOS, Convención Americana sobre Derechos Humanos: "Pacto de San José de Costa Rica", 22 de noviembre de 1969, U.N.T.S. vol. 1144, núm. 17955, p. 143.

ORGANIZACIÓN PARA LA UNIDAD AFRICANA, Carta Africana de Derechos Humanos y de los Pueblos "Carta de Banjul", 27 de junio de 1981, U.N.T.S. vol. 1520, núm. 26363, p. 217, CAB/LEG/67/3.

REINO UNIDO DE GRAN BRETAÑA E IRLANDA DEL NORTE, REPÚBLICA FEDERAL DE ALEMANIA, FRANCIA Y ESTADOS UNIDOS DE AMÉRICA, Convenio para el arreglo de cuestiones derivadas de la guerra y la ocupación, 332 U.N.T.S. 219, 26 de mayo de 1952.

UNIÓN EUROPEA, Tratado de Funcionamiento de la Unión Europea Unión Europea, 13 de diciembre de 2007, 2008/C 115/01.

UNIÓN EUROPEA, Carta de los Derechos Fundamentales de la Unión Europea, 18 de diciembre del 2000, 2000/C 364/01.

Legislación nacional

Ley Orgánica 7/2015, de 21 de julio, por la que se modifica la Ley Orgánica 6/1985, de 1 de julio, del Poder Judicial, BOE núm. 174, de 22 de julio de 2015, BOE-A-2015-8167.

Ley 41/2015, de 5 de octubre, de modificación de la Ley de Enjuiciamiento Criminal para la agilización de la justicia penal y el fortalecimiento de las garantías procesales, BOE núm. 239, de 6 de octubre de 2015, BOE-A-2015-10726.

Ley 25/2014, de 27 de noviembre, de Tratados y otros Acuerdos Internacionales, BOE núm. 288, de 28 de noviembre de 2014, BOE-A-2014-12326.

Resoluciones de órganos internacionales judiciales y cuasi-judiciales

CORTE PERMANENTE DE JUSTICIA INTERNACIONAL, Recurso contra una sentencia del Tribunal Arbitral Mixto Húngaro-Checoslovaco (Czechoslov. v. Hung.), ser. A/B, núm. 61, 15 de diciembre de 1933.

COMITÉ CONTRA LA TORTURA, E.L.G. c. España, Comunicación núm. 818/2017, 15 de enero de 2020, CAT/C/68/D/818/2017.

COMITÉ DE LOS DERECHOS DEL NIÑO, R.Y.S. c. España, Comunicación núm. 76/2019, 4 de febrero de 2021, CRC/C/86/D/76/2019.

COMITÉ PARA LA ELIMINACIÓN DE LA DISCRIMINACIÓN CONTRA LA MUJER, Ángela González Carreño c. España, Comunicación núm. 47/2012, 16 de julio de 2014, CEDAW/C/58/D/47/2012.

Resoluciones judiciales nacionales

TRIBUNAL CONSTITUCIONAL, Sentencia núm. 5/1981, 13 de febrero de 1981, BOE núm. 47, de 24 de febrero de 1981.

TRIBUNAL CONSTITUCIONAL, Sentencia núm. 46/1990, 15 de marzo de 1990, BOE núm. 85, de 9 de abril de 1990.

TRIBUNAL CONSTITUCIONAL, Sentencia núm. 116/2006, 24 de abril de 2006, BOE núm. 125, de 26 de mayo de 2006.

TRIBUNAL SUPREMO, Sentencia núm. 1200/1990, 4 de abril de 1990, ROJ: STS 14876/1990.

TRIBUNAL SUPREMO, Sentencia núm. 1263/2018, 17 de julio de 2018, ROJ: STS 2747/2018.

TRIBUNAL SUPREMO, Sentencia núm. 218/2022, 21 de marzo de 2022, ROJ: STS 1115/2022.

TRIBUNAL SUPREMO, Sentencia núm. 871/2023, 23 de noviembre de 2023, ROJ: STS 5305/2023.

TRIBUNAL SUPREMO, Auto núm. rec. 20907/2017, 21 de junio de 2019, Roj: ATS 7009/2019.

AUDIENCIA NACIONAL, Sentencia núm. rec. 2/2021, 27 de abril de 2022, Roj: SAN 1804/2022.

AUDIENCIA NACIONAL, Auto núm. 61/2013, 22 de octubre de 2013, Roj: AAN 170/2013.